高等职业院校财经类专业“十三五”规划教材

纳税实务

唐　文　陈宏桥　主编

上海财经大学出版社

图书在版编目(CIP)数据

纳税实务/唐文，陈宏桥主编．—上海：上海财经大学出版社，2018.10

(高等职业院校财经类专业"十三五"规划教材)

ISBN 978-7-5642-3121-7/F·3121

Ⅰ.①纳… Ⅱ.①唐…②陈… Ⅲ.①税收管理-中国-高等学校-教材 Ⅳ.①F812.42

中国版本图书馆 CIP 数据核字(2018)第 217985 号

□ 责任编辑 石兴凤
□ 封面设计 张克瑶

纳 税 实 务

唐 文 陈宏桥 主编

上海财经大学出版社出版发行
(上海市中山北一路 369 号 邮编 200083)
网 址：http://www.sufep.com
电子邮箱：webmaster @ sufep.com
全国新华书店经销
上海景条印刷有限公司印刷装订
2018 年 10 月第 1 版 2018 年 10 月第 1 次印刷

787mm×1092mm 1/16 20.25 印张 518 千字
(习题集 4.25 印张 109 千字)
印数：0 001—3 000 定价：59.00 元
(本教材免费赠送配套习题集，请直接向售书单位索取)

高等职业院校财经类专业“十三五”规划教材

编写委员会

前　言

《纳税实务》是高职会计专业学生必修课程模块中的一门核心能力课程。它以最新的税收法规和财务、会计制度为依据，结合税务会计研究的最新成果，较全面、系统地阐述了企业在生产经营活动过程中所需要交纳的具体税种，详细地介绍了各税种的相关法律制度知识、计算、纳税申报及会计处理。本书注重实际操作，并配有大量的实例，具有较强的实用性和可操作性。

根据高职高专会计类职业技术教育发展要求，本教材有针对性地反映当前和适应以后财会、税收改革的实际，在编写过程中力求突出以下特色：

第一，以新的会计准则和税收法律法规为依据，根据企业的具体税种设计学习情景、项目和任务，培养学生正确纳税和处理税务会计的能力。

第二，在内容表述上，按照学生的认知规律，紧扣各具体税种纳税申报的完整过程，既能按税法准确计算应纳税额，及时完成纳税申报任务，又能对缴纳的税款正确进行会计处理。

第三，以实例引导学生对知识的理解，针对每个税种应纳税额的计算和会计处理都配有大量的实例 ，达到"学中做，做中学"的效果。

本书由武汉职业技术学院唐文、陈宏桥主编。具体分工如下：唐文编写学习情境二至学习情境九，陈宏桥编写学习情境一和学习情境十。

本书的编写，除选用了现行的税收法规以外，还参考了一些专家、学者编写的有关资料和教材，同时得到了有关专家、学者、院校领导，以及上海财经大学出版社的大力支持，在此一并表示谢意。

由于我们的理论水平和实践知识有限，书中错误和疏漏在所难免，恳请全国的专家们、高职高专的师生们及广大读者提出宝贵意见。

编　者

2018 年 4 月 16 日

目 录

前言 …………………………………………………………………………（1）

学习情境一 企业纳税准备工作 ……………………………………………（1）

项目一 企业纳税基本知识 ……………………………………………（1）
项目二 税务登记实务 …………………………………………………（9）
项目三 账簿和凭证的管理 ……………………………………………（22）
项目四 发票领购与填开 ………………………………………………（24）
项目五 纳税申报流程 …………………………………………………（29）
项目六 税款征收 ………………………………………………………（35）
项目七 纳税人的权利和义务 …………………………………………（44）

学习情境二 增值税纳税实务 ………………………………………………（50）

项目一 增值税法律知识 ………………………………………………（50）
项目二 应纳增值税的计算及会计处理 ………………………………（75）
项目三 增值税的纳税申报……………………………………………（101）
项目四 出口货物增值税退(免)税……………………………………（105）

学习情境三 消费税纳税实务………………………………………………（116）

项目一 消费税法律知识………………………………………………（116）
项目二 应纳消费税的计算及会计处理………………………………（124）
项目三 消费税纳税申报………………………………………………（133）
项目四 出口货物消费税退(免)税……………………………………（135）

学习情境四 关税纳税实务 …………………………………………………（137）

项目一 关税法律知识…………………………………………………（137）
项目二 应纳关税的计算及会计处理…………………………………（147）
项目三 进出口货物关税的纳税申报…………………………………（151）

学习情境五 企业所得税纳税实务 ……(155)

项目一 企业所得税法律知识……(156)

项目二 企业所得税的计算及会计处理……(163)

学习情境六 个人所得税纳税实务 ……(190)

项目一 个人所得税法律知识……(190)

项目二 个人所得税应纳税额的计算及会计处理……(202)

项目三 个人所得税的纳税申报……(216)

学习情境七 财产税类纳税实务 ……(223)

项目一 房产税纳税实务……(223)

项目二 车船税纳税实务……(230)

项目三 契税纳税实务……(235)

项目四 车辆购置税纳税实务……(241)

学习情境八 行为税类纳税实务 ……(246)

项目一 印花税纳税实务……(246)

项目二 城市维护建设税实务……(254)

项目三 教育费附加缴纳实务……(256)

学习情境九 资源税类纳税实务 ……(258)

项目一 资源税纳税实务……(258)

项目二 土地增值税纳税实务……(266)

项目三 城镇土地使用税纳税实务……(277)

项目四 耕地占用税纳税实务……(282)

学习情境十 企业纳税筹划 ……(286)

项目一 纳税筹划的基本方法……(286)

项目二 流转税的纳税筹划……(293)

项目三 所得税的纳税筹划……(300)

项目四 其他税种的纳税筹划……(308)

参考文献 ……(313)

学习情境一

企业纳税准备工作

技能目标

1. 会办理企业税务登记；
2. 能按规定对账簿和凭证进行管理；
3. 能根据不同纳税主体准确进行纳税申报；
4. 能运用税收法律维护纳税人的权利。

知识目标

1. 判断不同类型企业的应纳税种；
2. 判断各税种的征管主体；
3. 填写税务登记表；
4. 办理各类登记、报批和许可事项；
5. 完成企业纳税的其他准备工作。

情境导入

苏斌是某高职院校会计专业毕业生，2018 年 7 月 1 日，他和 3 位好友注册成立了一家餐饮企业。办理好营业执照和各项证件后，他们就得去办理税务登记。苏斌负责企业的财务工作，目前需要到税务机关办理税务登记。请同学们帮助苏斌了解一下：新公司办理税务登记时有什么要求？新公司办理税务登记时需要准备哪些资料？新公司办理税务登记的流程是怎样的？

项目一　企业纳税基本知识

依法纳税是每个企业和公民的法定义务，企业办税人员的基本工作职责就是完成企业的各种涉税业务，包括办理税务登记、报备财会制度、完成发票的领购使用和保管、办理纳税申报、缴纳税款、申请延期申报、申请减免退税等。企业办税人员只有熟悉企业的纳税基本知识，才能够合法、准确、有序地完成上述各种工作。

任务一　税收与税法的关系

一、税收的定义

税收是国家为满足社会公共需要，凭借公共权力，按照法律所规定的标准和程序，参与国民收入分配，强制取得财政收入的一种特定分配方式。它体现了国家与纳税人在征收、纳税的利益分配上的一种特殊关系，是一定社会制度下的一种特定分配关系。税收收入是国家财政收入最主要的来源。对税收的概念可从以下几个方面理解：

（一）税收是财政收入的一种形式

财政收入包括税收收入和非税收收入，而其中税收收入又是财政收入的重要组成部分，可以说财政收入的绝大部分都是税收收入，非税收收入只占很少的部分。税收具有组织收入的重要职能。从早期的奴隶社会起，税收就是国家取得财政收入的基本手段。

（二）税收的目的

国家运用税收筹集财政收入，按照国家预算的安排，有计划地用于国家的财政支出，为社会提供公共产品和公共服务，发展科学、技术、教育、文化、卫生、环境保护和社会保障等事业，改善人民生活，加强国防和公共安全，为国家的经济发展、社会稳定和人民生活提供强大的物质保障。

（三）税收的主体

税收的主体分为课征主体和缴纳主体，而且这两个主体地位不同，作用也不同。课征主体分为两个层次：一是课税主体，二是征税主体。税收主体又称征税人，是在税收分配过程中行使征税权利的主体，也就是税收法律关系的权利主体，是税法中规定的享有权利和承担义务的当事人。税收是以国家为主体的特殊分配形式，所以征税主体只能是国家，而不是其他主体。在我国，征税主体的具体部门有税务部门、财政部门和海关。

（四）税收的对象

征税对象又称课税对象、征税客体，在实际工作中也笼统地称之为征税范围，它是指税收法律关系中权利和义务所指向的对象，即对什么征税。征税对象包括物或行为，不同的征税对象是区别不同税种的主要标志。征税对象是税法最基本的要素，因为它体现着征税的最基本界限，决定着某一种税的基本征税范围。同时，征税对象也决定了各个不同税种的名称。如消费税、土地增值税、个人所得税等，这些税种因征税对象不同、性质不同，税的名称也就不同。

（五）税收属于分配范畴

税收是国家取得财政收入的一种重要工具，其本质是一种分配关系。税收分配是从多环节参与国民收入的再分配的。税收分配对国民收入分配多环节的调节，使得税收分配成为国民收入分配体系的一个有机组成部分。在商品价值实现、收入形成的环节，税收的课税对象主要表现为商品和劳务，其计税依据主要表现为商品和劳务的流转额或商品的销售数量，相应的有关税种称为增值税、流转税或商品劳务税；对实现的收入进行分配的环节上课征的税收，一般表现为各种所得税；在收入支出的环节，税收表现为各种消费税和行为税。

二、税收的特征

税收与其他分配方式相比，具有强制性、无偿性和固定性的特征，习惯上称为税收的

"三性"。

（一）强制性

税收的强制性指税收是国家以社会管理者的身份，凭借政权力量，依据政治权力，通过颁布法律或政令来进行强制征收。负有纳税义务的社会集团和社会成员，都必须遵守国家强制性的税收法令，在国家税法规定的限度内，纳税人必须依法纳税，否则就要受到法律的制裁，这是税收具有法律地位的体现。强制性特征体现在两个方面：一方面，税收分配关系的建立具有强制性，即税收征收完全是凭借国家拥有的政治权力；另一方面，税收的征收过程具有强制性，即如果出现了税务违法行为，国家则可以依法进行处罚。

（二）无偿性

税收的无偿性是指通过征税，社会集团和社会成员的一部分收入转归国家所有，国家不向纳税人支付任何报酬或代价。税收的这种无偿性是与国家凭借政治权力进行收入分配的本质相联系的。无偿性体现在两个方面：一方面是指政府获得税收收入后无须向纳税人直接支付任何报酬；另一方面是指政府征得的税收收入不再直接返还给纳税人。税收无偿性是税收的本质体现，它反映的是一种社会产品所有权、支配权的单方面转移关系，而不是等价交换关系。

（三）固定性

税收的固定性指税收是按照国家法令规定的标准征收的，即纳税人、课税对象、税目、税率、计价办法和期限等，都是税收法令预先规定的，有一个比较稳定的试用期间，是一种固定的连续收入。对于税收预先规定的标准，征税和纳税双方都必须共同遵守，非经国家法令修订或调整，征纳双方都不得违背或改变这个固定的比例或数额以及其他制度规定。

三、税法的概念

税法即税收法律制度，是国家权力机关和行政机关制定的、用以调整税收关系的法律规范的总称，是国家法律的重要组成部分。它是以宪法为依据，调整国家与社会成员在征纳税上的权利与义务关系，维护社会经济秩序和税收秩序，保障国家利益和纳税人合法权益的一种法律规范，是国家税务机关及一切纳税单位和个人依法征税的行为规则。广义的税法是指国家制定的、用以调节国家与纳税人之间在征纳税方面的权利及义务关系的法律规范的总称；狭义的税法特指由全国人民代表大会及其常务委员会制定和颁布的税收法律。

四、税法与其他法律的关系

税法是我国法律体系的重要组成部分，属于国家法律体系中一个重要的部门法。

（一）税法与宪法的关系

税法依据宪法的原则制定。《宪法》第56条的两个明确：明确了国家可以向公民征税；明确了向公民征税要有法律依据。

（二）税法与民法的关系

民法调整方法的主要特点是平等、等价、有偿；税法调整方法要采用命令、服从的方法。民法与税法不发生冲突时，税法不再另行规定；出现不一致时，一般按税法规定纳税。

（三）税法与刑法的关系

调整范围不同，违反了税法，并不一定就是犯罪，但违反税法情节严重触及刑律者，将受刑事处罚。

(四)税法与行政法的关系

税法与行政法有着十分密切的联系,主要表现在税法具有行政法的一般特征;但税法又与一般行政法有所不同——税法具有经济分配的性质,并且经济利益由纳税人向国家无偿单向转移,这是一般行政法所不具备的。

五、税法的基本原则

税法的基本原则是统领所有税收规范的根本准则,为包括税收立法、执法、司法在内的一切税收活动所必须遵守。

(一)税收法定原则

税收法定原则是税法基本原则的核心。税收法定原则也称为税收法定主义,是指税法主体的权利与义务必须由法律加以规定,税法的各类构成要素都必须且只能由法律予以明确。

(二)税收公平原则

税收公平原则包括税收横向公平和纵向公平,即税收负担必须根据纳税人的负担能力分配,负担能力相等,税负相同;负担能力不等,税负不同。例如,《个人所得税法》中对劳务报酬所得畸高的,实行加征的规定;对所得高的,提高税负,量能课征。

(三)税收效率原则

税收效率原则包括两个方面:一是指经济效率,二是指行政效率。前者要求有利于资源的有效配置和经济体制的有效运行,后者要求提高税收的行政效率。

(四)实质课税原则

实质课税原则是指应根据客观事实确定是否符合课税要件,并根据纳税人的真实负担能力决定纳税人的税负,而不能仅考虑相关外观和形式。例如,如果纳税人通过转让定价或其他方法减少计税依据,税务机关有权重新核定计税依据,以防止纳税人避税与逃税。

六、税法适用原则

(一)法律优位原则

法律优位原则是指法律的效力高于行政立法的效力,还可进一步推论税收行政法规的效力优于税收行政规章的效力;效力低的税法与效力高的税法发生冲突时,效力低的税法就是无效的。

(二)法律不溯及既往原则

新法实施后,之前人们的行为不适用新法,而只沿用旧法。例如,某纳税人 2016 年 5 月之前是营业税纳税人,全面"营改增"之后为增值税纳税人,企业自查发现 2016 年 3 月有一笔收入需补税,按税法规定应向主管税务机关补缴营业税。

(三)新法优于旧法原则

新法优于旧法原则也称后法优于先法原则,即新旧法对同一事项有不同规定时,新法的效力优于旧法的效力。

(四)特别法优于普通法原则

对同一事项两部法律分别订有一般规定和特别规定时,特别规定的效力高于一般规定的效力。本原则打破了税法效力等级的限制,居于特别法地位级别比较低的税法,其效力可高于作为普通法的级别比较高的税法。例如,企业所得税公益性捐赠的限额。

(五)实体从旧、程序从新原则

即实体法不具备溯及力,而程序法在特定条件下具备一定的溯及力。例如,2001 年 5 月起实施的《税收征管法》规定,企业在银行开设的全部账户账号都要向税务机关报告。按照程序法从新原则,不论是 2001 年 5 月以后设立的新企业还是以前设立的老企业继续经营的,不论是企业 2001 年 5 月以后开设的银行账号还是以前开设沿用下来的银行账号,现存的经营用的银行账号都要向税务机关报告。

(六)程序优于实体原则

即在税收争讼发生时,程序法优于实体法,以保证国家课税权的实现。例如,纳税人必须在缴纳有争议的税款后,税务行政复议机关才能受理纳税人的复议申请。

任务二　税法的构成要素

税收是国家为了实现其职能需要,凭借政治权力,按照法律规定的标准参与国民收入分配,无偿地取得财政收入的一种形式。税法是国家制定的、用以调整国家与纳税人之间在征纳方面的权利及义务关系的法律规范的总称。它是国家及纳税人依法征税、依法纳税的行为准则。税收是税法规定的具体内容,税法是税收的法律表现形式。

税法构成要素一般包括总则、纳税人、征税对象、税率、纳税环节、纳税期限、减税和免税、纳税地点及总则、罚则和附则等。

一、总则

总则包括税法立法依据、立法目的、适用原则等。

二、纳税人

纳税义务人是指税法中规定的直接负有纳税义务的单位或个人。每种税收都有各自的纳税人。纳税人究竟是谁,一般随课税对象的确定而确定。例如,个人所得税法中工资、薪金所得,其纳税人是有工资、薪金所得的个人;房产税的纳税人是产权所有人或者使用人。

法人是指有独立的组织机构和独立支配的财产,能以自己的名义参加民事活动,享受权利和承担义务,依法成立的社会组织。在中国,一切享有独立预算的国家机关和事业单位、各种享有独立经费的社会团体、各种实行独立核算的企业等都是法人。法人有依照国家税法纳税的义务的,都可以成为纳税人。其中,企业是最主要的纳税人。法人是具有民事权利能力和民事行为能力,拥有独立的财产和经费,依法独立享有民事权利和承担民事义务的组织。

自然人是法人的对称,与法人一样是民事主体。自然人是指具有权利主体资格,能够以自己的名义独立享有财产权利、承担义务,并能在法院和仲裁机关起诉、应诉的个人。不论成年人或未成年人,本国人或外国人,均属自然人。自然人是纳税人的重要组成部分。

与纳税人紧密联系的两个概念是代扣代缴义务人和代收代缴义务人。代扣代缴是指持有纳税人收入的单位和个人从持有的纳税收入中扣缴其应纳税款并向税务机关解缴的行为,包括:(1)向纳税人支付收入的单位和个人;(2)为纳税人办理汇总存贷业务的单位。代收代缴是指与纳税人有经济往来业务的单位和个人借助经济往来关系向纳税人收取其应纳税款并向税务机关解缴的行为,包括:(1)委托加工单位;(2)生产原油的单位。

代扣代缴义务人和代收代缴义务人的区别在于,代扣代缴义务人直接持有纳税人的收入,从中直接扣除纳税人的应纳税款。代收代缴义务人在与纳税人的经济往来中收取纳税人的应纳税款并代为缴纳。

三、征税对象

征税对象又称课税对象、征税客体，在实际工作中也被笼统地称为征税范围，它是指税收法律关系中权利和义务所指向的对象，即对什么征税。征税对象包括物或行为，不同的征税对象是区别不同税种的主要标志。与征税对象密切相关的内容有：

（一）税目

税目是在税法中对征税对象分类规定的具体的征税项目，反映具体的征税范围，是对课税对象质的界定。税目具有两方面的作用：一是明确的范围，体现征税的广度，凡属于列举税目之内的产品或收入即为课税对象，反之则为非应税对象；二是对具体征税项目进行归类和界定，以便针对不同的税目确定差别税率。规定税目首先是为了明确具体的征税范围，规定征税的广度。

（二）计税依据

计税依据，是据以计算征税对象应纳税款的直接数量依据，它解决对征税对象课税的计算问题，是对课税对象的量的规定。计税依据可分为从价和从量两类标准。从价计征即以课税对象的自然数量与单位价格的乘积为计税依据，按这种方法计征的税种称为从价税。如中国产品税的计税依据为产品销售收入，即产品的销售数量与单位销售价格的乘积。从量计征即以课税对象的自然实物量为计税依据，按税法规定的计量标准（数量、重量、面积等）计算，按这种方法计征的税种称为从量税。

四、税率

税率，是对征税对象的征收比例或征收额度。税率是计算税额的尺度，也是衡量税负轻重与否的重要标志。中国现行的税率主要有比例税率、超额累进税率、超率累进税率、定额税率。我国现行税率一般有三种：比例税率、定额税率和累进税率。

（一）比例税率

比例税率是对同一征税对象，不论数额多少，只规定一个比例税率，税率不因征税对象多少而变化。我国的增值税、城市维护建设税、企业所得税等采用的是比例税率。比例税率在具体运用上又可分为以下几种：

1. 统一比例税率

统一比例税率，即一种税只采用一个税率。

2. 产品比例税率

产品比例税率，即一种产品采用一种税率，对不同产品规定不同的税率。

3. 行业比例税率

行业比例税率，即按行业的不同规定不同的税率，同一行业采用同一税率。

4. 地区差别比例税率

地区差别比例税率，即按照不同的地区规定不同的税率。

5. 幅度比例税率

幅度比例税率，即在税法规定的一个幅度内，由地方政府根据本地实际情况确定其具体适用的比例税率。

（二）定额税率

定额税率是税率的一种特殊形式。它不是按照课税对象规定征收比例，而是按照征税对象的计量单位规定固定税额，所以又称为固定税额，一般适用于从量计征的税种。在具体运用上又分为以下几种：

1. 地区差别税额

地区差别税额即为了照顾不同地区的自然资源、生产水平和盈利水平的差别，根据各地区经济发展的不同情况分别制定的不同税额。

2. 幅度税额

幅度税额即中央只规定一个税额幅度，由各地根据本地区的实际情况，在中央规定的幅度内确定一个执行数额。

3. 分类分级税额

分类分级税额即把课税对象划分为若干个类别和等级，对各类各级由低到高规定相应的税额，等级高的，税额高，等级低的，税额低，具有累进税的性质。

（三）累进税率

累进税率指按征税对象数额的大小，划分若干等级，每个等级由低到高规定相应的税率。征税对象数额越大，税率越高；数额越小，税率越低。累进税率因计算方法和依据不同，又分为以下几种：

1. 全额累进税率

全额累进税率即对征税对象的金额按照与之相适应等级的税率计算税额。在征税对象提高到一个级距时，对征税对象金额都按高一级的税率征税。

2. 全率累进税率

全率累进税率与全额累进税率的原理相同，只是税率累进的依据不同。全额累进税率的依据是征税对象的数额，而全率累进税率的依据是征税对象的某种比率，如销售利润率、资金利润率等。

3. 超额累进税率

超额累进税率即把征税对象按数额大小划分为若干等级，每个等级由低到高规定相应的税率，每个等级分别按该级的税率计税。

4. 超率累进税率

超率累进税率与超额累进税率的原理相同，只是税率累进的依据不是征税对象的数额而是征税对象的某种比率。

五、纳税环节

纳税环节是课税客体在运动过程的诸环节中依税法规定应该纳税的环节。纳税环节的存在，取决于课税客体即征税对象的运动属性，包括所处位置的变换和所有者的变更。国家在规定某种征税对象时，必须明确规定其纳税环节，即发生纳税义务的时间和场所。

六、纳税期限

纳税期限是指税法规定的关于税款缴纳时间方面的规定。税法关于纳税期限方面的规定，有三个概念：一是纳税义务发生时间。纳税义务发生时间是指应税行为发生的时间。二是纳税期限，纳税人每次发生纳税义务后，不可能马上去缴纳税款。税法规定了每种税的纳税期限，比如，营业税的具体纳税期限分别为5日、10日、15日、1个月或1个季度；纳税人的具体纳税期限，由主管税务机关根据纳税人应纳税额的大小分别核定，不能按固定期限纳税的，可以按次纳税。三是缴库期限，即税法规定的纳税期满后，纳税人将应纳税款缴入国库的期限。

七、减税和免税

减税是对应纳税额少征一部分税款；免税是对应纳税额全部免征。减税和免税是对某些纳税人和征税对象给予鼓励和照顾的一种措施，是税法的原则性和灵活性相结合的体现。

减税和免税的主要内容有：

(一)减税和免税规定

减税和免税包括税法中关于减税和免税的规定，各级政府、财政机关按照税收管理权限所作的减税和免税规定。

(二)起征点

起征点是指征税对象数额达到开始征税的界限。征税对象的数额未达到起征点的，不征税；达到或超过起征点的，就征税对象的全额征税。

(三)免征额

免征额是在征税对象总额中规定的一个免于征税的数额，它是按照一定的标准从征税对象全部数额中预先扣除的数额。

起征点与免征额的区分是：前者是达到或超过的就其全部数额征税，未达到不征税；而后者是达不到的不征税，达到或超过的均按扣除该数额后的余额计税。

八、纳税地点

纳税地点是指纳税人申报缴纳税款的地点。明确规定纳税地点，一是为了避免对同一应税收入、应税行为重复征税或漏征税款；二是为了保证各地方政府按规定取得收入。不同税种的纳税地点不完全相同，我国现行税制规定的纳税地点大致可以分为以下几种情况：(1)固定业户向其机构所在地主管税务机关申报纳税；(2)固定业户到外县(市)经营的，应根据具体情况或回所在地申报纳税，或向经营地主管税务机关申报纳税；(3)非固定业户或临时经营者，向经营地主管税务机关申报纳税；(4)进口货物向报关地海关申报纳税。

九、总则、罚则和附则

总则是规定立法的目的、制定依据、适用原则、征收主体等内容。罚则是对纳税人和扣缴义务人违反税法行为而采取的处罚措施。附则一般规定与该法紧密相关的内容，主要有该法的解释权、生效时间、适用范围及其他的相关规定。

任务三　税收征管主体

目前，我国的税收分别由税务、财政、海关等系统负责征收管理。我国现行税务机构的设置：中央政府设立国家税务总局，省及省以下税务机构分为国家税务局和地方税务局两个税务机构。国家税务局系统由国家税务总局垂直领导；省级地方税务局受省级人民政府和国家税务总局双重领导，省级以下地方税务局系统由省级地方税务机关垂直领导。

我国现行税种共有23个，按照财政分税制的要求，将23个税种按照实际情况划分为中央税、中央与地方共享税、地方税三种。其中，中央税归中央所有，地方税归地方所有，中央与地方共享税分配后分别归中央与地方所有。具体分工如下：

一、国家税务局负责征收管理的项目

国家税务局负责征收管理的项目有：增值税，消费税，车辆购置税，铁道部门、各银行总行、各保险总公司集中缴纳的营业税、所得税、城市维护建设税，中央企业缴纳的所得税，中央与地方所属企业、事业单位组成的联营企业、股份制企业缴纳的所得税，2002 年 1 月 1 日以后所新设的企业、事业单位、社会团体、律师事务所、医院、学校等缴纳企业所得税的其他组织缴纳的所得税；地方银行、非银行金融企业缴纳的所得税，海洋石油企业缴纳的所得税、资源税，证券交易税（开征之前为对证券交易征收的印花税），个人所得税中对储蓄存款利息所得征收的部分，中央税的滞纳金、补税、罚款。

二、地方税务局系统负责征收管理的税种

地方税务局征收管理的项目有营业税，城市维护建设税（不包括上述由国家税务局系统负责征收管理的部分），地方国有企业、集体企业、私营企业缴纳的所得税（不含 2002 年 1 月 1 日以后所新设的企业、事业单位、社会团体、律师事务所、医院、学校等缴纳企业所得税的其他组织缴纳的所得税），个人所得税（不包括对银行储蓄存款利息所得征收的部分），资源税，城镇土地使用税，耕地占用税，土地增值税，房产税，车船使用税，车船税，印花税，契税，地方税的滞纳金、补税、罚款。

项目二　税务登记实务

税务登记是税务机关对纳税人的生产、经营活动进行登记并据此对纳税人实施税务管理的一种法定制度。税务登记是税务机关对纳税人实施税收管理工作的首要环节和基础工作，是征纳双方法律关系成立的依据和证明，是纳税人必须履行的义务。建立税务登记制度有利于税务机关掌握和控制税源，管理和监督纳税人依法履行纳税义务。

税务登记内容包括设立税务登记，变更、注销税务登记，停业、复业登记，外出经营报验登记，非正常户处理等。

任务一　设立税务登记

一、“五证合一、一照一码”登记制度

“五证合一、一照一码”登记制度，是指企业分别由工商行政管理部门核发工商营业执照、质量技术监督部门核发组织机构代码证、税务部门核发税务登记证、劳动保障行政部门核发社会保险登记证和统计部门核发统计登记证，改为一次申请、由工商行政管理部门核发一个加载法人和其他组织统一社会信用代码营业执照的登记制度。

已按照“三证合一”登记模式领取加载统一社会信用代码营业执照的企业，不需要重新申请办理“五证合一”登记，由登记机关将相关登记信息发送至社会保险经办机构、统计机构等单位。

企业原证照有效期满、申请变更登记或者申请换发营业执照的，登记机关换发加载统一社

会信用代码的营业执照。

取消社会保险登记证和统计登记证的定期验证和换证制度，改为企业按规定自行向工商部门报送年度报告并向社会公示。

“五证合一”登记制度改革并非是将税务登记取消了，税务登记的法律地位仍然存在，这个营业执照在税务机关完成信息补录后具备税务登记证的法律地位和作用。

新设立企业、农民专业合作社领取由工商行政管理部门核发加载法人和其他组织统一社会信用代码的营业执照后，无需再次进行税务登记，不再领取税务登记证。

个体工商户实施营业执照和税务登记证“两证整合”登记制度。对2016年12月1日前成立的个体工商户申请办理变更登记或换照的，换发加载统一社会信用代码的营业执照。暂未取得加载统一社会信用代码营业执照的个体工商户，其营业执照和税务登记证继续有效。

过渡期间，未换发“五证合一、一照一码”营业执照的企业，原税务登记证件继续有效，如企业申请注销，税务机关按照原规定办理。新的“五证合一”办证模式，企业只需等待2个工作日即可办理。

除企业、农民专业合作社、外国企业常驻代表机构外，其他主体税务登记按照原有法律制度执行，即其他机关（编办、民政局、司法局等）批准设立的主体暂不纳入“五证合一、一照一码”办理范围，仍按照现行有关规定执行。

二、办理设立税务登记

新设立企业、农民专业合作社（以下统称“企业”）领取由工商行政管理部门核发加载法人和其他组织统一社会信用代码（以下称统一代码）的营业执照后，无需再次进行税务登记，不再领取税务登记证。企业办理涉税事宜时，在完成补充信息采集后，凭加载统一代码的营业执照可代替税务登记证使用。

从事生产、经营的纳税人应当自领取营业执照之日起15日内，将其财务、会计制度或者财务、会计处理办法报送主管税务机关备案。同时进行“多证合一”登记信息确认，进行税种（基金、费）认定。税种被认定后，纳税人应当按照法律法规规定，连续按期纳税申报。

（一）办理设立税务登记需要提供的资料

1. 单位纳税人在税务部门办理登记所需的资料：

（1）“三证合一”营业执照副本原件及复印件；

（2）开户银行许可证原件及复印件；

（3）公司法人及股东的身份证和复印件；

（4）公司章程原件及复印件（章程修正案、股东会决议、租房租赁协议、房产证）；

（5）公司公章；

（6）经办人身份证；

（7）若为分支机构，则还需要总机构营业执照复印件及法人的身份证及复印件。

2. 个体工商户申报办理税务登记所需的资料：

（1）《税务登记表（适用个体经营）》；

（2）工商营业执照或其他核准执业证件原件及复印件；

（3）业主居民身份证、护照或其他证明身份的合法证件原件及复印件；

（4）个体加油站及已办理组织机构代码证的个体工商户应提供组织机构代码证书副本原件及复印件。

3. 申报办理临时税务登记。

纳税人选择以下方式从事生产经营活动的，应向税务机关申报办理临时税务登记：

(1)有独立的生产经营权、在财务上独立核算并定期向发包人或者出租人上交承包费或租金的承包人或承租人；

(2)境外企业在中华人民共和国境内承包建筑、安装、装配、勘探工程和提供劳务的；

(3)从事生产经营的纳税人未办理工商营业执照也未经有关部门批准设立的；

(4)境外注册中资控股居民企业。

(二)填报税务登记表

纳税人在税务部门领取适用纳税人的税务登记表，例如，单位纳税人在税务部门领取适用单位纳税人的税务登记表(见表1—1)，按表中有关栏目的填写说明的要求填写表格。

表1—1　　**税务登记表**

填表日期：　　(适用单位纳税人)

纳税人名称			纳税人识别号		
登记注册类型			批准设立机关		
组织机构代码			批准设立证明或文件号		
开业(设立)日期		生产经营期限		证照名称	
				证照号码	
注册地址			邮政编码		联系电话
生产经营地址			邮政编码		联系电话
核算方式	请选择对应项目打“√” □独立核算 □非独立核算		从业人数	其中外籍人数______	
单位性质	请选择对应项目打“√”□企业 □事业单位 □社会团体 □民办非企业单位 □其他				
网站网址			国标行业	□□□□□□□□□	
适用会计制度	请选择对应项目打“√” □企业会计制度 □小企业会计制度 □金融企业会计制度 □行政事业单位会计制度				
经营范围		请将法定代表人(负责人)身份证件复印件粘贴在此处。			

项目 内容 联系人	姓　名	身份证件 种类	身份证件 号码	固定电话	移动电话	电子邮箱
法定代表人(负责人)						
财务负责人						
办税人						

税务代理人名称	纳税人识别号	联系电话	电子邮箱

注册资本或投资总额	币种	金额	币种	金额	币种	金额

投资方名称	投资方经济性质	投资比例	证件种类	证件号码	国籍或地址

自然人投资比例		外资投资比例		国有投资比例	

分支机构名称	注册地址	纳税人识别号

续表

总机构名称			纳税人识别号		
注册地址			经营范围		
法定代表人姓名		联系电话		注册地址 邮政编码	
代扣代缴、代收代缴税款业务情况	代扣代缴、代收代缴税款业务内容			代扣代缴、代收代缴税种	
附报资料：					
经办人签章： 年　月　日		法定代表人(负责人)签章： 年　月　日		纳税人公章： 年　月　日	

以下由税务机关填写：

纳税人所处街乡				隶属关系	
国税主管税务局		国税主管税务所(科)		是否属于国税、地税共管户	
地税主管税务局		地税主管税务所(科)			
经办人(签章)： 国税经办人： 地税经办人： 受理日期： ____年____月____日		国家税务登记机关 (税务登记专用章)： 核准日期： ____年____月____日 国税主管税务机关：		地方税务登记机关 (税务登记专用章)： 核准日期： ____年____月____日 地税主管税务机关：	
国税核发《税务登记证副本》 数量：____本 发证日期：____年____月____日					
地税核发《税务登记证副本》 数量：____本 发证日期：____年____月____日					

国家税务总局监制

任务二　变更税务登记

一、办理变更税务登记的适用范围

纳税人办理税务登记后，如发生下列情形之一，应当办理变更税务登记：发生改变名称、改变法定代表人、改变经济性质或经济类型、改变住所和经营地点（不涉及主管税务机关变动的）、改变生产经营或经营方式、增减注册资金（资本）、改变隶属关系、改变生产经营期限、改变或增减银行账号、改变生产经营权属以及改变其他税务登记内容的。

实行“五证合一、一照一码”登记的纳税人发生涉税信息事项变更的，应在登记管理部门办结变更登记事项后，向主管税务机关申报变更。对于生产经营地址、财务负责人、核算方式发生变更的，应单独向主管税务机关申报变更。

二、办理变更税务登记的时间和地点

纳税人税务登记内容发生变化的，应当自工商行政管理机关或者其他机关办理变更登记之日起 30 日内，持有关证件向原税务登记机关申报办理变更税务登记。

纳税人税务登记内容发生变化，不需要到工商行政管理机关或者其他机关办理变更登记

的，应当自发生变化之日起30日内，持有关证件向原税务登记机关申报办理变更税务登记。

三、办理变更税务登记的流程

（一）申请

纳税人在规定的期限内，向县级以上税务登记机关申报办理变更登记，领取、填写《税务登记变更表》（见表1—2），并附送下列资料：

（1）工商营业执照及工商变更登记表复印件；

（2）纳税人变更登记内容的决议及有关证明文件；

（3）组织机构统一代码证书（副本）原件（涉及变动的提供）；

（4）业主或法定代表人身份证件的原件及复印件（涉及变动的提供）；

（5）经营地址证明：自有房屋的，提供房屋产权证；租赁房屋的，提供租房协议和出租方的房屋产权证书复印件；无房屋产权证的，提供情况说明；无偿使用的，提供无偿使用证明（地址）（涉及变更的提供）；

（6）税务机关原核发的《税务登记证》正、副本原件。

表1—2　　**税务登记变更表**

<table>
<tr><td colspan="2">纳税人名称</td><td></td><td>纳税人识别号</td><td></td></tr>
<tr><td colspan="5">变更登记事项</td></tr>
<tr><td>序号</td><td>变更项目</td><td>变更前内容</td><td>变更后内容</td><td>批准机关名称及文件</td></tr>
<tr><td></td><td></td><td></td><td></td><td></td></tr>
<tr><td></td><td></td><td></td><td></td><td></td></tr>
<tr><td colspan="5">送缴证件情况：</td></tr>
<tr><td colspan="5">纳税人
经办人：　　　　法定代表人（负责人）：　　　　纳税人（签章）
年　月　日　　　　年　月　日　　　　年　月　日</td></tr>
<tr><td colspan="5">经办税务机关审核意见：
经办人：　　　　负责人：　　　　税务机关（签章）
年　月　日　　　　年　月　日　　　　年　月　日</td></tr>
</table>

（二）受理

县级以上税务登记机关受理、审阅纳税人填报的《税务登记变更表》是否符合要求，附送的资料是否齐全。对符合条件的，予以受理；对资料不全或填写不符合规定的，应当当场一次性告知其补正或重新填报，再予受理。

（三）审核

对纳税人填写的《税务登记变更表》和附送的资料进行审核，看是否齐全、是否符合规定，并作以下分类审核：

（1）利用法定代表人（业主）居民身份证号、组织机构代码进行审核比对，检查是否有在案未经处理的税务违法违章的记录；

（2）审核《税务登记变更表》的填写是否符合规定。

经审核，资料明显有疑点的，传递给主管税务机关进行实地调查；申请人违反《税收征管法》和《税务登记管理办法》有关规定的，按税务行政处罚的有关规定处理。

(四)办理

(1)纳税人税务登记表的内容发生变更而税务登记证中的内容未发生变更的，税务登记机关不重新核发税务登记证件，仅在征管系统中进行变更登记操作；

(2)纳税人税务登记表和税务登记证中的内容都发生变更的，税务登记机关按变更后的内容重新核发税务登记证件。

任务三　停业、复业税务登记

实行定期定额征收方式的个体工商户，在营业执照核准的经营期限内需要停业的，应在停业前向主管税务机关申报办理停业登记；恢复生产、经营之前向主管税务机关申报办理复业登记；停业期满，不能及时恢复生产、经营的，在停业期满前，向主管税务机关提出延长停业登记申请。纳税人的停业期限不得超过一年。

一、停业、复业登记的适用对象

实行定期定额征收方式的个体工商户需要停业的，应当在停业前向税务机关申报办理停业登记。纳税人的停业期不得超过一年。

二、停业、复业管理规程

纳税人在申报办理停业登记时，应如实填写停业申请登记表，说明停业理由、停业期限、停业前的纳税情况和发票的领、用、存情况，结清应纳税款、滞纳金、罚款。

纳税人在停业期间发生纳税义务的，应依法申报缴纳税款。

(一)申请

个体工商户停业前，应向主管税务机关申报办理停业登记，领取并填写《停业、复业(提前复业)报告书》(见表1-3)，并附送下列资料：

(1)纳税人若有上级主管部门的，提交上级主管部门批准停业的文件；

(2)工商行政管理部门要求停业的，提交工商行政管理部门的停业文件；

(3)主管税务机关原发放的税务登记证件、《发票缴销登记表》和其他税务证件。

个体工商户延长停业的，在停业期满前，重新填报《停业、复业(提前复业)报告书》。

个体工商户复业(提前复业)的，持经批准的《停业、复业(提前复业)报告书》，向主管税务机关申报办理复业登记(提前复业)。

(二)受理

主管税务机关受理、审阅填报的表格是否符合要求，附送的资料是否齐全。对符合条件的，予以受理；对资料不全、不符合条件的，应当一次性告知纳税人补正后再予以办理。

(三)审核

对纳税人填制的表格和附送的资料进行审核，看是否齐全、是否符合要求。重点审核以下内容：(1)审核发票缴销情况，对未按规定缴销发票的，按照“发票缴销缴回管理”的规定执行；(2)审核税款缴纳情况，看是否已缴清所有应纳税款，对未缴清税款、滞纳金、罚款的，按照“税款追征管理”的规定执行。

以上内容经审核通过，并由相应的审核人在《停业、复业(提前复业)报告书》上签字后，收缴其税务登记证(正、副本)，呈报主管税务机关负责人审签。

对个体工商户延长停业的，在核实延长停业原因后，将纳税人重新填报的《停业、复业(提前复业)报告书》,呈报主管税务机关负责人审签。

对个体工商户复业的,根据“日常检查”传递的信息审查纳税人在停业期间纳税义务履行情况,持原《停业、复业(提前复业)报告书》,呈报主管税务机关负责人审签。

表 1—3　　停业、复业(提前复业)报告书

填表日期：　年　月　日

<table>
<tr><td rowspan="2">纳税人
基本情况</td><td colspan="3">纳税人名称</td><td colspan="2">纳税人识别号</td><td colspan="2">经营地点</td></tr>
<tr><td colspan="3"></td><td colspan="2"></td><td colspan="2"></td></tr>
<tr><td>停业期限</td><td colspan="3"></td><td>复业时间</td><td colspan="3"></td></tr>
<tr><td rowspan="4">缴回
发票
情况</td><td>种　类</td><td>号　码</td><td>本　数</td><td rowspan="4">领回
发票
情况</td><td>种　类</td><td>号　码</td><td>本　数</td></tr>
<tr><td></td><td></td><td></td><td></td><td></td><td></td></tr>
<tr><td></td><td></td><td></td><td></td><td></td><td></td></tr>
<tr><td></td><td></td><td></td><td></td><td></td><td></td></tr>
<tr><td rowspan="2">缴存税务
资料情况</td><td>发票
领购簿</td><td>税务
登记证</td><td>其他资料</td><td rowspan="2">领用税务
资料情况</td><td>发票
领购簿</td><td>税务
登记证</td><td>其他资料</td></tr>
<tr><td>是(否)</td><td>是(否)</td><td>是(否)</td><td>是(否)</td><td>是(否)</td><td>是(否)</td></tr>
<tr><td rowspan="2">结清税
款情况</td><td>应纳税款</td><td>滞纳金</td><td>罚款</td><td rowspan="2">停业期是
(否)纳税</td><td>已缴
应纳税款</td><td>已缴
滞纳金</td><td>已缴罚款</td></tr>
<tr><td>是(否)</td><td>是(否)</td><td>是(否)</td><td>是(否)</td><td>是(否)</td><td>是(否)</td></tr>
<tr><td colspan="8">纳税人(签章)：
年　月　日</td></tr>
<tr><td>税务
机关
复核</td><td colspan="3">经办人：
年　月　日</td><td colspan="2">负责人：
年　月　日</td><td colspan="2">税务机关(签章)
年　月　日</td></tr>
</table>

(四)审签

(1)主管税务机关负责人进行书面审核,签署审核意见,通知纳税人领取审签后的《停业、复业(提前复业)报告书》;

(2)对已审签的,录入停、复业登记核准信息;对个体工商户复业的,主管税务机关发还封存的税务登记证件,发票管理部门核对纳税人提交的《停业、复业(提前复业)报告书》,发还收缴的发票并进行登记。

任务四　注销税务登记

注销税务登记是纳税人发生解散、破产、撤销、吊销营业执照以及其他情形,依法终止纳税义务,或因经营地点变迁出现主管税务机关管辖范围前,向主管税务机关结清税款、缴销税务登记证件而办理的注销手续。

一、注销税务登记的适用范围

(1)纳税人因经营期限届满而自动解散；

(2)企业由于改组、分立、合并等原因而被撤销；

(3)企业因资不抵债而破产或终止经营；

(4)纳税人因住所、经营地址迁移而涉及改变原主管税务机关；

(5)纳税人被工商行政机关吊销营业执照而终止经营；

(6)纳税人依法终止纳税义务的其他情形。

二、办理注销税务登记的时间

(1)纳税人发生解散、破产、撤销以及其他情形，依法终止纳税义务的，应当在向工商行政管理机关或者其他机关办理注销登记前，持有关证件和资料向原税务登记机关申报办理注销税务登记；按规定不需要在工商行政管理机关或者其他机关办理注册登记的，应当自有关机关批准或者宣告终止之日起 15 日内，持有关证件和资料向原税务登记机关申报办理注销税务登记。

(2)纳税人被工商行政管理机关吊销营业执照或者被其他机关予以撤销登记的，应当自营业执照被吊销或者被撤销登记之日起 15 日内，向原税务登记机关申报办理注销税务登记。

(3)纳税人因住所、经营地点变动，涉及改变税务登记机关的，应当在向工商行政管理机关或者其他机关申请办理变更、注销登记前，或者住所、经营地点变动前，持有关证件和资料，向原税务登记机关申报办理注销税务登记，并自注销税务登记之日起 30 日内向迁达地税务机关申报办理税务登记。

(4)境外企业在中国境内承包建筑、安装、装配、勘探工程和提供劳务的，应当在项目完工、离开中国前 15 日内，持有关证件和资料，向原税务登记机关申报办理注销税务登记。

【例 1－1】 纳税人发生解散、破产、撤销以及其他情形，依法终止纳税义务的，应当自工商行政管理机关或者其他机关办理注销之日起 30 日内，持有关证件和资料向原税务登记机关申报办理注销税务登记。( )

【答案】 ×

三、办理注销税务登记的流程

(一)申请

纳税人在规定的期限内，向原税务登记部门申报办理注销登记，领取并填写《注销税务登记申请审批表》，并附送下列资料：

1. 个体经营纳税人

(1)《注销税务登记申请表》(一式一份)。

(2)营业执照被吊销的，应提交工商行政管理部门发放的吊销决定的原件及复印件。

(3)税务机关原核发的《国税税务登记证》(正、副本)(已发放电子税务证照的不需要提供)(如证件丢失，可凭纳税人的丢失声明办理)。

(4)增值税一般纳税人提供防伪税控系统金税卡、IC 卡或金税盘、报税盘。使用货运专票税控系统和机动车发票税控系统的增值税一般纳税人还应提供税控盘、报税盘(增值税一般纳税人需提供)。

2. 单位企业纳税人

(1)《注销税务登记申请表》(一式一份)、《清税申报表》(一式三份，税务机关两份，纳税人一份)(已经领取"一照一码"新版营业执照的纳税人提供)。

(2)主管部门或者董事会(职代会)的决议以及其他有关证明文件的原件及复印件。

(3)营业执照被吊销的，应提交工商行政管理部门发放的吊销决定的原件及复印件(破产企业需提供《企业破产清算裁定书》)。

(4)税务机关原核发的《国税税务登记证》(正、副本)(已发放电子税务证照的不需提供)(如证件丢失，可凭纳税人的丢失声明办理)(已经领取"一照一码"新版营业执照的纳税人除外)。

(5)增值税一般纳税人提供防伪税控系统金税卡、IC卡或金税盘、报税盘。使用货运专票税控系统和机动车发票税控系统的增值税，一般纳税人还应提供税控盘、报税盘(增值税一般纳税人需提供)。

(6)《中华人民共和国企业清算所得税申报表》及附表。

3. 纳税人跨省、跨市迁移

(1)《注销税务登记申请表》两份。

(2)税务登记证及副本(已经领取"一照一码"新版营业执照的纳税人除外)。

(3)《发票领用簿》及未验旧、未使用发票。

(4)住所、经营地点变动的相关证明资料原件及复印件。

4. 非居民企业

(1)《注销税务登记申请表》(一式一份)。

(2)合同、协议的原件及复印件(已经提供的除外)。

(3)对实行汇总缴纳的机构、场所，需提供负责汇总缴纳的机构、场所出具的发票，税款由其统一清理的证明。

(4)税务机关原核发的《国税税务登记证》(正、副本)(已发放电子税务证照的不需提供)(如证件丢失，可凭纳税人的丢失声明办理)。

(5)非居民企业提供项目完工证明、验收证明等相关文件原件及复印件。

纳税人同时申请联办其他事项的，需提供办理该事项个性化的资料：

(1)办理发票缴销的，需提供《发票缴销表》、《发票购领簿》(如证件丢失，可凭纳税人的丢失声明办理)。

(2)需取消出口货物退(免)税资格的，提供《出口货物退(免)税认定表》。

(3)需取消缴税账户的，提供《账户缴税功能变动表》。

(二)受理

原税务登记部门受理、审阅填报的表格是否符合规定，附送的资料是否齐全后，督促纳税人做好下列事宜：

(1)纳税人持《注销税务登记申请审批表》、未经税务机关查验的发票和《发票领购簿》到发票管理环节申请办理发票缴销；发票管理环节按规定清票后，在《注销税务登记申请审批表》上签署发票缴销情况，同时将审批表返还纳税人。

(2)纳税人向征收环节清缴税款；征收环节在纳税人缴纳税款后，在《注销税务登记申请审批表》上签署意见，同时将审批表返还纳税人。

（三）核实

纳税人持有上述两个环节签署意见后的审批表交登记管理环节；登记管理环节审核确认后，制发《税务文书领取通知书》给纳税人，同时填制《税务文书传递单》，并附《注销税务登记申请审批表》送稽查环节。

若稽查环节确定需对申请注销的纳税人进行实地稽查的，应在《税务文书传递单》上注明批复期限内稽查完毕，在《注销税务登记申请审批表》上签署税款清算情况，及时将《税务文书传递单》和《注销税务登记申请审批表》返还税务登记环节，登记部门在纳税人结清税款（包括滞纳金、罚款）后据以办理注销税务登记手续。

纳税人因生产、经营场所发生变化需改变主管税务登记机关的，在办理注销税务登记时，原税务登记机关在对其注销税务登记的同时，应向迁达地税务登记机关递交《纳税人迁移通知书》，并附《纳税人档案资料移交清单》，由迁达地税务登记机关重新办理税务登记。如遇纳税人已经或正在享受税收优惠待遇的，迁出地税务登记机关应当在《纳税人迁移通知书》上注明。

对以上内容经审核通过，并由相应的审核人员在《注销税务登记申请审批表》上签字后，收缴其税务登记证件（正、副本），呈报县级税务机关审批。

（四）核准

县级税务机关接到《注销税务登记申请审批表》后，进行书面审核，签署核准意见。符合注销条件的，录入注销税务登记核准信息，并通知纳税人领取核准后的《注销税务登记申请审批表》。

任务五　跨区域涉税事项报验管理

纳税人跨省（含计划单列市，需要特别注意）外出临时经营的，需要向机构所在地的国税机关填报《跨区域涉税事项报告表》（见表1－4）；对于省内跨县是否实施跨区域涉税事项报验管理，由各省自行确定，纳税人在具体办理时可以咨询当地税务局。

表1－4　　跨区域涉税事项报告表

纳税人名称		纳税人识别号（统一社会信用代码）			
经办人		座机		手机	
跨区域涉税事项联系人		座机		手机	
跨区域经营地址	________省（自治区/市）________市（地区/盟/自治州）________县（自治县/旗/自治旗/市/区）________乡（民族乡/镇/街道）________村（路/社区）________号				
经营方式	建筑安装□　装饰修饰□　修理修配□　加工□ 批发□　零售□　批零兼营□　零批兼营□　其他□				
企业所得税	国税□　地税□　无企业所得税□				
合同名称		合同编号			
合同金额		合同有效期限	年　月　日至　年　月　日		
合同相对方名称		合同相对方纳税人识别号（统一社会信用代码）			
延长有效期	跨区域涉税事项报验管理编号	税跨报〔　　〕号			
	最新有效期	至　　年　月　日			

续表

<table>
<tr><td colspan="2">纳税人声明：我承诺，上述填报内容是真实的、可靠的、完整的，并愿意承担相应的法律责任。
经办人：　　　　　　　纳税人(盖章)
年　月　日
税务机关事项告知：纳税人应当在跨区域涉税事项报验管理有效期内在经营地从事经营活动，若合同延期，可向经营地的国税机关或机构所在地的国税机关办理报验管理有效期的延期手续。</td></tr>
<tr><td colspan="2">以下由税务机关填写</td></tr>
<tr><td colspan="2">跨区域涉税事项报验管理编号：　　　　　税跨报〔　　〕号
经办人：　　　　　负责人：
税务机关(盖章)
年　月　日
税务机关联系电话：</td></tr>
<tr><td>跨区域涉税事项报验管理有效日期</td><td>自　年　月　日起至　年　月　日</td></tr>
<tr><td>延长后的跨区域涉税事项报验管理有效日期</td><td>自　年　月　日起至　年　月　日</td></tr>
</table>

本辖区固定纳税人临时到外埠，即纳税人到外县(市)从事生产经营活动的，实施外出经营登记管理。纳税人跨区域经营前不再开具相关证明，改为填报《跨区域涉税事项报告表》。纳税人跨省(自治区、直辖市和计划单列市)临时从事生产经营活动的，不再开具《外出经营活动税收管理证明》，改向机构所在地的国税机关填报《跨区域涉税事项报告表》。纳税人在省(自治区、直辖市和计划单列市)内跨县(市)临时从事生产经营活动的，是否实施跨区域涉税事项报验管理由各省(自治区、直辖市和计划单列市)税务机关自行确定。税务机关不再按照180天设置报验管理的固定有效期，改按跨区域经营合同执行期限作为有效期限。合同延期的，纳税人可向经营地或机构所在地的国税机关办理报验管理有效期限延期手续。

纳税人跨区域经营活动结束后，应当结清经营地的国税机关、地税机关的应纳税款以及其他涉税事项，向经营地的国税机关填报《经营地涉税事项反馈表》(见表1—5)。

表1—5　　经营地涉税事项反馈表

<table>
<tr><td>纳税人名称</td><td colspan="5"></td></tr>
<tr><td>纳税人识别号
(统一社会信用代码)</td><td colspan="2"></td><td colspan="2">跨区域涉税事项
报验管理编号</td><td>税跨报〔　　〕号</td></tr>
<tr><td>实际经营期间</td><td colspan="5">自　年　月　日起至　年　月　日</td></tr>
<tr><td>货物存放地点</td><td colspan="5"></td></tr>
<tr><td>合同包含的项目名称</td><td>预缴税款
征收率</td><td>已预缴税款
金额</td><td>实际合同
执行金额</td><td>开具发票金额
(含自开和代开)</td><td>应补预缴
税款金额</td></tr>
<tr><td></td><td></td><td></td><td></td><td></td><td></td></tr>
<tr><td></td><td></td><td></td><td></td><td></td><td></td></tr>
<tr><td></td><td></td><td></td><td></td><td></td><td></td></tr>
<tr><td></td><td></td><td></td><td></td><td></td><td></td></tr>
<tr><td></td><td></td><td></td><td></td><td></td><td></td></tr>
<tr><td>合计金额</td><td></td><td></td><td></td><td></td><td></td></tr>
</table>

续表

经办人： 纳税人(盖章)： 年 月 日	税务机关意见： 经办人： 税务机关(盖章)： 年 月 日

经营地的国税机关核对《经营地涉税事项反馈表》后，将相关信息推送给经营地的地税机关核对(2个工作日内完成核对并回复，实行联合办税的即时回复)，地税机关同意办结的，经营地的国税机关应当及时将相关信息反馈给机构所在地的国税机关。纳税人不需要另行向机构所在地的税务机关反馈。

任务六 扣缴义务人扣缴税款登记

扣缴义务人是指依照税收法律、行政法规规定负有代扣代缴或者代收代缴税款义务的单位或个人。扣缴义务人应当自扣缴义务发生之日起30日内，向所在地的主管税务机关申报办理扣缴税款登记，领取扣缴税款登记证件；税务机关对已办理税务登记的扣缴义务人，可以只在其税务登记证件上登记扣缴税款事项，不再发给扣缴税款登记证件。

一、申请

扣缴义务人应当自扣缴义务发生之日起30日内，向其所在地税务机关申请办理扣缴税款登记，领取并填写《扣缴义务登记表》，同时附送下列有关证件和资料：(1)营业执照或其他合法证件；(2)组织机构统一代码证书；(3)税务登记证；(4)银行账号证明；(5)法人或负责人身份证件及复印件；(6)税务机关需要的其他资料。

二、受理

税务登记机关受理、审阅扣缴义务人填报的表格是否符合要求，报送的资料是否齐全。符合条件的，开具《税务文书领取通知单》交给扣缴义务人。

三、审核

税务登记机关对扣缴义务人填报的表格和附送的资料进行审核，确认具有法定扣缴义务后，在《扣缴义务登记表》中签字盖章。

四、发证

(1)对已办理税务登记的扣缴义务人，税务机关只在其税务登记证件上登记扣缴税款事项，不再发给扣缴税款登记证件；

(2)对可以不办理税务登记的扣缴义务人，税务机关核发《个人所得税扣缴税款登记证》。

任务七　税务登记证件的作用和管理

一、税务登记证件的作用

除按照规定不需要发给税务登记证件的外，纳税人办理下列事项时，必须持税务登记证件：(1)开立银行账户；(2)申请减税、免税、退税；(3)申请办理延期申报、延期缴纳税款；(4)领购发票；(5)申请开具外出经营活动税收管理证明；(6)办理停业、歇业；(7)其他有关税务事项。

二、税务登记证件的管理

纳税人应当将税务登记证件正本在其生产、经营场所或者办公场所公开悬挂，接受税务机关检查。税务机关应当加强对税务登记证件的管理，采取实地调查、上门验证等方法，或者结合税务部门和工商部门之间，以及国家税务局(分局)、地方税务局(分局)之间的信息交换比对税务登记证件进行管理。

根据《中华人民共和国税收征收管理法实施细则》第九十条规定，纳税人未按照规定办理税务登记证件验证或者换证手续的，由税务机关责令限期改正，可以处 2 000 元以下的罚款；情节严重的，处 2 000 元以上 1 万元以下的罚款。

三、税务登记证件的验证和换证

税务登记证件的验证和换证是指税务机关对已核发的税务登记证件实行定期审验和换发，以确保税务登记内容与纳税人生产经营实际情况相一致的一项管理制度。纳税人应当在规定的期限内持有关证件到税务登记机关办理验证或换证手续。税务登记证式样改变，需统一换发税务登记证的，由国家税务总局确定。税务登记证件 3 年更换一次，一年验审一次。

四、税务登记证件遗失的处理

纳税人、扣缴义务人遗失税务登记证件的，应当自遗失税务登记证件之日起 15 日内，书面报告主管税务机关，如实填写《税务证件挂失报告表》，并将纳税人的名称、税务登记证件名称、税务登记证件号码、税务登记证件有效期、发证机关名称在税务机关认可的报刊上作遗失声明，凭报刊上刊登的遗失声明向主管税务机关申请补办税务登记证件。

任务八　非正常户管理

非正常户是已办理税务登记的纳税人未按照规定的期限申报纳税，经责令其限期改正逾期不改正的，税务机关派员实地检查，查无下落并且无法强制其履行纳税义务的纳税人。

非正常户管理具体流程如下：

一、认定

主管税务机关收到税务管理员转来的非正常户情况后填制《非正常户认定登记表》，上报县级税务机关后分别进行以下处理：

(1)核查纳税人发票管理情况，如果纳税人有领用未缴销的，在《非正常户认定登记表》上登记未缴销的发票名称、数量、起止号码；

(2)核查纳税人税款缴纳情况，如果有欠税的，在《非正常户认定登记表》上登记欠缴税款的税种、所属时期、税额；

(3)核查税务登记管理情况，登记纳税人领用的税务登记证正、副本和其他有关证件情况。

上述三项处理完毕，县级税务机关签署审批意见，列入非正常户管理。对有欠税的纳税人实行欠税公告。

二、宣告失效

(1)认定为非正常户、超过3个月仍未找到的纳税人，由县级税务机关定期在办税场所或新闻媒体上公告，宣布其税务登记证件失效；

(2)对宣布税务登记证件失效的非正常户，由县级税务机关定期通过新闻媒体公告，宣布其领用的发票作废。

三、解除

(1)被列入非正常户的纳税人在宣告失效之前，又前来履行纳税义务或者被税务机关追查到案的，报经县级税务机关解除其非正常户状态，在其履行纳税义务并接受税务行政处罚后，恢复正常管理；

(2)被列入非正常户的纳税人在宣告失效之后，又前来履行纳税义务或者被税务机关追查到案的，报经县级税务机关解除其非正常户状态，在其履行纳税义务并接受税务行政处罚后，注销原税务登记证件。若重新设立的纳税人经批准后再重新办理开业登记、核发税务登记证件的，实施正常管理。

项目三　账簿和凭证的管理

任务一　账簿的设置

账簿是以会计凭证为依据，序时、分类、连续、系统、完整地记录和反映各项经济业务的簿记。它由具有一定格式并相互联结在一起的账页所组成。凭证是用来记录经济业务，明确经济责任，并据以登记账簿的书面证明。账簿、凭证是纳税人进行生产经营活动和核算财务收支的重要依据，也是税务机关对纳税人进行征税、管理、检查的重要依据。

一、账簿的设置要求

纳税人、扣缴义务人应按照有关法律、行政法规和国务院财政、税务主管部门的规定设置账簿，根据合法、有效的凭证记账，进行核算。

(1)从事生产、经营的纳税人应当自领取营业执照或者发生纳税义务之日起15日内，按照国家有关规定设置账簿。账簿包括总账、明细账、日记账以及其他辅助性账簿。总账、日记账应当采用订本式。

(2)生产、经营规模小又确无建账能力的纳税人，可以聘请经批准从事会计代理记账业务的专业机构或者经税务机关认可的财会人员代为建账和办理账务；聘请上述机构或者人员有实际困难的，经县以上税务机关批准，可以按照税务机关的规定，建立收支凭证粘贴簿、进货销货登记簿或者使用税控装置。

(3)扣缴义务人应当自税收法律、行政法规规定的扣缴义务发生之日起10日内,按照所代扣、代收的税种,分别设置代扣代缴、代收代缴税款账簿。

(4)纳税人、扣缴义务人采用电子计算机记账的,对于会计制度健全,能够通过电子计算机正确、完整地计算其收入、所得的,其电子计算机储存和输出的会计记录,可视同会计账簿,但应按期打印成书面记录并完整保存;对于会计制度不健全,不能通过电子计算机正确、完整地反映其收入、所得的,应当建立总账和与纳税或者代扣代缴、代收代缴税款有关的其他账簿。

二、账簿和凭证的保管期限

从事生产、经营的纳税人应当自领取税务登记证件之日起15日内,将其财务、会计制度或者财务、会计处理办法报送主管国家税务机关备案。纳税人、扣缴义务人采用计算机记账的,应当在使用前将其记账软件、程序和使用说明书及有关资料报送主管国家税务机关备案。

国务院财政、税务主管部门在规定的保管期限(通常为10年)保管账簿、记账凭证、完税凭证及其他有关资料。上述资料应当合法、真实、完整,不得伪造、变造或者擅自损毁。

三、违反账簿、凭证管理的法律责任

(1)纳税人有下列行为之一,经主管国家税务机关责令限期改正,逾期不改正的,由国家税务机关处以2 000元以下的罚款;情节严重的,处以2 000元以上1万元以下的罚款:

①未按规定设置、保管账簿或者保管记账凭证和有关资料的;

②未按规定将财务、会计制度或者财务会计处理办法报送国家税务机关备查的。

(2)扣缴义务人未按照规定设置、保管代扣代缴、代收代缴税款账簿或者保管代扣代缴、代收代缴税款记账凭证及有关资料的,经主管国家税务机关责令限期改正,逾期不改正的,由国家税务机关处以2 000元以下的罚款;情节严重的,处以2 000元以上5 000元以下的罚款。

任务二 财务、会计制度备案要求

从事生产、经营的纳税人的财务、会计制度或者财务、会计处理办法和会计核算软件,应当报送税务机关备案。

(1)从事生产、经营的纳税人应当自领取税务登记证件之日起15日内,将其财务、会计制度或者财务、会计处理办法报送主管税务机关备案。

纳税人使用计算机记账的,应当在使用前将会计电算化系统的会计核算软件、使用说明书及有关资料报送主管税务机关备案。

纳税人建立的会计电算化系统应当符合国家有关规定,并能正确、完整地核算其收入或者所得。

纳税人应当按照税务机关的要求安装、使用税控装置,并按照税务机关的规定报送有关数据和资料。

(2)纳税人、扣缴义务人的财务、会计制度或者财务、会计处理办法与国务院或者国务院财政、税务主管部门有关税收的规定抵触的,依照国务院或者国务院财政、税务主管部门有关税收的规定计算应纳税款、代扣代缴和代收代缴税款。

(3)账簿、会计凭证和报表,应当使用中文。民族自治地方可以同时使用当地通用的一种民族文字。外商投资企业和外国企业可以同时使用一种外国文字。

项目四　发票领购与填开

任务一　发票的基本知识

一、发票的含义

发票，是指在购销商品，提供或者接受服务以及从事其他经营活动中，开具、收取的收付款项凭证。现行税制发票分为普通发票和增值税专用发票两大类。

普通发票是指增值税专用发票以外的纳税人使用的其他发票。增值税专用发票只有增值税一般纳税人和税务机关为增值税小规模纳税人代开时使用。纳税人从事正常的生产经营活动，一方面要向收款方索取发票，同时也要向付款方开具发票。特别是增值税制实行凭票抵扣税款制度，发票已不仅仅是商事凭证，也是税款缴纳和抵扣的凭证。

二、发票的管理

税务机关是发票的主管机关，负责发票印制、领购、开具、取得、保管、缴销的管理和监督。

发票由各级税务机关统一管理。增值税专用发票由国家税务总局统一印制。其他发票由省、自治区、直辖市税务机关指定的企业印制；各省、自治区、直辖市内的单位和个人使用的发票，除增值税专用发票外，应当在本省、自治区、直辖市内印制；确有必要到外省、自治区、直辖市印制的，应当由省、自治区、直辖市税务机关商请印制地省、自治区、直辖市税务机关同意，由印制地省、自治区、直辖市税务机关指定的印制发票的企业印制。禁止在境外印制发票。

发票应当使用中文印制。民族自治地方的发票，可以加印当地一种通用的民族文字。有实际需要也可以同时使用中外两种文字印制。

发票应当套印全国统一发票监制章，全国统一发票监制章的式样和发票版面印刷的要求，由国家税务总局规定，发票监制章由省、自治区、直辖市税务机关制作。禁止伪造发票监制章。发票实行不定期换版制度。

任务二　增值税专用发票的领购与填开

增值税专用发票，是增值税一般纳税人（以下简称一般纳税人）销售货物或者提供应税劳务开具的发票，是购买方支付增值税额并可按照增值税有关规定据以抵扣增值税进项税额的凭证。一般纳税人应通过增值税防伪税控系统（以下简称防伪税控系统）使用专用发票。使用，包括领购、开具、缴销、认证纸质专用发票及其相应的数据电文。专用发票只限于增值税一般纳税人领购使用。

一、领购专用设备

一般纳税人应通过增值税防伪税控系统（以下简称防伪税控系统）使用专用发票，因此应先购置防伪税控系统专用设备。防伪税控系统，是指经国务院同意推行的，使用专用设备和通用设备、运用数字密码和电子存储技术管理专用发票的计算机管理系统。专用设备，是指金税卡、IC 卡、读卡器和其他设备；通用设备，是指计算机、打印机、扫描器具和其他设备。

二、申请专用发票的最高开票限额

专用发票实行最高开票限额管理。最高开票限额由一般纳税人申请，由税务机关依法审批。一般纳税人申请最高开票限额时，需填报“最高开票限额申请表”（一式两份），并等待税务机关进行实地核查。最高开票限额是指单份专用发票开具的销售额合计数不得达到的上限额度。最高开票限额为10万元及以下的，由区县级税务机关审批；最高开票限额为100万元的，由地市级税务机关审批；最高开票限额为1 000万元及以上的，由省级税务机关审批。防伪税控系统的具体发行工作由区县级税务机关负责。

三、专用发票的初始发行

一般纳税人领购专用设备后凭“最高开票限额申请表”、发票领购簿到主管税务机关办理初始发行。初始发行，是指主管税务机关将一般纳税人的有关信息载入空白金税卡和IC卡的行为。

需载入空白金税卡和IC卡的一般纳税人的信息有：(1)企业名称；(2)税务登记代码；(3)开票限额；(4)购票限量；(5)购票人员姓名、密码；(6)开票机数量；(7)国家税务总局规定的其他信息。一般纳税人发生税务登记代码信息变化的，应向主管税务机关申请注销发行；发生上列除税务登记代码以外的信息变化的，应向主管税务机关申请变更发行。

四、领购专用发票

一般纳税人凭发票领购簿、IC卡和经办人身份证明领购专用发票。一般纳税人有下列情形之一的，不得领购开具专用发票：

(1)会计核算不健全，不能向税务机关准确提供增值税销项税额、进项税额、应纳税额数据及其他有关增值税税务资料的。其他有关增值税税务资料的内容，由各省、自治区、直辖市和计划单列市国家税务局确定。

(2)有《税收征管法》规定的税收违法行为，拒不接受税务机关处理的。

(3)有下列行为之一，经税务机关责令限期改正而仍未改正的：虚开增值税专用发票；私自印制专用发票；向税务机关以外的单位和个人买取专用发票；借用他人专用发票；未按规定开具专用发票；未按规定保管专用发票和专用设备；未按规定申请办理防伪税控系统变更发行；未按规定接受税务机关检查。有上述情形的纳税人，若已领购专用发票，主管税务机关应暂扣其结存的专用发票和IC卡。

五、开具专用发票

一般纳税人销售货物或者提供应税劳务，应向购买方开具专用发票。一般纳税人销售货物或者提供应税劳务可汇总开具专用发票。汇总开具专用发票的，同时使用防伪税控系统开具“销售货物或者提供应税劳务清单”，并加盖财务专用章或者发票专用章。增值税小规模纳税人（以下简称“小规模纳税人”）需要开具专用发票的，可向主管税务机关申请代开。

专用发票应按下列要求开具：

(1)项目齐全，与实际交易相符；

(2)字迹清楚，不得压线、错格；

(3)发票联和抵扣联加盖财务专用章或者发票专用章；

(4)按照增值税纳税义务的发生时间开具。

对不符合上述要求的专用发票,购买方有权拒收。

商业企业一般纳税人零售的烟、酒、食品、服装、鞋帽(不包括劳保专用部分)、化妆品等消费品不得开具专用发票;销售免税货物不得开具专用发票(法律、法规及国家税务总局另有规定的除外)。

六、专用发票的保管

纳税人应设专门地点和场所保管发票。有下列情形之一的,为未按规定保管专用发票和专用设备:

(1)未设专人保管专用发票和专用设备;

(2)未按税务机关要求存放专用发票和专用设备;

(3)未将认证相符的专用发票抵扣联、认证结果通知书和认证结果清单装订成册;

(4)未经税务机关查验,擅自销毁专用发票基本联次。

七、专用发票的认证

专用发票的认证是税务机关通过防伪税控系统对专用发票所列数据的识别、确认。专用发票抵扣联无法认证的,可使用专用发票的发票联到主管税务机关认证,专用发票的发票联复印件留存备查。用于抵扣增值税进项税额的专用发票应经税务机关认证相符(国家税务总局另有规定的除外)。认证相符,是指纳税人识别号无误并且专用发票所列密文解译后与明文一致,认证相符的专用发票应作为购买方的记账凭证,不得退还销售方。

经认证,专用发票有下列情形之一的,不得作为增值税进项税额的抵扣凭证,税务机关应退还原件:(1)无法认证(即专用发票所列密文或者明文不能辨认,无法产生认证结果);(2)纳税人识别号认证不符(指专用发票所列购买方纳税人识别号有误);(3)专用发票代码、号码认证不符(指专用发票所列密文解译后与明文的代码或者号码不一致)。

经认证,专用发票有下列情形之一的,暂不得作为增值税进项税额的抵扣凭证,税务机关扣留原件,查明原因,分别情况进行处理:(1)重复认证(指已经认证相符的同一张专用发票再次认证);(2)密文有误(指专用发票所列密文无法解译);(3)认证不符(指纳税人识别号有误或者专用发票所列密文解译后与明文不一致);(4)列为失控专用发票(指认证时的专用发票已被登记为失控专用发票)。

八、抄报税

一般纳税人开具专用发票应先抄税后报税。

抄税,是指报税前用IC卡或者IC卡和软盘抄取开票数据电文。报税,是纳税人持IC卡或者IC卡和软盘向税务机关报送开票数据电文。一般纳税人开具专用发票应在增值税纳税申报期内向主管税务机关报税,在申报所属月份内可分次向主管税务机关报税。因IC卡、软盘质量等问题无法报税的,应更换IC卡、软盘;因硬盘损坏、更换金税卡等原因不能正常报税的,应提供已开具未向税务机关报税的专用发票记账联原件或者复印件,由主管税务机关补采开票数据。

九、专用发票的作废和缴销

一般纳税人在开具专用发票当月,发生销货退回、开票有误等情形,收到退回的发票联、抵扣联符合作废条件的，按作废处理；开具时发现有误的，可即时作废。作废专用发票须在防伪税控系统中将相应的数据电文按“作废”处理，在纸质专用发票（含未打印的专用发票）各联次上注明“作废”字样，全联次留存。同时具有下列情形的，为作废条件：

(1)收到退回的发票联、抵扣联时间未超过销售方开票当月。

(2)销售方未抄税并且未记账。

(3)购买方未认证或者认证结果为“纳税人识别号认证不符”、“专用发票代码、号码认证不符”。

缴销是指主管税务机关在纸质专用发票监制章处按“V”字剪角作废，同时作废相应的专用发票数据电文。被缴销的纸质专用发票应退还纳税人。一般纳税人注销税务登记或者转为小规模纳税人，应将专用设备和结存未用的纸质专用发票送交主管税务机关。主管税务机关应缴销其专用发票，并按有关安全管理的要求处理专用设备。纳税人领用发票票种核定表见表1—6。

表1—6　　纳税人领用发票票种核定表

<table>
<tr><td colspan="2">纳税人识别号</td><td colspan="6"></td></tr>
<tr><td colspan="2">纳税人名称</td><td colspan="6"></td></tr>
<tr><td colspan="2">领票人</td><td colspan="2">联系电话</td><td colspan="2">身份证件类型</td><td colspan="2">身份证件号码</td></tr>
<tr><td colspan="2"></td><td colspan="2"></td><td colspan="2"></td><td colspan="2"></td></tr>
<tr><td colspan="2"></td><td colspan="2"></td><td colspan="2"></td><td colspan="2"></td></tr>
<tr><td>发票种类名称</td><td>发票票种核定操作类型</td><td>单位(数量)</td><td>每月最高领票数量</td><td>每次最高领票数量</td><td>持票最高数量</td><td>定额发票累计领票金额</td><td>领票方式</td></tr>
<tr><td></td><td></td><td></td><td></td><td></td><td></td><td></td><td></td></tr>
<tr><td></td><td></td><td></td><td></td><td></td><td></td><td></td><td></td></tr>
<tr><td></td><td></td><td></td><td></td><td></td><td></td><td></td><td></td></tr>
<tr><td></td><td></td><td></td><td></td><td></td><td></td><td></td><td></td></tr>
<tr><td></td><td></td><td></td><td></td><td></td><td></td><td></td><td></td></tr>
<tr><td colspan="8">纳税人(签章)
经办人：　　　　法定代表人(业主、负责人)：　　　　填表日期：　　年　月　日</td></tr>
<tr><td colspan="8">发票专用章印模：</td></tr>
</table>

填表说明：

1. 本表依据《中华人民共和国发票管理办法》第十五条设置。

2. 适用范围：本表适用于需要领用发票的单位和个人，向主管税务机关办理发票领用手续时使用。

3. 填表说明：

(1)身份证件类型：是指领票人的居民身份证、护照或者其他能证明经办人身份的证件；

(2)发票种类名称：根据《发票种类代码表》的“名称”列填写，详见附件；

(3)申请发票票种核定操作类型：填写增加、变更或删除；

(4)领票方式：填写验旧领新、交旧领新、批量供应或其他。

4. 本表一式一份，由纳税人主管税务机关留存。

任务三 普通发票的领购与填开

依法办理税务登记的单位和个人，在领取税务登记证件后，向主管税务机关申请领购发票。

申请领购发票的单位和个人应当提出购票申请，提供经办人身份证明、税务登记证件或者其他有关证明，以及财务印章或者发票专用章的印模，经主管税务机关审核后，发给发票领购簿。领购发票的单位和个人凭发票领购簿核准的种类、数量及购票方式，向主管税务机关领购发票。

需要临时使用发票的单位和个人，可以直接向税务机关申请办理。

购票方式一般包括限量供应(一般以一个季度的用量为限)、交旧购新或验旧购新等。

一、增值税普通发票的基本内容

增值税普通发票的格式、字体、栏次、内容与增值税专用发票完全一致，按发票联次分为两联票和五联票两种，基本联次为两联，第一联为记账联，销货方用作记账凭证；第二联为发票联，购货方用作记账凭证。此外，为满足部分纳税人的需要，在基本联次后添加了三联的附加联次，即五联票，供企业选择使用。增值税普通发票第二联(发票联)采用防伪纸张印制。代码采用专用防伪油墨印刷，号码的字形为专用异型体。各联次的颜色依次为蓝、橙、绿蓝、黄绿和紫红色。

增值税普通发票(折叠票)发票代码。增值税普通发票(折叠票)的发票代码调整为12位，编码规则：第1位为0，第2～5位代表省、自治区、直辖市和计划单列市，第6～7位代表年度，第8～10位代表批次，第11～12位代表票种和联次，其中04代表两联增值税普通发票(折叠票)、05代表五联增值税普通发票(折叠票)。

二、领购普通发票

已办理税务登记的纳税人需要使用发票的，应填写发票领购申请表，提出购票申请，凭发票领购簿核准的种类、数量以及购票方式，向主管税务机关领购发票。纳税人应提供以下资料：(1)《发票领购单》；(2)《发票领购簿》；(3)未验销的已用发票存根(购增值税专用发票或增值税普通发票需携带已开具的最后一张记账联原件或复印件)；(4)已开具卷式发(红、废)票汇总表或清单(卷式发票查验)；(5)税控"IC"卡(防伪税控企业提供)；(6)《纳税人领购发票票种核定申请表》(未经票种核定或需变更票种核定的纳税人报送)。

纳税人提供的资料完整、各项手续齐全，无违章问题的，税务机关审核无误后应当场办结，收取发票工本费，并开具行政性收费票据交付纳税人，在发票领购簿上打印发票验旧和发票发售记录。纳税人查验所购发票的种类、版别和数量。

依法不需要办理税务登记的单位和个人领购发票的，可以按规定向主管税务机关领购发票。临时到外省(自治区、直辖市)从事经营活动的单位和个人，可以凭本地税务机关开具的外出经营活动税收管理证明，向经营地主管税务机关申请领购经营地的发票。

对外省来本地从事临时经营活动的单位和个人，税务机关可以要求其提供担保人，或者根据所领购发票的票面限额与数量缴纳1万元以下的保证金，并限期缴销发票。

三、开具普通发票

发票限于领购单位和个人在本省、自治区、直辖市内开具。任何单位和个人未经批准，不得跨规定地使用区域携带、邮寄、运输空白发票。

销售商品、提供服务以及从事其他经营活动的单位和个人，对外发生经营业务收取款项时，收款方应向付款方开具发票；特殊情况下由付款方向收款方开具发票。开具发票应当按照规定的时限、顺序，逐栏、全部联次一次性如实开具，并加盖单位财务专用章或者发票专用章。使用计算机开具发票的，须经主管税务机关批准，并使用税务机关统一监制的机外发票，开具后的存根联应当按照顺序号装订成册。

不符合规定的发票，不得作为财务报销凭证，任何单位和个人都有权拒收。

任何单位和个人不得转借、转让、代开发票；未经税务机关批准，不得拆本使用发票；不得自行扩大专业发票使用范围；禁止倒买倒卖发票、发票监制章和发票防伪专用品。

开具发票的单位和个人应当建立发票使用登记制度，设置发票登记簿，并定期向主管税务机关报告发票使用情况。

开具发票的单位和个人应当在办理变更或者注销税务登记的同时，办理发票和发票领购簿的变更、缴销手续。

开具发票的单位和个人应当按照税务机关的规定存放和保管发票，不得擅自损毁。已开具的发票存根联和发票登记簿，应当保存5年。保存期满，报经税务机关查验后销毁。

四、普通发票的日常管理

所有单位和从事生产、经营活动的个人在购买商品、接受服务以及从事其他经营活动支付款项时，应当向收款方取得发票。取得发票时，不得要求变更品名和金额。

纳税人应建立严格的发票保管制度，包括专人保管制度、专库保管制度、专账登记制度、保管交接制度、定期盘点制度。

发票应定期缴销，包括发票收缴和发票销毁。发票收缴是指用票单位和个人按照规定向税务机关上缴已经使用或者未使用的发票；发票销毁是指由税务机关统一将自己或者他人已使用或者未使用的发票进行销毁。发票销毁首先必须收缴；但收缴的发票不一定都要销毁，一般都要按照法律法规的规定保存一定时期后才能销毁。

项目五　纳税申报流程

任务一　纳税申报的主体、内容和方式

纳税申报是纳税人、扣缴义务人在发生纳税、扣缴税款义务后，按照税法规定的期限和内容向主管税务机关提交有关纳税书面报告的法定手续，是界定纳税人法律责任的主要依据，是税务机关税收管理信息的主要来源。纳税申报是连接税务机关与纳税人的重要纽带。

一、纳税申报的主体

纳税申报的主体是纳税人和扣缴义务人。

纳税人必须在法律、行政法规规定或者税务机关依照法律、行政法规的规定确定的申报期限内办理纳税申报，报送纳税申报表、财务会计报表，以及税务机关根据实际需要要求纳税人报送的其他纳税资料。

依法已向国家税务机关办理税务登记的纳税人应按规定向税务机关办理纳税申报，主要包括：各项收入均应当纳税的纳税人；按税收法律规定，全部或部分产品、项目或者税种享受减税、免税照顾的纳税人；当期营业额未达到起征点或没有营业收入的纳税人；实行定期定额纳税的纳税人；应当向国家税务机关缴纳企业所得税以及其他税种的纳税人。享受减税、免税待遇的纳税人，在减税、免税期间也应当按照规定办理纳税申报。

扣缴义务人和国家税务机关确定的委托代征人必须在法律、行政法规规定或者税务机关依照法律、行政法规的规定确定的申报期限内报送代扣代缴、代收代缴税款报告表，以及税务机关根据实际需要要求扣缴义务人报送的其他有关资料。

按规定不需向国家税务机关办理税务登记，以及应当办理而未办理税务登记的纳税人，主要包括：临时取得应税收入或发生应税行为的纳税人；只缴纳个人所得税或车税的纳税人，发生应税行为时应向税务机关办理纳税申报。

二、纳税申报的内容

纳税申报的主要内容包括：税种、税目，应纳税项目或者应代扣代缴、代收代缴税款项目，适用税率或者单位税额，计税依据，扣除项目及标准，应退税项目及税额，应减免税项目及税额，应纳税额或者应代扣代缴、代收代缴税额，税款所属期限，延期缴纳税款、欠税、滞纳金等。

纳税人在办理纳税申报时，不仅应如实填写纳税申报表，还应根据不同情况报送相应的有关证件和资料，包括：(1)财务会计报表及其说明材料；(2)与纳税有关的合同、协议书及凭证；(3)税控装置的电子报税资料；(4)外出经营活动税收管理证明和异地完税凭证；(5)境内或者境外公证机构出具的有关证明文件；(6)税务机关规定应当报送的其他有关证件及资料。

三、纳税申报的方式

纳税人、扣缴义务人可以直接到税务机关办理纳税申报，或者报送代扣代缴、代收代缴税款报告表，也可以按照规定采取邮寄、数据电文或者其他方式办理上述申报、报送事项。

(一)直接申报

直接申报也称上门申报、窗口申报，是指纳税人和扣缴义务人按照规定的期限自行到税务机关办理纳税申报。直接申报以主管税务机关的实际受理日期为申报日期。

(二)邮寄申报

邮寄申报是指经税务机关批准的纳税人使用统一规定的纳税申报特快专递专用信封，通过邮政部门办理交寄手续，并向邮政部门索取收据作为申报凭据的方式。邮寄申报以寄出的邮戳日期为实际申报日期。

(三)电子申报

电子申报也称数据电文申报，是指经税务机关批准的纳税人使用电话语音、电子数据交换和网络传输等电子方式办理纳税申报。

纳税人采取电子方式办理纳税申报的，应当按照税务机关规定的期限和要求保存有关资料，并定期书面报送给主管税务机关。

（四）代理申报

纳税人、扣缴义务人可以委托注册税务师办理纳税申报。

（五）简易申报

简易申报是指实行定期定额征收的纳税人，经税务机关批准，通过以缴纳税款凭证代替纳税申报或简并征期的一种申报方式。其中，简并征期是指定期定额纳税人按照税务机关核定的税款和核定的纳税期或一个季度或半年或一年申报缴纳税款。

任务二　纳税申报流程

一、直接申报纳税流程

（一）企事业单位申报纳税流程

1. 申报

纳税人、扣缴义务人必须依照法律、行政法规规定或者税务机关依照法律、行政法规的规定确定的申报期限、申报内容如实填写纳税申报表，代扣代缴、代收代缴、委托代征税款报告表，并加盖印章后，连同规定报送的各种附表、异地已税凭证、财务会计报表以及其他有关材料到税务机关办税服务厅申报纳税窗口，办理纳税申报。

2. 审核

申报纳税窗口收到纳税申报资料后，当即对下列几个方面进行重点纳税申报审核：(1)纳税申报或代扣代收税款报告的时间是否逾期；(2)申报的项目是否齐全；(3)适用的税目、税率、计税依据是否准确；(4)申报数字之间的逻辑运算和运算结果是否正确；(5)代扣、代收、代征税款计算是否正确；(6)应附送的资料是否齐全，纳税申报表与其他附表资料是否一致等。

发现申报差错或不符合要求的应退回纳税人、扣缴义务人、代征人，并说明原因，辅导纳税人纠正申报错误，要求纳税人、扣缴义务人、代征人补正。

3. 受理

审核符合要求的，申报纳税窗口负责受理、签收申报资料，并当即将纳税申报信息录入征管信息系统。

4. 处理

申报纳税窗口通过征管信息系统开具完税凭证交纳税人、扣缴义务人到银行缴纳，同时将纳税申报信息传递给税款征收、催报管理、纳税评估、发票管理和税收会计、统计等环节，并定期将纸质纳税申报资料传递给管理部门。

（二）个体工商户申报纳税流程

1. 申报

纳税人必须依照法律、行政法规规定或者税务机关依照法律、行政法规的规定确定的申报期限、申报内容如实填写纳税申报表，并加盖印章签字后，到税务机关办税服务厅申报纳税窗口办理纳税申报。

2. 审核

申报纳税窗口收到纳税申报资料后，当即对下列几个方面进行重点纳税申报审核：(1)纳税申报的时间是否逾期；(2)申报的项目是否齐全；(3)适用的税目、税率、计税依据是否准确；(4)申报数字之间的逻辑运算和运算结果是否正确；(5)应附送的资料是否齐全，纳税申报表与其他附表资料是否一致等。

发现申报差错或不符合要求的应退回纳税人，并说明原因，辅导纳税人纠正申报错误，要求纳税人补正。

3. 受理

审核符合要求的，申报纳税窗口负责受理、签收申报资料，并当即将纳税申报信息录入征管信息系统。

4. 处理

申报纳税窗口通过征管信息系统开具完税凭证交纳税人，同时将纳税申报信息传递给税款征收、催报管理、纳税评估、发票管理和税收会计、统计等环节，并定期将纸质纳税申报资料传递给管理部门。

二、网上申报纳税流程

(一)申报

纳税人、扣缴义务人在法定的纳税申报期限内，利用税务机关发放的网上申报账号和口令，登录电子申报纳税系统，根据当期纳税申报事项，填写有关数据信息，填写完毕并确认无误后提交。

电子报税软件在纳税人、扣缴义务人提交纳税申报信息的同时自动完成纳税申报表格内容的逻辑审核工作。

纳税人、扣缴义务人提交数据应谨慎，因为数据一旦提交就不能更改，为此，系统在提交前会给纳税人再次提示，请纳税人确认是否确定要提交。在得到"提交成功"的提示后，纳税人、扣缴义务人就完成了本期的网上纳税申报。

网上申报具有申报查询功能，纳税人、扣缴义务人在指定查询期间后，纳税人、扣缴义务人的申报记录就会显示出来，对于《增值税纳税申报表》、《营业税纳税申报表》等各种申报表，《资产负债表》、《利润表》和其他财务报表可以查看具体的申报信息，但不能更改。

(二)受理

电子申报纳税系统自动受理纳税人的纳税申报信息。电子申报服务器将纳税户提交的申报数据按不同的税务机关分组暂存。税务局端随机收取相关的分组数据并对数据进行处理。数据处理完成后，税务机关将纳税人的纳税账号和相应的扣款数据发送指定银行扣除税款，并根据银行确认的扣款信息，以电子邮件的方式自动向相关纳税户发出电子邮件，告知最后的申报处理结果。

(三)纸质纳税申报资料报送

(1)网上申报纳税人、扣缴人可以将各纳税申报期的相关纸质申报资料集中定期(按季或半年)报送税务机关办税服务厅申报纳税窗口。

(2)申报纳税窗口接收纳税人、扣缴义务人报送的纸质申报资料后，审核资料、印章是否齐全，核对纸质资料和电子信息是否一致，表内、表间各指标是否符合逻辑关系，不一致且纳税人无法说明原因的，转管理部门的纳税评估环节。

(3)当财务会计报表及主要财务指标等纳税申报附报信息实现电子报送后，纸质纳税申报的附报资料可以不再报送。

(四)处理

(1)电子申报纳税系统在网上纳税申报的同步将纳税人、扣缴义务人当期纳税申报信息写入征管信息系统，并通过征管信息系统及时传递给税银联网系统和税款征收、催报管理、纳税评估、发票管理和税收会计、统计等环节。

(2)申报纳税窗口定期将纸质纳税申报资料传递给管理部门。

(3)管理部门的催报管理环节通过电子报税系统后台监控模块实时监控网上申报情况，定期通过征管信息系统制作《逾期申报清册》和《申报情况统计分析表》。

如果用户电脑安装了防火墙，请在防火墙中对本程序取消禁止(添加到“例外”中)。如果用户是采用代理上网，则请在“网络设置维护”中正确进行代理设置。

三、减免税户申报流程

(1)纳税人根据有关政策规定向主管地税机关提出书面申请。

(2)所属分局税收管理员接到经分局负责人批示的减免税申请后，在3个工作日内进行调查核实，并书面报告调查情况。

(3)纳税人到所属分局税收管理员处领取并填写《纳税人减免税申请审批表》(一式三份)。

(4)所属分局税收管理员根据调查情况，在《纳税人减免税申请审批表》上签署意见后，连同书面调查报告一并报分局负责人审核。

(5)分局应在5个工作日内召开减免税审核小组会议，对不符合减免税规定的，应及时书面答复申请人；对符合减免税规定的，由分局负责人在《纳税人减免税申请审批表》上签字、加盖公章后，随同文件一并上报上级地税机关。

(6)根据上级有权机关批复的《减免税批准通知书》、《纳税人减免税申请审批表》，由税收管理员通知纳税人，并在1个工作日内进行相关资料的录入。

(7)纳税人在申报期限内填写《纳税申报表》，到办税窗口进行减免税申报。

四、个体税银一体化申报纳税流程

(1)在纳税人办理税务登记后，税收管理员应及时进行相关资料的采集、录入。

(2)纳税人到经主管税务机关指定的银行开立账户，或提供经主管税务机关指定的银行存款账号，开立账户或提供账号的储户姓名必须与纳税人个人姓名一致，即办理税务登记与开立账户必须是同一张居民身份证。

(3)由纳税人、主管税务机关、金融单位三方签订税银一体化协议。

(4)主管税务机关应告知纳税人在征期前必须存足大于一个月应纳税款以上的资金。

(5)每月月底提前2天，各管理分局必须定额核定结束，并上机录入定额核定等相关资料。

(6)每月1日上午8:00以前由征管分局指定专人上机转待征处理。

(7)征期内由信息中心负责与银行进行税款比对，并进行相应的处理。

(8)在征期内由各管理分局，每天在税银一体化操作系统的前台程序中，查询各自分局纳税户扣款未成功的原因，并及时处理。

(9)由征管分局指定专人每天通过前台操作程序与银行进行对账、划汇，有问题的应及时与税务机关信息中心联系。

(10)银行扣款后纳税人持《税银一体化纳税记录卡》在银行营业窗口打印纳税记录。

(11)纳税人需要税票的，可随时凭《税银一体化纳税记录卡》到办税服务厅索取税票。

任务三 延期申报和零申报

一、延期申报

延期申报是指纳税人、扣缴义务人按照规定的期限办理纳税申报或者报送代扣代缴、代收代缴税款报告表确有困难的，在规定的期限内向税务机关提出书面延期申请，经税务机关核准后，可以延期办理纳税申报。

(一)延期申报的原因

(1)因不可抗力，不能按期办理纳税申报或者报送代扣代缴、代收代缴税款报告表的纳税人、扣缴义务人。

(2)因财务处理上的特殊原因，账务未处理完毕，不能计算应纳税额，按照规定的期限办理纳税申报或者报送代扣代缴、代收代缴税款报告表确有困难，需要延期的纳税人、扣缴义务人。

(二)延期申报流程

1. 申请

申请延期申报的纳税人、扣缴义务人，应在规定的申报期内向主管税务机关提出申请，领取和填写《延期申报申请核准表》一式两份，递交如下申请资料：书面申请报告；《延期申报申请核准表》；有关的证明材料。

2. 受理

主管税务机关收到申请人报送的延期申报申请资料后当场审阅。资料不全的，一次性告知并要求其补正后应予以受理；资料齐全的，予以受理。

3. 核定

主管税务机关对《延期申报申请核准表》进行审核并确认预缴税款核定方式，负责人签署具体意见后传递给县级税务机关核准。

《征管法》第二十七条第二款规定："经核准延期办理纳税申报的，应当在纳税期限内按照上期实际缴纳的税额或者税务机关核定的税额预缴税款，并在核准的延期内办理纳税结算。"

根据上述规定，纳税人经税务机关批准延期申报后，除不可抗力的原因外，纳税人应先按上期实际缴纳或税务机关核定的税额预缴，然后在税务机关批准的延期申报期限内办理纳税结算。

4. 核准

县级税务机关对报送的《延期申报申请核准表》进行审查，不予批准的，注明原因退回；予以批准的，将《延期申报申请核准表》传递给主管税务机关。

5. 执行

(1)主管税务机关在规定的时间内将核准延期申报的纳税人情况书面通知办税服务厅；

(2)对核准延期申报的纳税人、扣缴义务人必须在规定的纳税期内预缴税款，并在核准的延期申报期限内办理税款结算。

二、零申报

零申报是指在税务机关办理了税务登记的纳税人、扣缴义务人当期未发生应税行为，按照国家税收法律、行政法规和规章的规定，应向税务机关办理零申报手续，并注明当期无应税事项。

零申报不同于延期申报和不申报，其流程与正常纳税申报流程相同，只是不需要缴纳税款而已。

三、纳税申报违章处理

纳税人未按照规定的期限办理纳税申报，或者扣缴义务人未按规定期限向税务机关报送代扣代缴、代收代缴报告表（含零申报）的，由主管税务机关发出《责令限期改正通知书》和《税务行政处罚事项告知书》，告知纳税人改正内容和处罚事项，纳税人无异议的，主管征收机关送达《税务行政处罚决定书》，按照规定的处罚标准处罚。税务机关责令限期改正，可以处以2 000元以下的罚款；逾期不改正的，可以处以2 000元以上1万元以下的罚款。

项目六　税款征收

税款征收工作是税收征收管理工作中的中心环节，是全部税收征管工作的中心和归宿，在整个税收征收管理工作中占有极其重要的地位，直接关系到国家税收能否及时、足额入库，同时也与纳税人、扣缴义务人的合法权益能否得到保护直接相关。

税款征收是指税务机关依照税收法律、行政法规的规定，确定税款征收方式、税款缴库方式，直至将纳税人应当缴纳的税款组织入库的一系列活动的总称。

任务一　税款征收方式

税款征收方式包括查账征收、核定征收、委托代征和强制征收等。

一、查账征收

查账征收是指税务机关对账务健全的纳税人，依据其报送的纳税申报表、财务会计报表和其他纳税资料，依照适用税率计算应纳税款，填写缴款书或者完税凭证，由纳税人自行解缴税款的一种征收方式。

（一）查账征收的适用范围

查账征收适用于经营规模较大、财务会计制度健全、能够如实核算和提供生产经营情况、正确计算应纳税额并能认真履行纳税义务的纳税人。

（二）查账征收的流程

1. 受理

主管税务机关按照“财务制度或者会计处理办法、会计软件报备”程序，受理并初审纳税人首次报备的纳税财务资料，资料完整的，进行调查。

2. 调查

主管税务机关分析纳税人首次报备的纳税财务资料后，对其财务核算状况进行实地调查。

（1）纳税人财务核算状况不符合规定的直接转入“核定征收”。

（2）纳税人财务核算状况符合规定的由主管税务机关提出实行查账征收书面意见，报县级税务机关审批。

3. 审批

县级税务机关根据实行查账征收书面意见和有关的调查资料确定是否实行查账征收。

4. 执行

经审批实行查账征收的，由主管税务机关将相关信息录入征管系统并制作《税务事项通知书》送达纳税人执行。

二、核定征收

核定征收是指按查账征收方法难以合理、准确地认定纳税人应纳税额时，由税务机关根据生产经营情况核定应缴纳税款数额的一种征收方式，具体包括查定征收、查验征收和定期定额征收三种。

查定征收是指税务机关根据纳税人的从业人员、生产设备、原材料消耗等因素，在正常的生产经营条件下，对其生产的应税产品，查实核定产量、销售额并据以征收税款的一种方式。它适用于生产规模较小、账册不健全、产品零星、税源分散的小型厂矿和作坊。

查验征收是指税务机关对纳税人的应税商品，通过查验数量，按市场一般销售单价计算其销售收入并据以征税的方式。它适用于对城乡集贸市场中的临时经营者和机场、码头等场所的经销商的课税。

定期定额征收是指对一些营业额、所得额不能准确计算的小型工商户，经过自报评议，由税务机关核定一定时期的营业额和所得税附征率，实行多税种合并征收方式。它适用于难以查清真实收入、账册不全的个体工商户。

(一)核定征收的适用范围

(1)依照法律、行政法规的规定可以不设置账簿的；

(2)依照法律、行政法规的规定应当设置但未设置账簿的；

(3)擅自销毁账簿或者拒不提供纳税资料的；

(4)虽设置账簿，但账目混乱或者成本资料、收入凭证、费用凭证残缺不全，难以查账的；

(5)发生纳税义务，未按照规定的期限办理纳税申报，经税务机关责令限期申报，逾期仍不申报的；

(6)纳税人申报的计税依据明显偏低，又无正当理由的；

(7)企业或者外国企业在中国境内设立的从事生产经营的机构、场所与其关联企业之间的业务往来，不按照独立企业之间的业务往来收取或者支付价款、费用，而减少其应纳税的收入或者所得额的。

(二)核定征收的流程

1. 受理

主管税务机关负责受理以下信息资料：(1)纳税人自行申请的相关资料；(2)由“催报”转来的纳税人拒不申报的信息资料；(3)由“查账征收”转来的纳税人财务核算状况信息资料；(4)由“日常检查”转来的需要实行核定征收的纳税人信息资料。

2. 审核确定

主管税务机关应对相关资料进行审核，如果需要的可实地调查纳税人的生产经营情况，确定核定征收方式后报县级税务机关核准。

3. 核定

经县级税务机关核准实行核定征收方式后，由主管税务机关按照下列任何一种方法或同时采用两种以上方法核定其应纳税额：

(1)参照当地同类行业或者类似行业中经营规模和收入水平相近的纳税人的税负水平核

定；

(2)按照营业收入或者成本加合理的费用和利润的方法核定；

(3)按照耗用的原材料、燃料、动力等推算或者测算核定；

(4)按照其他合理方法核定。

主管税务机关按照上述方法核定的税额，应经本单位集体评议。评议通过的，制作《应纳税款核定通知书》，并填制《定额核定(调整)清册》。

4. 执行

主管税务机关将《应纳税款核定通知书》送达纳税人执行，并根据有关规定将最终确定的定额和应纳税额情况进行公布。

5. 定额调整

纳税人核定的定额发生变化的，应提请主管税务机关重新核定定额，税务机关应当根据规定的核定方法和程序重新核定定额，并下达《应纳税款核定通知书》。

个体工商户的定期定额征收按照“个体工商户定期定额征收管理”。

三、委托代征

委托代征是指税务机关委托代征单位以税务机关的名义向纳税人征收税款，将税款缴入国库的征收方式。

(一)委托代征的适用范围

委托代征适用于小额、零星、税源分散和流动性较大的税款征收。

(二)委托代征的流程

1. 资格认定

主管税务机关根据实际工作需要，依照税收法律法规的规定提请认定代征主体，上报县级税务机关认定代征资格。

2. 签订协议

县级税务机关审核代征主体资格，签署审批意见，据此与代征单位共同签订《委托代征税款协议书》，明确代征税种、代征范围、计税标准、代征期限等事项并培训代征人员。

3. 发放证件

县级税务机关向代征单位制作发放《委托代征税款证书》。

4. 领取票证

代征单位按照国家税务总局有关规定领取、保管、使用、解缴税收票证。

5. 税款结算

代征单位向纳税人收取税款并开具完税凭证，按照规定划解税款，报送《代征税款报告表》等有关资料；代征单位行使代征职权被纳税人拒绝或者发现纳税人有违法违章行为的，应及时报告主管税务机关进行处理。

6. 变更

因代征单位发生转业、改组、分设、合并、联营等情况或税务机关本身原因，需变更委托代征税款协议时，由县级税务机关向代征单位下达《变更委托代征税款协议通知书》，转“签订协议”程序处理。

7. 终止

因代征单位发生转业、改组、分设、合并、联营或停业、注销等情况或税务机关本身原因，需终止委托代征税款协议时,由县级税务机关向代征单位下达《终止委托代征税款协议通知书》,代征单位按协议规定结清委托代征的税款后,收缴原发放给代征单位的《委托代征税款证书》、完税凭证等资料。

四、强制征收

强制征收主要是指税务机关依法对未按照规定办理税务登记的从事生产经营的纳税人以及临时从事生产经营的纳税人核定其应纳税额、责令缴纳、当场采取税收保全,直至强制执行措施的一种征收方式。

(一)强制征收的适用范围

未按照规定办理税务登记的从事生产经营的纳税人以及临时从事生产经营的纳税人,包括外来从事生产经营而未向营业地税务机关报验登记表的纳税人。

(二)强制征收的流程

1. 核定应纳税额并责令缴纳

主管税务机关对未按规定办理税务登记和临时从事生产经营的纳税人按照下列任何一种方法或同时采用两种以上方法核定其应纳税额:

(1)参照当地同类行业或者类似行业中经营规模和收入水平相近的纳税人的税负水平核定;

(2)按照营业收入或者成本加合理的费用和利润的方法核定;

(3)按照耗用的原材料、燃料、动力等推算或者测算核定;

(4)按照其他合理方法核定。

定额核定后下达《应纳税款核定通知书》,并同时下达《税务事项通知书》责令缴纳。

2. 扣押商品、货物

纳税人不缴纳的,主管税务机关可以当场下达《税收保全措施决定书(查封/扣押适用)》并由两名以上税务人员执行扣押其价值相当于应纳税款的商品、货物,开具《扣押商品、货物或者其他财产专用收据》。

3. 解除扣押

纳税人在扣押之日起15日内或主管税务机关依法确定的扣押期限内缴纳税款的,主管税务机关自收到税款或银行转回的完税凭证之日起1日内下达《解除税收保全措施决定书(查封/扣押适用)》,归还扣押商品、货物。

4. 强制执行并抵缴税款

纳税人在扣押之日起15日内或主管税务机关依法确定的扣押期限内未缴纳税款的,主管税务机关报县以上税务局(分局)局长批准后下达《税收强制执行决定书(查封、扣押适用)》并执行,以拍卖或变卖所得抵缴税款。

税款征收方式除了查账征收、核定征收、委托代征和强制征收外,还有代扣代缴、代收代缴征收和自核自缴等。

(1)代扣代缴、代收代缴征收。前者是指支付纳税人收入的单位和个人从所支付的纳税人收入中扣缴其应纳税款并向税务机关解缴的行为;后者是指与纳税人有经济往来关系的单位和个人借助经济往来关系向纳税人收取其应纳税款并向税务机关解缴的行为。这两种征收方式适用于税源零星分散、不易控管的纳税人。

(2)自核自缴。自核自缴也称"三自纳税",是指纳税人按照税务机关的要求,在规定的缴款期限内，根据其财务会计情况，依照税法规定，自行计算税款，自行填写纳税缴款书，自行向开户银行缴纳税款，税务机关对纳税单位进行定期或不定期检查的一种税款征收方式。

任务二　正常缴纳税款流程

税款缴纳方式是指纳税人应纳的税款和扣缴义务人扣收的税款缴入国库的具体方式，包括转账缴税、预储账户缴税（税银一体化缴税）、现金缴税、信用卡（账户）缴税、委托代征缴税、汇总缴库。

一、转账缴税

转账缴税是指纳税人根据税务机关填制的缴款书通过开户银行转账缴纳税款的方式。

（一）转账缴税的适用范围

凡在银行开立账户的纳税人或扣缴义务人。

（二）转账缴税的流程

1. 受理

办税服务厅根据受理的纳税人、扣缴义务人申报资料填制税收缴款书；属预缴税款的，需填制《预缴税款通知书》。

2. 开票

办税服务厅将填制的《税收通用缴款书》和《非税收入一般缴款书》除存根联留存外，其余各联交纳税人、扣缴义务人。

3. 划解税款

纳税人、扣缴义务人凭已填制的缴款书到其开户银行划解税款。

二、税银一体化缴税

税银一体化缴税也称预储账户缴税，是指纳税人、扣缴义务人在指定银行开设税款解缴专用账户，按期提前存入当期应纳税款，并在规定的期限内由税务机关通知银行直接划解税款，或自行到税务机关指定银行网点缴纳的方式。按实施方式不同，可分为一般缴税专户缴税、网上实时缴税和批量扣款征收。

（一）税银一体化缴税的适用范围

税银一体化缴税一般适用于账簿设置健全、财务核算准确、纳税信誉等级较高的纳税人。

（二）税银一体化缴税的流程

1. 一般缴税专户缴税程序

（1）纳税人、扣缴义务人自行计算应纳税款并提前存入缴税专户，同时在法定期限内向税务机关办理申报事项。

（2）申报纳税窗口根据征管信息系统传递的税款征收信息填制缴款书。查询缴税账户可支控额并及时通知银行划解税款。

（3）指定银行应根据税务机关通知，划解税款并将划解信息及时反馈给税务机关。

（4）税务机关收到国库（经收处）盖章后转来的报查联、回执联转税收会计作销号处理，并将相关信息录入征管信息系统。

2. 网上实时缴税程序

（1）网上申报纳税人、扣缴义务人在税务机关指定的联网银行开设税款解缴专用账户，并与开户银行签订《委托代扣税款协议书》，同意银行按纳税申报信息从其专用账户上划缴税款。

(2)纳税人、扣缴义务人在办理纳税申报前在专用账户存入不少于当期应纳税款的款项。

(3)纳税人、扣缴义务人登录电子申报纳税系统，输入并提交当期缴纳税额信息。

(4)联网银行税银扣划系统根据电子申报纳税系统提供的纳税人有效申报缴纳税款信息，实时自动从其专用账户中扣划税款。纳税人需要税收缴款书的，凭银行扣划税款的凭证向税务机关申请开具。

(5)税务机关定期与联网银行核对当期扣划的款项数据后，填开缴款书，将联网银行扣划的税款向国库经收处划解。

(6)税务机关凭国库经收处盖章后转来的缴款书报查联转税收会计上解销号，凭"完税证"报查联和缴款书报查联向税收票证管理环节办理票款结报，并将相关信息录入征管信息系统。

3. 批量扣款征收程序

具体程序同委托银行扣缴税款程序。

三、现金缴税

现金缴税是指纳税人用现金缴纳税款的一种方式。

(一)现金缴税的适用范围

现金缴税主要适用于固定个体工商户、零星经营户、个人纳税人等。

(二)现金缴税的流程

1. 纳税人需申报的

办税服务厅根据受理的申报资料开具《税收通用完税证》或《税收定额完税证》，收取现金后，将完税凭证交纳税人，办税服务厅在规定期限内填开《税收汇总专用缴款书》或《税收通用缴款书》，将现金向国库经收处划解税款。

2. 纳税人无需申报的(指无固定经营场所的零散税收)

办税服务厅根据相关文书资料开具《税收通用完税证》或《税收定额完税证》，收取现金，将完税凭证收据联交纳税人；同时，办税服务厅在规定的期限内，将"完税证"进行汇总，填开《税收汇总专用缴款书》或《税收通用缴款书》向国库经收处划解税款。

四、信用卡(账户)缴税

信用卡(账户)缴税是指纳税人用信用卡缴纳税款的方式。

(一)信用卡(账户)缴税的适用范围

适用于除按规定在银行开设单位账户的纳税人之外的各类纳税人。

(二)信用卡(账户)缴税的流程

办税服务厅受理时，应查询纳税人存款余额。

(1)足够支付税款的，办理划卡缴纳税款手续。

①税务机关、银行、国库三家实现计算机联网的，办税服务厅通过国库直接划解税款后填制《税收转账专用完税证》交纳税人。

②税务机关、银行、国库三家未实现计算机联网的，由办税服务厅办理划卡缴纳税款后填制《税收通用完税证》，并在规定的期限内将"完税证"进行汇总，填开《税收汇总专用缴款书》或

《税收通用缴款书》向国库经收处划解税款。

(2)存款余额不足的,当即告之纳税人。

五、委托代征缴税

委托代征缴税是指委托代征单位按照税务机关规定的代征范围和要求,以税务机关名义向纳税人征收零散税款的方式。

(一)委托代征缴税的适用范围

委托代征缴税适用于零散税款的征收。

(二)委托代征缴税的流程

(1)委托代征单位以税务机关的名义向有关纳税人收取税款、开具完税凭证,并根据委托代征协议(或税务机关规定)及时填开缴款书解缴税款;同时应按期填制《代扣代缴、代收代缴、委托代征税款报告表》,并持《票款结报手册》向税务机关办税服务厅申报纳税窗口办理票款结报手续。

(2)根据协议或规定,申报纳税窗口在委托代征单位办理票款结报手续后,根据报送的完税证和《票款结报手册》,及时填制缴款书向国库经收处解缴税款。

(3)税务机关凭"缴款书"报查联转税收会计上解销号,凭"完税证"存根联、报查联和缴款书收据联、报查联向税收票证管理环节办理票款结报,并将相关信息录入征管信息系统。

六、汇总缴库

汇总缴库是税务机关直接向纳税人收取税款,并按照规定的期限向国库或国库经收处汇总解缴的一种缴库方式。

(一)汇总缴库的适用范围

汇总缴库主要适用于以现金向税务机关缴纳税款的纳税人和由扣缴义务人、代征人代扣代征税款的纳税人。

(二)汇总缴库的流程

(1)纳税人以现金向税务机关缴纳税款的按照"现金缴税"缴库程序办理。

(2)在委托代征单位或其他代扣代缴单位办理票款结报手续后,办税服务厅根据报送的完税证和《票款结报手册》,及时填制《税收汇总专用缴款书》或《税收通用缴款书》向国库经收处划解税款。

任务三 延期缴纳税款程序

延期缴纳税款是指纳税人因有特殊困难,不能按期缴纳税款,经省级税务局批准,可以延期缴纳。

一、延期缴纳税款管理的适用范围

(1)因不可抗力事件发生,导致纳税人发生较大损失,正常生产经营活动受到较大影响而不能按期缴纳税款的纳税人;

(2)当期货币资金在扣除应付职工工资、法定劳动社会保险费用后,不足以缴纳税款而不能按期缴纳税款的纳税人。

二、延期缴纳税款管理的流程

（一）受理

主管税务机关受理纳税人在缴纳税款期限届满之前报送的下列延期缴纳税款申请资料：(1)纳税人要求延期缴纳税款的申请书；(2)当期货币资金余额情况；(3)所有银行存款账户的对账单；(4)资产负债表；(5)应付职工工资和社会保险费支出预算；(6)税务机关要求报送的其他资料。

（二）审核

主管税务机关对纳税人报送的申请和资料进行审核，重点审核纳税人是否有下列情形：

(1)可供纳税的现金、支票以及其他财产等遭遇如火灾、建筑物倒塌、主要机器设备严重损坏等意外事故，足以影响纳税人进行正常的生产经营和税款缴纳的；

(2)因不可抗力事件，如风灾、火灾、水灾、地震等自然灾难影响按期纳税的。

经审核符合延期缴纳税款条件的，由主管税务机关进行实地调查核实情况，形成调查报告。情况属实的，由纳税人填写《延期缴纳税款申请审批表》(一式两份)并经主管税务机关签署意见后连同相关资料按权限逐级报批；经审核不符合延期缴纳税款条件或实地调查情况不实的，主管税务机关制作《税务事项通知书》连同报送资料一并退回纳税人。

（三）报批

《延期缴纳税款申请审批表》按规定程序逐级报送至省级税务局。上级税务机关对《延期缴纳税款申请审批表》及附送资料进行认真审查核实后，签署审批意见。

延期缴纳税款的期限，最长不得超过3个月。对同一税种的同一笔税款在一个纳税年度内只能批准一次延期纳税，不得"滚动"批准延期缴纳税款。

（四）执行

主管税务机关收到省级税务局的审批意见后及时通知申请延期缴纳税款的纳税人。

(1)对经省级税务局批准准予延期缴纳税款的，纳税人要在批准延期缴纳税款的期限届满之前，将批准延期缴纳的税款解缴入库，在批准的期限内，不加收滞纳金。

(2)对未批准延期缴纳的税款，由主管税务机关责令限期缴纳，并从缴纳税款期届满次日起加收滞纳金。

任务四　税款的减免税程序

减免税是指依据税收法律、法规以及国家有关税收规定给予纳税人减税、免税。从内容上主要包括鼓励生产性减免、社会保障性减免、自然灾害性减免和意外灾害性减免等；从税务管理上减免税分为报批类减免税和备案类减免税。报批类减免税是指法律、行政法规、规章等明确规定应由税务机关审批的减免税项目；备案类减免税是指取消审批手续的减免税项目和不需税务机关审批的减免税项目。

一、减免税管理的适用范围

依法由税务机关负责征收的各项税费的减征、免征管理。

二、减免税的流程

（一）申请

纳税人申请报批类减免税的，应当在政策规定的期限内，向税务机关提出书面申请，填写《减免税申请审批表》并附报以下资料、证件：(1)纳税人申请减免税报告(包括企业基本情况，减免税理由、依据、范围、期限、数量、金额，税款申报、缴纳及滞欠情况等内容)；(2)纳税人的财务会计报表、纳税申报表；(3)工商执照和税务登记证的副本；(4)有关部门出具的证明材料；(5)根据不同税种及不同减免税项目，税务机关要求提供的其他资料。

纳税人可以向主管税务机关申请减免税，也可以直接向有权审批的税务机关申请。

纳税人在执行备案类减免税之前，必须向主管税务机关申报以下资料备案：(1)减免税政策的执行情况；(2)主管税务机关要求提供的有关资料。

（二）受理

税务机关接到申请人报请的减免税申请材料后，应逐项初审下列内容：(1)减免税申请材料是否齐全，是否符合法定形式；(2)是否在规定的时间内提出减免税申请；(3)是否属于税收政策规定的范围；(4)本级税务机关是否有审批权限。

对于申请报批类减免税的，根据以下不同情况分别作出处理：

(1)申请的减免税项目依法不需要由税务机关审查后执行的，应即时告知纳税人，并制作《税务事项通知书》，送达纳税人；

(2)申请的减免税资料不详或存在错误的，应当当场告知并允许纳税人补正；

(3)申请的减免税资料不齐全或者不符合法定形式的，应在5个工作日内一次告知纳税人需要补正的全部内容，填制《税务事项通知书》和申请资料一并退纳税人补正；

(4)申请的减免税资料齐全、符合法定形式的，或者纳税人按照税务机关的要求提交全部补正减免税资料的，应当受理申请并制作《税务事项通知书》送达纳税人。

对于申报备案类减免税的，受理纳税人报送的相关备案资料后直接转入“执行”处理。

（三）审核

税务机关受理纳税人减免税申请后，对纳税人提交的申请资料、实际情况与减免税法定条件的一致性、相关性进行审核。主要内容为：(1)纳税人是否符合减免税申请的法定条件和标准；(2)纳税人的生产经营情况和其他与申请减免税有关的情况；(3)纳税人的纳税申报情况；(4)申请减免税事项适用的税收政策依据；(5)申请减免税的时限；(6)其他按规定需要审核的内容。

需要对申请材料的内容进行实地核实的，应由两名以上工作人员按规定的程序进行实地核查，并将核查情况记录在案。市级税务局对减免税实地核查工作量大、耗时长的，可委托纳税人所在地区县级税务机关具体组织实施。

审核完毕后，应形成审核报告，并在《减免税申请审批表》上签署意见，上报依法享有减免税审批权限的税务机关(以下简称有权机关)审批。

由纳税人主管税务机关受理，但无审批权限的减免税申请，主管税务机关应当自受理申请之日起10个工作日内完成本级审核工作，并上报有权机关审批。

（四）审批

有权机关直接受理或收到上报的减免税申请资料后，应复核是否已经“审核”，在“审核”的基础上按政策规定提交分管局领导或减免税审议委员会决定；有权机关应当在规定的期限内作出书面决定,并在《减免税申请审批表》上签署决定意见。

(1)县、区级税务机关负责审批的减免税,必须在20个工作日作出审批决定;

(2)地市级税务机关负责审批的,必须在30个工作日内作出审批决定;

(3)在规定期限内不能作出决定的,经本级税务机关负责人批准,可以延长10个工作日,并将延长期限的理由告知纳税人。

减免税期限超过1个纳税年度的,进行一次性审批。

(五)执行

对于申请报批类减免税的,有权机关应当自作出决定之日起10个工作日向纳税人送达执行:(1)减免税申请符合法定条件、标准,准予减免税的,制作《减免税审批通知书》送达纳税人;(2)依法不予减免税的,应当制作《税务事项通知书》说明理由,并告知纳税人享有依法申请行政复议或者提起行政诉讼的权利。

对于申报备案类减免税的,主管税务机关应在受理纳税人减免税备案资料后7个工作日内完成登记备案工作,并制作《税务事项通知书》告纳税人执行。

主管税务机关应按规定填制《减免税清册》,设立纳税人减免税管理台账,详细登记减免税的批准时间、项目、年限、金额。

(六)监督管理

税务机关对纳税人已享受减免税的,应当纳入正常申报,进行减免税申报。纳税人享受减免税到期的,应当申报缴纳税款。

税务机关应结合纳税检查、执法检查或其他专项检查,每年定期对纳税人减免税事项进行清查、清理,加强监督检查,主要内容包括:(1)纳税人是否符合减免税的资格条件,是否以隐瞒有关情况或者提供虚假材料等手段骗取减免税;(2)纳税人享受减免税的条件发生变化时,是否根据变化情况经税务机关重新审查后办理减免税;(3)减免税税款有规定用途的,纳税人是否按规定用途使用减免税款;有规定减免税期限的,是否到期恢复纳税;(4)是否存在纳税人未经税务机关批准自行享受减免税的情况;(5)已享受减免税是否未申报。对违反上述规定的纳税人,税务机关按照税收征管法有关"税务行政处罚"的规定予以处理。

项目七　纳税人的权利和义务

依法纳税是纳税人应尽的义务,但纳税人同样享有一定的权利。国家设"纳税人权益日",以便让公众知道为什么要纳税,纳税人有什么权益,怎样行使,行使遇到阻碍时通过什么渠道去解决。作为企业的办税人员,一定要熟知这些权利的内容,以便保护自己的合法权益。

任务一　纳税人的权利

纳税人的权利是指纳税人在依法履行纳税义务时,由法律确认、保障与尊重的权利和利益,以及当纳税人的合法权益受到侵犯时,纳税人所应获得的救助与补偿权利。我国现行税法规定,纳税人以及扣缴义务人(以下统称纳税人)的权利主要包括以下方面:

一、知情权

有权向主管税务机关了解国家税收法律、行政法规的规定以及与纳税程序有关的情况,包括:现行税收法律、行政法规和税收政策规定;办理税收事项的时间、方式、步骤以及需要提交的资料;应纳税额核定及其他税务行政处理决定的法律依据、事实依据和计算方法;与税务机关在纳税、处罚和采取强制执行措施时发生争议或纠纷时,可以采取的法律救济途径及需要满足的条件。

二、保密权

有权要求税务机关对纳税人的情况保密。税务机关将依法保密纳税人的商业秘密和个人隐私,主要包括技术信息、经营信息和不愿公开的个人事项。

三、税收监督权

对税务机关违反税收法律、行政法规的行为,如税务人员索贿受贿、徇私舞弊、玩忽职守,不征或者少征应征税款,滥用职权多征税款或者故意刁难等,可以进行检举和控告。同时,对其他纳税人的税收违法行为也有权进行检举。

四、纳税申报方式选择权

可以直接到办税服务厅办理纳税申报或者报送代扣代缴、代收代缴税款报告表,也可以按照规定采取邮寄、数据电文或者其他方式办理上述申报、报送事项。但采取邮寄或数据电文方式办理上述申报、报送事项的,须经主管税务机关批准。

五、申请延期申报权

如不能按期办理纳税申报或者报送代扣代缴、代收代缴税款报告表,纳税人应当在规定的期限内向税务机关提出书面延期申请,经核准,可在核准的期限内办理。经核准延期办理申报、报送事项的,应当在税法规定的纳税期内按照上期实际缴纳的税额或者税务机关核定的税额预缴税款,并在核准的延期内办理税款结算。

六、申请延期缴纳税款权

如因有特殊困难,不能按期缴纳税款的,经省、自治区、直辖市国家税务局、地方税务局批准,可以延期缴纳税款,但是最长不得超过三个月。计划单列市国家税务局、地方税务局可以参照省级税务机关的批准权限,审批延期缴纳税款申请。

满足以下任何一个条件,纳税人均可以申请延期缴纳税款:一是因不可抗力,导致纳税人遭受较大损失,正常生产经营活动受到较大影响的;二是当期货币资金在扣除应付职工工资、社会保险费后,不足以缴纳税款的。

七、申请退还多缴税款权

对超过应纳税额缴纳的税款,税务机关发现后,将自发现之日起10日内办理退还手续;如自结算缴纳税款之日起3年内发现的,可以向税务机关要求退还多缴的税款并加算银行同期存款利息。税务机关将自接到纳税人退还申请之日起30日内查实并办理退还手续,涉及从国库中退库的,依照法律、行政法规有关国库管理的规定退还。

八、依法享受税收优惠权

可以依照法律、行政法规的规定书面申请减税、免税。减税、免税的申请须经法律、行政法规规定的减税、免税审查批准机关审批。减税、免税期满，应当自期满次日起恢复纳税。减税、免税条件发生变化的，应当自发生变化之日起15日内向税务机关报告；不再符合减税、免税条件的，应当依法履行纳税义务。

九、委托税务代理权

有权就以下事项委托税务代理人代为办理：办理、变更或者注销税务登记、除增值税专用发票外的发票领购手续、纳税申报或扣缴税款报告、税款缴纳和申请退税、制作涉税文书、审查纳税情况、建账建制、办理财务、税务咨询、申请税务行政复议、提起税务行政诉讼以及国家税务总局规定的其他业务。

十、陈述与申辩权

对税务机关作出的决定，纳税人享有陈述权、申辩权。如果有充分的证据证明自己的行为合法，税务机关就不得对纳税人实施行政处罚。

十一、对未出示税务检查证和税务检查通知书的拒绝检查

税务机关派出的人员进行税务检查时，应当向纳税人出示税务检查证和税务检查通知书；对未出示税务检查证和税务检查通知书的，纳税人有权拒绝检查。

十二、税收法律救济权

对税务机关作出的决定，纳税人依法享有申请行政复议、提起行政诉讼、请求国家赔偿等权利。

纳税人、纳税担保人同税务机关在纳税上发生争议时，必须先依照税务机关的纳税决定缴纳或者解缴税款及滞纳金或者提供相应的担保，然后可以依法申请行政复议；对行政复议决定不服的，可以依法向人民法院起诉。如纳税人对税务机关的处罚决定、强制执行措施或者税收保全措施不服的，可以依法申请行政复议，也可以依法向人民法院起诉。

当税务机关的职务违法行为给纳税人和其他税务当事人的合法权益造成侵害时，纳税人和其他税务当事人可以要求税务行政赔偿。主要包括：一是在限期内已缴纳税款，税务机关未立即解除税收保全措施，使纳税人的合法权益遭受损失的；二是税务机关滥用职权违法采取税收保全措施，强制执行措施或者采取税收保全措施，强制执行措施不当，使纳税人或者纳税担保人的合法权益遭受损失的。

十三、依法要求听证的权利

税务机关对纳税人作出规定金额以上罚款的行政处罚之前，向纳税人送达《税务行政处罚事项告知书》，告知纳税人已经查明的违法事实、证据、行政处罚的法律依据和拟将给予的行政处罚。对此，纳税人有权要求举行听证。

十四、索取有关税收凭证的权利

税务机关征收税款时必须给纳税人开具完税凭证。扣缴义务人代扣、代收税款时，纳税人要求扣缴义务人开具代扣、代收税款凭证时，扣缴义务人应当开具。

税务机关扣押商品、货物或者其他财产时，必须开付收据；查封商品、货物或者其他财产时，必须开付清单。

任务二 纳税人的义务

纳税人的权利和义务是均衡的，纳税人义务是指依照宪法、法律、行政法规规定，纳税人在税收征纳各环节中应承担的义务。

依照宪法、税收法律和行政法规的规定，纳税人在纳税过程中负有以下义务：

一、依法进行税务登记的义务

应当自领取营业执照之日起30日内，持有关证件，向税务机关申报办理税务登记。税务登记主要包括领取营业执照后的设立登记，税务登记内容发生变化后的变更登记，依法申请停业、复业登记，依法终止纳税义务的注销登记等。

在各类税务登记管理中，纳税人应该根据税务机关的规定分别提交相关资料，及时办理。同时，应当按照规定使用税务登记证件。税务登记证件不得转借、涂改、损毁、买卖或者伪造。

二、依法设置账簿、保管账簿和有关资料以及依法开具、使用、取得和保管发票的义务

按照有关法律、行政法规和国务院财政、税务主管部门的规定设置账簿，根据合法、有效的凭证记账，进行核算；从事生产经营的，必须按照国务院财政、税务主管部门规定的保管期限保管账簿、记账凭证、完税凭证及其他有关资料；账簿、记账凭证、完税凭证及其他有关资料不得伪造、变造或者擅自损毁。

此外，在购销商品、提供或者接受经营服务以及从事其他经营活动中，应当依法开具、使用、取得和保管发票。

三、财务会计制度和会计核算软件备案的义务

企业使用的财务、会计制度或者财务、会计处理办法和会计核算软件，应当报送税务机关备案。企业使用财务、会计制度或者财务、会计处理办法与国务院或者国务院财政、税务主管部门有关税收的规定抵触的，应依照国务院或者国务院财政、税务主管部门有关税收的规定计算应纳税款、代扣代缴和代收代缴税款。

四、按照规定安装、使用税控装置的义务

国家根据税收征收管理的需要，积极推广使用税控装置。企业应当按照规定安装、使用税控装置，不得损毁或者擅自改动税控装置。如果没有按规定安装、使用税控装置，或者损毁或者擅自改动税控装置的，税务机关将责令其限期改正，并可根据情节轻重处以规定数额内的罚款。

五、按时、如实申报的义务

必须依照法律、行政法规规定或者税务部门依照法律、行政法规规定确定的申报期限、申报内容如实办理纳税申报，报送纳税申报表、财务会计报表以及税务机关根据实际需要要求企业报送的其他纳税资料。

作为扣缴义务人，企业必须依照法律、行政法规规定或者税务机关依照法律、行政法规的规定确定的申报期限、申报内容如实报送代扣代缴、代收代缴税款报告表以及税务机关根据实际需要要求企业报送的其他有关资料。

企业即使在纳税期内没有应纳税款，也应当按照规定办理纳税申报。享受减税、免税待遇的，在减税、免税期间应当按照规定办理纳税申报。

六、按时缴纳税款的义务

应当按照法律、行政法规规定或者税务部门依照法律、行政法规规定确定的期限缴纳或者解缴税款。

未按照规定期限缴纳税款或者未按照规定期限解缴税款的，税务机关除责令限期缴纳外，从滞纳税款之日起，按日加收滞纳税款万分之五的滞纳金。

七、代扣、代收税款的义务

如按照法律、行政法规规定负有代扣代缴、代收代缴税款义务，必须依照法律、行政法规的规定履行代扣、代收税款的义务。依法履行代扣、代收税款义务时，纳税人不得拒绝。纳税人拒绝的，应当及时报告处理。

八、接受依法检查的义务

企业应自觉接受税务机关依法进行的税务检查，主动配合税务机关按法定的程序进行税务检查，如实地反映自己的生产经营情况和执行财务制度的情况，并按有关规定提供报表和资料，不得隐瞒和弄虚作假，不能阻挠、刁难税务机关的检查和监督。

九、及时提供信息的义务

企业除通过税务登记和纳税申报向税务机关提供与纳税有关的信息外，还应及时提供其他信息。如企业有歇业、经营情况变化、遭受各种灾害等特殊情况的，应及时向税务机关说明，以便税务机关依法妥善处理。

十、报告其他涉税信息的义务

为了保障国家税收能够及时、足额征收入库，税收法律还规定了企业有义务向税务机关报告如下涉税信息：

(1)本企业与关联企业之间的业务往来，应向当地税务机关提供有关的价格、费用标准等资料。有欠税情形而以财产设定抵押、质押的，应当向抵押权人、质权人说明本企业的欠税情况。

(2)企业合并、分立的报告义务。有合并、分立情形的，应当向税务机关报告，并依法缴清税款。合并时未缴清税款的，应当由合并后的纳税人继续履行未履行的纳税义务；分立时未缴清税款的，分立后的纳税人对未履行的纳税义务应当承担连带责任。

(3)报告全部账号的义务。如企业从事生产经营，应当按照国家有关规定，持税务登记证件，在银行或者其他金融机构开立基本存款账户和其他存款账户，并自开立基本存款账户或者其他存款账户之日起15日内，向企业的主管税务机关书面报告全部账号；发生变化的，应当自变化之日起15日内，向企业的主管税务机关书面报告。

(4)处分大额财产报告的义务。如企业的欠缴税款数额在5万元以上，在处分不动产或者大额资产之前，应当向税务机关报告。

增值税纳税实务

技能目标

1. 能准确计算增值税一般纳税人、小规模纳税人的应纳增值税额，准确开具增值税专用发票；
2. 能够准确地对一般纳税人、小规模纳税人增值税有关业务进行账务处理；
3. 能准确填制一般纳税人和小规模纳税人增值税申报表，并能进行增值税网上申报；
4. 能用"免、抵、退"方法计算增值税应免、抵、退的税款，并会办理出口货物退(免)增值税工作。

知识目标

1. 熟悉增值税法律知识；
2. 计算应纳增值税税额；
3. 熟悉增值税的会计处理；
4. 增值税一般纳税人纳税申报；
5. 增值税小规模纳税人纳税申报；
6. 办理增值税网上报税业务；
7. 办理出口货物增值税退(免)税。

情境导入

西安天元汽车租赁公司主要客户为短期租用车辆的个人，截至2017年5月31日，公司连续12个月的营业额为505万元。公司是否必须进行增值税一般纳税人认定？

项目一　增值税法律知识

增值税是对在我国境内从事销售货物或者提供加工、修理修配劳务，以及进口货物的单位和个人取得的增值额为课税对象征收的一种税。增值额是指企业在生产经营应税产品或提供应税劳务过程中新创造的那一部分价值。增值额是企业在生产经营过程中新创造的那部分价值，即货物或劳务价值中 V+M 部分，在我国相当于净产值或国民收入部分。增值额这个概念一般可从以下两个角度理解：(1)从一个生产经营单位来看，增值额是指该单位销售货物或提供劳务的收入额扣除为生产经营这种货物(包括劳务，下同)而外购的那部分货物价款后的余额；(2)从一项货物生产流通的全过程来看，增值额是该货物经历的生产和流通各个环节创造的增值额之和，也就是该货物的最终销售价格。

上述增值额的概念是理论意义上的增值额，在实际业务中是难以准确计算的，因此，我国在增值税的实际操作上采用以流转额为计税依据实行税款抵扣的间接计算方法。这种计算办法同样体现了按增值因素征税原则。

增值税属于流转税性质的税种，以全部流转额为计税销售额，还同时实行税款抵扣制度，是一种只就未税流转额征税的新型流转税。增值税税负具有转嫁性，属于间接税。按产品或行业实行比例税率，作用在于广泛征集财政收入，而不是调节收入差距。增值税在促进社会经济发展、增强出口产品竞争力、体现公平税负的原则、稳定国家财政收入等方面都发挥了积极的作用。

根据对外购固定资产所含税金扣除方式的不同，增值税可以分为生产型增值税、收入型增值税、消费型增值税。

一、生产型增值税

生产型增值税指在征收增值税时，只能扣除属于非固定资产项目的那部分生产资料的税款，不允许扣除固定资产价值中所含有的税款。该类型增值税的征税对象大体上相当于国民生产总值，因此称为生产型增值税。

二、收入型增值税

收入型增值税指在征收增值税时，只允许扣除固定资产折旧部分所含的税款，未提折旧部分不得计入扣除项目金额。该类型增值税的征税对象大体上相当于国民收入，因此称为收入型增值税。

三、消费型增值税

消费型增值税指在征收增值税时，允许将固定资产价值中所含的税款全部一次性扣除。这样，就整个社会而言，生产资料都排除在征税范围之外。该类型增值税的征税对象仅相当于社会消费资料的价值，因此称为消费型增值税。

我国在 2009 年实行了增值税的全面“转型”，我国增值税由过去的生产型增值税转变为消费型增值税；实行消费型增值税有利于鼓励投资、优化税制和调整产业结构；简化征纳计算，提高征管效率。

任务一　增值税的征税范围

我国 1994 年确定的增值税征税范围包括在中华人民共和国境内销售货物或者提供加工、修理修配劳务以及进口货物。2016 年 5 月 1 日全面“营改增”之后，增值税的征税范围包括：销售货物；提供加工、修理修配劳务；销售服务；销售无形资产；销售不动产；进口货物。

一、增值税征税范围的一般规定

(一)销售或者进口的货物

货物是指有形动产,包括电力、热力、气体在内。销售货物,是指有偿转让货物的所有权。

(二)提供加工、修理修配劳务

加工是指受托加工货物,即委托方提供原料及主要材料,受托方按照委托方的要求,制造货物并收取加工费的业务。修理修配是指受托对损伤和丧失功能的货物进行修复,使其恢复原状和功能的业务。

有偿维修货物原则上应缴纳增值税。单位或者个体工商户聘用的员工为本单位或者雇主提供加工、修理修配劳务,不包括在内。

(三)在境内销售服务、无形资产或者不动产

销售服务、无形资产或者不动产是指有偿提供服务、有偿转让无形资产或者不动产。

在境内销售服务、无形资产或者不动产是指:

①服务(租赁不动产除外)或者无形资产(自然资源使用权除外)的销售方或者购买方在境内;

②所销售或者租赁的不动产在境内;

③所销售自然资源使用权的自然资源在境内;

④财政部和国家税务总局规定的其他情形。

1. 销售服务

销售服务是指提供交通运输服务、邮政服务、电信服务、建筑服务、金融服务、现代服务、生活服务。

(1)交通运输服务

交通运输服务是指利用运输工具将货物或者旅客送达目的地,使其空间位置得到转移的业务活动,包括陆路运输服务、水路运输服务、航空运输服务和管道运输服务。

①陆路运输服务。陆路运输服务是指通过陆路(地上或者地下)运送货物或者旅客的运输业务活动,包括铁路运输服务和其他陆路运输服务。铁路运输服务是指通过铁路运送货物或者旅客的运输业务活动。其他陆路运输服务是指铁路运输以外的陆路运输业务活动,包括公路运输、缆车运输、索道运输、地铁运输、城市轻轨运输等。

出租车公司向使用本公司自有出租车的司机收取的管理费用,按照陆路运输服务缴纳增值税。

②水路运输服务。水路运输服务是指通过江、河、湖、川等天然、人工水道或者海洋航道运送货物或者旅客的运输业务活动。水路运输的程租、期租业务,属于水路运输服务。

程租业务是指运输企业为租船人完成某一特定航次的运输任务并收取租赁费的业务。

期租业务是指运输企业将配备有操作人员的船舶承租给他人使用一定期限,承租期内听候承租方调遣,不论是否经营,均按天向承租方收取租赁费,发生的固定费用均由船东负担的业务。

③航空运输服务。航空运输服务是指通过空中航线运送货物或者旅客的运输业务活动。

航空运输的湿租业务,属于航空运输服务。

湿租业务是指航空运输企业将配备有机组人员的飞机承租给他人使用一定期限,承租期内听候承租方调遣,不论是否经营,均按一定标准向承租方收取租赁费,发生的固定费用均由

承租方承担的业务。

航天运输服务，按照航空运输服务缴纳增值税。

航天运输服务是指利用火箭等载体将卫星、空间探测器等空间飞行器发射到空间轨道的业务活动。

④管道运输服务。管道运输服务，是指通过管道设施输送气体、液体、固体物质的运输业务活动。

知识链接

无运输工具承运业务如何缴纳增值税

无运输工具承运业务，按照交通运输服务缴纳增值税。无运输工具承运业务，是指经营者以承运人的身份与托运人签订运输服务合同，收取运费并承担承运人责任，然后委托实际承运人完成运输服务的经营活动。

(2)邮政服务

邮政服务是指中国邮政集团公司及其所属邮政企业提供邮件寄递、邮政汇兑和机要通信等邮政基本服务的业务活动，包括邮政普遍服务、邮政特殊服务和其他邮政服务。

①邮政普遍服务。邮政普遍服务是指函件、包裹等邮件寄递，以及邮票发行、报刊发行和邮政汇兑等业务活动。函件，是指信函、印刷品、邮资封片卡、无名址函件和邮政小包等。包裹，是指按照封装上的名址递送给特定个人或者单位的独立封装的物品，其重量不超过50千克，任何一边的尺寸不超过150厘米，长、宽、高合计不超过300厘米。

②邮政特殊服务，包括义务兵平常信函、机要通信、盲人读物和革命烈士遗物的寄递等业务活动。

③其他邮政服务，包括邮册等邮品销售、邮政代理等业务活动。

(3)电信服务

电信服务是指利用有线、无线的电磁系统或者光电系统等各种通信网络资源，提供语音通话服务，传送、发射、接收或者应用图像、短信等电子数据和信息的业务活动，包括基础电信服务和增值电信服务。

①基础电信服务是指利用固网、移动网、卫星、互联网，提供语音通话服务的业务活动，以及出租或者出售带宽、波长等网络元素的业务活动。

②增值电信服务是指利用固网、移动网、卫星、互联网、有线电视网络，提供短信和彩信服务、电子数据和信息的传输及应用服务、互联网接入服务等业务活动。卫星电视信号落地转接服务，按照增值电信服务计算缴纳增值税。

(4)建筑服务

建筑服务是指各类建筑物、构筑物及其附属设施的建造、修缮、装饰，线路、管道、设备、设施等的安装以及其他工程作业的业务活动，包括工程服务、安装服务、修缮服务、装饰服务和其他建筑服务。

①工程服务。工程服务是指新建、改建各种建筑物、构筑物的工程作业，包括与建筑物相连的各种设备或者支柱、操作平台的安装或者装设工程作业，以及各种窑炉和金属结构工程作业。

②安装服务。安装服务是指生产设备、动力设备、起重设备、运输设备、传动设备、医疗实验设备以及其他各种设备、设施的装配、安置工程作业，包括与被安装设备相连的工作台、梯子、栏杆的装设工程作业，以及被安装设备的绝缘、防腐、保温、油漆等工程作业。固定电话、有线电视、宽带、水、电、燃气、暖气等经营者向用户收取的安装费、初装费、开户费、扩容费以及类似收费，按照安装服务缴纳增值税。

③修缮服务。修缮服务是指对建筑物、构筑物进行修补、加固、养护、改善，使之恢复原来的使用价值或者延长其使用期限的工程作业。

④装饰服务。装饰服务是指对建筑物、构筑物进行修饰装修，使之美观或者具有特定用途的工程作业。

⑤其他建筑服务。其他建筑服务是指上列工程作业之外的各种工程作业服务，如钻井（打井）、拆除建筑物或者构筑物、平整土地、园林绿化、疏浚（不包括航道疏浚）、建筑物平移、搭脚手架、爆破、矿山穿孔、表面附着物（包括岩层、土层、沙层等）剥离和清理等工程作业。

（5）金融服务

金融服务是指经营金融保险的业务活动，包括贷款服务、直接收费金融服务、保险服务和金融商品转让。

①贷款服务。

贷款是指将资金贷予他人使用而取得利息收入的业务活动。

各种占用、拆借资金取得的收入，包括金融商品持有期间（含到期）利息（保本收益、报酬、资金占用费、补偿金等）收入、信用卡透支利息收入、买入返售金融商品利息收入、融资融券收取的利息收入，以及融资性售后回租、押汇、罚息、票据贴现、转贷等业务取得的利息及利息性质的收入，按照贷款服务缴纳增值税。

融资性售后回租是指承租方以融资为目的，将资产出售给从事融资性售后回租业务的企业后，从事融资性售后回租业务的企业将该资产出租给承租方的业务活动。

以货币资金投资收取的固定利润或者保底利润，按照贷款服务缴纳增值税。

②直接收费金融服务。直接收费金融服务是指为货币资金融通及其他金融业务提供相关服务并且收取费用的业务活动，包括提供货币兑换、账户管理、电子银行、信用卡、信用证、财务担保、资产管理、信托管理、基金管理、金融交易场所（平台）管理、资金结算、资金清算、金融支付等服务。

③保险服务。保险服务是指投保人根据合同约定，向保险人支付保险费，保险人对于合同约定的可能发生的事故因其发生所造成的财产损失承担赔偿保险金责任，或者当被保险人死亡、伤残、疾病或者达到合同约定的年龄、期限等条件时承担给付保险金责任的商业保险行为，包括人身保险服务和财产保险服务。人身保险服务是指以人的寿命和身体为保险标的的保险业务活动。财产保险服务是指以财产及其有关利益为保险标的的保险业务活动。

④金融商品转让。金融商品转让是指转让外汇、有价证券、非货物期货和其他金融商品所有权的业务活动。

其他金融商品转让包括基金、信托、理财产品等各类资产管理产品和各种金融衍生品的转让。

（6）现代服务

现代服务是指围绕制造业、文化产业、现代物流产业等提供技术性、知识性服务的业务活动，包括研发和技术服务、信息技术服务、文化创意服务、物流辅助服务、有形动产租赁服务、鉴证咨询服务、广播影视服务、商务辅助服务和其他现代服务。

①研发和技术服务。

研发和技术服务，包括研发服务、技术转让服务、技术咨询服务、合同能源管理服务、工程勘察勘探服务。

知识链接

研发和技术服务

研发和技术服务，包括研发服务、技术转让服务、技术咨询服务、合同能源管理服务、工程勘察勘探服务。

1. 研发服务是指就新技术、新产品、新工艺或者新材料及其系统进行研究与试验开发的业务活动。

2. 技术转让服务是指转让专利或者非专利技术的所有权或者使用权的业务活动。

3. 技术咨询服务是指对特定技术项目提供可行性论证、技术预测、专题技术调查、分析评价报告和专业知识咨询等业务活动。

4. 合同能源管理服务是指节能服务公司与用能单位以契约形式约定节能目标，节能服务公司提供必要的服务，用能单位以节能效果支付节能服务公司投入及其合理报酬的业务活动。

5. 工程勘察勘探服务是指在采矿、工程施工以前，对地形、地质构造、地下资源蕴藏情况进行实地调查的业务活动。

②信息技术服务。

信息技术服务，包括软件服务、电路设计及测试服务、信息系统服务、业务流程管理服务和信息系统增值服务。软件服务是指提供软件开发服务、软件咨询服务、软件维护服务、软件测试服务的业务行为。电路设计及测试服务是指提供集成电路和电子电路产品设计、测试及相关技术支持服务的业务行为。信息系统服务是指提供信息系统集成、网络管理、桌面管理与维护、信息系统应用、基础信息技术管理平台整合、信息技术基础设施管理、数据中心、托管中心、安全服务的业务行为。

③文化创意服务。

文化创意服务，包括设计服务、知识产权服务、广告服务和会议展览服务。

知识链接

文化创意服务

文化创意服务，包括设计服务、知识产权服务、广告服务和会议展览服务。

(1)设计服务是指把计划、规划、设想通过文字、语言、图画、声音、视觉等形式传递出来的业务活动，包括工业设计、内部管理设计、业务运作设计、供应链设计、造型设计、服装设计、环境设计、平面设计、包装设计、动漫设计、网游设计、展示设计、网站设计、机械设计、工程设计、广告设计、创意策划、文印晒图等。

(2)知识产权服务是指处理知识产权事务的业务活动，包括对专利、商标、著作权、软件、集成电路布图设计的登记、鉴定、评估、认证、检索服务。

(3)广告服务是指利用图书、报纸、杂志、广播、电视、电影、幻灯、路牌、招贴、橱窗、霓虹灯、灯箱、互联网等各种形式为客户的商品、经营服务项目、文体节目或者通告、声明等委托事项进行宣传和提供相关服务的业务活动,包括广告代理和广告的发布、播映、宣传、展示等。

(4)会议展览服务是指为商品流通、促销、展示、经贸洽谈、民间交流、企业沟通、国际往来等举办或者组织安排的各类展览和会议的业务活动。

④物流辅助服务。

物流辅助服务,包括航空服务、港口码头服务、货运客运场站服务、打捞救助服务、货物运输代理服务、代理报关服务、仓储服务和装卸搬运服务。

知识链接

物流辅助服务

物流辅助服务,包括航空服务、港口码头服务、货运客运场站服务、打捞救助服务、装卸搬运服务、仓储服务和收派服务。

(1)航空服务包括航空地面服务和通用航空服务。

航空地面服务是指航空公司、飞机场、民航管理局、航站等向在境内航行或者在境内机场停留的境内外飞机或者其他飞行器提供的导航等劳务性地面服务的业务活动,包括旅客安全检查服务、停机坪管理服务、机场候机厅管理服务、飞机清洗消毒服务、空中飞行管理服务、飞机起降服务、飞行通信服务、地面信号服务、飞机安全服务、飞机跑道管理服务、空中交通管理服务等。

通用航空服务是指为专业工作提供飞行服务的业务活动,包括航空摄影、航空培训、航空测量、航空勘探、航空护林、航空吊挂播撒、航空降雨、航空气象探测、航空海洋监测、航空科学实验等。

(2)港口码头服务是指港务船舶调度服务、船舶通信服务、航道管理服务、航道疏浚服务、灯塔管理服务、航标管理服务、船舶引航服务、理货服务、系解缆服务、停泊和移泊服务、海上船舶溢油清除服务、水上交通管理服务、船只专业清洗消毒检测服务和防止船只漏油服务等为船只提供服务的业务活动。

港口设施经营人收取的港口设施保安费按照港口码头服务缴纳增值税。

(3)货运客运场站服务是指货运客运场站提供的货物配载服务、运输组织服务、中转换乘服务、车辆调度服务、票务服务、货物打包整理、铁路线路使用服务、加挂铁路客车服务、铁路行包专列发送服务、铁路到达和中转服务、铁路车辆编解服务、车辆挂运服务、铁路接触网服务、铁路机车牵引服务等业务活动。

(4)打捞救助服务是指提供船舶人员救助、船舶财产救助、水上救助和沉船沉物打捞服务的业务活动。

(5)装卸搬运服务是指使用装卸搬运工具或者人力、畜力将货物在运输工具之间、装卸现场之间或者运输工具与装卸现场之间进行装卸和搬运的业务活动。

(6)仓储服务是指利用仓库、货场或者其他场所代客贮放、保管货物的业务活动。

(7)收派服务是指接受寄件人委托,在承诺的时限内完成函件和包裹的收件、分拣、派送服务的业务活动。

收件服务是指从寄件人收取函件和包裹，并运送到服务提供方同城的集散中心的业务活动。

分拣服务是指服务提供方在其集散中心对函件和包裹进行归类、分发的业务活动。

派送服务是指服务提供方从其集散中心将函件和包裹送达同城的收件人的业务活动。

⑤有形动产租赁服务。

有形动产租赁服务，包括有形动产融资租赁和有形动产经营性租赁。

租赁服务，包括融资租赁服务和经营租赁服务。

融资租赁服务，是指具有融资性质和所有权转移特点的租赁活动，即出租人根据承租人所要求的规格、型号、性能等条件购入有形动产或者不动产租赁给承租人，合同期内租赁物所有权属于出租人，承租人只拥有使用权，合同期满、付清租金后，承租人有权按照残值购入租赁物，以拥有其所有权。不论出租人是否将租赁物销售给承租人，均属于融资租赁。

按照标的物的不同，融资租赁服务可分为有形动产融资租赁服务和不动产融资租赁服务。融资性售后回租不按照本税目缴纳增值税。

经营租赁服务是指在约定时间内将有形动产或者不动产转让他人使用且租赁物所有权不变更的业务活动。

按照标的物的不同，经营租赁服务可分为有形动产经营租赁服务和不动产经营租赁服务。将建筑物、构筑物等不动产或者飞机、车辆等有形动产的广告位出租给其他单位或者个人用于发布广告，按照经营租赁服务缴纳增值税。

车辆停放服务、道路通行服务（包括过路费、过桥费、过闸费等）等按照不动产经营租赁服务缴纳增值税。

水路运输的光租业务、航空运输的干租业务，属于经营租赁。

光租业务，是指运输企业将船舶在约定的时间内出租给他人使用，不配备操作人员，不承担运输过程中发生的各项费用，只收取固定租赁费的业务活动。

干租业务，是指航空运输企业将飞机在约定的时间内出租给他人使用，不配备机组人员，不承担运输过程中发生的各项费用，只收取固定租赁费的业务活动。

⑥鉴证咨询服务。

鉴证咨询服务，包括认证服务、鉴证服务和咨询服务。

认证服务是指具有专业资质的单位利用检测、检验、计量等技术，证明产品、服务、管理体系符合相关技术规范、相关技术规范的强制性要求或者标准的业务活动。

鉴证服务是指具有专业资质的单位受托对相关事项进行鉴证，发表具有证明力的意见的业务活动，包括会计鉴证、税务鉴证、法律鉴证、职业技能鉴定、工程造价鉴证、工程监理、资产评估、环境评估、房地产土地评估、建筑图纸审核、医疗事故鉴定等。

咨询服务是指提供信息、建议、策划、顾问等服务的活动，包括金融、软件、技术、财务、税收、法律、内部管理、业务运作、流程管理、健康等方面的咨询。

翻译服务和市场调查服务按照咨询服务缴纳增值税。

⑦广播影视服务。

广播影视服务，包括广播影视节目（作品）的制作服务、发行服务和播映（含放映）服务。

广播影视节目（作品）制作服务是指进行专题（特别节目）、专栏、综艺、体育、动画片、广播剧、电视剧、电影等广播影视节目和作品制作的服务，具体包括与广播影视节目和作品相关的策划、采编、拍摄、录音、音视频文字图片素材制作，场景布置、后期的剪辑、翻译（编译）、字幕制作，片头、片尾、片花制作，特效制作，影片修复、编目和确权等业务活动。

广播影视节目（作品）发行服务是指以分账、买断、委托等方式，向影院、电台、电视台、网站等单位和个人发行广播影视节目（作品）以及转让体育赛事等活动的报道及播映权的业务活动。

广播影视节目（作品）播映（含放映）服务是指在影院、剧院、录像厅及其他场所播映广播影视节目（作品），以及通过电台、电视台、卫星通信、互联网、有线电视等无线或者有线装置播映广播影视节目（作品）的业务活动。

⑧商务辅助服务。

商务辅助服务，包括企业管理服务、经纪代理服务、人力资源服务、安全保护服务。

企业管理服务是指提供总部管理、投资与资产管理、市场管理、物业管理、日常综合管理等服务的业务活动。

经纪代理服务是指各类经纪、中介、代理服务，包括金融代理、知识产权代理、货物运输代理、代理报关、法律代理、房地产中介、职业中介、婚姻中介、代理记账、拍卖等。货物运输代理服务是指接受货物收货人、发货人、船舶所有人、船舶承租人或者船舶经营人的委托，以委托人的名义，为委托人办理货物运输、装卸、仓储和船舶进出港口、引航、靠泊等相关手续的业务活动。代理报关服务是指接受进出口货物的收、发货人委托，代为办理报关手续的业务活动。

人力资源服务是指提供公共就业、劳务派遣、人才委托招聘、劳动力外包等服务的业务活动。

安全保护服务是指提供保护人身安全和财产安全、维护社会治安等的业务活动，包括场所住宅保安、特种保安、安全系统监控以及其他安保服务。

⑨其他现代服务。

其他现代服务是指除研发和技术服务、信息技术服务、文化创意服务、物流辅助服务、租赁服务、鉴证咨询服务、广播影视服务和商务辅助服务以外的现代服务。

(7)生活服务

生活服务，包括文化体育服务、教育医疗服务、旅游娱乐服务、餐饮住宿服务、居民日常服务、其他生活服务。

①文化体育服务。

文化体育服务，包括文化服务和体育服务。

文化服务是指为满足社会公众文化生活需求提供的各种服务，包括文艺创作、文艺表演、文化比赛，图书馆的图书和资料借阅，档案馆的档案管理，文物及非物质遗产保护，组织举办宗教活动、科技活动、文化活动，提供游览场所。

体育服务是指组织举办体育比赛、体育表演、体育活动，以及提供体育训练、体育指导、体育管理的业务活动。

②教育医疗服务。

教育医疗服务包括教育服务和医疗服务。

教育服务是指提供学历教育服务、非学历教育服务、教育辅助服务的业务活动。

学历教育服务是指根据教育行政管理部门确定或者认可的招生和教学计划组织教学，并颁发相应的学历证书的业务活动，包括初等教育、初级中等教育、高级中等教育、高等教育等。

非学历教育服务包括学前教育、各类培训、演讲、讲座、报告会等。

教育辅助服务包括教育测评、考试、招生等服务。

医疗服务是指提供医学检查、诊断、治疗、康复、预防、保健、接生、计划生育、防疫等方面的服务，以及与这些服务有关的提供药品、医用材料器具、救护车、病房住宿和伙食的业务。

③旅游娱乐服务。

旅游娱乐服务包括旅游服务和娱乐服务。

旅游服务是指根据旅游者的要求，组织安排交通、游览、住宿、餐饮、购物、文娱、商务等服务的业务活动。

娱乐服务是指为娱乐活动同时提供场所和服务的业务，具体包括歌厅、舞厅、夜总会、酒吧、台球、高尔夫球、保龄球、游艺（包括射击、狩猎、跑马、游戏机、蹦极、卡丁车、热气球、动力伞、射箭、飞镖）。

④餐饮住宿服务。

餐饮住宿服务包括餐饮服务和住宿服务。

餐饮服务是指通过同时提供饮食和饮食场所的方式为消费者提供饮食消费服务的业务活动。

住宿服务是指提供住宿场所及配套服务等的活动，包括宾馆、旅馆、旅社、度假村和其他经营性住宿场所提供的住宿服务。

⑤居民日常服务。

居民日常服务是指主要为满足居民个人及其家庭日常生活需求提供的服务，包括市容市政管理、家政、婚庆、养老、殡葬、照料和护理、救助救济、美容美发、按摩、桑拿、氧吧、足疗、沐浴、洗染、摄影扩印等服务。

⑥其他生活服务。

其他生活服务是指除文化体育服务、教育医疗服务、旅游娱乐服务、餐饮住宿服务和居民日常服务之外的生活服务。

2. 销售无形资产

销售无形资产是指转让无形资产所有权或者使用权的业务活动。无形资产是指不具实物形态，但能带来经济利益的资产，包括技术、商标、著作权、商誉、自然资源使用权和其他权益性无形资产。

技术包括专利技术和非专利技术。

自然资源使用权包括土地使用权、海域使用权、探矿权、采矿权、取水权和其他自然资源使用权。

其他权益性无形资产，包括基础设施资产经营权、公共事业特许权、配额、经营权（包括特许经营权、连锁经营权、其他经营权）、经销权、分销权、代理权、会员权、席位权、网络游戏虚拟道具、域名、名称权、肖像权、冠名权、转会费等。

3. 销售不动产

销售不动产是指转让不动产所有权的业务活动。不动产是指不能移动或者移动后会引起性质、形状改变的财产，包括建筑物、构筑物等。

建筑物，包括住宅、商业营业用房、办公楼等可供居住、工作或者进行其他活动的建造物。构筑物，包括道路、桥梁、隧道、水坝等建造物。

转让建筑物有限产权或者永久使用权的，转让在建的建筑物或者构筑物所有权的，以及在转让建筑物或者构筑物时一并转让其所占土地的使用权的,按照销售不动产缴纳增值税。

销售服务、无形资产或者不动产是指有偿提供服务、有偿转让无形资产或者不动产,但属于下列非经营活动的情形除外:

(1)行政单位收取的同时满足以下条件的政府性基金或者行政事业性收费:

①由国务院或者财政部批准设立的政府性基金,由国务院或者省级人民政府及其财政、价格主管部门批准设立的行政事业性收费;

②收取时开具省级以上(含省级)财政部门监(印)制的财政票据;

③所收款项全额上缴财政。

(2)单位或者个体工商户聘用的员工为本单位或者雇主提供取得工资的服务。

(3)单位或者个体工商户为聘用的员工提供服务。

(4)财政部和国家税务总局规定的其他情形。

二、增值税征税范围的特殊行为和特殊项目

(一)属于征税范围的特殊行为

1. 单位或者个体工商户的下列行为,视同销售货物:

(1)将货物交付其他单位或者个人代销;

(2)销售代销货物;

(3)设有两个以上机构并实行统一核算的纳税人,将货物从一个机构移送至其他机构用于销售,但相关机构设在同一县(市)的除外;

(4)将自产或者委托加工的货物用于非增值税应税项目;

(5)将自产、委托加工的货物用于集体福利或者个人消费;

(6)将自产、委托加工或者购进的货物作为投资,提供给其他单位或者个体工商户;

(7)将自产、委托加工或者购进的货物分配给股东或者投资者;

(8)将自产、委托加工或者购进的货物无偿赠送给其他单位或者个人。

2. 下列情形视同销售服务、无形资产或者不动产:

(1)单位或者个体工商户向其他单位或者个人无偿提供服务,但用于公益事业或者以社会公众为对象的除外;

(2)单位或者个人向其他单位或者个人无偿转让无形资产或者不动产,但用于公益事业或者以社会公众为对象的除外;

(3)财政部和国家税务总局规定的其他情形。

3. 下列情形不属于在境内销售服务或者无形资产:

(1)境外单位或者个人向境内单位或者个人销售完全在境外发生的服务;

(2)境外单位或者个人向境内单位或者个人销售完全在境外使用的无形资产;

(3)境外单位或者个人向境内单位或者个人出租完全在境外使用的有形动产;

(4)财政部和国家税务总局规定的其他情形。

(二)属于征税范围的特殊项目

(1)对于货物期货(包括商品期货和贵金属期货),应当征收增值税,在期货的实物交割环节纳税。

(2)银行销售金、银的业务,应当征收增值税。

(3)典当业的死当物品销售业务和寄售业代委托人销售寄售物品的业务,均应征收增

值税。

(4)集邮商品(如邮票、首日封、邮折等)的生产以及邮政部门以外的其他单位和个人销售的,均征收增值税。

(5)邮政部门发行报刊,征收营业税;其他单位和个人发行报刊,征收增值税。

(6)电力公司向发电企业收取的过网费,应当征收增值税,不征收营业税。

【例 2-1】 下列各项中属于视同销售行为应当计算销项税额的有(　　)。

A. 将自产的货物用于非应税项目　　B. 将购买的货物委托外单位加工

C. 将购买的货物无偿赠送他人　　D. 将购买的货物用于集体福利

【答案】 C

任务二　增值税的纳税人

一、纳税人及扣缴义务人

凡在中华人民共和国境内销售货物或者加工、修理修配劳务(以下简称劳务),销售服务、无形资产、不动产以及进口货物的单位和个人,为增值税的纳税人。

单位以承包、承租、挂靠方式经营的,承包人、承租人、挂靠人(以下统称承包人)以发包人、出租人、被挂靠人(以下统称发包人)名义对外经营并由发包人承担相关法律责任的,以该发包人为纳税人;否则,以承包人为纳税人。

扣缴义务人,境外的单位和个人在境内销售应税劳务而在境内未设有经营机构的,其应纳税款以代理人为扣缴义务人;没有代理人的,以购买者为扣缴义务人。

二、一般纳税人和小规模纳税人划分的具体标准

纳税人分为一般纳税人和小规模纳税人。应税行为的年应征增值税销售额(以下称应税销售额)超过财政部和国家税务总局规定标准的纳税人为一般纳税人,未超过规定标准的纳税人为小规模纳税人。年应税销售额超过规定标准的其他个人不属于一般纳税人。年应税销售额超过规定标准但不经常发生应税行为的单位和个体工商户可选择按照小规模纳税人纳税。

(一)一般纳税人的标准

一般纳税人是指年应征增值税销售额(以下简称年应税销售额,包括一个公历年度内的全部应税销售额)超过财政部规定的小规模纳税人标准的企业和企业性单位。

(1)一般纳税人资格认定标准:

①从事货物生产或者提供应税劳务为主的纳税人,年应征增值税销售额(以下简称应税销售额)超过 50 万元的。

②以货物批发或者零售为主的纳税人,年应税销售额超过 80 万元的。

③"营改增"应税服务年应税销售额 500 万元(含本数)的纳税人。

年应税销售额是指纳税人在连续不超过 12 个月的经营期内累计应征增值税销售额,包括纳税申报销售额、稽查查补销售额、纳税评估调整销售额。

上述所称年应税销售额是指纳税人在连续不超过 12 个月的经营期内累计应征增值税销售额,包括纳税申报销售额、稽查查补销售额、纳税评估调整销售额、税务机关代开发票销售额和免税销售额。

销售服务、无形资产或者不动产(以下简称应税行为)有扣除项目的纳税人,其应税行为年

应税销售额按未扣除之前的销售额计算。纳税人偶然发生的销售无形资产、转让不动产的销售额，不计入应税行为年应税销售额。

经营期是指在纳税人存续期内的连续经营期间，含未取得销售收入的月份。

(2)年应税销售额未超过规定标准的纳税人，会计核算健全，能够提供准确的税务资料的，可以向主管税务机关办理一般纳税人资格登记，成为一般纳税人。符合一般纳税人条件的纳税人应当向主管税务机关办理一般纳税人资格登记，具体登记办法由国家税务总局制定。

除国家税务总局另有规定外，一经登记为一般纳税人后，不得转为小规模纳税人。

会计核算健全是指能够按照国家统一的会计制度规定设置账簿，根据合法、有效的凭证核算。

(3)按照政策规定，选择按照小规模纳税人纳税的，一般指以下情形：

①《中华人民共和国增值税暂行条例实施细则》(简称《增值税暂行条例实施细则》)第二十九条规定，非企业性单位、不经常发生应税行为的企业可选择按照小规模纳税人纳税。

②根据《营业税改征增值税试点实施办法》(财税〔2016〕36号)第三条规定，年应税销售额超过规定标准但不经常发生应税行为的单位和个体工商户可选择按照小规模纳税人纳税。

③年应税销售额超过规定标准的其他个人。

(二)小规模纳税人的标准

小规模纳税人是指年销售收入在规定标准以下，并且会计核算不健全，不能按规定报送有关税务资料的增值税纳税人。所谓会计核算不健全，指的是不能正确核算增值税的销项税额、进项税额以及应纳税额。凡符合下列条件的纳税人视为小规模纳税人：

(1)从事货物生产或者提供应税劳务的纳税人，以及以从事货物生产或者提供应税劳务为主，并兼营货物批发或者零售的纳税人，年应征增值税销售额(以下简称应税销售额)在50万元以下(含本数，下同)的。"以从事货物生产或者提供应税劳务为主"是指纳税人的年货物生产或提供应税劳务的销售额占全年应税销售额的比重在50%以上。

(2)对上述规定以外的纳税人，年应税销售额在80万元以下的。

(3)"营改增"应税服务年销售额在500万元(含本数)以下的。

(4)年应税销售额超过小规模纳税人标准的其他个人按小规模纳税人纳税。

(5)非企业性单位、不经常发生应税行为的企业可选择按小规模纳税人纳税。

知识链接

2018年4月4日，财政部、国家税务总局对统一增值税小规模纳税人标准有关问题作出规定。增值税小规模纳税人标准为年应征增值税销售额500万元人民币及以下。按照中国《增值税暂行条例实施细则》相关规定已登记为增值税一般纳税人的单位和个人，在2018年12月31日前，可转登记为小规模纳税人，其未抵扣的进项税额作转出处理。

三、一般纳税人资格登记的基本规则

(1)增值税纳税人，年应税销售额超过规定的小规模纳税人标准的，除另有规定外，应当向主管税务机关申请一般纳税人资格登记。年应税销售额未超过规定的小规模纳税人标准以及新开业的纳税人，可以向主管税务机关申请一般纳税人资格登记。

(2)纳税人符合规定的，按照下列程序办理一般纳税人资格认定：

①纳税人如实向主管税务机关填报《增值税一般纳税人资格登记表》(见表 2—1)，并提供税务登记证件。

②纳税人填报内容与税务登记信息一致的，主管税务机关当场登记。

③纳税人填报内容与税务登记信息不一致，或者不符合填列要求的，税务机关应当场告知纳税人需要补正的内容。

表 2—1　　**增值税一般纳税人资格登记表**

纳税人名称			社会信用代码 (纳税人识别号)		
法定代表人 (负责人、业主)		证件名称及号码		联系电话	
财务负责人		证件名称及号码		联系电话	
办税人员		证件名称及号码		联系电话	
税务登记日期					
生产经营地址					
注册地址					
纳税人类别:企业□　非企业性单位□　个体工商户□　其他□					
主营业务类别:工业 □　商业 □　服务业 □　其他□					
会计核算健全:是□					
一般纳税人生效之日:当月 1 日 □　　次月 1 日 □					
纳税人(代理人)承诺: 会计核算健全，能够提供准确的税务资料，上述各项内容真实、可靠、完整。如有虚假，愿意承担相关法律责任。 经办人:　　法定代表人:　　代理人:　　(签章) 年　月　日					
以下由税务机关填写					
税务机关受理情况	受理人:　　受理税务机关(章) 年　月　日				

填表说明:

(1)本表由纳税人如实填写。

(2)表中"证件名称及号码"相关栏次，根据纳税人的法定代表人、财务负责人、办税人员的居民身份证、护照等有效身份证件及号码填写。

(3)表中"一般纳税人生效之日"由纳税人自行勾选。

(4)本表一式两份，主管税务机关和纳税人各留存一份。

年应税销售额超过规定标准的纳税人符合规定的，应当向主管税务机关提交书面说明(见表 2—2)。

表 2－2　　　　选择按小规模纳税人纳税的情况说明

<table>
<tr><td>纳税人名称</td><td></td><td>社会信用代码
（纳税人识别号）</td><td></td></tr>
<tr><td colspan="2" rowspan="2">连续不超过 12 个月或四个季度的经营期内累计应税销售额</td><td colspan="2">货物劳务：　年　月至　　年　月共　　元。</td></tr>
<tr><td colspan="2">应税行为：　　年　月至　　年　月共　　元。</td></tr>
<tr><td>情况
说明</td><td colspan="3"></td></tr>
<tr><td colspan="4">纳税人（代理人）承诺：
上述各项内容真实、可靠、完整。如有虚假，愿意承担相关法律责任。

经办人：　　　法定代表人：　　　代理人：　　　（签章）
年　月　日</td></tr>
<tr><td colspan="4">以下由税务机关填写</td></tr>
<tr><td>税务
机关
受理
情况</td><td colspan="3">受理人：　　　　受理税务机关（章）
年　月　日</td></tr>
</table>

填表说明：

（1）“情况说明”栏由纳税人填写，符合财政部、国家税务总局规定的，可选择按小规模纳税人纳税的具体情形及理由。

（2）本表一式两份，主管税务机关和纳税人各留存一份。

（3）纳税人在年应税销售额超过规定标准的月份（或季度）的所属申报期结束后 15 日内按照《增值税一般纳税人资格认定管理办法》第六条或者第七条的规定办理相关手续；未按规定时限办理的，主管税务机关应当在规定时限结束后 5 日内制作《税务事项通知书》，告知纳税人应当在 5 日内向主管税务机关办理相关手续；逾期仍不办理的，次月起按销售额依照增值税税率计算应纳税额，不得抵扣进项税额，直至纳税人办理相关手续为止。

（4）纳税人自一般纳税人生效之日起，按照增值税一般计税方法计算应纳税额，并可以按照规定领用增值税专用发票，财政部、国家税务总局另有规定的除外。生效之日是指纳税人办理登记的当月 1 日或者次月 1 日，由纳税人在办理登记手续时自行选择。

除国家税务总局另有规定外，一经登记为一般纳税人后，不得转为小规模纳税人。

四、一般纳税人纳税辅导期管理办法

（1）主管税务机关可以在一定期限内对下列一般纳税人实行纳税辅导期管理：

①按照《增值税一般纳税人资格认定管理办法》第四条的规定：新认定为一般纳税人的小型商贸批发企业。

“小型商贸批发企业”是指注册资金在 80 万元（含）以下、职工人数在 10 人（含）以下的批发企业。

②国家税务总局规定的其他一般纳税人。

“其他一般纳税人”是指具有下列情形之一的一般纳税人：增值税偷税数额占应纳税额的10%以上并且偷税数额在10万元以上的；骗取出口退税的；虚开增值税扣税凭证的；国家税务总局规定的其他情形。

(2)新认定为一般纳税人的小型商贸批发企业实行纳税辅导期管理的期限为3个月；其他一般纳税人实行纳税辅导期管理的期限为6个月。

对新办小型商贸批发企业，主管税务机关应在《增值税一般纳税人资格认定管理办法》第九条第(四)款规定的《税务事项通知书》，内告知纳税人对其实行纳税辅导期管理。纳税辅导期自主管税务机关制作《税务事项通知书》的当月起执行；对其他一般纳税人，主管税务机关应自稽查部门作出《税务稽查处理决定书》后40个工作日内，制作、送达《税务事项通知书》，告知纳税人对其实行纳税辅导期管理。纳税辅导期自主管税务机关制作《税务事项通知书》的次月起执行。

(3)辅导期纳税人取得的增值税专用发票(以下简称专用发票)抵扣联、海关进口增值税专用缴款书以及运输费用结算单据应当在交叉稽核比对无误后，方可抵扣进项税额。

(4)主管税务机关对辅导期纳税人实行限量限额发售专用发票。

①实行纳税辅导期管理的小型商贸批发企业，领购专用发票的最高开票限额不得超过10万元；其他一般纳税人专用发票最高开票限额应根据企业的实际经营情况重新核定。

②辅导期纳税人专用发票的领购实行按次限量控制，主管税务机关可根据纳税人的经营情况核定每次专用发票的供应数量，但每次发售专用发票数量不得超过25份。

辅导期纳税人领购的专用发票未使用完而再次领购的，主管税务机关发售专用发票的份数不得超过核定的每次领购专用发票份数与未使用完的专用发票份数的差额。

(5)辅导期纳税人一个月内多次领购专用发票的，应从当月第二次领购专用发票起，按照上一次已领购并开具的专用发票销售额的3%预缴增值税，未预缴增值税的，主管税务机关不得向其发售专用发票。

预缴增值税时，纳税人应提供已领购并开具的专用发票记账联，主管税务机关根据其提供的专用发票记账联计算应预缴的增值税。

(6)辅导期纳税人按《增值税一般纳税人资格认定管理办法》第九条规定预缴的增值税可在本期增值税应纳税额中抵减，抵减后预缴增值税仍有余额的，可抵减下期再次领购专用发票时应当预缴的增值税。

纳税辅导期结束后，纳税人因增购专用发票发生的预缴增值税有余额，主管税务机关应在纳税辅导期结束后的第一个月内，一次性退还给纳税人。

(7)辅导期纳税人应当在“应交税费”科目下增设“待抵扣进项税额”明细科目，核算尚未交叉稽核比对的专用发票抵扣联、海关进口增值税专用缴款书以及运输费用结算单据(以下简称增值税抵扣凭证)注明或者计算的进项税额。

辅导期纳税人取得增值税抵扣凭证后，借记“应交税费——待抵扣进项税额”明细科目，贷记相关科目。交叉稽核比对无误后，借记“应交税费——应交增值税(进项税额)”科目，贷记“应交税费——待抵扣进项税额”科目。经核实不得抵扣的进项税额，红字借记“应交税费——待抵扣进项税额”，红字贷记相关科目。

(8)主管税务机关定期接收交叉稽核比对结果，通过稽核结果导出工具导出发票明细数据及稽核结果通知书并告知辅导期纳税人。

辅导期纳税人根据交叉稽核比对结果相符的增值税抵扣凭证本期数据申报抵扣进项税

额，未收到交叉稽核比对结果的增值税抵扣凭证留待下期抵扣。

(9)纳税辅导期内，主管税务机关未发现纳税人存在偷税、逃避追缴欠税、骗取出口退税、抗税或其他需要立案查处的税收违法行为的，从期满的次月起不再实行纳税辅导期管理，主管税务机关应制作、送达《税务事项通知书》，告知纳税人；主管税务机关发现纳税人存在偷税、逃避追缴欠税、骗取出口退税、抗税或其他需要立案查处的税收违法行为的，从期满的次月起按照本规定重新实行纳税辅导期管理，主管税务机关应制作、送达《税务事项通知书》，告知纳税人。

任务三　增值税的税率和征收率

我国现行增值税税率，是以价外税为基础，遵循中性、普遍、简便原则，考虑到大多数纳税人的承受能力等因素确定的，具体如下：

一、增值税税率

增值税税率一共有4档：17%、11%、6%和零税率。

(一)基本税率为17%

纳税人销售货物、劳务、有形动产租赁服务或者进口货物，除另有规定外，税率为17%。有形动产租赁，包括有形动产融资租赁和有形动产经营性租赁。远洋运输的光租业务、航空运输的干租业务，属于有形动产经营性租赁。

(二)税率为11%

纳税人销售交通运输、邮政、基础电信、建筑、不动产租赁服务，销售不动产，转让土地使用权，销售或者进口下列货物，税率为11%：

(1)粮食等农产品、食用植物油、食用盐；

(2)自来水、暖气、冷气、热水、煤气、石油液化气、天然气、二甲醚、沼气、居民用煤炭制品；

(3)图书、报纸、杂志、音像制品、电子出版物；

(4)饲料、化肥、农药、农机、农膜；

(5)国务院规定的其他货物。

(三)税率为6%

纳税人销售服务、无形资产，除本条第一项、第二项、第五项另有规定外，税率为6%。

(四)零税率

(1)纳税人出口货物，税率为零。

(2)国际运输服务。国际运输服务是指在境内载运旅客或者货物出境，在境外载运旅客或者货物入境，在境外载运旅客或者货物。

(3)航天运输服务。

(4)向境外单位提供的完全在境外消费的下列服务：研发服务；合同能源管理服务；设计服务；广播影视节目(作品)的制作和发行服务；软件服务；电路设计及测试服务；信息系统服务；业务流程管理服务；离岸服务外包业务；转让技术。

离岸服务外包业务，包括信息技术外包服务(ITO)、技术性业务流程外包服务(BPO)、技术性知识流程外包服务(KPO)，其所涉及的具体业务活动按照《销售服务、无形资产、不动产注释》相对应的业务活动执行。

(5)财政部和国家税务总局规定的其他服务。

知识链接

财政部、国家税务总局印发《关于调整增值税税率的通知》(简称《通知》)规定,自 2018 年 5 月 1 日起,纳税人发生增值税应税销售行为或者进口货物,原适用 17%和 11%税率的,税率分别调整为 16%和 10%。纳税人购进农产品,原适用 11%扣除率的,扣除率调整为 10%。纳税人购进用于生产销售或委托加工税率 16%的农产品,按照 12%的扣除率计算进项税额。

《通知》还规定,原适用 17%税率且出口退税率为 17%的出口货物,出口退税率调整至 16%。原适用 11%税率且出口退税率为 11%的出口货物、跨境应税行为,出口退税率调整至 10%。外贸企业 7 月 31 日前出口的本条所涉货物、销售的本条所涉跨境应税行为,购进时已按调整前税率征收增值税的,执行调整前的出口退税率;购进时已按调整后税率征收增值税的,执行调整后的出口退税率。生产企业 7 月 31 日前出口的本条所涉货物、销售的本条所涉跨境应税行为,执行调整前的出口退税率。

二、增值税征收率

增值税征收率为 3%。

(1)小规模纳税人适用简易计税方法计税。简易计税方法的应纳税额是指按照销售额和增值税征收率计算的增值税额。增值税征收率为 3%。

(2)一般纳税人提供应税服务,如有符合规定的特定项目,可以选择适用简易计税方法,增值税征收率也为 3%。

增值税一般纳税人选择简易办法计算缴纳增值税后,36 个月内不得变更。

任务四　增值税的优惠政策

一、增值税免税规定

(一)农产品免税规定

(1)农业生产者销售的自产农产品。农业生产者销售的自产农产品是指直接从事植物的种植、收割和动物的饲养、捕捞的单位和个人销售的注释所列的自产农业产品;对上述单位和个人销售的外购的农业产品,以及单位和个人外购农业产品生产、加工后销售的仍然属于农业产品,不属于免税的范围,应当按照规定的税率征收增值税。

(2)制种企业在下列生产经营模式下生产销售的种子:

①利用自有土地或承租土地,雇佣农户或雇工进行种子繁育,再经烘干、脱粒、风筛等深加工后销售种子。

②提供亲本种子委托农户繁育并从农户手中收回,再经烘干、脱粒、风筛等深加工后销售种子。

③“十三五”期间进口种子种源增值税优惠政策。2016 年 1 月 1 日至 2020 年 12 月 31 日,继续对进口种子(苗)、种畜(禽)、鱼种(苗)和种用野生动植物种源(种子种源)免征进口环节增值税。

④回收再销售的畜禽。采取“公司+农户”经营模式从事畜禽饲养,即公司与农户签订委托养殖合同,向农户提供畜禽苗、饲料、兽药及疫苗等(所有权属于公司),农户饲养畜禽苗至成品后交付公司回收,公司将回收的成品畜禽用于销售。

⑤承担粮食收储任务的国有粮食购销企业销售粮食免征增值税。

⑥对从事农产品批发、零售的纳税人销售的部分鲜活肉蛋产品免征增值税，不包括规定的国家珍贵、濒危野生动物及其鲜活肉类、蛋类产品。

⑦纳税人销售自产人工合成牛胚胎应免征增值税。

⑧对从事蔬菜批发、零售的纳税人销售的蔬菜免征增值税。各种蔬菜罐头不属于免征增值税的范围。

⑨对边销茶生产企业销售自产的边销茶及经销企业销售的边销茶免征增值税，是指以黑毛茶、老青茶、红茶末、绿茶为主要原料，经过发酵、蒸制、加压或者压碎、炒制，专门销往边疆少数民族地区的紧压茶、方包茶（马茶）。

⑩对农民专业合作社销售本社成员生产的农业产品，视同农业生产者销售自产农业产品免征增值税。

⑪增值税一般纳税人从农民专业合作社购进的免税农业产品，可按13%的扣除率计算抵扣增值税进项税额。

⑫对农民专业合作社向本社成员销售的农膜、种子、种苗、农药、农机免征增值税。

（二）食用植物油免税规定

对销售食用植物油业务，除政府储备食用植物油的销售继续免征增值税外，一律照章征收增值税。对粮油加工业务，一律照章征收增值税。

（三）医疗、卫生免税规定

（1）避孕药品和用具。

（2）对血站供应给医疗机构的临床用血免征增值税。

（3）医疗机构免征增值税。

①对非营利性医疗机构按照国家法律规定的价格取得的医疗服务收入，免征各项税收。

②对非营利性医疗机构自产自用的制剂，免征增值税。

③不按照国家法律规定的价格取得的医疗服务收入不得享受这项政策。从事非医疗服务取得的收入，如租赁收入、财产转让收入、培训收入、对外投资收入等应按法规征收各项税收。非营利性医疗机构的药房分离为独立的药品零售企业，应按法规征收各项税收。

（4）对营利性医疗机构取得的收入，按法规征收各项税收。对其自产自用的制剂免征增值税；对营利性医疗机构的药房分离为独立的药品零售企业，应按法规征收各项税收。

（5）对疾病控制机构和妇幼保健机构等卫生机构按照国家法律规定的价格取得的卫生服务收入（含疫苗接种和调拨、销售收入），免征各项税收。不按照国家法律规定的价格取得的卫生服务收入不得享受这项政策。

（6）自2016年1月1日至2018年12月31日，继续对国产抗艾滋病病毒药品免征生产环节和流通环节增值税（国产抗艾滋病病毒药物品种清单见附件）。

（7）医疗机构提供的医疗服务免征增值税。

（四）科研、技术免税规定

（1）直接用于科学研究、科学试验和教学的进口仪器、设备（条例第十五条）。

（2）对科学研究机构、技术开发机构、学校等单位进口国内不能生产或者性能不能满足需要的科学研究、科技开发和教学用品，免征进口关税和进口环节增值税、消费税；对出版物进口单位为科研院所、学校进口用于科研、教学的图书、资料等，免征进口环节增值税。

（3）对符合条件的孵化器在营业税改征增值税试点期间，对其向孵化企业出租场地、房屋以及提供孵化服务的收入，免征增值税。

(4)个人转让著作权。

(5)纳税人提供技术转让、技术开发和与之相关的技术咨询、技术服务。

(五)军队、公安系统免税规定

(1)军队内部调拨供应物资免征增值税。

(2)军队空余房产租赁收入。

(3)为安置随军家属就业或自主择业的军队转业干部就业而新开办的企业，自领取税务登记证之日起，其提供的应税服务3年内免征增值税。享受税收优惠政策的企业，随军家属/安置自主择业的军队转业干部必须占企业总人数的60%(含)以上，并有军(含)以上政治和后勤机关出具的证明。

(4)从事个体经营的随军家属、军队转业干部，自办理税务登记事项之日起，其提供的应税服务3年内免征增值税。随军家属必须有师以上政治机关出具的可以表明其身份的证明。自主择业的军队转业干部必须持有师以上部队颁发的转业证件。每一名随军家属可以享受一次免税政策。

(六)黄金、白银、钻石、金币免税规定

(1)对中国金币总公司出口的金银币免征增值税。

(2)对生产黄金和白银免征增值税以及对配售黄金和白银增值税即征即退的政策。

(3)黄金生产和经营单位销售黄金(不包括以下品种：成色为电子U9999、电子U9995、电子U999、电子U995；规格为50克、100克、1公斤、3公斤、12.5公斤的黄金，以下简称标准黄金)和黄金矿砂(含伴生金)，免征增值税；进口黄金(含标准黄金)和黄金矿砂免征进口环节增值税。

(4)国内开采或加工的钻石，通过钻交所销售的，在国内销售环节免征增值税，可凭核准单开具普通发票；不通过钻交所销售的，在国内销售环节照章征收增值税，并可按规定开具专用发票。

(七)饲料免税规定

(1)免税饲料产品范围包括单一大宗饲料、混合饲料、配合饲料、复合预混料、浓缩饲料。

(2)凡销售给饲料生产企业、饲养单位及个体养殖户的饲料，免征增值税；销售给其他单位的，一律征税。用于饲养动物的粮食、饲料添加剂不属于本货物的范围。

(3)豆粕属于征收增值税的饲料产品，除豆粕以外的其他粕类饲料产品，均免征增值税。

(4)对饲用鱼油产品按照现行“单一大宗饲料”的增值税政策规定，免予征收增值税。

(5)矿物质微量元素舔砖，是以四种以上微量元素、非营养性添加剂和载体为原料，经高压浓缩制成的块状预混物，可供牛、羊等牲畜直接食用，应按照“饲料”免征增值税。

(6)宠物饲料不属于免征增值税的饲料。

(7)对饲料级磷酸二氢钙产品可按照现行“单一大宗饲料”的增值税政策规定，免征增值税。

(8)精料补充料可规定免征增值税。

(八)电影、电视免税规定

(1)对电影制片企业销售电影拷贝(含数字拷贝)、转让版权取得的收入，电影发行企业取得的电影发行收入，电影放映企业在农村的电影放映收入，自2014年1月1日至2018年12月31日免征增值税。一般纳税人提供的城市电影放映服务，可以按现行政策规定，选择按照简易计税办法计算缴纳增值税。

(2)2017 年 1 月 1 日至 2019 年 12 月 31 日，对广播电视运营服务企业收取的有线数字电视基本收视维护费和农村有线电视基本收视费，免征增值税。

(九)学校、文化、教育免税规定

(1)校办企业生产的应税货物，凡用于本校教学、科研方面的，经严格审核确认后，免征增值税。

(2)古旧图书。

(3)托儿所、幼儿园提供的保育和教育服务。

超过规定标准的收费，以开办实验班、特色班和兴趣班等为由另外收取的费用以及与幼儿入园挂钩的赞助费、支教费等超过规定范围的收入，不属于免征增值税的范围。

(4)学历教育免征增值税。

①从事学历教育的学校提供的教育服务，包括符合规定的从事学历教育的民办学校，但不包括职业培训机构等国家不承认学历的教育机构。

②提供教育服务免征增值税的收入，是指对列入规定招生计划的在籍学生提供学历教育服务取得的收入，具体包括：经有关部门审核批准并按规定标准收取的学费、住宿费、课本费、作业本费、考试报名费收入，以及学校食堂提供餐饮服务取得的伙食费收入。除此之外的收入，包括学校以各种名义收取的赞助费、择校费等，不属于免征增值税的范围。

③政府举办的从事学历教育的高等、中等和初等学校(不含下属单位)，举办进修班、培训班取得的全部归该学校所有的收入免征增值税。举办进修班、培训班取得的收入进入该学校下属部门自行开设账户的，不予免征增值税。

(5)学生勤工俭学提供的服务。

(6)政府举办的职业学校设立的主要为在校学生提供实习场所，并由学校出资自办、由学校负责经营管理、经营收入归学校所有的企业，从事“现代服务”(不含融资租赁服务、广告服务和其他现代服务)、“生活服务”(不含文化体育服务、其他生活服务和桑拿、氧吧)等业务活动取得的收入。

(7)对按照国家规定的收费标准向学生收取的高校学生公寓住宿费收入在营改增试点期间免征增值税。

(8)对高校学生食堂为高校师生提供餐饮服务取得的收入，在营改增试点期间免征增值税。

(9)门票收入免征增值税。

①纪念馆、博物馆、文化馆、文物保护单位管理机构、美术馆、展览馆、书画院、图书馆在自己的场所提供文化体育服务取得的第一道门票收入。

②寺院、宫观、清真寺和教堂举办文化、宗教活动的门票收入。

(十)农业生产免税规定

(1)自 2008 年 6 月 1 日起，纳税人生产销售和批发、零售有机肥产品免征增值税。享受上述免税政策的有机肥产品是指有机肥料、有机一无机复混肥料和生物有机肥。

(2)自 2007 年 7 月 1 日起，纳税人生产销售和批发、零售滴灌带和滴灌管产品免征增值税。

(3)批发和零售的种子、种苗、农药、农机。

(4)农膜。

(5)农业机耕、排灌、病虫害防治、植物保护、农牧保险以及相关技术培训业务，家禽、牲畜、水生动物的配种和疾病防治。

(6)将土地使用权转让给农业生产者用于农业生产。

(7)纳税人采取转包、出租、互换、转让、入股等方式将承包地流转给农业生产者用于农业生产，免征增值税。

(十一)水、暖气、电免税规定

(1)对各级政府及主管部门委托自来水厂(公司)随水费收取的污水处理费，免征增值税。

(2)收取电价时一并向用户收取的农村电网维护费(包括低压线路损耗和维护费以及电工经费)免征增值税。

(3)对饮水工程运营管理单位向农村居民提供生活用水取得的自来水销售收入，免征增值税。对于既向城镇居民供水，又向农村居民供水的饮水工程运营管理单位，依据向农村居民供水收入占总供水收入的比例免征增值税。

(4)自2016年1月1日至2018年供暖期结束，对供热企业向居民个人供热而取得的采暖费收入免征增值税。

(十二)残疾人免税规定

(1)由残疾人的组织直接进口供残疾人专用的物品。

(2)残疾人个人提供的加工、修理修配劳务，免征增值税。

(3)残疾人福利机构提供的育养服务。

(4)残疾人员本人为社会提供的服务。

(十三)住房、不动产免税规定

(1)个人销售自建自用住房。

(2)2018年12月31日前，公共租赁住房经营管理单位出租公共租赁住房。

(3)为了配合国家住房制度改革，企业、行政事业单位按房改成本价、标准价出售住房取得的收入。

(4)涉及家庭财产分割的个人无偿转让不动产、土地使用权。

(5)北京市、上海市、广州市和深圳市之外的地区：个人将购买2年以上(含2年)的住房对外销售的，免征增值税。

北京市、上海市、广州市和深圳市：个人将购买2年以上(含2年)的非普通住房对外销售的，以销售收入减去购买住房价款后的差额按照5%的征收率缴纳增值税；个人将购买2年以上(含2年)的普通住房对外销售的，免征增值税。

(十四)金融、保险、担保免税规定

(1)利息收入。

(2)国家助学贷款。

(3)国债、地方政府债。

(4)人民银行对金融机构的贷款。

(5)住房公积金管理中心用住房公积金在指定的委托银行发放的个人住房贷款。

(6)外汇管理部门在从事国家外汇储备经营过程中，委托金融机构发放的外汇贷款。

(7)统借统还业务中，企业集团或企业集团中的核心企业以及集团所属财务公司按不高于支付给金融机构的借款利率水平或者支付的债券票面利率水平，向企业集团或者集团内下属单位收取的利息。

(8)下列金融商品转让收入免征增值税：

①合格境外投资者(QFII)委托境内公司在我国从事证券买卖业务。

②香港市场投资者(包括单位和个人)通过沪港通买卖上海证券交易所上市电子股。

③对香港市场投资者(包括单位和个人)通过基金互认买卖内地基金份额。

④证券投资基金(封闭式证券投资基金和开放式证券投资基金)管理人运用基金买卖股票、债券。

⑤个人从事金融商品转让业务。

(9)金融同业往来利息收入：

①金融机构与人民银行所发生的资金往来业务。

②银行联行往来业务。

③金融机构间的资金往来业务。

④金融机构之间开展的转贴现业务。

自2018年1月1日起，金融机构开展贴现、转贴现业务，以其实际持有票据期间取得的利息收入作为贷款服务销售额计算缴纳增值税。此前贴现机构已就贴现利息收入全额缴纳增值税的票据，转贴现机构转贴现利息收入继续免征增值税。

(10)同时符合下列条件的担保机构从事中小企业信用担保或者再担保业务取得的收入(不含信用评级、咨询、培训等收入)3年内免征增值税：

①已取得监管部门颁发的融资性担保机构经营许可证，依法登记注册为企(事)业法人，实收资本超过2 000万元。

②平均年担保费率不超过银行同期贷款基准利率的50%。

平均年担保费率＝本期担保费收入/(期初担保余额＋本期增加担保金额)×100%

③连续合规经营2年以上，资金主要用于担保业务，具备健全的内部管理制度和为中小企业提供担保的能力，经营业绩突出，对受保项目具有完善的事前评估、事中监控、事后追偿与处置机制。

④为中小企业提供的累计担保贷款额占其两年累计担保业务总额的80%以上，单笔800万元以下的累计担保贷款额占其累计担保业务总额的50%以上。

⑤对单个受保企业提供的担保余额不超过担保机构实收资本总额的10%，且平均单笔担保责任金额最多不超过3 000万元人民币。

⑥担保责任余额不低于其净资产的3倍，且代偿率不超过2%。

(11)保险公司开办的一年期以上人身保险产品取得的保费收入。

享受免征增值税的一年期及以上返还本利的人身保险包括其他年金保险。其他年金保险是指养老年金以外的年金保险。

(12)全国社会保障基金理事会、全国社会保障基金投资管理人运用全国社会保障基金买卖证券投资基金、股票、债券取得的金融商品转让收入，免征增值税。

(13)符合条件的国际航运保险业务免征增值税。

(14)境内保险公司向境外保险公司提供的完全在境外消费的再保险服务，免征增值税。

(15)试点纳税人提供再保险服务(境内保险公司向境外保险公司提供的再保险服务除外)，实行与原保险服务一致的增值税政策。再保险合同对应多个原保险合同的，所有原保险合同均适用免征增值税政策时，该再保险合同适用免征增值税政策；否则，该再保险合同应按规定缴纳增值税。

（十五）政府相关免税规定

（1）外国政府、国际组织无偿援助的进口物资和设备。

（2）行政单位之外的其他单位收取的符合规定条件的政府性基金和行政事业性收费。

（3）土地所有者出让土地使用权和土地使用者将土地使用权归还给土地所有者。

（4）县级以上地方人民政府或自然资源行政主管部门出让、转让或收回自然资源使用权（不含土地使用权）。

（5）国家商品储备管理单位及其直属企业承担商品储备任务，从中央或者地方财政取得的利息补贴收入和价差补贴收入。

（十六）境外项目免税规定

（1）境内的单位和个人销售的下列服务和无形资产免征增值税，但财政部和国家税务总局规定适用增值税零税率的除外：

①工程项目在境外的建筑服务。

②工程项目在境外的工程监理服务。

③工程、矿产资源在境外的工程勘察勘探服务。

④会议展览地点在境外的会议展览服务。

⑤存储地点在境外的仓储服务。

⑥标的物在境外使用的有形动产租赁服务。

⑦在境外提供的广播影视节目（作品）的播映服务。

⑧在境外提供的文化体育服务、教育医疗服务、旅游服务。

（2）为出口货物提供的邮政服务、收派服务、保险服务。为出口货物提供的保险服务，包括出口货物保险和出口信用保险。

（3）向境外单位提供的完全在境外消费的下列服务和无形资产：

①电信服务。

②知识产权服务。

③物流辅助服务（仓储服务、收派服务除外）。

④鉴证咨询服务。

⑤专业技术服务。

⑥商务辅助服务。

⑦广告投放地在境外的广告服务。

⑧无形资产。

（4）以无运输工具承运方式提供的国际运输服务。

（5）为境外单位之间的货币资金融通及其他金融业务提供的直接收费金融服务，且该服务与境内的货物、无形资产和不动产无关。

（6）境内单位和个人以无运输工具承运方式提供的国际运输服务，由境内实际承运人适用增值税零税率；无运输工具承运业务的经营者适用增值税免税政策。

（7）按照国家有关规定应取得相关资质的国际运输服务项目，纳税人取得相关资质的，适用增值税零税率政策；未取得的，适用增值税免税政策。

①境内的单位或个人提供程租服务，如果租赁的交通工具用于国际运输服务和港澳台运输服务，由出租方按规定申请适用增值税零税率。

②境内的单位和个人向境内单位或个人提供期租、湿租服务，如果承租方利用租赁的交通

工具向其他单位或个人提供国际运输服务和港澳台运输服务，由承租方适用增值税零税率。境内的单位或个人向境外单位或个人提供期租、湿租服务，由出租方适用增值税零税率。

（8）境内的单位和个人提供适用增值税零税率的服务或者无形资产，如果属于适用简易计税方法的，实行免征增值税办法。

（9）市场经营户自营或委托市场采购贸易经营者以市场采购贸易方式出口的货物免征增值税。

（10）对供应出境旅客的口岸免税店运进的有关物品，免征增值税、消费税。对在海关免税限量（限值）内个人携带或者邮寄进境的自用物品，免征关税，同时免征增值税、消费税。

（十七）其他免税规定

（1）从 2001 年 1 月 1 日起对铁路系统内部单位为本系统修理货车的业务免征增值税。

（2）符合条件的合同能源管理服务。

（3）婚姻介绍服务。

（4）纳税人提供的直接或者间接国际货物运输代理服务。

（5）家政服务企业由员工制家政服务员提供家政服务取得的收入。

（6）养老机构提供的养老服务。

（7）殡葬服务。

（8）中国邮政集团公司及其所属邮政企业提供的邮政普遍服务和邮政特殊服务，免征增值税。

（9）销售的自己使用过的物品。

二、不缴纳增值税的特殊项目

（1）货物期货中保税交割货物暂不缴纳增值税。

（2）各燃油电厂从政府财政专户取得的发电补贴不征收增值税。

（3）视罚没物品收入归属确定免征增值税，凡作为罚没变价或拍卖收入如数上缴财政的，不予征税。

（4）纳税人取得的中央财政补贴不属于增值税的应税收入。

（5）融资性售后回租业务中，承租方出售资产的行为不属于增值税的征税范围。

（6）药品生产企业在销售自产创新药后，提供给患者后续免费使用的相同创新药，不属于增值税视同销售范围。

（7）根据国家指令无偿提供的铁路运输服务、航空运输服务，属于用于公益事业服务，不缴纳增值税。

（8）存款利息不征收增值税。

（9）被保险人获得的保险赔付不缴纳增值税。

（10）房地产主管部门或者其指定机构、公积金管理中心、开发企业以及物业管理单位代收的住宅专项维修资金，不征收增值税。

（11）纳税人在资产重组过程中通过合并、分立、出售、置换等方式，将全部或部分实物资产以及与其相关联的债权、负债和劳动力一并转让给其他单位和个人，不属于增值税的征税范围，其中涉及的货物转让，不征收增值税。

（12）单用途卡发卡企业或者售卡企业销售仅限于在本企业、本企业所属集团或者同一品牌特许经营体系内兑付货物或者服务的预付凭证的单用途卡，或者接受单用途卡持卡人充值取得的预收资金，不缴纳增值税。

三、增值税起征点

对于个人销售额、应税服务额未达到财政部规定起征点的，免征增值税。达到或者超过起征点的，就其全额征收增值税，增值税起征点不适用于认定为一般纳税人的个体工商户，起征点的规定如下：

(1)销售货物的，为月销售额5 000～20 000元；

(2)提供应税劳务的，为月销售额5 000～20 000元；

(3)提供应税服务的，为月销售额5 000～20 000元；

(4)按次纳税的，为每次(日)销售额300～500元。

起征点的调整由财政部和国家税务总局规定，省、自治区、直辖市财政厅(局)和国家税务局应当在规定的幅度内，根据实际情况确定本地区适用的起征点，并报财政部和国家税务总局备案。

纳税人兼营免税、减税项目，应当单独核算减税、免税项目的销售额；未单独核算销售额的，不得减税、免税。

纳税人提供应税服务适用免税、减税规定的，可以放弃免税、减税，依法缴纳增值税。放弃免税、减税后，36个月内不得再申请免税、减税。

纳税人提供应税服务同时适用免税和零税率规定的，优先适用零税率。

项目二　应纳增值税的计算及会计处理

任务一　增值税应纳税额的计算方法

一、一般计税方法

增值税一般纳税人基本适用一般计税方法，即将销项税额减去进项税额的差额作为应纳税额。计算公式为：

应纳税额＝当期销项税额－当期进项税额

当期销项税额小于当期进项税额不足抵扣时，其不足部分可以结转下期继续抵扣。

增值税一般纳税人当期应纳增值税税额的大小主要取决于当期销项税额和当期进项税额两个因素，只要分别确定销项税额和进项税额，就不难计算出应纳税额。

(一)增值税销项税额

销项税额是指纳税人销售货物、加工修理修配劳务、服务、无形资产或者不动产，按照销售额和《增值税暂行条例》规定的税率计算并向购买方收取的增值税额。其计算公式如下：

销项税额＝销售额×税率

或　　销项税额＝组成计税价格×税率

一般计税方法的销售额不包括销项税额，纳税人采用销售额和销项税额合并定价方法的，按照下列公式计算销售额：

销售额＝含税销售额÷(1＋税率)

1. 销售额的一般规定

当期应税销售额包括增值税纳税人当期销售货物、加工修理修配劳务、服务、无形资产或者不动产从购买方取得的全部价款和价外费用。

销售货物、加工修理修配劳务取得的价外费用是指价外收取的各种性质的收费，包括手续费、补贴、基金、集资费、返还利润、奖励费、违约金、滞纳金、延期付款利息、赔偿金、代收款项、代垫款项、包装费、包装物租金、储备费、优质费、运输装卸费以及其他各种性质的价外收费。下列项目不包括在内：

(1)受托加工应征消费税的消费品所代收代缴的消费税。

(2)同时符合以下条件的代垫运输费用：

①承运部门的运输费用发票开具给购买方；

②纳税人将该项发票转交给购买方。

(3)同时符合以下条件代为收取的政府性基金或者行政事业性收费：

①由国务院或者财政部批准设立的政府性基金，由国务院或者省级人民政府及其财政、价格主管部门批准设立的行政事业性收费；

②收取时开具省级以上财政部门印制的财政票据；

③所收款项全额上缴财政。

(4)销售货物的同时代办保险等而向购买方收取的保险费，以及向购买方收取的代购买方缴纳的车辆购置税、车辆牌照费。

销售服务、无形资产或者不动产取得的销售额。

①贷款服务，以提供贷款服务取得的全部利息及利息性质的收入为销售额。

②直接收费金融服务，以提供直接收费金融服务收取的手续费、佣金、酬金、管理费、服务费、经手费、开户费、过户费、结算费、转托管费等各类费用为销售额。

③金融商品转让，按照卖出价扣除买入价后的余额为销售额。

转让金融商品出现的正负差，按盈亏相抵后的余额为销售额。若相抵后出现负差，可结转下一纳税期与下期转让金融商品销售额相抵，但年末时仍出现负差的，不得转入下一个会计年度。金融商品的买入价，可以选择按照加权平均法或者移动加权平均法进行核算，选择后36个月内不得变更。金融商品转让，不得开具增值税专用发票。

④经纪代理服务，以取得的全部价款和价外费用，扣除向委托方收取并代为支付的政府性基金或者行政事业性收费后的余额为销售额。向委托方收取的政府性基金或者行政事业性收费，不得开具增值税专用发票。

(5)融资租赁和融资性售后回租业务。

①经人民银行、银监会或者商务部批准从事融资租赁业务的试点纳税人，提供融资租赁服务，以取得的全部价款和价外费用，扣除支付的借款利息(包括外汇借款和人民币借款利息)、发行债券取得利息和车辆购置税后的余额为销售额。

②经人民银行、银监会或者商务部批准从事融资租赁业务的试点纳税人，提供融资性售后回租服务，以取得的全部价款和价外费用(不含本金)，扣除对外支付的借款利息(包括外汇借款和人民币借款利息)、发行债券取得利息后的余额作为销售额。

③试点纳税人根据2016年4月30日前签订的有形动产融资性售后回租合同，在合同到期前提供的有形动产融资性售后回租服务，可继续按照有形动产融资租赁服务缴纳增值税。

④经商务部授权的省级商务主管部门和国家经济技术开发区批准的从事融资租赁业务的

试点纳税人，2016 年 5 月 1 日后实收资本达到 1.7 亿元的，从达到标准的当月起按照上述规定执行；2016 年 5 月 1 日后实收资本未达到 1.7 亿元但注册资本达到 1.7 亿元的，在 2016 年 7 月 31 日前仍可按照上述规定执行，2016 年 8 月 1 日后开展的融资租赁业务和融资性售后回租业务不得按照上述规定执行。

(6)航空运输企业的销售额，不包括代收的机场建设费和代售其他航空运输企业客票而代收转付的价款。

(7)试点纳税人中的一般纳税人提供客运场站服务，以其取得的全部价款和价外费用，扣除支付给承运方运费后的余额为销售额。

(8)试点纳税人提供旅游服务，可以选择以取得的全部价款和价外费用，扣除向旅游服务购买方收取并支付给其他单位或者个人的住宿费、餐饮费、交通费、签证费、门票费和支付给其他接团旅游企业的旅游费用后的余额为销售额。

选择上述办法计算销售额的试点纳税人，向旅游服务购买方收取并支付的上述费用，不得开具增值税专用发票，可以开具普通发票。

(9)试点纳税人提供建筑服务适用简易计税方法的，以取得的全部价款和价外费用扣除支付的分包款后的余额为销售额。

(10)房地产开发企业中的一般纳税人销售其开发的房地产项目(选择简易计税方法的房地产老项目除外)，以取得的全部价款和价外费用，扣除受让土地时向政府部门支付的土地价款后的余额为销售额。销售额以人民币计算。纳税人按照人民币以外的货币结算销售额的，应当折合成人民币计算。折合率可以选择销售额发生的当天或当月 1 日的人民币汇率中间价，纳税人应当事先确定采用何种折合率，且确定后 12 个月内不得变更。

2. 特殊销售方式的销售额确定

(1)折扣方式销售额。

①折扣销售(商业折扣)。纳税人销售货物、提供应税劳务和应税服务，将价款和折扣额在同一张发票上分别注明的，以折扣后的价款为销售额；未在同一张发票上分别注明的，以价款为销售额，不得扣除折扣额。例如，某纳税人销售货物的价款为 5 000 元，折扣额为 200 元，如果将价款和折扣额在同一张发票上分别注明的，以 5 000 元为销售额；如果未在同一张发票上分别注明的，以 5 000 元为销售额。价款和折扣额在同一张发票上分别注明是指价款和折扣额在同一张发票的"金额"栏分别注明，未在同一张发票的"金额" 栏注明折扣额，而仅在发票的"备注" 栏注明折扣额的，折扣额不得从价款中减除。

买一赠一方式销售是指企业在销售商品时，"既卖又送"的方式，属实物折扣销售。《国家税务总局关于确认企业所得税收入若干问题的通知》(国税函〔2008〕875 号)第三条规定："企业以买一赠一等方式组合销售本企业商品的，不属于捐赠，应将总的销售金额按各项商品的公允价值的比例分摊确认各项销售收入。"

【例 2—2】 2018 年元旦，某商场采取促销方式销售彩电，买彩电一台，赠送机顶盒一个。该商场为增值税一般纳税人。彩电销售价格 2 000 元(含税)，顾客买彩电和商家送的机顶盒开在同一张发票上。彩电、机顶盒不含税成本价分别为 1 600 元、200 元。彩电、机顶盒市场价(含税)分别为 1 900 元、300 元。商场的账务处理为：

分摊销售收入：彩电＝2 000×[1 900/(1 900＋300)]/1.17＝1 476.30(元)

机顶盒＝(2 000－1 727.27)/1.17＝233.10(元)

销项税额＝2 000/(1＋17%)×17%＝290.60(元)

会计处理：

A. 收到现金：

借：库存现金 2 000

贷：主营业务收入——彩电 1 476.30

——机顶盒 233.10

应交税费——应交增值税（销项税额） 290.60

B. 结转成本：

借：主营业务成本——彩电 1 600

——机顶盒 200

贷：库存商品——彩电 1 600

——机顶盒 200

②销售折扣（现金折扣）。为敦促顾客尽早付清货款而提供的一种价格优惠。现金折扣的表示方式为：2/10，1/20，n/30（即10天内付款，货款折扣2%；20天内付款，货款折扣1%；30天内全额付款）。现金折扣发生在销货之后，是一种融资性质的理财费用，因此销售折扣不得从销售额中减除。

【例2－3】 某企业销售商品一批，增值税专用发票上注明销售价款为20 000元，增值税为3 400元。合同约定条件为3/10，n/30。若客户在10天内偿付货款，应享受现金折扣600元（20 000×3%），即销货方计入财务费用的金额为600元。

会计处理如下：

A. 企业赊销商品时：

借：应收账款 23 400

贷：主营业务收入 20 000

应交税费——应交增值税（销项税额） 3 400

B. 折扣期内收款时：

借：银行存款 22 800

财务费用 600

贷：应收账款 23 400

③销售折让。企业因售出商品的质量不合格等原因而在售价上给予的减让属于销售折让。企业已经确认销售收入的售出商品发生销售折让，应当在发生当期冲减当期销售商品收入。

（2）以旧换新方式销售额。以旧换新是指纳税人在销售自己的货物时，有偿收回旧货物的行为。税法规定，采取以旧换新方式销售货物的，除金银首饰外所有的增值税应税货物应按新货物的同期销售价格确定销售额，不得扣减旧货物的收购价格。金银首饰可按销售方实际收取的不含增值税的全部价款征收增值税。

【例2－4】 某首饰商城为增值税一般纳税人，2018年4月发生以下业务：采取"以旧换新"方式向消费者销售金项链200条，新项链每条零售价2 500元，旧项链每条作价2 266元，每条项链取得差价款234元，计算当月商城就上述业务应缴纳的增值税和消费税。

应缴纳的增值税＝200×（2 500－2 266）÷（1＋17%）×17%＝6 800（元）

（3）还本销售方式销售额。还本销售方式销售是指纳税人在销售货物后，到一定期限由销售方一次或分次退还给购货方全部或部分价款，这种方式实际上是一种融资行为。它是以货物换取资金的使用价值，到期还本不付息的方法。税法规定，采取还本销售方式销售货物，其销售额就是货物的销售价格，不得从销售额中减除还本支出。

【例 2－5】 电子企业生产销售甲产品，每件制造成本为 100 元，市场上同类商品售价为 150 元/件。采用还本销售方式销售甲产品 100 件，售价为 180 元/件，2 年后全额一次还本，增值税税率为 17%。

会计处理如下：

①实现销售收入时，依据税法规定，增值税额按实际售价计算：

借：银行存款　21 060

　贷：主营业务收入——甲产品　18 000

　　应交税费——应交增值税(销项税额)　3 060

结转销售成本：

借：主营业务成本——甲产品　10 000

　贷：库存商品——甲产品　10 000

②每年预提还本支出：

预提还本支出＝18 000÷2＝9 000(元)

A. 以促销为目的，可比照广告费用的处理将还本支出分期计入营业费用。

借：销售费用——还本支出　9 000

　贷：其他应付款——还本支出　9 000

B. 以筹资为目的，可比照借款费用资本化方法将还本支出分别不同情况计入当期费用或计入购建固定资产的成本。

如所筹资金用于投资、补充营运资金等，计入当期财务费用。

借：财务费用——还本支出　9 000

　贷：其他应付款——还本支出　9 000

如所筹资金用于购建固定资产，在购建期间预提的还本支出应增加相应的资产价值。

借：固定资产　9 000

　贷：其他应付款——还本支出　9 000

③到期支付还本额：

借：其他应付款——还本支出　18 000

　贷：银行存款　18 000

(4)以物易物方式销售额。以物易物是一种较为特殊的购销活动，是指购销双方不以货币结算，而以同等价款的货物相互结算，实现货物购销的一种方式。以物易物双方都应作购销处理，以各自发出的货物核算销售额并计算销项税额，以各自收到的货物按规定核算购货额并计算进项税额。在以物易物活动中，应分别开具合法的票据，如收到货物不能取得相应的增值税专用发票或其他合法票据的，不能抵扣进项税额。

(5)包装物押金是否计入销售额的规定。包装物押金是指纳税人销售货物时对包装物另收取的押金。税法规定，纳税人为销售货物而出租出借包装物收取的押金，单独记账核算的，时间在 1 年以内又未过期的，不并入销售额征税。对因逾期未收回包装物不再退还的押金，应按所包装货物的适用税率计算销项税额。“逾期”是指按合同约定实际逾期或以 1 年为期限，对收取 1 年以上的押金，无论是否退还均并入销售额征税。在将包装物押金并入销售额征税时，需要先将该押金换算为不含税价，再并入销售额征税 。从 1995 年 6 月 1 日起，对销售除啤酒、黄酒以外的其他酒类产品收取的包装物押金，无论是否返还以及会计上如何核算，均应并入销售额征税。

(6)销售自己使用过的固定资产的税务处理：

①销售自己使用过的2009年1月1日(或扩大增值税抵扣范围)以后购进或者自制的固定资产，按照适用税率征收增值税。销售自己使用过的2008年12月31日(或扩大增值税抵扣范围)以前购进或者自制的固定资产，按简易办法依3%征收率减按2%征收增值税。

②营改增纳税人销售自己使用过的2012年1月1日(含)以后购进或自制的固定资产，按照适用税率征收增值税；销售自己使用过的2014年12月31日(含)以前购进或者自制的固定资产按简易办法依3%征收率减按2%征收增值税。

③一般纳税人出售使用过的固定资产视同销售行为，应按规定征税。已使用过的固定资产视同销售行为，其销售额无法确定的，以固定资产净值为销售额。固定资产净值，是指纳税人按照财务会计制度计提折旧后计算的固定资产净值。

(7)发生销售货物、提供应税劳务和应税服务中止或折让的处理。纳税人销售货物、提供应税劳务和应税服务，开具增值税专用发票后，发生销售货物、提供应税劳务和应税服务中止、折让、开票有误等情形，应当按照国家税务总局的规定开具红字增值税专用发票。未按规定开具红字增值税专用发票的，一律不得扣减当期销项税额或者销售额。

3. 特殊销售行为销售额确定

(1)混业经营的规定。混业经营是指纳税人兼有不同税率或者征收率的销售货物、提供加工修理修配劳务或者应税服务的。例如，纳税人销售货物，适用税率17%，又提供适用11%税率的交通运输服务混业经营的纳税人，应当分别核算适用不同税率或征收率的销售额；未分别核算销售额的，从高适用税率。

(2)兼营的规定。兼营行为是指纳税人兼营销售货物、劳务、服务、无形资产或者不动产的行为。兼营行为中，销售货物、劳务、服务、无形资产或者不动产之间没有因果关系和内在联系，应视为两种应税行为。而且，兼营分别核算适用不同税率或者征收率的销售额，未分别核算销售额的，按照以下方法适用税率或者征收率：

①兼有不同税率的销售货物、加工修理修配劳务、服务、无形资产或者不动产，从高适用税率。

②兼有不同征收率的销售货物、加工修理修配劳务、服务、无形资产或者不动产，从高适用征收率。

③兼有不同税率和征收率的销售货物、加工修理修配劳务、服务、无形资产或者不动产，从高适用税率。

(3)混合销售的规定。混合销售是一项销售行为，虽然既涉及货物又涉及服务，但二者之间有直接关联或互为从属关系，如商场销售空调的同时提供送货上门、安装服务。

从事货物的生产、批发或者零售的单位和个体工商户的混合销售行为，按照销售货物缴纳增值税；其他单位和个体工商户的混合销售行为，按照销售服务缴纳增值税。

营改增后，国家对混合销售行为进行了重新分类，规定纳税人销售活动板房、机器设备、钢结构件等自产货物的同时提供建筑、安装服务不属于混合销售，这就意味着营改增后凡是属于上述销售行为的应分别核算货物和建筑服务的销售额，分别适用不同的税率或者征收率。

(4)纳税人兼营免税、减税项目的，应当分别核算免税、减税项目的销售额；未分别核算的，不得免税、减税。基于此规定，兼营行为中的销售业务和兼营业务是两项销售行为，两者是独立的业务。

4. 价格明显偏低且无正当理由以及视同销售行为而无销售额的规定

纳税人销售货物、提供应税劳务和应税服务的价格明显偏低或偏高且不具有合理的商业目的的，或者发生视同提供销售而无销售额的，主管税务机关有权按照下列顺序确定销售额：

(1)按照纳税人最近时期提供同类应税服务的平均价格确定。

(2)按照其他纳税人最近时期提供同类应税服务的平均价格确定。

(3)按照组成计税价格确定，计算公式为：

组成计税价格＝成本×(1＋成本利润率)

成本利润率由国家税务总局确定。

属于应征消费税的货物，其组成计税价格应加计消费税额。计算公式为：

组成计税价格＝成本×(1＋成本利润率)＋消费税额

或

组成计税价格＝成本×(1＋成本利润率)/(1－消费税税率)

上式中，“成本”分为两种情况：属于销售自产货物的为实际生产成本，属于销售外购货物的为实际采购成本。成本利润率为10%。属于应从价定率征收消费税的货物，其组成计税价格公式中的成本利润率，为《消费税若干具体问题的规定》中规定的成本利润率。

5. 销项税额的时间限定

我国《增值税暂行条例》和《营业税改征增值税试点实施办法》规定，销售货物、劳务、服务、无形资产、不动产，为收讫销售款项或取得索取销售款项凭据的当天，先开具发票的，为开具发票的当天。进口货物，为报关进口的当天。

(1)采取直接收款方式销售货物，不论货物是否发出，均为收到销售款或取得索取销售款凭据的当天。

(2)采取托收承付和委托银行收款方式销售货物，为发出货物并办妥托收手续的当天。

(3)采取赊销和分期收款方式销售货物，为书面合同约定的收款日期的当天，无书面合同的或书面合同没有约定收款日期的，为货物发出的当天。

(4)采取预收货款方式销售货物，为货物发出的当天，但生产销售生产工期超过12个月的大型机械设备、船舶、飞机等货物，为收到预收款或书面合同约定的收款日期的当天。

(5)委托其他纳税人代销货物，为收到代销单位的代销清单或收到全部或者部分货款的当天。未收到代销清单及货款的，为发出代销货物满180天的当天。

(6)销售应税劳务，为提供劳务同时收讫销售款或者取得索取销售款的凭据的当天。

(7)纳税人发生《增值税暂行条例实施细则》第4条第3项至第8项所列视同销售货物行为的，为货物移送的当天。纳税人发生《营业税改征增值税试点实施办法》第11条视同提供应税服务的，其纳税义务发生时间为应税服务完成的当天。

(8)纳税人提供有形动产租赁服务采取预收款方式的，其纳税义务发生时间为收到预收款的当天。

(二)增值税进项税额

增值税进项税额，是指纳税人购进货物、加工修理修配劳务、服务、无形资产或者不动产，支付或者负担的增值税额。进项税额与销项税额是相互对应的两个概念，在购销业务中，对于销货方而言，在收回货款的同时，收回销项税额；对于购货方而言，在支付货款的同时，支付进项税额，即销货方收取的销项税额就是购货方支付的进项税额。

1. 进项税额准予从销项税额中抵扣的项目

(1)从销售方取得的增值税专用发票(含税控机动车销售统一发票,下同)上注明的增值税额。

(2)从海关取得的海关进口增值税专用缴款书上注明的增值税额。

(3)购进农产品,除取得增值税专用发票或者海关进口增值税专用缴款书外,按照农产品收购发票或者销售发票上注明的农产品买价和13%的扣除率计算的进项税额。计算公式为:

进项税额=买价×扣除率

买价,是指纳税人购进农产品在农产品收购发票或者销售发票上注明的价款和按照规定缴纳的烟叶税。购进农产品,按照《农产品增值税进项税额核定扣除试点实施办法》抵扣进项税额的除外。

(4)从境外单位或者个人购进服务、无形资产或者不动产,自税务机关或者扣缴义务人取得的解缴税款的完税凭证上注明的增值税额。

2. 进项税额不得从销项税额中抵扣的项目

(1)用于简易计税方法计税项目、免征增值税项目、集体福利或者个人消费的购进货物、加工修理修配劳务、服务、无形资产和不动产。其中涉及的固定资产、无形资产、不动产,仅指专用于上述项目的固定资产、无形资产(不包括其他权益性无形资产)、不动产。

纳税人的交际应酬消费属于个人消费。

(2)非正常损失的购进货物,以及相关的加工修理修配劳务和交通运输服务。

(3)非正常损失的在产品、产成品所耗用的购进货物(不包括固定资产)、加工修理修配劳务和交通运输服务。

(4)非正常损失的不动产,以及该不动产所耗用的购进货物、设计服务和建筑服务。

(5)非正常损失的不动产在建工程所耗用的购进货物、设计服务和建筑服务。

(6)购进的旅客运输服务、贷款服务、餐饮服务、居民日常服务和娱乐服务。

(7)财政部和国家税务总局规定的其他情形。

纳税人新建、改建、扩建、修缮、装饰不动产,均属于不动产在建工程。

不动产所耗用的购进货物,是指构成不动产实体的材料和设备,包括建筑装饰材料和给排水、采暖、卫生、通风、照明、通信、煤气、消防、中央空调、电梯、电气、智能化楼宇设备及配套设施。

纳税人取得的增值税扣税凭证不符合法律、行政法规或者国家税务总局有关规定的,其进项税额不得从销项税额中抵扣。

增值税扣税凭证,是指增值税专用发票、海关进口增值税专用缴款书、农产品收购发票、农产品销售发票和完税凭证。

纳税人凭完税凭证抵扣进项税额的,应当具备书面合同、付款证明和境外单位的对账单或者发票。资料不全的,其进项税额不得从销项税额中抵扣。

3. 适用一般计税方法的纳税人,兼营简易计税方法计税项目、免征增值税项目不得抵扣的进项税额

适用一般计税方法的纳税人,兼营简易计税方法计税项目、免征增值税项目而无法划分不得抵扣的进项税额的,按照下列公式计算不得抵扣的进项税额:

不得抵扣的进项税额=当期无法划分的全部进项税额×(当期简易计税方法计税项目销售额+免征增值税项目销售额)÷当期全部销售额

主管税务机关可以按照上述公式依据年度数据对不得抵扣的进项税额进行清算。

4. 已抵扣进项税额的购进货物(不含固定资产)、劳务、服务,发生进项税额不得从销项税额中抵扣规定的情形(简易计税方法计税项目、免征增值税项目除外)的,应当将该进项税额从当期进项税额中扣减;无法确定该进项税额的,按照当期实际成本计算应扣减的进项税额。

5. 已抵扣进项税额的固定资产、无形资产或者不动产,发生进项税额不得从销项税额中抵扣规定的情形的,按照下列公式计算不得抵扣的进项税额:

不得抵扣的进项税额＝固定资产、无形资产或者不动产净值×适用税率

固定资产、无形资产或者不动产净值,是指纳税人根据财务会计制度计提折旧或摊销后的余额。

6. 纳税人适用一般计税方法计税的,因销售折让、中止或者退回而退还给购买方的增值税额,应当从当期的销项税额中扣减;因销售折让、中止或者退回而收回的增值税额,应当从当期的进项税额中扣减。

7. 有下列情形之一者,应当按照销售额和增值税税率计算应纳税额,不得抵扣进项税额,也不得使用增值税专用发票:

(1)一般纳税人会计核算不健全,或者不能够提供准确的税务资料的;

(2)应当办理一般纳税人资格登记而未办理的。

8. 进项税额抵扣的时间限定

进项税额是纳税人购进货物或接受应税劳务所支付或负担的增值税额。进项税额抵扣时间,影响纳税人不同纳税期的应纳税额。进项税额的抵扣原则是:进项税额的抵扣不得提前。

增值税一般纳税人申请抵扣的防伪税控系统开具的"增值税专用发票"、"货物运输业增值税专用发票"、"机动车销售统一发票",必须自该发票开具之日起180日内到税务机关认证,否则不予抵扣进项税额。

增值税纳税人认证通过的防伪税控系统开具的增值税专用发票,应在认证通过的当月按照增值税有关规定核算当期进项税额并申报抵扣,否则不予抵扣进项税额。

9. 扣减当期进项税额的规定

(1)已抵扣进项税额的购进货物、接受应税劳务或应税服务,发生《营业税改征增值税试点实施办法》第24条规定情形(简易计税方法计税项目、非增值税应税劳务、免征增值税项目除外),应当将该进项税额从当期进项税额中扣减。无法确定该进项税额的,按照当期实际成本计算应扣减的进项税额。

(2)销售退回或折让涉及销项税额和进项税额的处理。纳税人提供的适用一般计税方法计税销售货物、提供应税劳务和应税服务,因销售货物、提供劳务和服务中止或折让而退还购买方的增值税额,应当从当期的销项税额中扣减;发生服务中止、购进货物退货、折让而收回的增值税额,应当从当期的进项税额中扣减。

(3)计算应纳税额时进项税额不足抵扣的税务处理。纳税人在计算应纳税额时,当期销项税额小于当期进项税额不足抵扣的部分,可以结转下期继续抵扣。

(4)向供货方取得返还收入的税务处理。自2004年7月1日起,对商业企业向供货方收取的与商品销售量、销售额挂钩(如以一定比例、金额、数量计算)的各种返还收入,均应按照平销返利行为的有关规定冲减当期增值税进项税额。应冲减进项税额的计算公式为:

当期应冲减进项税额＝当期取得的返还资金÷(1＋所购货物适用的增值税税率)×所购货物适用的增值税税率

商业企业向供货方收取的各种返还收入,一律不得开具增值税专用发票。

(5)一般纳税人注销时进项税额的处理。一般纳税人注销或被取消辅导期一般纳税人资格,转为小规模纳税人时,其存货不作进项税额转出处理,其留抵税额也不予退税。

10. 关于增值税税控系统专用设备和技术维护费抵减增值税税额的有关政策

增值税纳税人2012年12月1日(含,下同)以后初次购买增值税税控系统专用设备(包括分开票机)支付的费用,可凭购买增值税税控系统专用设备取得的增值税专用发票,在增值税应纳税额中全额抵减(抵减额为价税合计额),不足抵减的可结转下期继续抵减。增值税纳税人非初次购买增值税税控系统专用设备支付的费用,由其自行负担,不得在增值税应纳税额中抵减。购买非增值税税控系统专用设备(如打印机和电脑),按规定进行申报抵扣进项税额,不得全额抵减增值税应纳税额。

增值税税控系统包括:增值税防伪税控系统、货物运输业增值税专用发票税控系统、机动车销售统一发票税控系统和公路、内河货物运输业发票税控系统。

增值税防伪税控系统的专用设备包括金税卡、IC卡、读卡器或金税盘和报税盘;货物运输业增值税专用发票税控系统专用设备包括税控盘和报税盘;机动车销售统一发票税控系统和公路、内河货物运输业发票税控系统专用设备包括税控盘和传输盘。

【例2—6】 某企业为增值税一般纳税人,2016年5月采购原材料,取得的增值税专用发票注明货款100 000元,增值税17 000元,同月初次购买增值税防伪税控系统专用设备,取得的增值税专用发票注明价款1 500元,增值税225元,当月该企业不含增值税销售额150 000元,则该企业当月应纳增值税=150 000×17%−17 000−(1 500+225)=6 775(元)。

根据《财政部关于印发〈营业税改征增值税试点有关企业会计处理规定〉的通知》(财会〔2012〕13号)第四条规定:按税法有关规定,增值税一般纳税人初次购买增值税税控系统专用设备支付的费用以及缴纳的技术维护费允许在增值税应纳税额中全额抵减的,应在"应交税费——应交增值税"科目下增设"减免税款"专栏,用于记录该企业按规定递减的增值税应纳税额。

企业购入增值税税控系统专用设备,按实际支付的或应付的金额,借记"固定资产"科目,贷记"银行存款"、"应付账款"等科目。按规定抵减的增值税应纳税额,借记"应交税费——应交增值税(减免税款)"科目,贷记"递延收益"科目。按期计提折旧,借记"管理费用"等科目,贷记"累计折旧"科目,同时借记"递延收益"科目,贷记"管理费用"等科目。

企业发生技术维护费,按实际支付或应付的金额,借记"管理费用"等科目,贷记"银行存款"等科目。按规定抵减的增值税应纳税额,借记"应交税费——应交增值税(减免税款)"科目,贷记"管理费用"等科目。

按税法有关规定,小规模纳税人初次购买增值税税控系统专用设备支付的费用以及缴纳的技术维护费允许在增值税应纳税额中全额抵减的,按规定抵减的增值税应纳税额账务处理与一般纳税人相同,但不需要设置三级科目。

相关会计分录处理:

1. 设备

(1)购入增值税税控系统专用设备时:

借:固定资产

　　贷:银行存款/应付账款

(2)按规定抵减的增值税应纳税额:

借:应交税费——应交增值税(减免税款)

贷:递延收益

(3)按期计提折旧时:

借:管理费用

贷:累计折旧

同时

借:递延收益

贷:管理费用

2. 技术维护费

(1)实际支付或应付的金额

借:管理费用

贷:银行存款

(2)按规定抵减的增值税应纳税额

①一般纳税人

借:应交税费——应交增值税(减免税款)

贷:管理费用

②小规模纳税人

借:应交税费——应交增值税

贷:管理费用

【例2—7】 2017年5月提供物业服务的一般纳税人,用银行存款支付初次购买增值税税控系统专用设备的费用880元(含税价)、购买打印机2 340元(含税价)以及缴纳的技术维护费400元,取得一张增值税专用发票,其中"金额"栏3 129.50元,"税额"栏490.50元。

会计处理如下:

"金额"栏:880÷(1+17%)+2 340÷(1+17%)+400÷(1+6%)≈3 129.50(元)

"税额"栏:880÷(1+17%)×17%+2 340÷(1+17%)×17%+400÷(1+6%)×6%≈490.50(元)

(1)支付初次购买增值税税控系统专用设备的费用以及缴纳的技术维护费时,当月认证但是申报进项税额转出:

借:管理费用	1 129.50	
固定资产	2 000	
应交税费——应交增值税(进项税额)	467.86	
应交税费——应交增值税(进项税额)	22.64	
贷:银行存款		3 620
借:管理费用	150.50	
贷:应交税费——应交增值税(进项税额转出)(其他)		150.50

(2)在增值税应纳税额中全额抵减时:

借:应交税费——应交增值税(减免税款)	1 280	
贷:管理费用		1 280

假设2017年5月纳税人只有简易计税项目或者简易计税项目应纳税额可全额抵减完。

借:应交税费——简易计税(减免税款)	1 280	
贷:管理费用		1 280

二、增值税简易计税方法

一般纳税人发生财政部和国家税务总局规定的特定应税行为，可以选择适用简易计税方法计税，但一经选择，36个月内不得变更。小规模纳税人发生应税行为适用简易计税方法计税。

简易计税方法的应纳税额，是指按照销售额和增值税征收率计算的增值税额，不得抵扣进项税额。应纳税额计算公式为：

应纳税额＝销售额×征收率

简易计税方法的销售额不包括其应纳税额，纳税人采用销售额和应纳税额合并定价方法的，按照下列公式计算销售额：

销售额＝含税销售额÷(1＋征收率)

纳税人适用简易计税方法计税的，因销售折让、中止或者退回而退还给购买方的销售额，应当从当期销售额中扣减。扣减当期销售额后仍有余额造成多缴的税款，可以从以后的应纳税额中扣减。

三、进口货物的应纳税额计算

纳税人进口货物，按照组成计税价格和适用税率计算应纳税额，不抵扣任何税款，其公式为：

应纳税额＝组成计税价格×税率

其中：

组成计税价格＝关税完税价格＋关税税额

如果属于征收消费税的进口货物，还需在组成计税价格中加上消费税，即：

组成计税价格＝关税完税价格＋关税税额＋消费税税额

＝(关税完税价格＋关税税额)÷(1－消费税税率)

进口货物先要征收具有保护作用的关税；对应征收消费税的，还要先征收一道消费税，以进行特殊调节；然后以关税完税价格、关税和消费税之和为税基，征收增值税。进口货物的增值税由海关代征。小规模纳税人进口货物，也按上述规定计算，缴纳增值税，个人携带或邮寄进境自用物品的增值税，连同关税一并计征。

四、增值税纳税义务、扣缴义务发生时间

(1)纳税人发生应税行为并收讫销售款项或者取得索取销售款项凭据的当天；先开具发票的，为开具发票的当天。收讫销售款项，是指纳税人销售服务、无形资产、不动产过程中或者完成后收到款项。

取得索取销售款项凭据的当天，是指书面合同确定的付款日期；未签订书面合同或者书面合同未确定付款日期的，为服务、无形资产转让完成的当天或者不动产权属变更的当天。

(2)纳税人提供建筑服务、租赁服务采取预收款方式的，其纳税义务发生时间为收到预收款的当天。

(3)纳税人从事金融商品转让的，为金融商品所有权转移的当天。

(4)纳税人发生本办法第十四条规定情形的，其纳税义务发生时间为服务、无形资产转让完成的当天或者不动产权属变更的当天。

(5)增值税扣缴义务发生时间为纳税人增值税纳税义务发生的当天。

任务二　增值税的会计处理

一、增值税会计科目设置

根据财会〔2016〕22号文件规定，增值税一般纳税人应当在“应交税费”科目下设置“应交增值税”、“未交增值税”、“预交增值税”、“待抵扣进项税额”、“待认证进项税额”、“待转销项税额”、“增值税留抵税额”、“简易计税”、“转让金融商品应交增值税”、“代扣代交增值税”等明细科目。

1. 增值税一般纳税人应在“应交增值税”明细账内设置“进项税额”、“销项税额抵减”、“已交税金”、“转出未交增值税”、“减免税款”、“出口抵减内销产品应纳税额”、“销项税额”、“出口退税”、“进项税额转出”、“转出多交增值税”等专栏。其中：

(1)“进项税额”专栏，记录一般纳税人购进货物、加工修理修配劳务、服务、无形资产或不动产而支付或负担的、准予从当期销项税额中抵扣的增值税额；

(2)“销项税额抵减”专栏，记录一般纳税人按照现行增值税制度规定因扣减销售额而减少的销项税额；

(3)“已交税金”专栏，记录一般纳税人当月已缴纳的应交增值税额；

(4)“转出未交增值税”和“转出多交增值税”专栏，分别记录一般纳税人月度终了转出当月应交未交或多交的增值税额；

(5)“减免税款”专栏，记录一般纳税人按现行增值税制度规定准予减免的增值税额；

(6)“出口抵减内销产品应纳税额”专栏，记录实行“免、抵、退”办法的一般纳税人按规定计算的出口货物的进项税额抵减内销产品的应纳税额；

(7)“销项税额”专栏，记录一般纳税人销售货物、加工修理修配劳务、服务、无形资产或不动产应收取的增值税额；

(8)“出口退税”专栏，记录一般纳税人出口货物、加工修理修配劳务、服务、无形资产按规定退回的增值税额；

(9)“进项税额转出”专栏，记录一般纳税人购进货物、加工修理修配劳务、服务、无形资产或不动产等发生非正常损失以及其他原因而不应从销项税额中抵扣、按规定转出的进项税额。

2.“未交增值税”明细科目，核算一般纳税人月度终了从“应交增值税”或“预交增值税”明细科目转入当月应交未交、多交或预缴的增值税额，以及当月缴纳以前期间未交的增值税额。月末做如下分录：

(1)月份终了，将当月应交未交增值税额从“应交税费——应交增值税”科目转入“未交增值税”科目。

借：应交税费——应交增值税(转出未交增值税)

　　贷：应交税费——未交增值税

(2)月份终了，将当月多交的增值税额自“应交税费——应交增值税”科目转入“未交增值税”科目。

借：应交税费——未交增值税

　　贷：应交税费——应交增值税(转出多交增值税)

(3)月份终了，将当月预缴的增值税额自“应交税费——预交增值税”科目转入“未交增值税”科目。

借:应交税费——未交增值税

贷:应交税费——预交增值税

(4)当月缴纳以前期间未交的增值税额

借:应交税费——未交增值税

贷:银行存款

3.“预交增值税”明细科目,核算一般纳税人转让不动产、提供不动产经营租赁服务、提供建筑服务、采用预收款方式销售自行开发的房地产项目等,以及其他按现行增值税制度规定应预缴的增值税额。

借:应交税费——预交增值税

贷:银行存款

月份终了,将当月预缴的增值税额自“应交税费——预交增值税”科目转入“未交增值税”科目。

借:应交税费——未交增值税

贷:应交税费——预交增值税

房地产等企业,“预交税款”的期末余额在纳税义务发生之前不能结转入“未交增值税”。

4.“待抵扣进项税额”明细科目,核算一般纳税人已取得增值税扣税凭证并经税务机关认证,按照现行增值税制度规定准予以后期间从销项税额中抵扣的进项税额,包括一般纳税人自2016年5月1日后取得并按固定资产核算的不动产或者2016年5月1日后取得的不动产在建工程,按现行增值税制度规定准予以后期间从销项税额中抵扣的进项税额;实行纳税辅导期管理的一般纳税人取得的尚未交叉稽核比对的增值税扣税凭证上注明或计算的进项税额。

财会[2016]22号文件规定:购进时已全额抵扣进项税额的货物和服务,转用于不动产在建工程的,其已抵扣进项税额的40%部分应于转用的当期从进项税额中扣减,计入待抵扣进项税额,并于转用的当月起第13个月从销项税额中抵扣。会计处理如下:

(1)公司购入不动产或购进物资用于在建工程,取得发票并经税务认证,会计处理为:

借:固定资产/在建工程　(发票注明的不含税价)

应交税费——应交增值税(进项税额)　(按发票注明税款的60%入账)

——待抵扣进项税额　(按发票注明税款的40%入账)

贷:银行存款/应付票据/应付账款

(2)购入物资改变用途,用于在建工程(自建)情况。通常这种物资材料分批购入,取得发票并经税务认证时,会计处理为:

借:在途材料/材料采购等　(发票注明的不含税价)

应交税费——应交增值税(进项税额)　(按发票注明税款的100%入账)

贷:银行存款/应付票据/应付账款

(3)在转变用途的当期,会计分录为:

借:应交税费——待抵扣进项税额　(按原发票注明税款的40%入账)

贷:应交税费——应交增值税(进项税额转出)　(按原发票注明税款的40%入账)

(4)从改变用途的当月算起,第13个月时,从“待抵扣进项税额”转入“进项税额”,进入当期实际可以抵扣进项税额。

借:应交税费——应交增值税(进项税额)

贷:应交税费——待抵扣进项税额

二、增值税会计处理实例

(一)取得资产或接受劳务等业务的账务处理

1. 采购等业务进项税额允许抵扣的账务处理

一般纳税人购进货物、加工修理修配劳务、服务、无形资产或不动产，按应计入相关成本费用或资产的金额，借记“在途物资”或“原材料”、“库存商品”、“生产成本”、“无形资产”、“固定资产”、“管理费用”等科目，按当月已认证的可抵扣增值税额，借记“应交税费——应交增值税(进项税额)”科目，按当月未认证的可抵扣增值税额，借记“应交税费——待认证进项税额”科目，按应付或实际支付的金额，贷记“应付账款”、“应付票据”、“银行存款”等科目。发生退货的，如原增值税专用发票已做认证，应根据税务机关开具的红字增值税专用发票做相反的会计分录；如原增值税专用发票未做认证，应将发票退回并做相反的会计分录。

【例2—8】 2018年6月2日，快捷物流企业与江天贸易公司签订合同，为其提供购进货物的运输服务，江天贸易公司于签订协议时全额支付现金6万元，且取得增值税专用发票。6月6日，由于前往目的地的道路被冲毁，双方同意中止履行合同。江天贸易公司将尚未认证的增值税专用发票退还给A企业，快捷物流企业返还运费。

江天贸易公司6月2日取得增值税专用发票的会计处理为：

借：在途物资	54 054.05	
应交税费——应交增值税(进项税额)	5 945.95	
贷：现金		60 000

江天贸易公司6月6日发生服务中止的会计处理为：

借：银行存款	60 000	
贷：在途物资		54 054.05
应交税费——应交增值税(进项税额)		5 945.95

2. 采购等业务进项税额不得抵扣的账务处理

一般纳税人购进货物、加工修理修配劳务、服务、无形资产或不动产，用于简易计税方法计税项目、免征增值税项目、集体福利或个人消费等，其进项税额按照现行增值税制度规定不得从销项税额中抵扣的，取得增值税专用发票时，应借记相关成本费用或资产科目，借记“应交税费——待认证进项税额”科目，贷记“银行存款”、“应付账款”等科目，经税务机关认证后，应借记相关成本费用或资产科目，贷记“应交税费——应交增值税(进项税额转出)”科目。

(1)将自产或委托加工的货物用于非增值税应税项目，如用于企业工程项目等，作会计分录：

借：在建工程　　(存货成本＋销项税额)

　贷：库存商品(存货成本)

　　应交税费——应交增值税(销项税额)　　(公允价值×增值税税率)

【例2—9】 新天地将生产的产品用于在建工程，该产品的成本为4万元，计税价格(公允价值)为6万元，增值税税率为17%，则新天地的账务处理如下：

借：在建工程	46 800	
贷：库存商品		40 000
应交税费——应交增值税(销项税额)		6 800

(2)将自产、委托加工的货物用于集体福利或个人消费，会计处理如下：

A. 公司决定发放非货币性福利时：

借：生产成本

制造费用等

贷：应付职工薪酬——非货币性福利　（公允价值＋销项税额）

B. 实际发放非货币性福利时：

借：应付职工薪酬——非货币性福利

贷：主营业务收入（公允价值）

应交税费——应交增值税（销项税额）　（公允价值×增值税税率）

借：主营业务成本

贷：库存商品　（货物成本）

【例2－10】 日新公司为增值税一般纳税人，2018年1月内部领用自产产品用于员工福利，领用的产品成本为15万元，公允价值为30万元。财务部、行政部等后勤部门领用的公允价值为10万元（不含税价），市场部、销售部等业务部领用的公允价值为10万元（不含税价）。会计处理如下：

A. 计提员工福利：

借：管理费用——职工福利费　117 000

销售费用——职工福利费　117 000

贷：应付职工薪酬——非货币性福利　234 000

B. 确认收入：

借：应付职工薪酬——非货币性福利　234 000

贷：应交税费——应交增值税（销项税额）　34 000

主营业务收入　200 000

C. 结转成本：

借：主营业务成本　150 000

贷：库存商品　150 000

（3）将自产、委托加工或者购进的货物作为投资分配给股东或投资者，作会计分录：

借：长期股权投资（或应付股利等）

贷：主营业务收入或其他业务收入　（公允价值）

应交税费——应交增值税（销项税额）　（公允价值×增值税税率）

借：主营业务成本（或其他业务成本）

贷：库存商品（或原材料等）

【例2－11】 某公司将产成品一批对外投资，产品账面成本为28 000元，计税价格为50 000元，假设未计提跌价准备，不涉及补价，其他税费略。若该投资具有商业实质，且产成品的公允价值能可靠计量（即市价50 000元），会计处理应确认销售收入，则作会计分录为：

借：长期股权投资　58 500

贷：主营业务收入　50 000

应交税费——应交增值税（销项税额）　8 500

借：主营业务成本　28 000

贷：库存商品　28 000

若该投资不具有商业实质，或产成品的公允价值不能可靠计量，会计处理则不能确认销售收益，作会计分录为：

借：长期股权投资　　36 500
　　贷：库存商品　　28 000
　　　　应交税费——应交增值税（销项税额）　　8 500

（4）将自产、委托加工或者购进的货物无偿赠送给其他单位或者个人，作会计分录为：

借：营业外支出　　（货物成本＋销项税额）
　　贷：库存商品等
　　　　应交税费——应交增值税（销项税额）　　（公允价值×增值税税率）

【例2－12】 某企业向本地希望小学捐赠自产水泥100吨用于教学楼机房改造。水泥单位成本为260元，单位售价（不含税）为300元，则会计处理如下：

借：营业外支出　　31 100
　　贷：库存商品　　26 000
　　　　应交税费——应交增值税（销项税额）　　5 100

（5）将自产、委托加工或购进的货物用于非货币性资产交换，作会计分录：

借：固定资产、无形资产、库存商品等
　　贷：主营业务收入或其他业务收入　　（公允价值）
　　　　应交税费——应交增值税（销项税额）　　（公允价值×增值税税率）
　　　　银行存款等
借：主营业务成本（或其他业务成本）
　　贷：库存商品或原材料等

【例2－13】 2018年4月，旭日公司以生产经营过程中使用的一台设备交换A公司生产的一批打印机，换入的打印机作为固定资产管理。设备的账面原价为10 000元，在交换日的累计折旧为6 000元，公允价值为5 000元。打印机的账面价值为9 000元，公允价值为5 000元，计税价格等于公允价值。A公司换入旭日公司的设备是生产打印机过程中需要使用的设备。根据增值税的有关规定，企业以库存商品换入其他资产，视同销售行为发生。

A公司的账务处理如下：

借：固定资产　　5 850
　　贷：主营业务收入　　5 000
　　　　应交税费——应交增值税（销项税额）　　850
借：主营业务成本　　9 000
　　贷：库存商品　　9 000

（6）将自产、委托加工或购进的货物用于债务重组，会计处理如下：

借：应付账款等
　　贷：主营业务收入或其他业务收入　　（公允价值）
　　　　应交税费——应交增值税（销项税额）　　（公允价值×增值税税率）
借：主营业务成本（或其他业务成本）
　　贷：库存商品或原材料等

【例2－14】 甲公司欠乙公司购货款30 000元。由于甲公司财务发生困难，短期内不能支付已于2017年5月5日到期的货款。2017年6月5日，经双方协商，乙公司同意甲公司以其生产的产品偿还债务。该产品的公允价值为20 000元，实际成本为12 000元。甲公司为增值税一般纳税人，适用的增值税税率为17%，乙公司于2017年8月1日收到甲公司抵债的产品，并作为库存商品入库。甲公司的账务处理如下：

借：应付账款　　30 000
　　贷：主营业务收入　　20 000
　　　　应交税费——应交增值税(销项税额)　　3 400
　　　　营业外收入——债务重组利得　　6 600
借：主营业务成本　　12 000
　　贷：库存商品　　12 000

3. 购进不动产或不动产在建工程按规定其进项税额分年抵扣的账务处理

一般纳税人自2016年5月1日后取得并按固定资产核算的不动产或者2016年5月1日后取得的不动产在建工程，其进项税额按现行增值税制度规定自取得之日起分两年从销项税额中抵扣的，应当按取得成本，借记"固定资产"、"在建工程"等科目，按当期可抵扣的增值税额，借记"应交税费——应交增值税(进项税额)"科目，按以后期间可抵扣的增值税额，借记"应交税费——待抵扣进项税额"科目，按应付或实际支付的金额，贷记"应付账款"、"应付票据"、"银行存款"等科目。尚未抵扣的进项税额待以后期间允许抵扣时，按允许抵扣的金额，借记"应交税费——应交增值税(进项税额)"科目，贷记"应交税费——待抵扣进项税额"科目。

【例2－15】 2017年6月10日，某A增值税一般纳税人购进办公大楼一座，该大楼用于公司办公，计入固定资产，并于次月开始计提折旧。6月20日，该纳税人取得该大楼的增值税专用发票并认证相符，专用发票注明的金额为1 000万元，增值税税额为110万元。

A公司的账务处理如下：

借：固定资产——办公楼　　10 000 000
　　应交税费——应交增值税(进项税额)　　660 000
　　应交税费——待抵扣进项税额　　440 000
　　贷：银行存款　　11 100 000

剩余的40%于取得扣税凭证的当月起第13个月(2018年6月)抵扣时的会计处理为：

借：应交税费——应交增值税(进项税额)　　440 000
　　贷：应交税费——待抵扣进项税额　　440 000

4. 货物等已验收入库但尚未取得增值税扣税凭证的账务处理

一般纳税人购进的货物等已到达并验收入库，但尚未收到增值税扣税凭证并未付款的，应在月末按货物清单或相关合同协议上的价格暂估入账，不需要将增值税的进项税额暂估入账。下月初，用红字冲销原暂估入账金额，待取得相关增值税扣税凭证并经认证后，按应计入相关成本费用或资产的金额，借记"原材料"、"库存商品"、"固定资产"、"无形资产"等科目，按可抵扣的增值税额，借记"应交税费——应交增值税(进项税额)"科目，按应付金额，贷记"应付账款"等科目。

【例2－16】 A公司是一般纳税人，2017年6月25日购买一批材料，含税金额为11 700元，已验收入库，货款未支付，也未取得增值税专用发票。2017年7月取得增值税专用发票并支付货款，价税合计11 700元。

A公司的账务处理如下：

第一步：6月份暂估入账

借：原材料　　10 000

贷:应付账款　　10 000

第二步:7月初冲暂估

借:原材料　　10 000

贷:应付账款　　10 000

第三步:7月份取得专用发票入账

借:原材料　　10 000

应交税费——应交增值税(进项税额)　　1 700

贷:银行存款　　11 700

5. 小规模纳税人采购等业务的账务处理

小规模纳税人购买物资、服务、无形资产或不动产,取得增值税专用发票上注明的增值税应计入相关成本费用或资产,不通过“应交税费——应交增值税”科目核算。

【例2—17】 平安物业公司是小规模纳税人,2017年5月份购入笔记本电脑一台,取得对方开具的增值税发票上注明的金额为4 273.50元,税额为726.50元,已用支票支付该款项。

账务处理为:

借:固定资产　　5 000

贷:银行存款　　5 000

6. 购买方作为扣缴义务人的账务处理

按照现行增值税制度规定,境外单位或个人在境内发生应税行为,在境内未设有经营机构的,以购买方为增值税扣缴义务人。境内一般纳税人购进服务、无形资产或不动产,按应计入相关成本费用或资产的金额,借记“生产成本”、“无形资产”、“固定资产”、“管理费用”等科目,按可抵扣的增值税额,借记“应交税费——进项税额”科目(小规模纳税人应借记相关成本费用或资产科目),按应付或实际支付的金额,贷记“应付账款”等科目,按应代扣代交的增值税额,贷记“应交税费——代扣代交增值税”科目。实际缴纳代扣代交增值税时,按代扣代交的增值税额,借记“应交税费——代扣代交增值税”科目,贷记“银行存款”科目。

【例2—18】 2018年,A国运输公司向我国境内B企业提供运输服务,A国未与我国达成双边运输免税安排。合同约定价款100万元,各项税款由A国公司承担。

(1)B企业应按适用税率11%扣缴增值税。

扣缴增值税=100÷(1+11%)×11%=9.91(万元)

(2)依照《国家税务总局关于非居民企业船舶、航空运输收入计算征收企业所得税有关问题的通知》(国税函〔2008〕952号)的规定,非居民企业从事国际运输业务,企业所得税的计征率为1.25%。

扣缴企业所得税=100÷(1+11%)×1.25%=1.13(万元)

(3)假定城建税税率和地方附加率共计10%。

扣缴附加税费=9.91×10%=0.99(万元)

(4)实际应支付给A国运输公司的税后款项为:100−9.91−1.13−0.99=87.97(万元)

B公司的会计处理如下:

①支付运费并扣缴税款

借:主营业务成本　　900 900

应交税费——应交增值税(进项税额)　　99 100

贷:银行存款　　879 700

其他应付款——扣缴企业所得税　　11 300

其他应付款——扣缴附加税费　　9 900

应交税费——代扣代交增值税　　99 100

②代交税款

借：其他应付款——扣缴企业所得税　　11 300

其他应付款——扣缴附加税费　　9 900

应交税费——代扣代交增值税　　99 100

贷：银行存款　　120 300

（二）销售等业务的账务处理

1. 销售业务的账务处理

企业销售货物、加工修理修配劳务、服务、无形资产或不动产，应当按应收或已收的金额，借记"应收账款"、"应收票据"、"银行存款"等科目，按取得的收入金额，贷记"主营业务收入"、"其他业务收入"、"固定资产清理"、"工程结算"等科目，按现行增值税制度规定计算的销项税额（或采用简易计税方法计算的应纳增值税额），贷记"应交税费——应交增值税（销项税额）"或"应交税费——简易计税"科目（小规模纳税人应贷记"应交税费——应交增值税"科目）。发生销售退回的，应根据按规定开具的红字增值税专用发票做相反的会计分录。

【例 2－19】 卓越公司（一般纳税人）2017 年 1 月 5 日对外销售电子产品 500 件，不含税售价为 200 元/件，单位成本为 150 元，收取价款为 100 000 元，增值税额为 17 000 元，价税合计 117 000 元，为购买者开具增值税专用发票，销货款存入银行，应作会计分录为：

借：银行存款　　117 000

贷：主营业务收入　　100 000

应交税费——应交增值税（销项税额）　　17 000

借：主营业务成本　　75 000

贷：库存商品——电子产品　　75 000

【例 2－20】 2017 年 1 月 8 日，卓越公司销售自产电子产品 1 000 件给新时代公司，不含税售价 200 元/件，单位成本为 150 元，开具的增值税专用发票注明价款 200 000 元，增值税为 34 000 元。商品已发出，款项尚未收到，应作会计分录为：

借：应收账款　　234 000

贷：主营业务收入　　200 000

应交税费——应交增值税（销项税额）　　34 000

借：主营业务成本　　150 000

贷：库存商品　　150 000

（1）分期收款销售货物

【例 2－21】 2017 年 1 月 12 日，卓越公司销售自产电子产品 2 000 件给光谷电子仪表公司，不含税售价为 200 元/件，单位成本为 150 元，合同规定，光谷电子仪表公司收到货物后，支付货款总额的 40%及相应税金，余款在半年内分两次付清。

①发出货物时

借：发出商品　　300 000

贷：库存商品——电子产品　　300 000

②收到 40%的货款及相应税金时

借：银行存款　187 200
　贷：主营业务收入——电子产品　160 000
　　应交税费——应交增值税(销项税额)　27 200

③同时按比例(300 000×40%=120 000 元)结转成本

借：主营业务成本　120 000
　贷：发出商品——电子产品　120 000

④第二、三次付款时，按合同约定的收款日期的当天确认收入

借：银行存款　140 400
　贷：主营业务收入——电子产品　120 000
　　应交税费——应交增值税(销项税额)　20 400

⑤同时按比例(300 000×30%=90 000 元)结转成本

借：主营业务成本　90 000
　贷：发出商品——电子产品　90 000

(2)预收货款方式销售货物

当企业采用预收货款方式销售货物时，以货物发出的当天为纳税义务发生时间，计算销项税额。

【例 2—22】　2017 年 1 月 16 日，卓越公司收到宏伟机器厂预购电子产品 1 000 件的货款 117 000 元，3 月 1 日发出货物，开出增值税专用发票，不含税售价 200 元/件，余款 3 月 5 日收到。

①1 月 16 日收到预收货款时

借：银行存款　117 000
　贷：预收账款　117 000

②3 月 1 日发出货物时

借：预收账款　234 000
　贷：主营业务收入——电子产品　200 000
　　应交税费——应交增值税(销项税额)　34 000

③余款 3 月 5 日收到时

借：银行存款　117 000
　贷：预收账款　117 000

(3)特殊销售方式的销项税额计算及会计处理

①以折扣方式销售货物或应税劳务

为了促进销售、占领市场，纳税人通常采取折扣方式销售货物或应税劳务。现实经济生活中，纳税人采取的折扣方式一般可分为以下两种形式。

A. 折扣销售(又称商业折扣)。折扣销售是指卖方为鼓励买方多购买货物而给予买方的一种价格优惠。对折扣销售，如果销售额和折扣额在同一张发票上分别注明的，可按折扣后的余额作为销售额计算增值税；如果将折扣额另开发票，不论其在财务上如何处理，均不得从销售额中减除折扣额。

【例 2—23】　2017 年 2 月 20 日，卓越公司以折扣方式(折扣 10%)销售电子产品 5 000 件给新时代公司，不含税售价 200 元/件，单位成本为 150 元，开具的增值税专用发票注明价款 950 000 元，增值税为 161 500 元(注明折扣 5%)。货物已发出，收到款项 1 111 500 元存入银

行。应作会计分录为：

借：银行存款　　1 111 500

　　贷：主营业务收入——电子产品　　950 000

　　　　应交税费——应交增值税(销项税额)　　161 500

借：主营业务成本　　750 000

　　贷：库存商品——电子产品　　750 000

B. 销售折扣(又称现金折扣)。销售折扣是指卖方为鼓励买方尽早付清货款而在协议中许诺给予买方的一种折扣优惠。销售折扣是在销售货物之后发生的，从其性质看属于企业融资行为，故折扣额不能从销售额中扣除。

【例2—24】 卓越公司为及早收回货款，与新时代机电公司按总价款200 000元(不含销项税额)，约定现金折扣条件为2/10、1/20、n/30。新时代机电公司享受总价款的2%折扣，卓越公司在2017年1月17日收到货款。3月5日因产品质量问题，新时代机电公司退货，卓越公司退款。

A. 卓越公司1月8日销售实现时

借：应收账款　　234 000

　　贷：主营业务收入——电子产品　　200 000

　　　　应交税费——应交增值税(销项税额)　　34 000

借：主营业务成本　　150 000

　　贷：库存商品——电子产品　　150 000

B. 1月17日收到货款时

借：银行存款　　230 000

　　财务费用　　4 000

　　贷：应收账款　　234 000

C. 3月5日销货退回时

借：主营业务收入——电子产品　　200 000

　　应交税费——应交增值税(销项税额)　　34 000

　　贷：银行存款　　230 000

　　　　财务费用　　4 000

借：库存商品——电子产品　　150 000

　　贷：主营业务成本　　150 000

②销售折让

销售折让是指货物销售后由于其品种、质量等原因购货方未予退货，但销货方需给予购货方的一种价格折让。销售折让的实质是由于货物质量、品种等不符合要求而导致原销售额的减少，因此，对销售折让应以折让后的销售额为计税销售额。

【例2—25】 2017年3月5日，卓越公司上月对外销售电子产品500件发生销货退回，价款100 000元，应退增值税额17 000元，公司开出红字增值税专用发票，并以银行存款支付退货款项，应作会计分录为：

借：银行存款　　117 000

　　贷：主营业务收入——电子产品　　100 000

　　　　应交税费——应交增值税(销项税额)　　17 000

③采取还本销售方式销售货物

所谓还本销售，是指将货物售出后，到约定的期限，再由卖方一次或分次将货款部分或全部退还给买方的一种销售方式。采取还本销售方式销售货物的，不得从销售额中减除还本支出。

企业采取还本销售方式销售货物时，按正常销售价格记入“主营业务收入”账户，按约定实际支付的还本金额记入“销售费用”账户。

【例2—26】　中山家电商场为促销采取还本销售方式销售洗衣机。2017年3月，销售洗衣机500台，不含税售价为1 200元/台，又支付前期销售现已到期的还本款项180 000元，应作会计分录为：

A. 销售洗衣机时

借：库存现金	702 000	
贷：主营业务收入——洗衣机		600 000
应交税费——应交增值税(销项税额)		102 000

B. 支付还本款时

借：销售费用	180 000	
贷：库存现金		180 000

④采取以旧换新方式销售货物

以旧换新销售，是指纳税人在销售过程中折价收回同类旧货物，并以折价款冲减货物价款的一种方式。税法规定，纳税人采取以旧换新方式销售货物的，应按新货物的同期销售价格确定销售额。但对金银首饰以旧换新业务，可以按销售方实际收取不含增值税的全部价款征收增值税。

【例2—27】　中山家电商场从2017年1月1日起推出以旧换新销售洗衣机业务，当月销售洗衣机500台，含税售价1 404元/台，单位成本为1 000元，回收一台旧洗衣机抵货款104元，每台洗衣机实收货款1 300元，应作会计分录为：

A. 销售洗衣机时

借：库存现金	650 000	
原材料——旧洗衣机	52 000	
贷：主营业务收入——洗衣机		600 000
应交税费——应交增值税(销项税额)		102 000

B. 同时，结转成本

借：主营业务成本	500 000	
贷：库存商品——洗衣机		500 000

⑤采取以物易物方式销售货物

以物易物是指买卖双方进行交易时不是以货币进行结算，而是以同等价款的货物进行结算，从而实现货物的买卖，满足购销双方的需求。对此税法规定：以物易物双方都要作购销处理，以各自发出的货物核算销项税额，以各自收到的货物核算购货额，符合增值税抵扣条件的，计算进项税额。

【例2—28】　复兴钢铁厂2018年3月6日用3 000吨钢材(成本1 500 000元，不含税售价1 700 000元)，从某重型汽车股份有限公司换回8吨载重货车20辆，价款1 700 000元，双方都开具增值税专用发票，专用发票已认证，载重货车当即交付钢铁厂汽车运输公司(非独立核算)使用，应作会计分录为：

A. 发出钢材并收到载重货车时

借：固定资产——在用汽车　1 700 000

　应交税费——应交增值税(进项税额)　289 000

　贷：主营业务收入——钢材　1 700 000

　　应交税费——应交增值税(销项税额)　289 000

B. 结转销售成本时

借：主营业务成本　1 500 000

　贷：库存商品——钢材　1 500 000

⑥包装物销项税额

随同货物销售单独计价的包装物，应按规定缴纳增值税。其账务处理为：按价税合计数，借记“应收账款”、“银行存款”等科目；按应交的增值税额，贷记“应交税费——应交增值税(销项税额)”科目；按包装物价款贷记“其他业务收入”科目。

【例 2—29】 汇通制药厂有包装用纸箱 200 个，单位实际成本 70 元，随中成药一同出售。中成药价款 200 000 元，增值税 34 000 元。包装物单独计价，价款 16 000 元，增值税 2 720 元。货款存入银行，应作会计分录为：

A. 销售中成药时

借：银行存款　252 720

　贷：主营业务收入　200 000

　　其他业务收入　16 000

　　应交税费——应交增值税(销项税额)　36 720

B. 结转包装物成本时

借：其他业务成本　14 000

　贷：周转材料——包装物　14 000

随同货物销售不单独计价的包装物，在随同货物销售时，包装物只作为货物销售的一个组成部分，其账务处理为：按货物价税合计数，借记“应收账款”、“银行存款”等科目；按应交的增值税额，贷记“应交税费——应交增值税(销项税额)”科目；按包装物的成本记入“销售费用”科目。

【例 2—30】 汇通制药厂本月销售中成药 200 箱，中成药不含税价款 200 000 元，增值税 34 000 元。中成药成本 160 000 元，随中成药发出包装用纸箱 200 个，不单独计价，单位实际成本 70 元，货款存入银行，应作会计分录为：

A. 销售中成药时

借：银行存款　234 000

　贷：主营业务收入　200 000

　　应交税费——应交增值税(销项税额)　34 000

B. 结转销售成本时

借：主营业务成本　160 000

　贷：库存商品　160 000

借：销售费用　14 000

　贷：周转材料——包装物　14 000

对因逾期未退回包装物而不再退还的押金，应视同包装物销售，作为“其他业务收入”处理，并计提增值税，记入“其他业务成本”科目。

【例 2—31】 汇通制药厂本月销售中成药 200 箱，中成药不含税价款 200 000 元，增值税 34 000 元。中成药成本 160 000 元，随中成药发出包装用纸箱 200 个，每件收取押金 81.9 元，包装物单位实际成本 70 元，货款存入银行，应作会计分录为：

A. 销售中成药时

借：银行存款　　234 000

　　贷：主营业务收入　　200 000

　　　　应交税费——应交增值税(销项税额)　　34 000

B. 结转销售成本时

借：主营业务成本　　160 000

　　贷：库存商品　　160 000

C. 收取押金时

借：银行存款　　16 380

　　贷：其他应付款——存入保证金　　16 380

D. 如果按期归还包装物，退还押金时

借：其他应付款——存入保证金　　16 380

　　贷：银行存款　　16 380

E. 如果逾期未退回包装物，没收押金时

销项税额 $=200\times81.9\div(1+17\%)\times17\%=2\ 380$(元)

借：其他应付款——存入保证金　　16 380

　　贷：其他业务收入　　14 000

　　　　应交税费——应交增值税(销项税额)　　2 380

⑦销售自己使用过的固定资产

自 2009 年 1 月 1 日起，纳税人销售自己使用过的固定资产，应区分不同情形征收增值税：销售自己使用过的 2009 年 1 月 1 日以后购进或者自制的固定资产，按照适用税率征收增值税；销售自己使用过的 2008 年 12 月 31 日以前购进或者自制的固定资产，按照 4%的征收率减半征收增值税。

【例 2—32】 2017 年 3 月 5 日，卓越公司转让 2015 年 3 月份购入的机器设备，原值 80 000 元，已提折旧 16 000 元，转让价 81 900 元(含税价)。计算卓越公司此项业务的销项税额，并写出其会计分录。

销项税额 $=81\ 900\div(1+17\%)\times17\%=11\ 900$(元)

借：固定资产清理　　64 000

　　累计折旧　　16 000

　　贷：固定资产　　80 000

借：银行存款　　81 900

　　贷：固定资产清理　　70 000

　　　　应交税费——应交增值税(销项税额)　　11 900

借：固定资产清理　　6 000

　　贷：营业外收入　　6 000

2. 视同销售的账务处理

企业发生税法上视同销售的行为，应当按照企业会计准则制度的相关规定进行相应的会计处理，并按照现行增值税制度规定计算的销项税额（或采用简易计税方法计算的应纳增值税额），借记“应付职工薪酬”、“利润分配”等科目，贷记“应交税费——应交增值税（销项税额）”或“应交税费——简易计税”科目（小规模纳税人应记入“应交税费——应交增值税”科目）。

【例 2－33】 某生产型企业为一般纳税人，2017 年 5 月外购商品含税价 1 170 元，增值税税率为 17%，同月销售部门领用，作为礼品赠送客户，账务处理如下：

(1)购入时

借：库存商品	1 000	
应交税费——应交增值税（进项税额）	170	
贷：银行存款（现金）		1 170

(2)领用时

借：营业外支出——捐赠支出	1 170	
贷：库存商品		1 000
应交税费——应交增值税（销项税额）		170

3. 全面试行营业税改征增值税前已确认收入，此后产生增值税纳税义务的账务处理

企业营业税改征增值税前已确认收入，但因未产生营业税纳税义务而未计提营业税的，在达到增值税纳税义务时点时，企业应在确认应交增值税销项税额的同时冲减当期收入；已经计提营业税且未缴纳的，在达到增值税纳税义务时点时，应借记“应交税费——应交营业税”、“应交税费——应交城市维护建设税”、“应交税费——应交教育费附加”等科目，贷记“主营业务收入”科目，并根据调整后的收入计算确定记入“应交税费——待转销项税额”科目的金额，同时冲减收入。

(1)未产生营业税纳税义务而未计提营业税的

借：主营业务收入

　　贷：应交税费——应交增值税（销项税额）

(2)已经计提营业税且未缴纳的

借：应交税费——应交营业税

　　　　　　——应交城市维护建设税

　　　　　　——应交教育费附加

　　贷：税金及附加

同时，在达到增值税纳税义务时点时

借：主营业务收入

　　贷：应交税费——应交增值税（销项税额）

(三)差额征税的账务处理

1. 企业发生相关成本费用允许扣减销售额的账务处理

按现行增值税制度规定企业发生相关成本费用允许扣减销售额的，发生成本费用时，按应付或实际支付的金额，借记“主营业务成本”、“存货”、“工程施工”等科目，贷记“应付账款”、“应付票据”、“银行存款”等科目。待取得合规增值税扣税凭证且纳税义务发生时，按照允许抵扣的税额，借记“应交税费——应交增值税（销项税额抵减）”或“应交税费——简易计税”科目（小规模纳税人应借记“应交税费——应交增值税”科目），贷记“主营业务成本”、“存货”、“工程施工”等科目。

2. 金融商品转让按规定以盈亏相抵后的余额作为销售额的账务处理

金融商品实际转让月末，如产生转让收益，则按应纳税额借记“投资收益”等科目，贷记“应交税费——转让金融商品应交增值税”科目；如产生转让损失，则按可结转下月抵扣税额，借记“应交税费——转让金融商品应交增值税”科目，贷记“投资收益”等科目。交纳增值税时，应借记“应交税费——转让金融商品应交增值税”科目，贷记“银行存款”科目。年末，本科目如有借方余额，则借记“投资收益”等科目，贷记“应交税费——转让金融商品应交增值税”科目。

【例 2－34】 企业为一般纳税人，按月度申报缴纳增值税。2017 年 3 月纳税申报期提供一般计税方法咨询服务销售额 100 万元，产生销项税额 6 万元，当期取得进项税额按规定认证及申报，进项税额 7.8 万元，当月转让金融商品，取得买卖正差价 159 万元，由于纳税人不考虑转让金融商品计算一般计税方法产生的未抵扣进项税额 1.8 万元，则转让金融商品取得买卖正差价 159 万元，不需要全额缴纳增值税 9 万元，其中 1.8 万元可以按规定抵扣进项税额，只需缴纳 7.2 万元增值税税额，不考虑其他情况，按照一般计税方法缴纳则转让金融商品涉及的账务处理为：

(1)2017 年 3 月产生转让盈利 159 万元，则按规定计算应纳税额：

借：投资收益	90 000	
贷：应交税费——转让金融商品应交增值税		90 000

(2)将当期“转让金融商品应交增值税”中可抵扣当期进项税的金额 1.8 万元，从“应交税费——转让金融商品应交增值税”转入“应交税费——应交增值税(销项税额)”科目，参与纳税人当期应纳税额的计算，同时需要做好相关备查账：

借：应交税费——转让金融商品应交增值税	18 000	
贷：应交税费——应交增值税(销项税额)		18 000

(3)2017 年 3 月申报期内按照实际缴纳增值税时：

借：应交税费——转让金融商品应交增值税	72 000	
贷：银行存款		72 000

项目三 增值税的纳税申报

任务一 增值税的征收管理

一、纳税期限

增值税的纳税期限分别为 1 日、3 日、5 日、10 日、15 日、1 个月或 1 个季度。纳税人的具体纳税期限，由主管税务机关根据纳税人应纳税额的大小分别核定；不能按照固定期限纳税的，可以按次纳税。

以 1 个季度为纳税期限的规定适用于小规模纳税人、银行、财务公司、信托投资公司、信用社，以及财政部和国家税务总局规定的其他纳税人。

纳税人以 1 个月或者 1 个季度为 1 个纳税期的，自期满之日起 15 日内申报纳税；以 1 日、3 日、5 日、10 日或者 15 日为 1 个纳税期的，自期满之日起 5 日内预缴税款，于次月 1 日起 15 日内申报纳税并结清上月应纳税款。

增值税小规模纳税人缴纳增值税、消费税、文化事业建设费，以及随增值税、消费税附征的城市维护建设税、教育费附加等税费，原则上实行按季申报。纳税人要求不实行按季申报的，由主管税务机关根据其应纳税额大小核定纳税期限。

扣缴义务人解缴税款的期限，依照上述规定执行。

纳税人进口货物，应当自海关填发海关进口增值税专用缴款书之日起15日内缴纳税款。

二、纳税地点

(1)固定业户应当向其机构所在地或者居住地主管税务机关申报纳税。总机构和分支机构不在同一县(市)的，应当分别向各自所在地的主管税务机关申报纳税；经财政部和国家税务总局或者其授权的财政和税务机关批准，可以由总机构汇总向总机构所在地的主管税务机关申报纳税。

(2)非固定业户应当向应税行为发生地主管税务机关申报纳税；未申报纳税的，由其机构所在地或者居住地主管税务机关补征税款。

(3)其他个人提供建筑服务，销售或者租赁不动产，转让自然资源使用权，应向建筑服务发生地、不动产所在地、自然资源所在地主管税务机关申报纳税。

(4)扣缴义务人应当向其机构所在地或者居住地主管税务机关申报缴纳扣缴的税款。

(5)进口货物，应当由进口人或其代理人向报关地海关申报纳税。

任务二　增值税的纳税申报

一、增值税一般纳税人纳税申报

(一)一般纳税人纳税申报办理材料

增值税一般纳税人通过互联网申报的并选择普通发票申报方式的以及在办税服务厅办理申报的，下列资料应如实报送：

(1)《增值税纳税申报表(适用增值税一般纳税人)》及附表。

(2)使用防伪税控系统、货运专票税控系统或机动车发票税控系统的纳税人应报送税控IC卡或报税盘。

(3)符合抵扣条件且在本期申报抵扣的防伪税控增值税专用发票货物运输业增值税专用发票、税控机动车销售统一发票的抵扣联。

(4)符合抵扣条件且在本期申报抵扣的《海关进口增值税专用缴款书》、购进农产品取得的普通发票的复印件。

(5)符合抵扣条件且在本期申报抵扣的中华人民共和国税收缴款凭证及其清单，书面合同、付款证明和境外单位的对账单或者发票。

(6)已开具的农产品收购凭证存根联或报查联。

(7)纳税人提供应税服务，在确定应税服务销售额时，按照有关规定从取得的全部价款和价外费用中扣除价款的合法凭证及其清单。

(8)从事成品油销售业务的增值税一般纳税人应报送《成品油购销存情况明细表》、加油IC卡、《成品油购销存数量明细表》(特殊企业申报需要)。

(9)辅导期一般纳税人应报送《稽核结果比对通知书》。

(10)从事机动车生产的增值税一般纳税人报送《机动车辆生产企业销售明细表》、《机动车辆销售统一发票清单》，申报当期销售所有机动车辆的《代码清单》；每年第一个增值税纳税申报期，报送上一年度《机动车辆生产企业销售情况统计表》(特殊企业申报需要)。

(11)从事机动车销售的增值税一般纳税人报送《机动车辆经销企业销售明细表》《机动车辆销售统一发票清单》(特殊企业申报需要)。

(12)电力企业报送《电力企业增值税销项税额和进项税额传递单》。

(13)中国铁路总公司所属运输企业填写《铁路运输企业分支机构增值税汇总纳税信息传递单》。邮政企业分支机构填写《邮政企业分支机构增值税汇总纳税信息传递单》。航空运输企业填写《航空运输企业分支机构传递单》(特殊企业申报需要)。

(14)增值税一般纳税人进口货物取得属于增值税扣税范围的海关缴款书时应报送《海关稽核结果通知书》。

(15)部分行业试行农产品增值税进项税额核定扣除办法的一般纳税人应报送《农产品核定扣除增值税进项税额计算表(汇总表)》、《投入产出法核定农产品增值税进项税额计算表》、《成本法核定农产品增值税进项税额计算表》、《购进农产品直接销售核定农产品增值税进项税额计算表》、《购进农产品用于生产经营且不构成货物实体核定农产品增值税进项税额计算表》(特殊企业申报需要)。

(16)从事轮胎、酒精、摩托车等产品生产的纳税人填报《部分产品销售统计表》。

(17)税务机关规定的其他资料。

(二)一般纳税人网上报税

1. 每月1号抄税

进入金税系统，依次点击“报税处理—抄报税管理—抄税处理”菜单或导航图中的“抄税处理”，系统会弹出请选择抄税期对话框，选本期资料，点“确定”。系统会自动将本期税额抄写到税控IC卡上，并提示“发票抄税处理成功”，然后点“确定”。

2. 抄完税后打印销项报表

点“报税处理—抄报税管理—发票资料查询打印”，系统弹出“发票资料查询打印对话框”，选择发票种类、月份、所属税期，打印本月发生的发票汇总表及明细清单。

3. 远程报税

读取金税卡报税状态，打开“远程报税”，点击“报税状态”，系统提示金税卡状态读取成功，可进行远程报税，然后点“确定”，再点“远程报税”，系统提示“正在准备报税数据向税务局提交”，请稍候。如果操作成功，系统将提示“提交成功，请稍后查询报税结果!”，之后点“确定”。完成以上步骤后，可以等一段时间，然后点击“报税结果”，点击“确定”。这时候系统会弹出“报税结果查询”窗口。在右上角有项错误号检验，代码显示271D，则为正常，此状态表明上传数据成功，尚未进行一窗式比对，点“关闭”即可。

4. 进入网上纳税申报系统，填写申报表

一般纳税人至少需要填6张表(资产负债表、损益表、固定资产进项税额抵扣情况表、销项税表、进项税表、增值税纳税申报表)。检查报表无误后，上传报表，系统提示“正在准备报税数据向税务局提交”，请稍候。如果操作成功，系统将提示提交成功；如果纳税人已开通银税联网三方协议，此时系统会提示“是否扣款”。请注意，现在不要点“扣款”。此时可以再次进入金税系统，点“报税结果”，系统会弹出“报税结果查询”窗口，右上角有项错误检验：代码显示0000，表示比对成功；若仍为271D，就需要在金税系统内重新报税。如果在一窗式比对不成功的状态下点了扣款，将无法自动扣款，只能之后上办税服务大厅或银行进行缴款。如果对比成功，则可进入网上纳税申报系统点“扣款”，系统会显示“扣款成功”。

5. 清卡

进入开票系统，打开远程抄报税，点“报税状态”，系统弹出“报税结果查询”窗口，右上角有项错误检验，代码显示0000，表示一窗式比对成功，随后进入远程抄报，点“清卡操作按钮”，系统弹出“清卡操作成功”，最后点“确定”。这样下来，网上报税的整个流程也就算完成。

二、增值税小规模纳税人纳税申报

小规模纳税人通过互联网申报的并选择普通发票申报方式的以及在办税服务厅办理申报的，下列资料应如实报送：

（一）小规模纳税人纳税申报办理材料

(1)《增值税纳税申报表(适用增值税小规模纳税人)》及附表。

(2)机动车经销企业报送《机动车销售统一发票领用存月报表》及已开具的统一发票存根联；《机动车辆经销企业销售明细表》《机动车辆销售统一发票清单》及其电子信息(特殊企业申报需要)。

(3)税务机关规定的其他资料。

（二）增值税小规模纳税人网上申报流程

(1)进入开票软件，在联网的状态下，点击“报税处理”—“网上抄报”。

(2)点击“上报汇总”，向税务机关提交开票数据。

(3)网上申报增值税小规模纳税人申报表，申报后，请确认在eTax@SH 3中收到ZZ038“申报成功”的回执。有税款的纳税人需要在eTax@SH 3中自主“缴款”。

(4)“报税处理”—“网上报税”中，点击“反写”。有多少种发票，就点击多少次“反写”。同样地，主分机也是一样的操作，所有的发票都反写成功，那么本开票机完税成功。

三、增值税一般纳税人丢失防伪税控增值税专用发票申报抵扣

（一）办理材料

(1)专用发票记账联复印件。

(2)销售方主管税务机关出具的《丢失增值税专用发票已报税证明单》或《丢失货物运输业增值税专用发票已报税证明单》。

(3)认证结果通知书。

（二）办理流程

一般纳税人丢失已开具专用发票的发票联和抵扣联，如果丢失前已认证相符的，购买方可凭销售方提供的相应专用发票记账联复印件及销售方主管税务机关出具的《丢失增值税专用发票已报税证明单》或《丢失货物运输业增值税专用发票已报税证明单》(以下统称《证明单》)，作为增值税进项税额的抵扣凭证；如果丢失前未认证的，购买方凭销售方提供的相应专用发票记账联复印件进行认证，认证相符的，可凭专用发票记账联复印件及销售方主管税务机关出具的《证明单》，作为增值税进项税额的抵扣凭证。专用发票记账联复印件和《证明单》留存备查。

一般纳税人丢失已开具专用发票的抵扣联，如果丢失前已认证相符的，可使用专用发票发票联复印件留存备查；如果丢失前未认证的，可使用专用发票发票联认证，专用发票发票联复印件留存备查。

一般纳税人丢失已开具专用发票的发票联，可将专用发票抵扣联作为记账凭证，专用发票抵扣联复印件留存备查。

项目四　出口货物增值税退(免)税

任务一　增值税出口货物退(免)税政策的适用范围

免税并退税的出口货物，一般应具备以下四个条件：必须是属于增值税、消费税征税范围的货物；必须是报关离境的货物；必须是在财务上作销售处理的货物；必须是出口收汇并已核销的货物。

对出口的凡属于已征或应征增值税、消费税的货物，除国家明确规定不予退(免)税的货物和出口企业从小规模纳税人购进并持普通发票的部分货物外，都属于出口货物退(免)税的范围，均应予以退还已征增值税和消费税或免征应征的增值税和消费税。

一、下列企业出口满足上述四个条件的货物，除另有规定外，给予免税并退税

(1)生产企业自营出口或委托外贸企业代理出口的自产货物。

(2)有出口经营权的外贸企业收购后直接出口或委托其他外贸企业代理出口的货物。

(3)特定出口的货物：

①对外承包工程公司运出境外用于对外承包项目的货物；

②对外承接修理修配业务的企业用于对外修理修配的货物；

③外轮供应公司、远洋运输供应公司销售给外轮、远洋国轮而收取外汇的货物；

④利用国际金融组织或外国政府贷款采取国际招标方式由国内企业中标销售的机电产品、建筑材料；

⑤企业在国内采购并运往境外作为在国外投资的货物。

二、下列企业出口的货物，除另有规定外，给予免税但不退税

(1)出口企业或其他单位出口以下货物免征增值税：

①来料加工复出口的货物；

②避孕药品和用具、古旧图书；

③卷烟；

④军品以及军队系统企业出口军需工厂生产或军需部门调拨的货物；

⑤国家规定免税的货物不办理退税。

(2)出口企业或其他单位视同出口下列货物、劳务免征增值税：

①国家批准设立的“免税”店销售的免税货物；

②“特殊区域”内的企业为境外的单位和个人加工修理修配的货物；

③特殊区域内的企业之间销售特殊区域内的货物。

(3)未按规定申报或未补齐退(免)税凭证的免征增值税。

三、除经国家批准属于进料加工复出口贸易外，下列出口货物不予退还或免征增值税、消费税

(1)原油；

(2)援外出口货物；

(3)国家禁止出口的货物，包括天然牛黄、麝香、铜及铜基合金白金等。

对没有进出口经营权的商贸企业，从事出口贸易不免税也不退税。

四、外贸企业出口视同内销货物征税时的进项税额抵扣的处理

(1)外贸企业购进货物后，无论内销还是出口，均须将所取得的增值税专用发票在规定的认证期限内到税务机关办理认证手续。凡未在规定的认证期限内办理认证手续的增值税专用发票，不予抵扣或退税。

(2)外贸企业出口货物，凡未在规定期限内申报退(免)税或虽已申报退(免)税但未在规定期限内向税务机关补齐有关凭证，以及未在规定期限内申报开具《代理出口货物证明》的，自规定期限截止之日的次日起30日内，由外贸企业根据应征税货物相应的未办理过退税或抵扣的进项增值税专用发票情况，填具进项发票明细表(包括进项增值税专用发票代码、号码、开具日期、金额、税额等)，向主管退税的税务机关申请开具《外贸企业出口视同内销征税货物进项税额抵扣证明》(以下简称《证明》)。

(3)已办理过退税或抵扣的进项发票，外贸企业不得向税务机关申请开具《证明》。外贸企业如将已办理过退税或抵扣的进项发票向税务机关申请开具《证明》，税务机关查实后要按照增值税现行有关规定进行处罚，情节严重的要移交公安部门进一步查处。

(4)主管退税的税务机关接到外贸企业申请后，应根据外贸企业出口的视同内销征税货物的情况，对外贸企业填开的进项发票明细表列明的情况进行审核，开具《证明》。《证明》一式三联，第一联由主管退税的税务机关留存，第二联由主管退税的税务机关转送主管征税的税务机关，第三联由主管退税的税务机关转交外贸企业。

(5)外贸企业取得《证明》后，应将《证明》允许抵扣的进项税额填写在《增值税纳税申报表》附表二第11栏“税额”中，并在取得《证明》的下一个征收期申报纳税时，向主管征税的税务机关申请抵扣相应的进项税额。超过申报时限的，不予抵扣。

任务二　增值税出口货物退税计算与会计处理

境内的单位销售货物、服务或者无形资产，属于适用增值税一般计税方法的，生产企业实行免、抵、退税办法，外贸企业外购货物、服务或者无形资产出口实行免、退税办法，外贸企业直接将服务或自行研发的无形资产出口，视同生产企业连同其出口货物统一实行免、抵、退税办法。我国现行的增值税退税率有17%、16%、15%、11%、9%、5%共6档。

为核算纳税人出口货物应收取的出口退税款，设置“应收出口退税款”科目，该科目借方反映销售出口货物按规定向税务机关申报应退回的增值税、消费税等，贷方反映实际收到的出口货物应退回的增值税、消费税等，期末借方余额，反映尚未收到的应退税额。

一、实行“免、抵、退”办法的一般纳税人出口货物退税的会计核算

(一)“免、抵、退”的含义及计算步骤

“免、抵、退”法中的“免”是指生产企业出口自产货物免征生产销售环节的增值税；“抵”是指以本企业本期出口产品应退税额抵顶内销产品应纳税额；“退”是指按照上述过程确定的实际应退税额符合一定标准时，即生产企业出口的自产货物在当月内应抵顶的进项税额大于应纳税额时，对未抵顶完成的部分予以退税。具体计算方法与计算公式如下：

1. 当期应纳税额的计算

当期应纳税额＝当期内销货物的销项税额－(当期进项税额－当期免、抵、退税不得免征和抵扣税额)－当期留抵税额

其中：

当期免、抵、退税不得免征和抵扣税额＝出口货物离岸价×外汇人民币牌价×(出口货物征税率－出口货物退税率)－免、抵、退税不得免征和抵扣税额抵减额

免、抵、退税不得免征和抵扣税额抵减额＝免税购进原材料价格×(出口货物征税率－出口货物退税率)

免税购进原材料包括从国内购进免税原材料和进料加工免税进口料件，其中进料加工免税进口料件的价格为组成计税价格。

进料加工免税进口料件的组成计税价格＝货物到岸价＋海关实征关税＋消费税

2. 免、抵、退税额的计算

免、抵、退税额＝出口货物离岸价×外汇人民币牌价×出口货物退税率－免、抵、退税额抵减额

其中：

免、抵、退税额抵减额＝免税购进原材料价格×出口货物退税率

3. 当期应退税额和免抵税额的计算

如，当期期末留抵税额≤当期免、抵、退税额，则：

当期应退税额＝当期期末留抵税额

当期免抵税额＝当期免、抵、退税额－当期应退税额

如，当期期末留抵税额＞当期免、抵、退税额，则：

当期应退税额＝当期免、抵、退税额

当期免抵税额＝0

(二)“免、抵、退”办法的出口货物退税的会计核算

实行“免、抵、退”办法的一般纳税人出口货物，在货物出口销售后结转产品销售成本时，按规定计算的退税额低于购进时取得的增值税专用发票上的增值税额的差额，借记“主营业务成本”科目，贷记“应交税费——应交增值税(进项税额转出)”科目；按规定计算的当期出口货物的进项税抵减内销产品的应纳税额，借记“应交税费——应交增值税(出口抵减内销产品应纳税额)”科目，贷记“应交税费——应交增值税(出口退税)”科目。在规定期限内，内销产品的应纳税额不足以抵减出口货物的进项税额，不足部分按有关税法规定给予退税的，应在实际收到退税款时，借记“银行存款”科目，贷记“应交税费——应交增值税(出口退税)”科目。

(三)企业免、抵、退税计算实例及相应的账务处理

【例2－35】 某自营出口的生产企业为增值税一般纳税人，出口货物的征税率为17%，退税率为13%。2010年4月的有关经营业务为：购进原材料一批，取得的增值税专用发票注明的价款200万元，外购货物准予抵扣的进项税额34万元通过认证。上月末留抵税款3万元，本月内销货物不含税销售额100万元，收款117万元存入银行，本月出口货物的销售额折合人民币200万元。试计算该企业当期的“免、抵、退”税额。

(1)当期免、抵、退税不得免征和抵扣税额＝200×(17%－13%)＝8(万元)

(2)当期应纳税额＝100×17%－(34－8)－3＝17－26－3＝－12(万元)

(3)出口货物“免、抵、退”税额＝200×13%＝26(万元)

(4)按规定，如当期末留抵税额≤当期免、抵、退税额时，当期应退税额＝当期期末留抵税

额,即该企业当期应退税额=12(万元)

(5)当期免抵税额=当期免抵退税额一当期应退税额

当期免抵税额=26−12=14(万元)

相关账务处理如下:

(1)进货:

借:原材料 2 000 000

应交税费——应交增值税(进项税额) 340 000

贷:应付账款 2 340 000

(2)内销:

借:银行存款 1 170 000

贷:主营业务收入 1 000 000

应交税费——应交增值税(销项税额) 170 000

(3)外销:

借:应收账款 2 000 000

贷:主营业务收入 2 000 000

(4)结转当期免、抵、退税不得免征和抵扣税额:

借:主营业务成本 80 000

贷:应交税费——应交增值税(进项税额转出) 80 000

(5)收到退税机关审批的上月《生产企业出口货物免、抵、退税申报汇总表》后:

借:其他应收款 120 000

应交税费——应交增值税(出口抵减内销产品应纳税额) 140 000

贷:应交税费——应交增值税(出口退税) 260 000

【例2—36】 某自营出口的生产企业为增值税一般纳税人,出口货物的征税率为17%,退税率为13%。2010年6月有关经营业务为:购进原材料一批,取得的增值税专用发票注明的价款400万元,外购货物准予抵扣的进项税额68万元通过认证。上期末留抵税款5万元。本月内销货物不含税销售额100万元,收款117万元存入银行。本月出口货物的销售额折合人民币200万元。试计算该企业当期的"免、抵、退"税额。

(1)当期免、抵、退税不得免征和抵扣税额=200×(17%−13%)=8(万元)

(2)当期应纳税额=100×17%−(68−8)−5=17−60−5=−48(万元)

(3)出口货物"免、抵、退"税额=200×13%=26(万元)

(4)按规定,如当期期末留抵税额>当期免、抵、退税额时,当期应退税额=当期免、抵、退税额,即该企业当期应退税额=26(万元)

(5)当期免抵税额=当期免抵退税额一当期应退税额

该企业当期免抵税额=26−26=0(万元)

相关账务处理如下:

(1)进货:

借:原材料 4 000 000

应交税费——应交增值税(进项税额) 680 000

贷:应付账款 4 680 000

(2)内销:

借：银行存款　1 170 000
　　贷：主营业务收入　1 000 000
　　　　应交税费——应交增值税(销项税额)　170 000

(3)外销：

借：应收账款　2 000 000
　　贷：主营业务收入　2 000 000

(4)结转当期免、抵、退税不得免征和抵扣税额：

借：主营业务成本　80 000
　　贷：应交税费——应交增值税(进项税额转出)　80 000

(5)收到退税机关审批的上月《生产企业出口货物免、抵、退税申报汇总表》后：

借：其他应收款　260 000
　　贷：应交税费——应交增值税(出口退税)　260 000

【例2—37】 某自营出口生产企业是增值税一般纳税人，出口货物的征税率为17%，退税率为13%。2010年8月有关经营业务为：购进原材料一批，取得的增值税专用发票注明的价款200万元，外购货物准予抵扣进项税额34万元通过认证。当月进料加工免税进口料件的组成计税价格为100万元。上期末留抵税款6万元。本月内销货物不含税销售额100万元。收款117万元存入银行。本月出口货物销售额折合人民币200万元。试计算该企业当期的免、抵、退税额。

(1)免、抵、退税不得免征和抵扣税额抵减额＝免税进口料件的组成计税价格×(出口货物征税率－出口货物退税率)＝100×(17%－13%)＝4(万元)

(2)免、抵、退税不得免征和抵扣税额＝当期出口货物离岸价×外汇人民币牌价×(出口货物征税率－出口货物退税率)－免、抵、退税不得免征和抵扣税额抵减额＝200×(17%－13%)－4＝8－4＝4(万元)

(3)当期应纳税额＝100×17%－(34－4)－6＝17－30－6＝－19(万元)

(4)免、抵、退税额抵减额＝免税购进原材料×材料出口货物退税率＝100×13%＝13(万元)

(5)出口货物"免、抵、退"税额＝200×13%－13＝13(万元)

(6)按规定，如当期期末留抵税额＞当期免、抵、退税额时，当期应退税额＝当期免、抵、退税额，即该企业应退税额＝13(万元)

(7)当期免抵税额＝当期免、抵、退税额－当期应退税额

当期该企业免抵税额＝13－其他13＝0(万元)

(8)8月末留抵结转下期继续抵扣税额为6(19－13)万元。

相关账务处理如下：

(1)进货：

借：原材料　2 000 000
　　应交税费——应交增值税(进项税额)　340 000
　　贷：应付账款　2 340 000

借：原材料　1 000 000
　　贷：应付账款　1 000 000

(2)内销：

借:银行存款　　1 170 000
　　贷:主营业务收入　　1 000 000
　　　　应交税费——应交增值税(销项税额)　　170 000

(3)外销:

借:应收账款　　2 000 000
　　贷:主营业务收入　　2 000 000

(4)结转当期免、抵、退税不得免征和抵扣税额:

借:主营业务成本　　40 000
　　贷:应交税费——应交增值税(进项税额转出)　　40 000

(5)收到退税机关审批的上月《生产企业出口货物免、抵、退税申报汇总表》后:

借:其他应收款　　130 000
　　贷:应交税费——应交增值税(出口退税)　　130 000

二、未实行"免、抵、退"办法的一般纳税人出口货物退税的会计核算

(一)外贸企业出口货物劳务增值税免退税的会计计算

1. 外贸企业出口委托加工修理修配货物以外的货物

增值税应退税额 = 增值税退(免)税计税依据×出口货物退税率

2. 外贸企业出口委托加工修理修配货物

出口委托加工修理修配货物的增值税应退税额=委托加工修理修配的增值税退(免)税计税依据×出口货物退税率

(二)未实行"免、抵、退"办法的出口货物退税的会计核算

未实行"免、抵、退"办法的一般纳税人出口货物按规定退税的,计算的应收出口退税额,借记"应收出口退税款"科目,贷记"应交税费——应交增值税(出口退税)"科目;收到出口退税时,借记"银行存款"科目,贷记"应收出口退税款"科目;退税额低于购进时取得的增值税专用发票上的增值税额的差额,借记"主营业务成本"科目,贷记"应交税费——应交增值税(进项税额转出)"科目。

(三)未实行"免、抵、退"办法计算实例及相应的账务处理

【例2—38】 某外贸进出口公司当期收购出口电子设备100台,增值税专用发票上注明:价款7 000 000元,税额1 190 000元,合计8 190 000元。本月合计出口90台,出口FOB价格折合人民币为9 000 000元,另购进出口设备取得运输发票10 000元。所有货款、运费均以银行存款付讫。办妥退税事宜(退税率为15%),并收到退税款,进行有关计算并作相应的会计处理。

(1)购进出口电子设备时

借:应交税费——应交增值税(进项税额)　　1 190 000
　　材料采购　　7 000 000
　　贷:银行存款　　8 190 000

(2)购进商品入库时

借:库存商品　　7 000 000
　　贷:材料采购　　7 000 000

(3)出口电子设备90台时

借：应收账款　　9 000 000

　　贷：主营业务收入　　9 000 000

(4)支付运费时

借：销售费用　　9 300

　　应交税费——应交增值税(进项税额)　　700

　　贷：银行存款　　10 000

(5)结转销售成本时

借：主营业务成本　　6 300 000

　　贷：库存商品　　6 300 000

(6)计算不予退税的税额时

不予抵扣或退税的税额＝90×[(119＋0.07)÷100]－90×(700÷100)×15％＝12.663(万元)

借：主营业务成本　　126 630

　　贷：应交税费——应交增值税(进项税额转出)　　126 630

(7)计算应退增值税税额时

应退增值税税额＝90×(700÷100)×15％＝94.5(万元)

借：应收出口退税款　　945 000

　　贷：应交税费——应交增值税(出口退税)　　945 000

(8)收到退税款时

借：银行存款　　945 000

　　贷：应收出口退税款　　945 000

任务三　出口货物增值税退税的办理

(1)外贸企业自货物报关出口之日企业应在货物报关出口之日(以出口货物报关单上的出口日期为准，下同)次月起至次年4月30日前的各增值税纳税申报期内收齐有关凭证，向主管税务机关申报办理出口货物增值税免、抵、退税及消费税退税。除另有规定者和确有特殊原因，经地市以上税务机关批准者外，企业须向主管税务机关征税部门进行纳税申报并计提销项税额。

销项税额＝(出口货物离岸价格×外汇人民币牌价)÷(1＋法定增值税税率)×法定增值税税率

应纳税额＝(出口货物离岸价格×外汇人民币牌价)÷(1＋征收率)×征收率

(2)新发生出口业务的退免税。

①对新发生出口业务的企业，除下面第②条、第③条规定外，自发生首笔出口业务之日起12个月内发生的应退税额，不实行按月退税的办法，而是采取结转下期继续抵顶其内销货物应纳税额。

②注册开业时间在一年以上的新发生出口业务的企业(小型出口企业除外)，经地市税务机关核实确有生产能力并无偷税行为及走私、逃套汇等违法行为的，可实行统一按月计算办理免、抵、退税的办法。

③新成立的内外销销售额之和超过500万元(含)人民币，且外销销售额占其全部销售额的比例超过50％(含)的生产企业，如在自成立之日起12个月内不办理退税确有困难的，经省、自治区、直辖市国家税务局批准，可实行统一的按月计算办理免、抵、退税的办法。

任务四 出口货物增值税退(免)税申报

一、生产企业出口货物免、抵、退税的申报

(一)申报程序和期限

企业当月出口的货物须在次月的增值税纳税申报期内,向主管税务机关办理增值税纳税申报,免、抵、退税相关申报及消费税免税申报。

企业应在货物报关出口之日(以《出口货物报关单〈出口退税专用〉》上的出口日期为准,下同)次月起至次年4月30日前的各增值税纳税申报期内收齐有关凭证,向主管税务机关申报办理出口货物增值税免、抵、退税及消费税退税。逾期的,企业不得申报免、抵、退税。

(二)申报资料

(1)企业向主管税务机关办理增值税纳税申报时,除按纳税申报的规定提供有关资料外,还应提供下列资料:

①主管税务机关确认的上期《免、抵、退税申报汇总表》;

②主管税务机关要求提供的其他资料。

(2)企业向主管税务机关办理增值税免、抵、退税申报,应提供下列凭证资料:

①《免、抵、退税申报汇总表》及其附表。

②《免、抵、退税申报资料情况表》。

③《生产企业出口货物免、抵、退税申报明细表》。

④出口货物退(免)税正式申报电子数据。

⑤下列原始凭证:

A. 出口货物报关单(出口退税专用,以下未作特别说明的均为此联)(保税区内的出口企业可提供中华人民共和国海关保税区出境货物备案清单,简称出境货物备案清单,下同);

B. 出口收汇核销单(出口退税联,以下未作特别说明的均为此联)(远期结汇的提供远期收汇备案证明,保税区内的出口企业提供结汇水单。跨境贸易人民币结算业务、试行出口退税免予提供纸质出口收汇核销单地区和货物贸易外汇管理制度改革试点地区的企业免予提供,下同);

C. 出口发票;

D. 委托出口的货物,还应提供受托方主管税务机关签发的代理出口货物证明,以及代理出口协议复印件;

E. 主管税务机关要求提供的其他资料。

(3)生产企业出口的视同自产货物以及列明生产企业出口的非自产货物,属于消费税应税消费品(以下简称应税消费品)的,还应提供下列资料:

①《生产企业出口非自产货物消费税退税申报表》;

②消费税专用缴款书或分割单,海关进口消费税专用缴款书、委托加工收回应税消费品的代扣代收税款凭证原件或复印件。

二、外贸企业出口货物退(免)税的申报

(一)申报程序和期限

企业当月出口的货物须在次月的增值税纳税申报期内,向主管税务机关办理增值税纳税

申报，将适用退（免）税政策的出口货物销售额填报在增值税纳税申报表的“免税货物销售额”栏。

企业应在货物报关出口之日次月起至次年4月30日前的各增值税纳税申报期内，收齐有关凭证，向主管税务机关办理出口货物增值税、消费税退（免）税申报。经主管税务机关批准的，企业在增值税纳税申报期以外的其他时间也可办理退（免）税申报。逾期的，企业不得申报退（免）税。

（二）申报资料

(1)《外贸企业出口退税汇总申报表》。

(2)《外贸企业出口退税进货明细申报表》。

(3)《外贸企业出口退税出口明细申报表》。

(4)出口货物退（免）税正式申报电子数据。

(5)下列原始凭证：

①出口货物报关单；

②增值税专用发票（抵扣联）、出口退税进货分批申报单、海关进口增值税专用缴款书（提供海关进口增值税专用缴款书的，还需同时提供进口货物报关单，下同）；

③出口收汇核销单；

④委托出口的货物，还应提供受托方主管税务机关签发的代理出口货物证明，以及代理出口协议副本；

⑤属应税消费品的，还应提供消费税专用缴款书或分割单、海关进口消费税专用缴款书（提供海关进口消费税专用缴款书的，还需同时提供进口货物报关单，下同）；

⑥主管税务机关要求提供的其他资料。

三、出口企业和其他单位出口的视同出口货物及对外提供加工修理修配劳务的退（免）税申报

报关进入特殊区域并销售给特殊区域内的单位或境外单位、个人的货物，特殊区域外的生产企业或外贸企业的退（免）税申报分别按本办法第四、五条的规定办理。

其他视同出口货物和对外提供加工修理修配劳务，属于报关出口的，为报关出口之日起；属于非报关出口销售的，为出口发票或普通发票开具之日起，出口企业或其他单位应在次月至次年4月30日前的各增值税纳税申报期内申报退（免）税。逾期的，出口企业或其他单位不得申报退（免）税。申报退（免）税时，生产企业除按本办法第四条，外贸企业和没有生产能力的其他单位除按本办法第五条的规定申报（不提供出口收汇核销单；非报关出口销售的不提供出口货物报关单和出口发票，属于生产企业销售提供的普通发票）外，下列货物劳务，出口企业和其他单位还须提供对应的补充资料：

(1)对外援助的出口货物，应提供商务部批准使用援外优惠贷款的批文（“援外任务书”）复印件或商务部批准使用援外合资合作项目基金的批文（“援外任务书”）复印件。

(2)用于对外承包工程项目的出口货物，应提供对外承包工程合同；属于分包的，由承接分包的出口企业或其他单位申请退（免）税，申请退（免）税时除提供对外承包合同外，还须提供分包合同（协议）。

(3)用于境外投资的出口货物，应提供商务部及其授权单位批准其在境外投资的文件副本。

(4)向海关报关运入海关监管仓库供海关隔离区内免税店销售的货物,提供的出口货物报关单应加盖有免税品经营企业报关专用章;上海虹桥、浦东机场海关国际隔离区内的免税店销售的货物,提供的出口货物报关单应加盖免税店报关专用章,并提供海关对免税店销售货物的核销证明。

(5)销售的中标机电产品,应提供下列资料:

①招标单位所在地主管税务机关签发的《中标证明通知书》;

②由中国招标公司或其他国内招标组织签发的中标证明(正本);

③中标人与中国招标公司或其他招标组织签订的供货合同(协议);

④中标人按照标书规定及供货合同向用户发货的发货单;

⑤中标机电产品用户收货清单;

⑥外国企业中标再分包给国内企业供应的机电产品,还应提供与中标企业签署的分包合同(协议)。

(6)销售给海上石油天然气开采企业的自产的海洋工程结构物,应提供销售合同。

(7)销售给外轮、远洋国轮的货物,应提供列明销售货物名称、数量、金额并经外轮、远洋国轮船长签名的出口发票。

(8)生产并销售给国内和国外航空公司国际航班的航空食品,应提供下列资料:

①与航空公司签订的配餐合同;

②航空公司提供的配餐计划表(须注明航班号、起降城市等内容);

③国际航班乘务长签字的送货清单(须注明航空公司名称、航班号等内容)。

(9)对外提供加工修理修配劳务,应提供下列资料:

①修理修配船舶以外其他物品的提供贸易方式为"修理物品"的出口货物报关单;

②与境外单位、个人签署的修理修配合同;

③维修工作单(对外修理修配飞机业务提供)。

四、出口货物劳务退(免)税其他申报要求

(1)输入特殊区域的水、电、气,由购买水、电、气的特殊区域内的生产企业申报退税。企业应在购进货物增值税专用发票的开具之日次月起至次年 4 月 30 日前的各增值税纳税申报期内向主管税务机关申报退税。逾期的,企业不得申报退税。申报退税时,应填报《购进自用货物退税申报表》,提供正式的电子申报数据及下列资料:

①增值税专用发票(抵扣联);

②支付水、电、气费用的银行结算凭证(加盖银行印章的复印件)。

(2)运入保税区的货物,如果属于出口企业销售给境外单位、个人,境外单位、个人将其存放在保税区内的仓储企业,离境时由仓储企业办理报关手续,海关在其全部离境后,签发进入保税区的出口货物报关单的,保税区外的生产企业和外贸企业申报退(免)税时,除分别提供本办法第四、五条规定的资料外,还须提供仓储企业的出境货物备案清单。确定申报退(免)税期限的出口日期以最后一批出境货物备案清单上的出口日期为准。

出口企业和其他单位应在货物报关出口之日次月起至次年 4 月 30 日前的各增值税纳税申报期内,向主管税务机关单独申报退税。逾期的,出口企业和其他单位不得申报退税。申报退税时应填报《出口已使用过的设备退税申报表》,提供正式的申报电子数据及下列资料:

①出口货物报关单;

②委托出口的货物，还应提供受托方主管税务机关签发的代理出口货物证明，以及代理出口协议；

③增值税专用发票(抵扣联)或海关进口增值税专用缴款书；

④出口收汇核销单；

⑤《出口已使用过的设备折旧情况确认表》；

⑥主管税务机关要求提供的其他资料。

五、税款退付与退税清算

(1)税款退付是在出口退税申报和审批之后，银行依据《收入退还书》将出口退税款从国库退付到出口企业的开户银行账户的行为。出口货物在办理退税手续后，如发生退关、国外退货或转为内销，企业必须向所在地主管出口退税的税务机关办理申报手续，补交已退(免)的税款。

(2)退税清算。出口企业要于年度终了后三个月内，进行上一年度出口退税的清算，按规定期限向主管退税机关报送“清算表”及相关资料，由主管税务机关进行全面清查。主管退税机关在出口企业清算结束后两个月内，对企业上报清算报表的资料进行清算核查，并向出口企业发出《清算情况通知书》说明以下问题：

①出口企业的性质和清算范围，出口货物的品种、数量及销售额，清算后出口企业应退税款、已退税款。

②清算中发现的问题，多退、少退、错退的金额。

③清算处理结果及意见。

消费税纳税实务

技能目标

1. 能准确计算消费税纳税人的应纳消费税额；
2. 能准确地对消费税有关业务进行账务处理；
3. 能准确填制消费税纳税申报表，并能进行网上申报；
4. 会办理消费税出口退税业务。

知识目标

1. 熟悉消费税法律知识；
2. 计算应纳消费税税额；
3. 熟悉消费税的会计处理；
4. 填制消费税纳税申报表并进行网上申报；
5. 办理出口货物消费税退(免)税。

情境导入

乙建材有限公司系增值税小规模纳税人，主要从事各种铸造涂料、石墨粉涂料、滑石粉涂料、高铝粉涂料和其他涂料的生产销售业务。2015 年 2 月，发生如下经济业务：生产销售铸造涂料、石墨粉涂料、滑石粉涂料、高铝粉涂料和其他涂料价税合计分别为 50 万元、40 万元、30 万元、20 万元和 10 万元。其中，易挥发性有机物且含量低于 420 克/升(含)的三氯乙烯和四氯乙烯涂料合计 28 万元。同时，乙公司委托其他涂料公司加工收回不易挥发的各种涂料 60 万元(受托方含计税价格 30 万元)。假定不考虑其他因素，乙建材有限公司 2 月份该如何申报缴纳消费税？

项目一　消费税法律知识

为调节产品结构、引导消费方向、保证财政收入，我国对一些需要区别对待的货物在增值税普遍征收的基础上再征收一道消费税。

消费税是对在我国境内从事生产、委托加工和进口应税消费品的单位和个人，就其应税消费品征收的一种税。消费税是价内税，税收随价格转嫁给消费者，税款最终由消费者负担。

任务一　消费税的征税范围

根据消费税暂行条例的规定，消费税的征税范围为：在中华人民共和国境内生产、委托加工和进口消费品暂行条例规定的消费品。目前，我国消费税共计选择了15种消费品。消费税具有以下特点：

一、征税项目具有选择性

各国目前征收的消费税实际上都属于对特定消费品或消费行为征收的税种。为适应我国目前的产业结构、消费水平和消费结构以及节能、环保等方面的要求，从2006年4月1日起，消费税的征税范围进行了有增有减的调整，消费税的税目由11个调整为15个。

二、征税环节具有单一性

消费税是在生产进口、流通或消费的某一环节一次征收（卷烟除外），而不是在消费品生产、流通或消费的每个环节多次征收，即一次课征制。

三、征收方法具有多样性

为了适应不同消费品的应税情况，消费税在征收方法上不力求一致，可采用从价定率的征收方式，也可以选择从量定额的征收方式。

四、税收调节具有特殊性

这一特殊性表现在两个方面：一是不同的征税项目税负差异较大；二是消费税往往同有关税种配合实行加重或双重调节。

五、消费税具有转嫁性

消费税无论采取价内税形式还是价外税形式，也无论在哪个环节征收，消费品中所含的消费税税款最终都要转嫁到消费者身上，由消费者负担。税负具有转嫁性，并且较其他税种更明显。

新修订的消费税税目具体征收范围包括以下内容（见表3—1）：

表3—1　消费税税目表

税目	子税目	税目解释	特殊事项
一、烟	1. 卷烟 2. 雪茄烟 3. 烟丝	烟是以烟叶为原料加工生产的特殊消费品。卷烟是指将各种烟叶切成烟丝并按照一定的配方辅之以糖、酒、香料加工而成的产品。	

续表

税目	子税目	税目解释	特殊事项
二、酒及酒精	1. 粮食白酒 2. 薯类白酒 3. 黄酒 4. 啤酒 5. 其他酒	酒是酒精度在1度以上的各种酒类饮料，包括粮食白酒、薯类白酒、黄酒、啤酒、其他酒。	白酒实行复合计税，白酒生产企业向商业销售单位收取的品牌使用费为价外收入；调味料酒不属于消费税的征税范围。
三、化妆品		化妆品是日常生活中用于修饰美化人体表面的用品。该税目征收范围包括各类美容、修饰类化妆品、高档护肤类化妆品和成套化妆品。	不含舞台、戏剧、影视化妆用的上妆油、卸妆油、油彩。
四、贵重首饰及珠宝玉石		以金、银、白金、宝石、珍珠、钻石、翡翠、珊瑚、玛瑙等高贵稀有物质以及其他金属、人造宝石等制作的各种纯金银首饰及镶嵌首饰和经采掘、打磨、加工的各种珠宝玉石。	金银首饰、钻石及钻石饰品在零售环节征税；对出国人员免税商店销售的金银首饰征收消费税。
五、鞭炮焰火		鞭炮又称爆竹，是用多层纸密裹火药，接以药引线制成的一种爆炸品。焰火是指烟火剂，一般系包扎品，内装药剂，点燃后烟火喷射，呈现各种颜色，有的还变幻成各种景象，分平地小焰火和空中大焰火两类。	不含体育用发令纸、鞭炮药引线。
六、成品油	1. 汽油 2. 柴油 3. 石脑油 4. 溶剂油 5. 润滑油 6. 航空煤油 7. 燃料油		航空煤油暂缓征收消费税；生产企业将自产石脑油用于本企业连续生产汽油等应税消费品的，不缴纳消费税；植物性润滑油、动物性润滑油和化工原料合成润滑油不属于润滑油的征收范围。
七、摩托车		含最大设计车速不超过50km/h、发动机气缸总工作容积不超过50ml的两轮机动车的轻便摩托车及最大设计车速超过50km/h、发动机气缸总工作容积超过50ml、空车重量不超过400kg(带驾驶室的正三轮车及特种车的空车重量不受此限)的两轮摩托车和三轮机动车。	对最大设计车速不超过50km/h，发动机汽缸总工作容量不超过50ml的三轮摩托车不征收消费税。
八、小汽车	1. 乘用车 2. 中轻型商用客车 3. 超豪华小汽车	汽车是指由动力驱动，具有四个或四个以上车轮的非轨道承载的车辆。 含驾驶员座位在内最多不超过9个座位(含)的，在设计和技术特性上用于载运乘客和货物的各类乘用车和含驾驶员座位在内的座位数在10至23座(含23座)的在设计和技术特性上用于载运乘客和货物的各类中轻型商用客车。	用排气量小于1.5升(含)的乘用车底盘(车架)改装、改制的车辆属于乘用车征收范围。用排气量大于1.5升的乘用车底盘(车架)或用中轻型商用客车底盘(车架)改装、改制的车辆属于中轻型商用客车征收范围。 电动汽车以及沙滩车、雪地车、卡丁车、高尔夫车等均不属于本税目范围，不征消费税。
九、高尔夫球及球具		高尔夫球及球具是指从事高尔夫球运动所需的各种专用装备，包括高尔夫球，高尔夫球杆及高尔夫球包(袋)，高尔夫球杆的杆头、杆身和握把。	

续表

税目	子税目	税目解释	特殊事项
十、高档手表		包括售价（不含增值税）每只在 10 000 元以上的手表。	
十一、游艇		游艇是指长度大于 8 米（含）小于 90 米（含），船体由玻璃钢、钢、铝合金、塑料等多种材料制作，可以在水上移动的水上浮载体。按照动力划分，游艇分为无动力艇、帆艇和机动艇。	
十二、木制一次性筷子		又称卫生筷子，是指以木材为原料经过锯断、浸泡、旋切、刨切、烘干、筛选、打磨、倒角、包装等环节加工而成的各类一次性使用的筷子。	未经打磨、倒角的木制一次性筷子属于本税目征税范围。
十三、实木地板		实木地板是指以木材为原料，经锯割、干燥、刨光、截断、开榫、涂漆等工序加工而成的块状或条状的地面装饰材料。	含各类规格的实木地板、实木指接地板、实木复合地板及用于装饰墙壁、天棚的侧端面为榫、槽的实木装饰板，以及未经涂饰的素板。
十四、电池	1. 原电池 2. 蓄电池 3. 燃料电池 4. 太阳能电池 5. 其他电池	原电池又称一次电池，是指不可以充电设计的电池。按照电极所含的活性物质分类，原电池包括锌原电池、锂原电池和其他原电池。 蓄电池又称二次电池，是指可充电、重复使用设计的电池，包括酸性蓄电池、碱性或其他非酸性蓄电池、氧化还原液流蓄电池和其他蓄电池。 燃料电池，指通过一个电化学过程，将连续供应的反应物和氧化剂的化学能直接转换为电能的电化学发电装置。 太阳能电池，是将太阳光能转换成电能的装置，包括晶体硅太阳能电池、薄膜太阳能电池、化合物半导体太阳能电池等，但不包括用于太阳能发电储能用的蓄电池。 除原电池、蓄电池、燃料电池、太阳能电池以外的电池。	
十五、涂料		涂料是指涂于物体表面能形成具有保护、装饰或特殊性能的固态涂膜的一类液体或固体材料的总称。	

任务二　消费税的纳税人

消费税的纳税人，是指在中华人民共和国境内生产、委托加工和进口消费税条例规定的消费品的单位和个人。其中，“单位”是指国有企业、集体企业、私有企业、股份制企业、其他企业和行政单位、事业单位、军事单位、社会团体及其他单位；“个人”是指个体经营者及其他个人。

在中华人民共和国境内，是指生产、委托加工和进口属于应当缴纳消费税的消费品的起运地或者所在地在境内。

消费税纳税人及纳税环节如表 3－2 所示：

表 3—2

消费税的纳税人		纳税环节
生产应税消费品的单位和个人	自产销售	纳税人销售时纳税。
	自产自用	纳税人自产自用的应税消费品，用于连续生产应税消费品的，不纳税；用于其他方面的，于移送使用时纳税。
进口应税消费品的单位和个人		进口报关单位或个人为消费税的纳税人，进口消费税由海关代征。
委托加工应税消费品的单位和个人		委托加工的应税消费品，除受托方为个人外，由受托方在向委托方交货时代收代缴税款。
零售金银首饰、钻石、钻石饰品的单位和个人		生产、进口和批发金银首饰、钻石、钻石饰品时不征收消费税，纳税人在零售时纳税；其他贵重首饰和珠宝玉石在生产销售时纳税。
批发卷烟的单位和个人		从2009年5月1日起，纳税人批发销售的所有牌号规格的卷烟，在卷烟批发环节加征一道从价税。纳税人销售给纳税人以外的单位和个人的卷烟于销售时纳税。纳税人之间销售的卷烟不缴纳消费税。

任务三　应税消费品的适用税率

消费税实行比例税率、定额税率和从量定额与从价定率相结合的复合计税三种形式。多数消费品采用比例税率；对成品油和黄酒、啤酒等分别按单位体积或单位重量确定单位税额；对卷烟、粮食白酒、薯类白酒实行复合计税办法，具体见表3—3。

表 3—3　消费税税率表

税　目	税　率
一、烟	
1. 卷烟	
(1)甲类卷烟：每标准条(200支，下同)，调拨价70元(含70元，不含增值税，下同)以上；	56%加0.003元/支
(2)乙类卷烟：每标准条(200支，下同)，调拨价70元以下；	36%加0.003元/支
(3)批发环节。	11%加0.005元/支
2. 雪茄烟	36%
3. 烟丝	30%
二、酒	
1. 白酒	20%加0.5元/500克
2. 黄酒	240元/吨
3. 啤酒	
(1)甲类啤酒：出厂价(含包装物及押金)3 000元(含3 000元，不含增值税，下同)；	250元/吨
(2)乙类啤酒：出厂价3 000元以下。	220元/吨
4. 其他酒	10%
三、高档化妆品	
包括高档美容、修饰类化妆品、高档护肤类化妆品和成套化妆品。	
高档美容、修饰类化妆品和高档护肤类化妆品是指生产(进口)环节销售(完税)价格(不含增值税)在10元/毫升(克)或15元/片(张)及以上的美容、修饰类化妆品和护肤类化妆品。	15%

续表

税　目	税　率	
四、贵重首饰及珠宝玉石		
1. 金银首饰、铂金首饰和钻石及钻石饰品	5%	
2. 其他贵重首饰和珠宝玉石	10%	
五、鞭炮、焰火	15%	
六、成品油		
1. 汽油	1.52 元/升	
2. 柴油	1.2 元/升	
3. 航空煤油	1.2 元/升	
4. 石脑油	1.52 元/升	
5. 溶剂油	1.52 元/升	
6. 润滑油	1.52 元/升	
7. 燃料油	1.2 元/升	
七、摩托车		
1. 气缸容量(排气量,下同)在 250 毫升的	3%	
2. 气缸容量在 250 毫升(不含)以上的	10%	
八、小汽车	生产(进口)环节	零售环节
1. 乘用车		
(1)气缸容量(排气量,下同)在 1.0 升(含 1.0 升)以下的	1%	
(2)气缸容量在 1.0 升以上至 1.5 升(含 1.5 升)的	3%	
(3)气缸容量在 1.5 升以上至 2.0 升(含 2.0 升)的	5%	
(4)气缸容量在 2.0 升以上至 2.5 升(含 2.5 升)的	9%	
(5)气缸容量在 2.5 升以上至 3.0 升(含 3.0 升)的	12%	
(6)气缸容量在 3.0 升以上至 4.0 升(含 4.0 升)的	25%	
(7)气缸容量在 4.0 升以上的	40%	
2. 中轻型商用客车	50%	
3. 超豪华小汽车	按子税目 1 和子税目 2 的规定征收	10%
九、高尔夫球及球具	10%	
十、高档手表	20%	
十一、游艇	10%	
十二、木制一次性筷子	5%	
十三、实木地板	5%	
十四、电池	4%	
十五、涂料	4%	

任务四　消费税的计税依据

一、从价定率计征办法的计税依据

实行从价定率办法征税的应税消费品,计税依据为应税消费品的不含税销售额(不包括应向购货方收取的增值税税款)。如果纳税人应税消费品的销售额中未扣除增值税税款或者因不得开具增值税专用发票而发生价款和增值税税款合并收取的,在计算消费税时,应当换算为不含增值税税款的销售额。其换算公式为:

应税消费品的销售额＝含增值税的销售额÷(1＋增值税税率或者征收率)

销售额是指纳税人销售应税消费品向购买方收取的全部价款和价外费用。“价外费用”，是指价外收取的基金、集资费、返还利润、补贴、违约金(延期付款利息)和手续费、包装费、储备费、优质费、运输装卸费、代收款项、代垫款项以及其他各种性质的价外收费。但下列款项不包括在内：

1. 同时符合以下条件的代垫运输费用

(1)承运部门的运输费用发票开具给购买方的；

(2)纳税人将该项发票转交给购买方的。

2. 同时符合以下条件代为收取的政府性基金或者行政事业性收费

(1)由国务院或者财政部批准设立的政府性基金，由国务院或者省级人民政府及其财政、价格主管部门批准设立的行政事业性收费；

(2)收取时开具省级以上财政部门印制的财政票据；

(3)所收款项全额上缴财政。

其他价外费用，无论是否属于纳税人的收入，均应并入销售额计算征税。

3. 销售应税消费品时有关包装物的计税规则

(1)实行从价定率办法计算应纳税额的应税消费品连同包装物销售的，无论包装是否单独计价，也不论在会计上如何核算，均应并入应税消费品的销售额中征收消费税。

(2)如果包装物不作价随同产品销售，而是收取押金，此项押金则不应并入应税消费品的销售额中征税。但对因逾期未收回的包装物不再退还的和已收取一年以上的押金，应并入应税消费品的销售额，按照应税消费品的适用税率征收消费税。

(3)既作价随同应税消费品销售，又另外收取押金的包装物的押金，凡纳税人在规定的期限内不予退还的，均应并入应税消费品的销售额，按照应税消费品的适用税率征收消费税。

(4)对酒类产品生产企业销售酒类产品而收取的包装物押金，无论押金是否返还与会计上如何计算，均须并入酒类产品销售额中，依酒类产品的适用税率征收消费税。

二、从量定额计征办法的计税依据

啤酒、黄酒及成品油等消费品实行从量定额征收办法，计税依据主要是应税消费品的销售数量。

1. 销售数量的确定

(1)销售应税消费品的，为应税消费品的销售数量；

(2)自产自用应税消费品的，为应税消费品的移送使用数量；

(3)委托加工应税消费品的，为纳税人收回的应税消费品数量；

(4)进口应税消费品的，为海关核定的应税消费品进口征税数量。

2. 计量单位的换算标准

由于黄酒、啤酒是以吨为税额单位，汽油、柴油、石脑油、溶剂油、润滑油、燃料油、航空煤油是以升为税额单位，为了规范不同产品的计量单位，以准确计算应纳税额，需要掌握应税消费品计量单位的换算标准：

啤酒	1吨＝988升	石脑油	1吨＝1 385升	航空煤油	1吨＝1 246升
黄酒	1吨＝962升	柴油	1吨＝1 176升	溶剂油	1吨＝1 282升

汽油　1吨=1 388升　润滑油　1吨=1 126升　燃料油　1吨=1 015升

三、从量定额与从价定率相结合计征办法的计税依据

对烟类、酒类产品实行从量定额与从价定率相结合征税办法，其计税依据是纳税人销售应税消费品的数量和销售额。

生产销售卷烟、粮食白酒、薯类白酒从量定额计税依据为实际销售数量。进口、委托加工、自产自用卷烟、粮食白酒、薯类白酒从量定额计税依据分别为海关核定的进口征税数量、委托方收回数量、移送使用数量。

非标准条包装卷烟应当折算成标准条包装卷烟的数量，依其实际销售收入计算确定其折算成标准条包装后的实际销售价格，并确定适用的比例税率。

将卷烟批发环节从价税税率提高至11%，并按0.005元/支加征从量税。

纳税人兼营卷烟批发和零售业务的，应当分别核算批发和零售环节的销售额、销售数量；未分别核算批发和零售环节的销售额、销售数量的，按照全部销售额、销售数量计征批发环节消费税。

任务五　消费税的纳税环节

一、生产应税消费品纳税环节

纳税人生产的应税消费品，于纳税人销售时纳税。纳税人自产自用的应税消费品，用于连续生产应税消费品的，不纳税；用于其他方面的，于移送使用时纳税。

用于连续生产应税消费品，是指纳税人将自产自用的应税消费品作为直接材料生产最终应税消费品，自产自用应税消费品构成最终应税消费品的实体。

用于其他方面，是指纳税人将自产自用应税消费品用于生产非应税消费品、在建工程、管理部门、非生产机构、提供劳务、馈赠、赞助、集资、广告、样品、职工福利、奖励等方面。

二、委托加工应税消费品纳税环节

委托加工的应税消费品，除受托方为个人外，由受托方在向委托方交货时代收代缴税款。委托加工的应税消费品，委托方用于连续生产应税消费品的，所纳税款准予按规定抵扣。

委托加工的应税消费品，是指由委托方提供原料和主要材料，受托方只收取加工费和代垫部分辅助材料加工的应税消费品。对于由受托方提供原材料生产的应税消费品，或者受托方先将原材料卖给委托方，然后再接受加工的应税消费品，以及由受托方以委托方名义购进原材料生产的应税消费品，不论在财务上是否作销售处理，都不得作为委托加工应税消费品，而应当按照销售自制应税消费品缴纳消费税。

委托加工的应税消费品直接出售的，不再缴纳消费税。

委托方将收回的应税消费品，以不高于受托方的计税价格出售的，为直接出售，不再缴纳消费税；委托方以高于受托方的计税价格出售的，不属于直接出售，需按照规定申报缴纳消费税，在计税时准予扣除受托方已代收代缴的消费税。

委托个人加工的应税消费品，由委托方收回后缴纳消费税。

对纳税人委托个体经营者加工的应税消费品，一律于委托方收回后在委托方所在地缴纳消费税。

三、进口应税消费品纳税环节

进口的应税消费品，于报关进口时纳税。

消费税由税务机关征收，进口应税消费品的消费税由海关代征。个人携带或者邮寄进境的应税消费品的消费税，连同关税一并计征，依照国务院关税税则委员会会同有关部门制定的具体办法执行。

项目二　应纳消费税的计算及会计处理

任务一　应纳消费税的计算

消费税应纳税额的计算主要分为从价计征、从量计征和复合计征三种方法，不同的计税方法对计税依据的规定也是不同的。

(1)实行从价定率计征消费税的，其计算公式为：

应纳税额＝销售额×比例税率

(2)实行从量定额计征消费税的，其计算公式为：

应纳税额＝销售数量×定额税率

(3)实行从价定率和从量定额复合方法计征消费税的，其计算公式为：

应纳税额＝销售额×比例税率＋销售数量×定额税率

现行消费税的征税范围中，只有卷烟、白酒采用复合计算方法。

任务二　应纳消费税的会计处理

一、生产销售应纳消费税的计算及会计处理

(一)生产销售应纳消费税的会计科目设置

纳税人生产的需要缴纳消费税的消费品，在销售时借记“应收账款”或“银行存款”账户，贷记“主营业务收入”、“应交税费——应交增值税”科目；同时按照应交消费税借记“营业税金及附加”科目，贷记“应交税费——应交消费税”科目。实际缴纳消费税时，借记“应交税费——应交消费税”科目，贷记“银行存款”科目。发生销货退回及退税时做相反的会计分录。

随同商品出售但单独计价的包装物，按规定应缴纳的消费税，借记“其他业务支出”科目，贷记“应交税费——应交消费税”科目。

(二)生产销售应纳消费税的会计处理

【例 3—1】 某工厂所设门市部某日对外零售应税消费品，全部销售额为 46 800 元(含增值税)。增值税率为 17%，应缴增值税为 6 800 元；消费税率为 10%，应纳消费税为 4 000 元，销售收入已全部存入银行，则会计分录为：

应纳消费税税额＝40 000×10%＝4 000(元)

(1)取得销售收入时

借：银行存款	46 800	
贷：主营业务收入		40 000

应交税费——应交增值税(销项税额)　6 800

(2)计提消费税

借:营业税金及附加　4 000

贷:应交税费——应交消费税　4 000

【例3—2】 某啤酒厂2011年3月12日销售给光明公司啤酒50吨,出厂价格为2 000元/吨,货已发出,办妥托收手续,货款尚未收回,计算应纳消费税税额。

应纳税额=应税数量×单位税额=50×220=11 000(元)

(1)销售啤酒时

借:应收账款　117 000

贷:主营业务收入　100 000

应交税费——应交增值税(销项税额)　17 000

(2)计提消费税

借:营业税金及附加　11 000

贷:应交税费——应交消费税　11 000

二、自产自用应纳消费税的计算及会计处理

(一)自产自用应纳消费税的会计科目设置

1. 用于连续生产应税消费品

此环节不用缴纳消费税,因而不需进行相关的会计处理。

2. 用于在建工程、职工福利或者直接转为固定资产

纳税人将自产的应税消费品用于在建工程或直接转为固定资产,应于货物移送使用时,按同类消费品的平均销售价格计算应纳消费税和应纳增值税,贷记"应交税费——应交消费税"、"应交税费——应交增值税";按移送的货物成本,贷记"库存商品"科目;按应纳的增值税、消费税和移送货物的成本之和,借记"在建工程"、"固定资产"科目。

3. 用于捐赠、赞助、广告

纳税人将自产的应税消费品用于捐赠、赞助、广告,应于货物移送使用时,按同类消费品的平均销售价格或组成计税价格计算应纳消费税和应纳增值税,贷记"应交税费——应交消费税"、"应交税费——应交增值税";按移送的货物成本,贷记"库存商品"科目;按应纳的增值税、消费税和移送货物的成本之和,借记"营业外支出"、"销售费用"科目。

4. 应税消费品换取生产资料、消费资料

纳税人将自产的应税消费品用于换取生产资料、消费资料属于非货币性资产交换,按换入资产可抵扣的增值税进项税额,借记"应交税费——应交增值税(进项税额)"科目;按换出应税消费品应支付的相关税费,贷记"应交税费——应交消费税"、"应交税费——应交增值税(销项税额)"等科目。

5. 应税消费品用于投资入股

纳税人将自产的应税消费品用于投资入股,借记有关投资科目;按同类消费品的平均销售价格或组成计税价格,贷记"主营业务收入"科目;按应交增值税额,贷记"应交税费——应交增值税(销项税额)"科目;按应交消费税额,借记"营业税金及附加"科目,贷记"应交税费——应交消费税";按移送的货物成本,借记"主营业务成本"科目,贷记"库存商品"科目。

6. 应税消费品用于抵偿债务

纳税人将自产的应税消费品用于清偿债务，按应付账款的账面余额，借记“应付账款”科目，按用于清偿债务的应税消费品的公允价值，贷记“主营业务收入”科目，按增值税额，贷记“应交税费——应交增值税（销项税额）”科目，按其差额，贷记“营业外收入”或借记“营业外支出”科目。按应交消费税，贷记“应交税费——应交消费税”科目，借记“营业税金及附加”科目；按用于抵债的应税消费品的账面余额，借记“主营业务成本”科目，贷记“库存商品”科目。

纳税人自产自用的应税消费品，用于其他方面，应当按照纳税人生产的同类消费品的销售价格计算纳税。同类消费品的销售价格是指纳税人当月销售的同类消费品的价格，如果当月同类消费品各期销售价格高低不同，应按销售数量加权平均计算。

如果当月无销售或当月未完结，应按照同类消费品上月或最近月份的销售价格计算纳税；没有同类消费品销售价格的，按照组成计税价格计算纳税。

工业企业以外的单位和个人的下列行为视为应税消费品的生产行为，按规定征收消费税：

(1)将外购的消费税非应税产品以消费税应税产品对外销售的；

(2)将外购的消费税低税率应税产品以高税率应税产品对外销售的。

（二）自产自用应纳消费税税额的计算

(1)实行从价定率办法计征消费税的，其计算公式为：

组成计税价格=（成本+利润）÷（1−比例税率）

应纳税额=组成计税价格×比例税率

(2)实行复合计税办法计征消费税的，其计算公式为：

组成计税价格=（成本+利润+自产自用数量×定额税率）÷（1−比例税率）

应纳税额=组成计税价格×比例税率+自产自用数量×定额税率

(3)实行从价定率计税或复合计税（从价部分）的，按以下顺序确定销售额：

①有同类消费品的销售价格的。

按照纳税人生产的同类消费品的销售价格计算纳税。其应纳税额计算公式为：

应纳税额=同类消费品销售单价×自产自用数量×适用税率

同类消费品的销售价格是指纳税人当月销售的同类消费品的销售价格。如果当月同类消费品各期销售价格高低不同，应按销售数量加权平均计算。但销售的应税消费品有下列情况之一的，不得列入加权平均计算：

A. 销售价格明显偏低又无正当理由的。

B. 无销售价格的。如果当月无销售或者当月未完结，应按照同类消费品上月或最近月份的销售价格计算纳税。

②没有同类消费品销售价格的。

没有同类消费品销售价格的，按组成计税价格计算纳税。

组成计税价格的计算公式为：

组成计税价格=（成本+利润）÷（1−消费税税率）

=成本×（1+成本利润率）/（1−消费税税率）

应纳税额=组成计税价格×适用税率

组成计税价格计算公式中“成本”是指应税消费品的产品生产成本；“利润”是指根据应税消费品的全国平均成本利润率计算的利润。应税消费品全国平均成本利润率由国家税务总局确定：

表 3—4

类　型	成本利润率
高档手表	20%
甲类卷烟、粮食白酒、高尔夫球及球具和游艇	10%
乘用车	8%
摩托车，贵重首饰及珠宝玉石	6%
乙类卷烟、雪茄烟、烟丝，薯类白酒，其他酒，酒精，化妆品，鞭炮、焰火，汽车轮胎，木制一次性筷子、实木地板和中轻型商用客车等	5%

【例 3—3】 某企业将一批自产的化妆品作为职工福利，企业无同类产品价格，这批化妆品的成本为 10 000 元，消费税税率为 30%，要求计算该批自产自用化妆品应纳消费税税额。

组成计税价格＝(成本＋利润)÷(1－消费税税率)

＝[10 000＋(10 000×5%)]÷(1－30%)

＝15 000(元)

应纳消费税税额＝15 000×30% ＝4 500(元)

(1)发放给职工时

借:应付职工薪酬　　17 550

　贷:主营业务收入　　15 000

　　应交税费——应交增值税(销项税额)　　2 550

(2)计提消费税

借:营业税金及附加　　4 500

　贷:应交税费——应交消费税　　4 500

(3)结转产品成本

借:主营业务成本　　10 000

　贷:库存商品　　10 000

【例 3—4】 某厂将自产的应税消费品投资到另一企业，并为后者开具专用发票，价款 40 000 元，增值税 6 800 元，价税合计 46 800 元。消费税税率为 5%，应纳消费税税额为 2 000 元。若成本为 30 000 元，则会计分录为：

应纳消费税税额＝40 000×5%＝2 000(元)

借:长期投资——其他投资　　38 800

　贷:产成品　　30 000

　　应交税费——应交增值税(销项税额)　　6 800

　　应交税费——应交消费税　　2 000

【例 3—5】 某厂将自制应税消费品 1 万元用于抵偿应付账款，消费税税率为 10%，应纳消费税税额为 1 000 元，则会计分录为：

应纳消费税税额＝10 000×10%＝1 000(元)

借:营业税金及附加　　1 000

　贷:应交税费——应交消费税　　1 000

三、委托加工应纳消费税的计算及会计处理

(一)委托加工应纳消费税的会计科目设置

需要缴纳消费税的委托加工物资,由受托方代收代缴税款(除受托加工或翻新改制金银首饰按规定由受托方缴纳消费税外)。受托方按应交税款金额,借记"应收账款"、"银行存款"等科目,贷记"应交税费——应交消费税"科目。

委托加工的应税消费品,受托方在交货时代收代缴消费税,委托方收回后直接出售的,不再征收消费税。

委托加工物资收回后,直接用于销售的或用于连续生产非消费税应税商品时,将代收代缴的消费税计入委托加工物资的成本,借记"委托加工物资"等科目,贷记"应付账款"、"银行存款"等科目;委托加工物资收回后用于连续生产应税消费品的,按规定准予抵扣的,按代收代缴的消费税,借记"应交税费——应交消费税",贷记"应付账款"、"银行存款"等科目。待加工成最终应税消费品销售时,按最终应税消费品应缴纳的消费税,借记"营业税金及附加"科目,贷记"应交税费——应交消费税"科目。

(二)委托加工应纳消费税的计算

对于确定属于委托方提供原料和主要材料,受托方只收取加工费和代垫部分辅助材料加工的应税消费品,由受托方在向委托方交货时代收代缴消费税。如果受托方对委托加工应税消费品未代收代缴或少代收代缴消费税,就要依照税收征收管理法的规定,承担补税和罚款的法律责任。但纳税人委托个体经营者加工应税消费品,一律于委托方收回后在委托方所在地缴纳消费税。委托加工的应税消费品,按照受托方的同类消费品的销售价格计算缴纳。

(1)实行从价定率办法计征消费税的,其计算公式为:

组成计税价格=(材料成本+加工费)÷(1-比例税率)

应纳税额=组成计税价格×比例税率

(2)实行复合计税办法计征消费税的,其计算公式为:

组成计税价格=(材料成本+加工费+委托加工数量×定额税率)÷(1-比例税率)

应纳税额=组成计税价格×比例税率+委托加工数量×定额税率

公式中的"材料成本"是指委托方所提供加工材料的实际成本。委托加工应税消费品的纳税人,必须在委托加工合同上如实注明(或以其他方式提供)材料成本,凡未提供材料成本的,受托方所在地主管税务机关有权核定其材料成本。

公式中的"加工费",是指受托方加工应税消费品向委托方所收取的全部费用,包括代垫辅助材料的实际成本,不包括增值税税金。

【例3-6】 某酒厂委托东津酒厂为其加工白酒原浆10吨,粮食由该酒厂提供,价款40 000元,支付加工费6 000元(不含增值税)。东津酒厂生产同类白酒原浆每吨销售价格10 000元(不含增值税)。白酒税率为20%,应纳消费税税额为:

组成计税价格=(40 000+6 000+10 000×2×0.5)÷(1-20%)=70 000(元)

受托方代收代缴消费税=70 000×20%+10 000×2×0.5=24 000(元)

(1)委托方的账务处理:

①发出材料时

借:委托加工物资　　40 000

　　贷:原材料　　40 000

②支付加工费、消费税和增值税

借：委托加工物资	31 020	
贷：应交税费——应交增值税(进项税额)		1 020
银行存款		30 000

(2)受托方的账务处理：

收取加工费及代扣消费税

借：银行存款	31 020	
贷：主营业务收入		6 000
应交税费——应交增值税(销项税额)		1 020
应交税费——应交消费税		24 000

(三)委托加工收回的应税消费品连续生产应税消费品

委托加工的应税消费品因为已由受托方代收代缴消费税，因此，委托方收回货物后用于连续生产应税消费品的，其已纳税款准予按照规定从连续生产的应税消费品应纳消费税税额中抵扣。按照国家税务总局的有关规定，目前下列连续生产的应税消费品准予从应纳消费税税额中按当期生产领用数量计算扣除委托加工收回的应税消费品已纳消费税税款：

(1)以委托加工收回的已税烟丝为原料生产的卷烟；

(2)以委托加工收回的已税化妆品原料生产的化妆品；

(3)以委托加工收回的已税珠宝、玉石原料生产的贵重首饰及珠宝、玉石；

(4)以委托加工收回的已税鞭炮、焰火原料生产的鞭炮、焰火；

(5)以委托加工收回的已税汽车轮胎原料生产的汽车轮胎；

(6)以委托加工收回的已税摩托车零件生产的摩托车；

(7)以委托加工收回的已税杆头、杆身和握把为原料生产的高尔夫球杆；

(8)以委托加工收回的已税木制一次性筷子原料生产的木制一次性筷子；

(9)以委托加工收回的已税实木地板原料生产的实木地板；

(10)以委托加工收回的已税石脑油为原料生产的应税消费品；

(11)以委托加工收回的已税润滑油原料生产的润滑油。

上述当期准予扣除委托加工收回的应税消费品已纳消费税税款的计算公式是：

当期准予扣除的委托加工应税消费品已纳税款＝期初库存的委托加工应税消费品已纳税款＋当期收回的委托加工应税消费品已纳税款－期末库存的委托加工应税消费品已纳税款

四、进口环节应纳消费税的计算及会计处理

(一)进口环节应纳消费税的会计科目设置

需要缴纳消费税的进口物资，其缴纳的消费税应计入该项物资的成本，借记“固定资产”、“在途物资”、“库存商品”等科目，贷记“银行存款”等科目。缴纳的消费税，借记“应交税费——应交消费税”科目，贷记“银行存款”科目。

(二)进口环节应纳消费税的计算

(1)从价定率计征消费税的，其计算公式为：

组成计税价格＝(关税完税价格＋关税)÷(1－消费税比例税率)

应纳税额＝组成计税价格×消费税比例税率

公式中所称“关税完税价格”，是指海关核定的关税计税价格。

(2)实行复合计税办法计征消费税的,其计算公式为:

组成计税价格=(关税完税价格+关税+进口数量×定额税率)÷(1-消费税比例税率)

应纳税额=组成计税价格×消费税比例税率+进口数量×定额税率

【例 3-7】 丙进出口贸易公司属于增值税一般纳税人,主要从事各种商品的进出口业务。2015 年 2 月,发生如下经济业务:从国外进口原电池和蓄电池,支付买价 400 万元,支付到达我国海关前的运输费用和保险费用 60 万元,支付进口电池关税 20 万元。假定不考虑其他因素,丙进出口贸易公司进口上述货物该如何申报缴纳消费税?

丙公司缴纳消费税计算过程如下:

组成计税价格=(关税完税价格+关税)÷(1-消费税税率)

=(4 000 000+800 000)÷(1-4%)=5 000 000 (元)

缴纳消费税货物的关税=组成计税价格×关税税率=5 000 000×14%=700 000(元)

应纳消费税税额=组成计税价格×消费税税率=5 000 000×4%=200 000(元)

(1)购进时的会计处理:

借:材料采购	5 000 000	
应交税金——应交增值税(进项税额)	850 000	
贷:银行存款		5 850 000

(2)缴纳消费税的会计处理:

借:应交税费——应交消费税	200 000	
贷:银行存款		200 000

五、外购已税消费品生产应税消费品应纳税额的计算方法及会计处理

(一)外购已税消费品生产应税消费品的会计科目设置

购入已税消费品时,借记“原材料”、“应交税费——应交增值税(进项税额)”科目,贷记“银行存款”或“应收账款”科目;领用已税消费品投入生产时,借记“生产成本”、“应交税费——应交消费税”科目,贷记“原材料”科目;销售应税消费品时,借记“应收账款”或“银行存款”等科目,贷记“主营业务收入”、“应交税费——应交消费税”科目。

由于某些应税消费品是用外购已缴税的应税消费品连续生产出来的,对这些连续生产出来的应税消费品计算征税时,按当期生产领用数量计算准予扣除外购的应税消费品已纳的消费税税款。扣除范围包括:

(1)外购已税烟丝生产的卷烟;

(2)外购已税化妆品原料生产的化妆品;

(3)外购已税珠宝、玉石原料生产的贵重首饰及珠宝、玉石;

(4)外购已税鞭炮、焰火原料生产的鞭炮、焰火;

(5)外购已税汽车轮胎(内胎和外胎)原料生产的汽车轮胎;

(6)外购已税摩托车零件生产的摩托车(如用外购两轮摩托车改装三轮摩托车);

(7)外购已税杆头、杆身和握把为原料生产的高尔夫球杆;

(8)外购已税木制一次性筷子原料生产的木制一次性筷子;

(9)外购已税实木地板为原料生产的实木地板;

(10)外购已税石脑油为原料生产的应税消费品;

(11)外购已税润滑油为原料生产的润滑油。

上述当期准予扣除外购应税消费品已纳消费税税款的计算公式是：

当期准予扣除的外购应税消费品已纳税额＝当期准予扣除的外购应税消费品买价或数量×外购应税消费品适用税率或税额

当期准予扣除的外购应税消费品的买价或数量＝期初库存的外购应税消费品的买价或数量＋当期购进的应税消费品的买价或数量－期末库存的外购应税消费品的买价或数量

外购已税消费品的买价是指外购应税消费品增值税专用发票上注明的销售额(不包括增值税税额)。

六、出口环节应纳消费税的计算及会计处理

(一)出口环节应纳消费税的会计科目设置

出口应税消费品的，若按规定不予免税或退税的，应视同国内销售，按国内销售规定进行账务处理；若是出口应税消费品，按规定实行“先征后退”办法的，应依据不同情况进行账务处理。

委托外贸企业代理出口应税消费品的生产企业，在计算消费税时，按应交消费税额借记“应收账款”科目；贷记“应交税费——应交消费税”科目。实际缴纳消费税时，借记“应交税费——应交消费税”科目；贷记“银行存款”科目。应税消费品出口并收到外贸企业退回的税金，应借记“银行存款”科目；贷记“应收账款”科目。发生退关、退货而补交已退的消费税，则做相反的会计分录。

代理出口应税消费品的外贸企业将应税消费品出口后，在收到税务部门退回生产企业缴纳的消费税时，借记“银行存款”科目；贷记“应付账款”科目。将此项税金退还生产企业时，借记“应付账款”科目；贷记“银行存款”科目。发生退关、退货而补交已退的消费税，借记“应收账款——应收生产企业消费税”科目；贷记“银行存款”科目。收到生产企业退还的税款，做相反的会计分录。

若是生产企业将应税消费品销售给外贸企业，然后外贸企业自营出口的，生产企业本身发生的应纳消费税按国内销售应税消费品的规定进行账务处理。

自营出口应税消费品的外贸企业，则应在应税消费品报关出口后申请出口退税时，借记“应收出口退税”科目；贷记“商品销售成本”科目。实际收到出口应税消费品退回的税款时，借记“银行存款”科目；贷记“应收出口退税”科目。发生退关、退货而补交已退的消费税税款时，做相反的会计分录。

(二)出口环节应纳消费税的会计处理

【例3－8】 2017年4月，某汽车制造厂委托一外贸企业代理出口一批应纳消费税的汽车，按规定缴纳了消费税161 100元。应税汽车出口后，税务机关按规定办理了出口退税，该厂已收到这笔款项。后来，由于某种原因，一部分应税汽车被外方退税，该厂已收到这笔款项。再后来，由于某种原因，一部分应税汽车被外方退货，该厂又按规定补缴了22 600元的消费税税款。要求计算应退消费税并编制会计分录(金额单位：元)。

会计处理如下：

(1)按规定计算应纳消费税时

借：应收账款	161 100	
贷：应交税费——应交消费税		161 100

(2)实际缴纳消费税时

借:应交税费——应交消费税　　161 100
　　贷:银行存款　　161 100

(3)企业代理出口应税汽车之后,收到税务机关退回的消费税税款时

借:银行存款　　161 100
　　贷:应付账款　　161 100

(4)外贸企业将全部出口退税款付给汽车制造厂时

借:应付账款　　161 100
　　贷:银行存款　　161 100

(5)汽车制造厂收到外贸企业的出口退税时

借:银行存款　　161 100
　　贷:应收账款　　161 100

(6)国外退货后,外贸企业补交已退的消费税税款时

借:应收账款——应收某汽车厂消费税　　22 600
　　贷:银行存款　　22 600

(7)汽车制造厂付给外贸企业补缴的消费税税款时

借:应收账款　　22 600
　　贷:银行存款　　22 600

(8)外贸企业收到汽车制造厂付给的消费税时

借:银行存款　　22 600
　　贷:应收账款——应收某汽车制造厂消费税　　22 600

【例 3—9】 2017 年 9 月,某外贸企业代理出口一批先税后退的应税消费品,收到税务机关退还给生产企业的消费税 22 万元。要求编制会计分录(金额单位:元)。

(1)代理出口应税消费品的外贸企业将应税消费品出口后,收到税务部门退回生产企业缴纳的消费税时

借:银行存款　　220 000
　　贷:应付账款　　220 000

(2)外贸企业将此项税金退还生产企业时

借:应付账款　　220 000
　　贷:银行存款　　220 000

(3)发生退关、退货而补缴已退的消费税时

借:应收账款——应收生产企业消费税　　220 000
　　贷:银行存款　　220 000

(4)外贸企业收到生产企业退回来的出口退税款时

借:银行存款　　220 000
　　贷:应收账款——应收生产企业消费税　　220 000

【例 3—10】 2017 年 10 月,某生产企业一批应税消费品销售给某外贸企业,由外贸企业自营出口。生产企业应交消费税为 5 万元。要求编制会计分录(金额单位:元)。

(1)生产企业的会计分录

①生产企业计提消费税时

借:产品销售税金及附加　　50 000

贷：应交税费——应交消费税　　50 000

②生产企业实际缴纳消费税时

借：应交税费——应交消费税　　50 000

贷：银行存款　　50 000

(2)外贸企业的会计分录

①应税消费品在报关出口后，在申请出口退税时

借：应收出口退税　　50 000

贷：商品销售成本　　50 000

②收到税务机关退回的出口退税款时

借：银行存款　　50 000

贷：应收出口退税　　50 000

③发生退关或退货而补缴已退的消费税时

借：应收出口退税　　50 000

贷：银行存款　　50 000

项目三　消费税纳税申报

任务一　消费税的征收管理

一、纳税期限

按照《消费税暂行条例》规定，消费税的纳税期限分别为1日、3日、5日、10日、15日、1个月或者1个季度。纳税人的具体纳税期限，由主管税务机关根据纳税人应纳税额的大小分别核定；不能按照固定期限纳税的，可以按次纳税。

纳税人以1个月或者1个季度为1个纳税期的，自期满之日起15日内申报纳税；以1日、3日、5日、10日或者15日为1个纳税期的，自期满之日起5日内预缴税款，于次月1日起15日内申报纳税并结清上月应纳税款。

纳税人进口应税消费品，应当自海关填发税款缴纳凭证的次日起7日内申报缴纳税款。

如果纳税人不能按照规定的纳税期限依法纳税，将按《税收征收管理法》的有关规定处理。

二、纳税地点

消费税根据下列情况分别确定纳税地点：

(1)纳税人生产销售以及自产自用的应税消费品，除另有规定者外均应在纳税人的核算地缴纳消费税。

(2)纳税人的总机构与分支机构不在同一县(市)的，应在生产应税消费品分支机构所在地缴纳消费税，如需改由总机构汇总在总机构所在地纳税的，需经国家税务总局所属分局批准；对纳税人的总机构与分机构不在同一省(自治区、直辖市)的，如需改由总机构汇总在总机构所在地纳税的，需经国家税务总局批准。纳税人的总机构与分支机构不在同一县(市)，但在同一省(自治区、直辖市)范围内，经省(自治区、直辖市)财政厅(局)、国家税务局审批同意，可以由

总机构汇总向总机构所在地的主管税务机关申报缴纳消费税。

(3)纳税人到外县(市)销售或委托外县(市)代销自产应税消费品的，于应税消费品销售后，回纳税人核算地或所在地缴纳消费税。

(4)纳税人委托加工的应税消费品，除受托方为个体经营者外，由受托方向所在地主管税务机关缴纳消费税。

(5)进口的应税消费品，由进口人或者其代理人向报关地海关申报纳税。

(6)纳税人销售的应税消费品，如因质量等原因由购买方退回时，经所在地主管税务机关审核批准后，可退还已征收的消费税税款，但不能自行直接抵减应纳税额。

任务二　消费税的纳税申报

一、纳税申报资料

(1)《烟类应税消费品消费税纳税申报表》及附表3份。

(2)《酒及酒精消费税纳税申报表》及附表3份。

(3)《成品油消费税纳税申报表》及附表4份。

(4)《小汽车消费税纳税申报表》及附表2份。

(5)《其他应税消费品消费税纳税申报表》4份。

(6)生产石脑油、溶剂油、航空煤油、润滑油、燃料油的纳税人在办理纳税申报时还应提供《生产企业生产经营情况表》和《生产企业产品销售明细表(油品)》1份。

(7)外购应税消费品连续生产应税消费品的，提供外购应税消费品增值税专用发票(抵扣联)原件和复印件。如果外购应税消费品的增值税专用发票属于汇总填开的，除提供增值税专用发票(抵扣联)原件和复印件外，还应提供随同增值税专用发票取得的由销售方开具并加盖财务专用章或发票专用章的销货清单原件和复印件1份。

(8)委托加工收回应税消费品连续生产应税消费品的，提供"代扣代收税款凭证"原件和复印件1份。

(9)进口应税消费品连续生产应税消费品的，提供《海关进口消费税专用缴款书》原件和复印件1份。

(10)扣缴义务人必须报送《消费税代扣代缴税款报告表》1份。

(11)汽油、柴油消费税纳税人还需报送：①《生产企业生产经营情况表》(油品)；②《生产企业产品销售明细表》(油品)；③主管部门下达的月度生产计划；④企业根据生产计划制订的月份排产计划1份。

(12)抵减进口葡萄酒消费税退税纳税人还需报送《海关进口消费税专用缴款书》复印件1份。

二、主表的内容及格式

纳税人无论当期有无销售或是否赢利，均应在次月1日至15日内根据应税消费品分别填写《烟类应税消费品消费税纳税申报表》、《卷烟消费税纳税申报表》(批发)、《酒及酒精消费税纳税申报表》、《成品油消费税纳税申报表》、《小汽车消费税纳税申报表》、《其他应税消费品消费税纳税申报表》，向主管税务机关进行纳税申报。

除了纳税申报表以外，每类申报表都有附表——《本期准予扣除计算表》、《本期代收代缴税额申报表》、《生产经营情况表》、《准予扣除消费税凭证明细表》等，在申报时一并填写。

三、网上申报流程

按照规定的格式填列的消费税纳税申报表应在规定的时间内报送主管税务机关。目前主要的报送方式有直接报送和网上报送。直接报送是将纳税申报表直接送达主管税务机关的办税服务大厅，由税务人员签收。经税务机关审核，纳税人提供的资料完整、填写内容准确、各项手续齐全、无违章问题，符合条件的，当场办结，并在《消费税纳税申报表》上签章，返回一份给纳税人。当期申报有税款的，纳税人须缴纳税款，税务机关确认税款缴纳后开具完税凭证予以办结。网上报送是比较经济、快捷的报送方式。

网上申报的主要程序：

第一步，进入主管国税申报大厅。

第二步，点击“申报征收”菜单，可以进入申报页面，系统自动带出可以申报的税种，选择消费税申报。

第三步，填写系统弹出的税款所属日期对话框。

第四步，填写起止所属时期后，点击“进入申报”按钮，在纳税申报表中填写申报数据，填写完成后，点击“计算”按钮，系统自动计算税款。

第五步，填写完纳税申报表，点击“提交”按钮，经检查无误后，点击“确定”按钮，提交本次申报。

第六步，网上缴税。在申报完成后，直接可以进入“网上缴税”页面，显示企业欠税信息，点击“清缴税款”按钮，系统弹出提示，点击“确定”按钮，系统将自动从纳税人银行进行扣款。

项目四　出口货物消费税退(免)税

纳税人出口应税消费品与已纳增值税出口货物一样，国家都给予退(免)税优惠。出口应税消费品同时涉及退(免)增值税和消费税，两者在退(免)税办理程序、退(免)税审核、退(免)税管理等许多方面一致。下面仅就两者不同的地方予以介绍。

任务一　出口退税率

计算出口应税消费品应退消费税的税率或单位税额，依据《消费税暂行条例》所附《消费税税目税率(税额表)》执行。企业出口不同税率应税消费品，应分别核算、申报，按各自的适用税率计算退税额；否则，只能从低适用税率退税。

任务二　适用的退(免)税政策类型

出口应税消费品退(免)消费税在政策上分为以下三种情况(见表3—5)：

表 3—5

政 策	适用情况	
	企 业	状 况
出口免税并退税	外贸企业	购进应税消费品直接出口
		受其他外贸企业委托代理出口
出口免税但不退税	生产企业	自营出口或委托外贸企业代理出口自产的应税消费品
出口不免税也不退税	一般商贸企业	委托外贸企业代理出口

任务三 计算出口应税消费品退税额

外贸企业从生产企业购进货物直接出口或受其他外贸企业委托代理出口应税消费品的应退消费税税款，分两种情况处理：

(1)属于从价定率计征消费税的应税消费品，应依照外贸企业从工厂购进货物时征收消费税的价格计算应退消费税税款，其公式为：

应退消费税税款＝出口货物的工厂销售额×消费税税率

(2)属于从量定额计征消费税的应税消费品，应依货物购进和报关出口的数量计算应退消费税税款。其公式为：

应退消费税税款＝出口数量×单位税额

【例 3—11】 某生产企业出口兼内销，产品为鞭炮、烟火。2017 年 4 月发生以下业务：

(1)自营出口自产产品的离岸价格 1 000 万元；

(2)销售给外贸企业一批鞭炮，开具专用发票上注明的销售额 500 万元。外贸企业将购进货物中的 80％外销，离岸价格 480 万元，其余部分内销，不含税收入 120 万元。

计算生产企业及外贸企业当月应纳消费税。

1. 生产企业：

(1)内销部分应纳消费税＝500×15％＝75(万元)。

(2)外销部分免税不退税。

2. 外贸企业：

(1)外销部分应退消费税＝500×80％×15％＝60(万元)。

(2)内销部分不纳消费税。

任务四 申报出口应税消费品退税额

出口的应税消费品办理退税后，发生退关或者国外退货进口时予以免税的，报关出口者必须及时向其所在地主管税务机关申报补缴已退的消费税税款。

纳税人直接出口的应税消费品办理免税后发生退关或国外退货，进口时已予以免税的，经所在地主管税务机关批准，可暂不办理补税，待其转为国内销售时，再向其主管税务机关申报补缴消费税。

关税纳税实务

技能目标

1. 能正确确定关税完税价格并计算进出口商品应纳关税税额；
2. 能正确填制海关进出口关税专用缴款书，及时、足额地缴纳关税；
3. 能根据进出口业务正确进行关税的会计处理并正确登记相关明细账。

知识目标

1. 了解关税的税制要素；
2. 熟悉关税的最新的法律法规；
3. 掌握关税税额的计算方法；
4. 掌握关税的会计处理要点。

情境导入

某进出口公司从美国进口一批化工原料共500吨，货物以境外口岸离岸价格成交，单价折合人民币为20 000元。买方承担境外包装费每吨500元，另向卖方支付的佣金每吨1 000元人民币，向自己的采购代理人支付佣金5 000元人民币。已知该货物运抵中国海关境内输入地起卸前的运输、保险费为每吨2 000元人民币，进口后另发生运输和装卸费用300元人民币，计算该批化工原料的关税完税价格。

项目一　关税法律知识

任务一　关税的征税对象和纳税人

关税是指一国海关根据该国法律规定，对通过其关境的进出口货物课征的一种税收。关税在各国一般属于国家最高行政单位指定税率的高级税种，对于对外贸易发达的国家而言，关税往往是国家税收乃至国家财政的主要收入。政府对进出口商品都可征收关税,但进口关税最为重要,是主要的贸易措施。国境是一个国家以边界为界限,全面行使主权的境域,包括领土、领海和领空。关境是一个国家关税法令完全施行的境域。一般情况下,一个国家的国境与关境是一致的,但当一个国家在国境内设立自由贸易港、自由贸易区、保税区、保税仓库时,关境就小于国境;当几个国家结成关税同盟,成员国之间相互取消关税,对外实行共同的关税税则时,就其成员国而言,关境就大于国境。

我国关税具有以下特点:第一,在统一的国境或关境内征收;第二,只对进口国境或关境的货物和物品征税;第三,对同一进口货物采用复式税则制,分别设置优惠和普通税率,具有维护国家主权、平等互利、发展国际贸易往来和技术经济合作的特点;第四,由国家专设的海关机构负责征收。

一、关税的征税对象

我国关税的征税对象为国家特许进出国境或关境的应税货物和物品。

(一)货物

货物是指中国允许进出口的贸易性商品,包括境外采购的、原产于中国境内的货物。

(二)物品

物品指入境旅客随身携带的行李物品、个人邮递物品、各种运输工具的服务人员携带进口的自用物品、馈赠物品以及其他方式进境的个人物品。

二、关税的纳税人

我国关税的纳税(义务)人分为贸易性进出口货物的纳税义务人和非贸易性进出口物品的纳税义务人两类。

(一)贸易性进出口货物的纳税义务人

贸易性进出口货物的纳税义务人是进出口货物的收货人、发货人或进出口货物的代理人。进出口货物的收、发货人是依法取得对外贸易经营权,并进口或者出口货物的法人或者其他社会团体,具体包括外贸进出口公司、工贸或农贸进出口公司、科技贸易进出口公司、大型商业集团以及其他经批准经营进出口商品的企业。

(二)非贸易性进出口物品的纳税义务人

非贸易性进出口物品的纳税义务人为进出口物品的所有人。在所有人难以确定的情况下,税法规定以推定所有人为纳税义务人。一般情况下,对于携带进境的物品,推定其携带人为所有人;对分离运输的行李,推定相应的进出境旅客为所有人;对以邮递方式进境的物品,推定其收件人为所有人;以邮递或其他方式出境的物品,推定其寄件人或托运人为所有人。

(三)跨境电子商务零售进口纳税义务人

购买跨境电子商务零售进口商品的个人作为纳税义务人;电子商务企业、电子商务交易平台企业或物流企业可作为代收代缴义务人。

【例 4—1】 下列各项中,属于关税纳税人的有(　　)。

A. 进口货物的收货人　　B. 出口货物的发货人

C. 进口货物的发货人　　D. 进出境物品的携带人

【答案】 ABD

任务二　关税税率

关税税率是指海关税则规定的对课征对象征税时计算税额的比例。由于进出口商品种类繁多,变化日新月异。要把每一种进出口商品准确地进行归类并确定不同的适用税率,是一项专业性、技术性很强的工作。目前我国以《商品名称及编码协调制度》为基础制定了关税进出口税则,按一定的标准对进出口货物进行分类并确定了相关的税率。经调整后,2018 年税则税目数共计 8 549 个。

一、法定税率

根据《关税条例》规定,我国进口关税的法定税率包括最惠国税率、协定税率、特惠税率和普通税率。

(一)最惠国税率

适用于原产于与我国共同适用最惠国待遇条款的世界贸易组织成员国家或地区的进口货物;或原产于与我国签订相互给予最惠国待遇条款的双边贸易协定的国家或地区的进口货物;以及原产于我国境内的进口货物。

(二)协定税率

原产于与中华人民共和国签订含有关税优惠条款的区域性贸易协定的国家或者地区的进口货物,适用协定税率。协定税率是相对于国定税率而言的,它不仅适用于协定的签订国,且适用于享有最惠国待遇的国家。根据我国与有关国家或地区签署的贸易或关税优惠协定,对有关国家或地区实施协定税率。

(三)特惠税率

特惠税率是我国海关税则中的一栏税率。对原产于与中华人民共和国签订含有特殊关税优惠条款的贸易协定的国家或者地区的进口货物,适用特惠税率。对有关最不发达国家继续实施特惠税率,商品范围和税率水平均维持不变。

(四)普通税率

对产自与中华人民共和国未订有关税互惠条款的贸易条约或协定的国家的进口货物所适用的税率。普通税率适用于没有外交关系的国家和产地不明的进口货物,税率最高,适用普通税率的,不适用其他优惠税率。

二、暂定税率

暂定税率是在海关进出口税则规定的进口优惠税率和出口税率的基础上,对进口的某些重要的工农业生产原材料和机电产品关键部件(但只限于从与中国订有关税互惠协议的国家和地区进口的货物)以及出口的部分资源性产品实施的更加优惠的关税税率。

根据《关税条例》规定,对特定进出口货物,可以实行暂定税率。实施暂定税率的货物、税率、期限,由国务院关税税则委员会决定,海关总署公布。

暂定税率的商品可分为两类:一类无技术规格,海关在征税时只需审核品名和税号无误后,即可执行;另一类附有技术规格,海关在征税时,除审核品名和税号外,还需对进口货物的技术规格进行专业认定后才能适用。如 2002 年,我国对 209 种进口商品和 23 种出口商品实施了公开暂定税率,执行截止期限为 2002 年 12 月 31 日。公开暂定税率的货品可直接在进口地海关审核征税。

三、配额税率

关税配额制度是国际通行的惯例，这是一种在一定数量内进口实行低关税，超过规定数量就实行高关税的办法。配额是一种数量限制措施，超过限额数量后不能进口。而关税配额具有灵活性，对于必要的数量实行低关税；对于超过一定数量的进口则实行高关税，虽然关税高了，但还是允许进口，体现了关税杠杆的调节作用。这种办法在许多国家或地区都采用，关贸总协定和其后的世界贸易组织也没有对其进行限制。在亚太经济合作组织的讨论中，也是把关税配额作为关税手段加以保留的。我国继续对小麦等 8 类商品实施关税配额管理，税率不变。其中，对尿素、复合肥、磷酸氢铵 3 种化肥的配额税率继续实施 1%的暂定税率，继续对配额外进口的一定数量棉花实施滑准税。

四、特别关税

根据《关税条例》规定，特别关税包括报复性关税、反倾销税、反补贴税、保障性关税和其他特别关税。任何国家或者地区对其进口的原产于中华人民共和国的货物征收歧视性关税或者给予歧视性待遇的，海关对原产于该国家或者地区的进口货物，可以征收特别关税。

报复性关税是指为报复他国对本国出口货物的关税歧视，而对相关国家的进口货物征收的一种进口附加税。任何国家或者地区对其进口的原产于我国的货物征收歧视性关税或者给予其他歧视性待遇的，我国对原产于该国家或者地区的进口货物征收报复性关税，税率由具体情况而定。

反倾销税就是对倾销商品所征收的进口附加税。当进口国因外国倾销某种产品，国内产业受到损害时，征收相当于出口国国内市场价格与倾销价格之间差额的进口税。

反补贴税，是指对进口商品使用的一种超过正常关税的特殊关税，目的在于抵消国外竞争者得到奖励和补助产生的影响，从而保护进口国的制造商。

保障性关税，当某类商品进口量剧增，对我国相关产业带来巨大威胁或损害时，按照 WTO 有关规则，可以启动一般保障措施，即在与有实质利益的国家或地区进行磋商后，在一定时期内提高该项商品的进口关税或采取数量限制措施，以保护国内相关产业不受损害。保障措施可以是提高关税、数量限制等形式，针对正在进口的产品实施，不区分产品来源国家或地区。

五、关税的减免

关税的减免分为法定减免、特定减免和临时减免。

(一)法定减免

法定减免是依照关税基本法规的规定，对列举的课税对象给予的减免，无须纳税人提出申请，海关可按规定直接予以减免税。海关对法定减免税货物一般不进行后续管理。

我国《海关法》和《进出口关税条例》明确规定，下列货物、物品予以减免关税：

(1)关税税额在人民币 50 元以下的一票货物，可免征关税。

(2)无商业价值的广告品和货样，可免征关税。

(3)外国政府、国际组织无偿赠送的物资，可免征关税。

(4)进出境运输工具装载的途中必需的燃料、物料和饮食用品，可免征关税。

(5)在海关放行前损失的货物，可免征关税。

(6)在海关放行前遭受损坏的货物,可以根据海关认定的受损程度减征关税。

(7)我国缔结或者参加的国际条约规定减征、免征关税的货物、物品,按照规定予以减免关税。

(8)法律规定减征、免征关税的其他货物、物品。

(二)特定减免税

特定减免税是指在法定减免税之外,国家按国际通行规则和我国实际情况,制定发布的特定或政策性减免税,包括科教用品、残疾人专用品、慈善捐赠物资、加工贸易产品、边境贸易进口物资等的减免税规定。

(三)临时减免税

临时减免税是指在以上两项减免税以外,由国务院运用一案一批原则,针对某个单位、某类商品、某个项目或某批进出口货物的特殊情况,给予特别照顾,临时给予的减免。

任务三　关税的计税依据

关税的计税依据一般有两种情况:如果是从量计征,其计税依据为进出口货物的数量;若是从价计征,其计税依据为关税完税价格。关税完税价格是海关计征关税所使用的计税价格,根据《完税价格办法》,一般贸易进口货物的完税价格确定方法有两种:对能确定成交价格的进口货物,其完税价格由海关以进口货物的实际成交价格为基础审定的价格;对不能确定成交价格的进口货物,其完税价格由海关依法估定。实际成交价格是一般贸易项下进口或出口货物的买方为该项货物向卖方实际支付或应当支付的价格。纳税人向海关申报的价格不一定等于完税价格,只有经海关审核并接受的申报价格才能作为完税价格。

一、一般进口货物的完税价格

(一)以成交价格为基础的完税价格

进口货物以海关审定的成交价格为基础的到岸价格(CIF)为完税价格。到岸价格是指货物在采购地的正常价格,加上国外已征的出口税和运抵我国输入地点起卸前的包装费、运费、保险费、手续费等一切费用。

在确定进口货物的完税价格时,下列费用或价值应当计入:

(1)由买方负担的费用:

①除购货佣金以外的佣金和经纪费。"购货佣金"是指买方为购买进口货物向自己的采购代理人支付的劳务费用;"经纪费"是指买方进口货物向代表买卖双方利益的经纪人支付的劳务费用。

②由买方负担的与该货物视为一体的容器费用。

③由买方负担的包装材料和包装劳务费用。

(2)可以按照适当比例分摊的、由买方直接或间接免费提供或以低于成本价方式销售给卖方或有关方的下列货物或服务的价值:

①该货物包含的材料、部件、零件和类似货物。

②在生产该货物过程中使用的工具、模具和类似货物。

③在生产该货物过程中消耗的材料。

④在境外进行的为生产该货物所需的工程设计、技术研发、工艺及制图等。

(3)买方需向卖方或者有关方直接或者间接支付的特许权使用费,但是符合下列情形之一的除外：

①特许权使用费与该货物无关。

②特许权使用费的支付不构成该货物向中华人民共和国境内销售的条件。与该货物有关并作为卖方向中华人民共和国销售该货物的一项条件，应当由买方直接或间接支付的特许权使用费。

(4)卖方直接或间接从买方对该货物进口后转售、处置或使用所得中获得的收益。

如果货物在被提供给卖方前已经被买方使用过，应当计入的价值为根据国内公认的会计原则对其进行折旧后的价值。前款所述的费用或价值，应当由进口货物的收货人向海关提供客观量化的数据资料。如果没有客观量化的数据资料，完税价格由海关按规定估定。

(5)进口货物的价款中单独列明的下列税收、费用，不计入该货物的完税价格：

①厂房、机械或者设备等货物进口后发生的建设、安装、装配、维修或者技术援助费用，但是保修费用除外。

②进口货物运抵中华人民共和国境内输入地点起卸后发生的运输及其相关费用、保险费。

③进口关税、进口环节海关代征税及其他国内税。

④为在境内复制进口货物而支付的费用。

⑤境内外技术培训及境外考察费用。

(6)同时符合下列条件的利息费用不计入完税价格：

①利息费用是买方为购买进口货物而融资所产生的。

②有书面的融资协议的。

③利息费用单独列明的。

知识链接

进口货物有关的特许权使用费

符合下列条件之一的特许权使用费，应当视为与进口货物有关：

(一)特许权使用费是用于支付专利权或者专有技术使用权，且进口货物属于下列情形之一的：

1. 含有专利或者专有技术的；

2. 用专利方法或者专有技术生产的；

3. 为实施专利或者专有技术而专门设计或者制造的。

(二)特许权使用费是用于支付商标权，且进口货物属于下列情形之一的：

1. 附有商标的；

2. 进口后附上商标直接可以销售的；

3. 进口时已含有商标权，经过轻度加工后附上商标即可以销售的。

(三)特许权使用费是用于支付著作权，且进口货物属于下列情形之一的：

1. 含有软件、文字、乐曲、图片、图像或者其他类似内容的进口货物，包括磁带、磁盘、光盘或者其他类似载体的形式；

2. 含有其他享有著作权内容的进口货物。

(四)特许权使用费是用于支付分销权、销售权或者其他类似权利，且进口货物属于下列情形之一的：

1. 进口后可以直接销售的；
2. 经过轻度加工即可以销售的。

【例 4－2】 下列税费中，应计入进口货物关税完税价格的有(　　)。

A. 进口环节缴纳的消费税
B. 单独支付的境内技术培训费
C. 由买方负担的境外包装材料费用
D. 由买方负担的与该货物视为一体的容器费用

【答案】 CD

(二)海关估定进口货物完税价格

进口货物的价格不符合成交价格条件或者成交价格不能确定的，海关应当依次以相同货物成交价格方法、类似货物成交价格方法、倒扣价格方法、计算价格方法及其他合理方法确定的价格为基础，估定完税价格。

1. 相同货物成交价格估价方法

相同货物成交价格估价方法，是指海关以与进口货物同时或者大约同时向中华人民共和国境内销售的相同货物的成交价格为基础，审查确定进口货物的完税价格的估价方法。

2. 类似货物成交价格估价方法

类似货物成交价格估价方法，是指海关以与进口货物同时或者大约同时向中华人民共和国境内销售的类似货物的成交价格为基础，审查确定进口货物的完税价格的估价方法。

知识链接

相同或者类似货物成交价格估价方法的完税价格确定

按照相同或者类似货物成交价格估价方法的规定审查确定进口货物的完税价格时，应当使用与该货物具有相同商业水平且进口数量基本一致的相同或者类似货物的成交价格。使用上述价格时，应当以客观、量化的数据资料，对该货物与相同或者类似货物之间由于运输距离和运输方式不同而在成本和其他费用方面产生的差异进行调整。

在没有相同或者类似货物的成交价格的情况下，可以使用不同商业水平或者不同进口数量的相同或者类似货物的成交价格。使用上述价格时，应当以客观量化的数据资料，对因商业水平、进口数量、运输距离和运输方式不同而在价格、成本和其他费用方面产生的差异做出调整。

按照相同或者类似货物成交价格估价方法审查确定进口货物的完税价格时，应当首先使用同一生产商生产的相同或者类似货物的成交价格。

没有同一生产商生产的相同或者类似货物的成交价格的，可以使用同一生产国或者地区其他生产商生产的相同或者类似货物的成交价格。

如果有多个相同或者类似货物的成交价格，应当以最低的成交价格为基础审查确定进口货物的完税价格。

3. 倒扣价格估价方法

倒扣价格估价方法，是指海关以进口货物、相同或者类似进口货物在境内的销售价格为基础，扣除境内发生的有关费用后，审查确定进口货物完税价格的估价方法。该销售价格应当同时符合下列条件：

(1)是在该货物进口的同时或者大约同时，将该货物、相同或者类似进口货物在境内销售的价格；

(2)是按照货物进口时的状态销售的价格；

(3)是在境内第一销售环节销售的价格；

(4)是向境内无特殊关系方销售的价格；

(5)按照该价格销售的货物合计销售总量最大。

知识链接

倒扣价格估价方法应当扣除的费用

按照倒扣价格估价方法审查确定进口货物完税价格的，下列各项应当扣除：

1. 同等级或者同种类货物在境内第一销售环节销售时，通常的利润和一般费用(包括直接费用和间接费用)以及通常支付的佣金；

2. 货物运抵境内输入地点起卸后的运输及其相关费用、保险费；

3. 进口关税、进口环节海关代征税及其他国内税。

如果该货物、相同或者类似货物没有按照进口时的状态在境内销售，应纳税义务人要求，可以在符合本办法第二十三条规定的其他条件的情形下，使用经进一步加工后的货物的销售价格审查确定完税价格，但是应当同时扣除加工增值额。

4. 计算价格估价方法

计算价格估价方法，是指海关以下列各项的总和为基础，审查确定进口货物完税价格的估价方法：

(1)生产该货物所使用的料件成本和加工费用；

(2)向境内销售同等级或者同种类货物通常获得的利润和产生的一般费用(包括直接费用和间接费用)；

(3)该货物运抵境内输入地点起卸前的运输及相关费用、保险费。

5. 其他合理方法

合理方法，是指当海关不能根据成交价格估价方法、相同货物成交价格估价方法、类似货物成交价格估价方法、倒扣价格估价方法和计算价格估价方法确定完税价格时，海关根据规定的原则，以客观、量化的数据资料为基础审查确定进口货物完税价格的估价方法。

海关在采用合理的方法确定进口货物的完税价格时，不得使用以下价格：

(1)境内生产的货物在境内的销售价格；

(2)可供选择的价格中较高的价格；

(3)货物在出口地市场的销售价格；

(4)以本办法第二十五条规定之外的价值或者费用计算的相同或者类似货物的价格；

(5)出口到第三国或者地区的货物的销售价格；

(6)最低限价或者武断、虚构的价格。

二、特殊进口货物的完税价格

(1)加工贸易进口料件及其制成品需征税或内销补税的，海关按照一般进口货物的完税价格规定，审定完税价格。其中：

①进口时需征税的进料加工进口料件，以该料件申报进口时的价格估定。

②内销的进料加工进口料件或其制成品(包括残次品、副产品)，以料件原进口时的价格估定。

③内销的来料加工进口料件或其制成品(包括残次品、副产品)，以料件申报内销时的价格估定。

④出口加工区内的加工企业内销的制成品(包括残次品、副产品)，以制成品申报内销时的价格估定。

⑤保税区内的加工企业内销的进口料件或其制成品(包括残次品、副产品)，分别以料件或制成品申报内销时的价格估定。如果内销的制成品中含有从境内采购的料件，则以所含从境外购入的料件原进口时的价格估定。

⑥加工贸易过程中产生的边角料，以申报内销时的价格估定。

(2)保税区、出口加工区货物运往境外修理的。运往境外修理的机械器具、运输工具或其他货物，出境时已向海关报明，并在海关规定期限内复运进境的，应当以海关审定的境外修理费和料件费为完税价格。

(3)从保税区或出口加工区销往区外、从保税仓库出库内销的进口货物(加工贸易进口料件及其制成品除外)，以海关审定的从保税区或出口加工区销往区外、从保税仓库出库内销的价格估定完税价格。对经审核销售价格不能确定的，海关按照《审价办法》第7条至第11条的规定确定完税价格。如果销售价格中未包括在保税区、出口加工区或保税仓库中发生的仓储、运输及其他相关费用，海关按照客观、量化的数据资料予以计入。

(4)运往境外加工的货物，出境时已向海关报明，并在海关规定期限内复运进境的，应当以海关审定的境外加工费和料件费以及该货物复运进境的运输及其相关费用、保险费估定完税价格。

(5)运往境外修理的机械器具、运输工具或者其他货物，出境时已向海关报明，并且在海关规定的期限内复运进境的，应当以境外修理费和料件费为基础审查确定完税价格。

(6)运往境外加工的货物，出境时已向海关报明，并且在海关规定期限内复运进境的，应当以境外加工费和料件费以及该货物复运进境的运输及其相关费用、保险费为基础审查确定完税价格。

(7)暂时进境货物，应当缴纳税款的，按照一般进口货物估价办法的规定，估定完税价格。经海关批准留购的暂时进境货物，以海关审查确定的留购价格作为完税价格。

(8)租赁方式进口的货物，按照下列方法审查确定完税价格：

①以租金方式对外支付的租赁货物，在租赁期间以海关审查确定的租金作为完税价格，利息应当予以计入。

②留购的租赁货物以海关审查确定的留购价格作为完税价格。

③纳税义务人申请一次性缴纳税款的，可以选择申请按照海关估定进口货物完税价格方法确定完税价格，或者按照海关审查确定的租金总额作为完税价格。

(9)易货贸易、寄售、捐赠、赠送等不存在成交价格的进口货物，海关与纳税义务人进行价格磋商后，按照海关估定进口货物完税价格方法审查确定完税价格。

(10)进口载有专供数据处理设备用软件的介质，具有下列情形之一的，应当以介质本身的价值或者成本为基础审查确定完税价格：

①介质本身的价值或者成本与所载软件的价值分列。

②介质本身的价值或者成本与所载软件的价值虽未分列，但是纳税义务人能够提供介质本身的价值或者成本的证明文件，或者能提供所载软件价值的证明文件。

含有美术、摄影、声音、图像、影视、游戏、电子出版物的介质不适用前款规定。

三、进口货物完税价格中的运输及其相关费用、保险费的计算

(一)以一般陆运、海运、空运方式进口的货物

陆运、海运和空运进口货物的运输及其相关费用，应当按照由买方实际支付或者应当支付的费用计算。如果进口货物的运输及其相关费用无法确定的，海关应当按照该货物进口同期的正常运输成本审查确定。

陆运、海运和空运进口的货物的保险费，应当按照实际支付的费用计算。如果进口货物的保险费无法确定或者未实际发生，海关应当按照"货价加运费"两者总额的3‰计算保险费，其计算公式如下：

$$保险费=(货价+运费)\times 3‰$$

(二)以其他方式进口的货物

邮运进口的货物应当以邮费作为运输及其相关费用、保险费；以境外边境口岸价格条件成交的铁路或者公路运输进口货物，海关应当按照货价的1%计算运费及其相关费用、保险费；运输工具作为进口货物，利用自身动力进境的，海关在审查确定完税价格时，不再另行计入运输及其相关费用。

四、减税或者免税进口的货物应当补税时的完税价格

减税或者免税进口的货物应当补税时，以海关审查确定的该货物原进口时的价格，扣除折旧部分价值作为完税价格，计算公式为：

$$完税价格=该货物原进口时的价格\times[1-补税时实际已进口的时间(月)\div(监管年限\times 12)]$$

上述计算公式中，"补税时实际已进口的时间"按月计算，不足1个月但是超过15日的，按照1个月计算；不超过15日的，不予计算。

五、出口货物的完税价格

出口货物的完税价格由海关以该货物的成交价格为基础审查确定，并且应当包括货物运至中华人民共和国境内输出地点装载前的运输及其相关费用、保险费。出口货物的成交价格，是指该货物出口销售时，卖方为出口该货物应当向买方直接收取和间接收取的价款总额。其计算公式如下：

$$完税价格=(离岸价格-单独列明的境外运费、保险费)\div(1+出口关税税率)$$

(一)下列税收、费用不计入出口货物的完税价格

(1)出口关税；

(2)在货物价款中单独列明的货物运至中华人民共和国境内输出地点装载后的运输及其相关费用、保险费。

（二）出口货物的成交价格不能确定的，海关经了解有关情况，并且与纳税义务人进行价格磋商后，依次以下列价格审查确定该货物的完税价格

（1）同时或者大约同时向同一国家或者地区出口的相同货物的成交价格；

（2）同时或者大约同时向同一国家或者地区出口的类似货物的成交价格；

（3）根据境内生产相同或者类似货物的成本、利润和一般费用（包括直接费用和间接费用）、境内发生的运输及其相关费用、保险费计算所得的价格；

（4）按照合理方法估定的价格。

【例 4—3】 我国某公司 2014 年 3 月从国内甲港口出口一批锌锭到国外，货物成交价格 170 万元（不含出口关税），其中包括货物运抵甲港口装载前的运输费 10 万元、单独列明支付给境外的佣金 12 万元。甲港口到国外目的地港口之间的运输保险费为 20 万元。锌锭出口关税税率为 20%。该公司出口锌锭应缴纳的出口关税为（　　）万元。（2014 年）

A. 25.6　　B. 29.6　　C. 31.6　　D. 34

【答案】 C

项目二　应纳关税的计算及会计处理

任务一　进口关税税额的计算及会计处理

一、进口关税税额的计算

《中华人民共和国进出口关税条例》规定：进出口货物关税，以从价计征、从量计征或者国家规定的其他方式征收。目前，我国关税的计征方法主要有从价计征、从量计征、从量从价复合计征、滑准计征、选择计征等。

（一）从价税的计算

从价计征是指以货物的完税价格为征税依据，适用比例税率征收的一种方法。计算公式如下：

应纳进口关税税额＝应税进口货物数量×单位完税价格×关税税率
＝关税完税价格×关税税率

（二）从量税的计算

从量税是指以进（出）口货物的重量、长度、容量、面积等计量单位为计税依据的一种关税计征方法。关税税额的计算公式如下：

应纳进口关税税额＝应税进口货物数量×单位货物税额

【例 4—4】 深圳某进出口公司从法国进口啤酒 200 万升，假设该啤酒每瓶进口税额为 7.5 元/升。请计算进口啤酒应纳的进口关税。

应纳进口关税税额＝200×7.5＝1 500（万元）

（三）复合税的计算

复合税，是指对某种进（出）口货物同时使用从价和从量计征的一种关税计征方法。我国目前实行的复合税都是先计征从量税，再计征从价税。

应纳进口关税税额＝应税进口货物数量×单位货物税额＋应税进口货物数量×单位完税

价格×关税税率

（四）滑准税的计算

滑准税是指关税的税率随着进口货物价格的变动而反方向变动的一种税率形式，即价格越高，税率越低，税率为比例税率。因此，实行滑准税率的进口货物应纳关税税额的计算方法与从价税的计算方法相同。

应纳进口关税税额＝应税进口货物数量×单位完税价格×滑准税税率

二、进口关税税额的会计处理

（一）会计科目的设置

企业缴纳进口关税时，应设置“应交税费”科目，并在该科目下设“应交进口关税”明细科目进行核算。该账户贷方登记企业应交的进口关税税额，借方登记企业已经缴纳的进口关税税额，期末余额在贷方，表示企业应交未交的进口关税税额。

（二）自营进口关税的核算

自营进出口是指有进出口自营权的企业办理对外洽谈和签订进出口合同，执行合同并办理运输、开证、付汇全过程，并自负盈亏。

根据现行会计制度的规定，企业自营进口商品计算应纳关税税额时，借记“材料采购”、“库存商品”等科目，贷记“应交税费——应交进口关税”科目；按照规定时间缴纳税款时，借记“应交税费——应交进口关税”科目，贷记“银行存款”科目。

在实际工作中，由于企业经营进出口业务的形式和内容不同，因而具体的会计核算方式也有所区别。

【例4－5】 北京某外贸公司从国外自营进口一批货物，该货物的到岸价为人民币500 000元，该货物适用的关税税率为20%，代征增值税税率为17%，企业以银行转账支票付讫税款。试计算该公司应纳关税，并作相应的会计处理。

应纳关税税额＝500 000×20%＝100 000（元）

代征增值税税额＝（500 000＋100 000）×17%＝102 000（元）

商品采购成本＝500 000＋100 000＝600 000（元）

（1）购进商品并计算应纳关税时

借：材料采购	600 000	
贷：应交税费——应交进口关税		100 000
应付账款		500 000

（2）实际缴纳税款时

借：应交税费——应交进口关税	100 000	
——应交增值税（进项税额）	102 000	
贷：银行存款		202 000

（3）商品验收入库时

借：库存商品	600 000	
贷：材料采购		600 000

（三）代理进口关税的核算

代理进出口是外贸企业接受国内委托方的委托，办理对外洽谈和签订进出口合同，执行合同并办理运输、开证、付汇全过程的进出口业务。受托企业不负担进出口盈亏，只按规定收取一定比例的手续费。受托企业进口商品计算应纳关税时，借记“应收账款”等有关科目，贷记“应交税费——应交进口关税”科目；代交进口关税时，借记“应交税费——应交进口关税”科目，贷记“银行存款”科目；收到委托单位的税款时，借记“银行存款”科目，贷记“应收账款”科目。

【例4－6】 广州某外贸公司受甲单位的委托进口商品一批，成交价格为纽约离岸价USD 20 000，另支付运费USD 500，包装费USD 300，保险费USD 400，代理手续费按货价的3%收取，该批商品的关税税率为10%，外汇牌价为USD 100＝RMB 672，委托单位已经将货款USD 20 000全部汇入外贸公司的存款户。该批商品现在已经运达，向委托单位办理结算。试计算该批商品应该缴纳的关税，并做出外贸公司相应的会计处理。

应纳关税税额＝(20 000＋500＋300＋400)×6.72×10%＝14 246.4(元)

代理手续费＝21 200×6.72×3%＝4 273.92(元)

(1)外贸公司收到委托单位的货款时

借：银行存款　134 400

　贷：预收账款——甲单位　134 400

(2)进口商品付汇时

借：应收账款　142 464

　贷：银行存款　142 464

(3)计算并缴纳关税时

借：预收账款——甲单位　14 246.4

　贷：应交税费——应交进口关税　14 246.4

借：应交税费——应交进口关税　14 246.4

　贷：银行存款　14 246.4

(4)将进口商品交付委托单位并收取手续费时

借：预收账款——甲单位　146 737.92

　贷：其他业务收入(或主营业务收入)　4 273.92

　　应收账款　142 464

(5)委托单位补付货款时

借：银行存款　26 584.32

　贷：预收账款　26 584.32

任务二　出口关税税额的计算及会计处理

一、出口关税税额的计算

(一)从价税的计算

应纳出口关税税额＝应税出口货物数量×单位完税价格×关税税率

＝关税完税价格×关税税率

【例4－7】 大连某进出口公司出口产品一批，成交价格为大连离岸价USD 204 000，其中含支付国外佣金2%，另外进口方还支付货物包装费USD 5 000，当日的外汇牌价为USD 100＝RMB 681，关税税率为10%，计算应交出口关税。

离岸价内包含的支付国外的佣金应扣除，而买方在出口货物离岸价外另支付的包装费应

计入完税价格,则:

不含佣金的离岸价=204 000÷(1+2%)=USD 200 000

完税价格=(200 000+5 000)÷(1+10%)= USD 200 980.39

应纳出口关税税额=200 980.39×6.81×10%=136 867.65(元)

(二)从量税的计算

从量计征出口关税税额的计算方法与进口关税的计算方法一样:

应纳出口关税税额=应税出口货物数量×单位货物税额

(三)复合税的计算

应纳出口关税税额=应税出口货物数量×单位货物税额
+应税出口货物数量×单位完税价格×关税税率

(四)滑准税的计算

应纳出口关税税额=应税出口货物数量×单位完税价格×滑准税税率

二、出口关税税额的会计处理

(一)会计科目的设置

企业缴纳进(出)口关税时,也应设置"应交税费"科目,并在该科目下设"应交出口关税"明细科目进行核算。该账户贷方登记企业应交的出口关税税额,借方登记企业已经缴纳的出口关税税额,期末余额在贷方,表示企业应交未交的出口关税税额。

(二)自营出口关税的核算

根据现行会计制度的规定,企业自营出口商品计算应纳关税税额时,借记"营业税金及附加"等科目,贷记"应交税费——应交出口关税";按照规定时间缴纳税款时,借记"应交税费——应交出口关税",贷记"银行存款"。

【例 4-8】 某进出口公司自营出口商品一批,该商品的离岸价折合人民币为 650 000 元,出口关税税率为 15%,根据海关开出的缴款书,以银行转账支票付讫税款。试计算该公司应纳关税,并作相应的会计处理。

应纳关税税额=650 000÷(1+15%)×15%=84 782.6(元)

(1)出口商品确认收入时

借:应收账款 650 000

贷:主营业务收入 650 000

(2)计算出口关税时

借:营业税金及附加 84 782.6

贷:应交税费——应交出口关税 84 782.6

(3)实际缴纳税款时

借:应交税费——应交出口关税 84 782.6

贷:银行存款 84 782.6

(三)代理出口关税的核算

受托企业出口商品计算应纳出口关税时,借记"应收账款"等有关科目,贷记"应交税费——应交出口关税"科目;代交出口关税时,借记"应交税费——应交出口关税"科目,贷记"银行存款"科目;收到委托单位的税款时,借记"银行存款"科目,贷记"应收账款"科目。

【例 4-9】 某进出口公司代理万顺公司出口商品一批,该商品的离岸价折合人民币

240 000元，出口关税税率为20%，手续费为10 000元，计算应纳出口关税并做相应的会计处理。

应纳关税税额＝240 000÷(1＋20%)×20%＝40 000(元)

(1)计算并缴纳关税时

借：应收账款——万顺公司	40 000	
贷：应交税费——应交出口关税		40 000
借：应交税费——应交出口关税	40 000	
贷：银行存款		40 000

(2)计算手续费时

借：应收账款	10 000	
贷：其他业务收入(或主营业务收入)		10 000

(3)收到委托单位支付的税款及手续费时

借：银行存款	50 000	
贷：应收账款		50 000

项目三　进出口货物关税的纳税申报

在进出口贸易的实际业务中，绝大多数是卖方负责出口货物报关，买方负责进口货物报关，即绝大多数的贸易公司只是同自己国家的海关打交道。

任务一　关税报关流程

一、进出口报关流程

报关是履行海关进出境手续的必要环节之一。报关是指进出口货物的收发货人、进出境运输工具的负责人、进出境物品的所有人或者他们的代理人向海关办理货物、物品或运输工具进出境手续及相关海关事务的过程，包括向海关申报、交验单据证件，并接受海关的监管和检查等。

(一)报关资料准备

(1)报关注册登记单位，应向海关提交有关文件材料：①经贸管理部门批准其经营进、出口业务的文件副本或影印件；②工商行政管理部门核发的营业执照副本或影印件；③银行出具的经济担保书或具有同等效力的证明文件；④《报关注册登记申请书》；⑤有关部门批准开业的证件副本或者影印件。以上内容经海关审核批准后，发给《报关注册登记证明书》。

(2)代理报关注册登记单位，应向海关提交有关文件材料：工商行政管理部门核发的营业执照；代理报关注册登记申请书；资信证明文件，如有足够的流动资产或银行存款、保证进出口货物税款能够及时缴纳的证明文件，或是向金融机构投保并向海关提交金融机构出具的经济担保书，或者通过公证机关以固定资产抵押形式保证缴纳的资信证明文件。申请经海关审核批准后，发给《报关注册登记证明书》。企业取得报关单位的资格后，即可由专职或兼职报关员办理货物进出关境的手续。

(二)进出口报关程序

报关工作的全部程序分为申报、查验、放行三个阶段。

1. 进出口货物的申报

进出口货物的收、发货人或者它们的代理人,在货物进出口时,应在海关规定的期限内,按海关规定的格式填写进出口货物报关单,随附有关的货运、商业单据,同时提供批准货物进出口的证件,向海关申报。

报关的主要单证有以下几种:

(1)进口货物报关单。一般填写一式两份(有的海关要求报关单份数为三份)。

(2)出口货物报关单。一般填写一式两份(有的海关要求三份)。填单要求与进口货物报关单基本相同。如因填报有误或需变更填报内容而未主动、及时更改的,出口报关后发生退关情况,报关单位应在三日内向海关办理更正手续。

(3)随报关单交验的货运、商业单据。

(4)进(出)口货物许可证。

(5)入(出)境货物通关单和入(出)境检验检疫证书。

(6)其他单证。

2. 进出口货物的查验

进出口货物,除海关总署特准查验的以外,都应接受海关查验。查验的目的是核对报关单证所报内容与实际到货是否相符,有无错报、漏报、瞒报、伪报等情况,审查货物的进出口是否合法。

3. 进出口货物的放行

海关对进出口货物的报关,经过审核报关单据、查验实际货物,并依法办理了征收货物税费手续或减免税手续后,在有关单据上签盖放行章,货物的所有人或其代理人才能提取或装运货物。此时,海关对进出口货物的监管才算结束。

另外,进出口货物因各种原因需海关特殊处理的,可向海关申请担保放行。海关对担保的范围和方式均有明确的规定。

二、报关期限

进出口货物的报关期限在《海关法》中有明确的规定,而且出口货物报关期限与进口货物报关期限是不同的。

(一)出口货物报关期限

出口货物的发货人或其代理人除海关特许外,应当在装货的24小时以前向海关申报。作出这样的规定是为了在装货前给海关以充足的查验货物的时间,以保证海关工作的正常进行。如果在这一规定的期限之前没有向海关申报,海关可以拒绝接受通关申报,这样,出口货物就得不到海关的检验、征税和放行,无法装货运输,从而影响运输单据的取得,甚至导致延迟装运、违反合同。因此,应该及早地向海关办理申报手续,做到准时装运。

(二)进口货物报关期限

进口货物的收货人或其代理人应当自载运该货的运输工具申报进境之日起14日内向海关办理进口货物的通关申报手续。作出这样的规定是为了加快口岸疏运,促使进口货物早日投入使用,减少差错,防止舞弊。如果在法定的14日内没有向海关办理申报手续,海关将征收滞报金。滞报金的起收日期为运输工具申报进境之日起的15日;转关运输货物为货物运抵指运地之日起的第15日；邮运进口货物为收到邮局通知之日的第15日。截止日期为海关申报之日。滞报金的每日征收率为进口货物到岸价格的0.5‰，起征点为人民币10元。计算滞报金的公式为：

滞报金总额＝货物的到岸价格×滞报天数×0.5‰

进口货物的收货人自运输工具申报进境之日起超过三个月未向海关申报的，其进口货物由海关提取变卖处理。所得价款在扣除运输、装卸、存储等费用和税款后，尚有余款的，自货物变卖之日起一年内经收货人申请，予以发还；逾期无人申请的，上缴国库。确属误卸或者溢卸的进境货物除外。

任务二　缴纳进出口关税

一、关税的缴纳期限

进口货物自运输工具申报进境之日起14日内、进口货物在货物运抵海关监管区后装货的24小时以前，应由进出口货物的纳税义务人向货物进（出）境地海关申报，海关根据税则归类和完税价格计算应缴纳的关税和进口环节代征税，并填发税款缴款书。纳税义务人应当自海关填发税款缴款书之日起15日内，向指定银行缴纳税款。如关税缴纳期限的最后1日是周末或法定节假日，则关税缴纳期限顺延至周末或法定节假日过后的第一个工作日。为方便纳税义务人，经申请且海关同意，进（出）口货物的纳税义务人可以在设有海关的指运地（启运地）办理海关申报纳税手续。

关税纳税人因不可抗力或者在国家税收政策调整的情形下，不能按期缴纳税款的，经海关总署批准，可以延期缴纳税款，但最长不超过6个月。

二、关税的缴纳方式

我国关税的缴纳方式有两种：一是口岸的纳税，即进出口货物和物品的关税，在货物和物品的进出口岸所在地海关按申报进口或出口之日实施的税率计算纳税。二是集中纳税，即为了简化手续、加速验放，对由经直属各进出口总公司向国外订货并负责对外付款的进出口货物，由总公司集中在北京向中央金库计算缴纳。

海关在接受进出口货物通关手续申报后，逐票计算应征关税并向纳税人或其代理人填发《海关进（出）口关税专用缴款书》，纳税人或其代理人持《海关进（出）口关税专用缴款书》在规定期限内向银行办理税款交付手续。

三、关税强制执行

纳税义务人未在关税缴纳期限内缴纳税款，即构成关税滞纳。为了保证海关征收关税决定的有效执行和国家财政收入的及时入库，《海关法》赋予海关对滞纳关税的纳税义务人强制执行的权利。强制措施主要有以下两类：

（1）征收关税滞纳金。滞纳金自关税缴纳期限届满滞纳之日起，至纳税义务人缴纳关税之日止，按滞纳税款万分之五的比例按日征收，周末或法定节假日不予扣除。具体计算公式为：

关税滞纳金金额＝滞纳关税税额×滞纳金征收比率（万分之五）×滞纳天数

（2）强制征收。如纳税义务人自海关填发缴款书之日起3个月仍未缴纳税款，经海关关长批准，海关可以采取强制扣缴、变价抵缴等强制措施。强制扣缴即海关从纳税义务人在开户银行或其他金融机构的存款中直接扣缴税款。变价抵缴即海关将应税货物依法变卖，以变卖所得抵缴税款。

四、关税退还

关税退还是关税纳税义务人按海关核定的税款缴纳关税后，因某种原因的出现，海关将实际征收多于应当征收的税额退还给原纳税人的一种行政行为。根据《海关法》的规定，海关发现多征税款的，应当立即通知纳税义务人办理退还手续。

按规定有下列情形之一的，进出口货物的纳税人可以自缴纳税款之日起1年内，书面声明理由，连同原纳税收据向海关申请退税并加算银行同期活期存款利息，逾期不予受理：

(1)因海关误征，多纳税款的；

(2)海关核准免验进口的货物，在完税后，发现有短卸情形，经海关审查认可的；

(3)已征出口关税的货物，因故未将其运出口，申报退关，经海关查验属实的。

五、关税补征和追征

补征和追征是海关在关税纳税义务人按海关核定的税额缴纳关税后，发现实际征收税额少于应当征收的税额(称短征关税)时，责令纳税义务人补缴所差税款的一种行政行为。海关法根据短征关税的原因，将海关征收原短征关税的行为分为补征和追征两种。由于纳税人违反海关规定造成短征关税的，称为追征；非因纳税人违反海关规定造成短征关税的，称为补征。区分关税追征和补征的目的是为了区别不同情况适用不同的征收时效，超过时效规定的期限，海关就丧失了追补关税的权利。根据《海关法》规定，进出口货物放行后，海关发现少征或者漏征税款的，应当自缴纳税款或者货物放行之日起1年内，向纳税义务人补征税款；因纳税义务人违反规定造成少征或者漏征税款的，海关可以自缴纳税款之日起3年内追征税款，并从缴纳税款之日起按日加收少征或者漏征税款万分之五的滞纳金。

六、关税纳税争议

为保护纳税人的合法权益，我国《海关法》和《关税条例》都规定了纳税义务人对海关确定的进出口货物的征税、减税、补税或者退税等有异议时，有提出申诉的权利。在纳税义务人同海关发生纳税争议时，可以向海关申请复议，但同时应当在规定期限内按海关核定的税额缴纳关税，逾期则构成滞纳，海关有权按规定采取强制执行措施。

纳税争议的内容一般为进出境货物和物品的纳税义务人对海关在原产地认定，税则归类，税率或汇率适用，完税价格确定，关税减征、免征、追征、补征和退还等征税行为是否合法或适当，是否侵害了纳税义务人的合法权益，而对海关征收关税的行为表示异议。

纳税争议的申诉程序：纳税义务人自海关填发税款缴款书之日起30日内，向原征税海关的上一级海关书面申请复议。逾期申请复议的，海关不予受理。海关应当自收到复议申请之日起60日内作出复议决定，并以复议决定书的形式正式答复纳税义务人；纳税义务人对海关复议决定仍然不服的，可以自收到复议决定书之日起15日内向人民法院提起诉讼。

企业所得税纳税实务

技能目标

1. 能计算企业应纳企业所得税税额；

2. 能够准确地对企业所得税有关业务进行账务处理；

3. 能够准确地填制企业所得税申报表，熟练完成预缴纳税申报、年度纳税申报和税款缴纳工作。

知识目标

1. 熟悉企业所得税法律知识，掌握应纳税所得额的调整和应纳税额的计算；

2. 熟悉资产的税务处理及企业所得税的会计处理；

3. 填制所得税的纳税申报表，完成所得税的纳税申报和缴纳。

情境导入

某企业为居民企业，2017 年发生经营业务如下：

(1)取得产品销售收入 8 000 万元。

(2)发生产品销售成本 1 600 万元。

(3)发生销售费用 970 万元(其中广告费 650 万元)，管理费用 480 万元(其中业务招待费 25 万元)，财务费用 60 万元。

(4)销售税金 320 万元(含增值税 240 万元)。

(5)营业外收入 80 万元，营业外支出 50 万元(含通过公益性社会团体向贫困山区捐款 30 万元，支付税收滞纳金 6 万元)。

(6)计入成本、费用中的实发工资总额 400 万元、拨缴职工工会经费 10 万元、发生职工福利费 60 万元、发生职工教育经费 13 万元。

要求：计算该企业 2008 年度实际应纳的企业所得税。

项目一　企业所得税法律知识

企业所得税，是对在中华人民共和国境内的企业和其他取得收入的组织的生产经营所得、其他所得和清算所得征收的所得税。企业分为居民企业和非居民企业，个人独资企业、合伙企业不适用本法。

任务一　企业所得税的纳税人

企业所得税的纳税人根据登记注册地标准和实际管理机构标准，把企业分为居民企业和非居民企业，这是确定纳税人是否负有全面纳税义务的基础。个人独资企业、合伙企业是企业，但不具备法人资格，不是企业所得税的纳税人。

一、居民企业

居民企业是指依照中国法律、法规在中国境内成立或者实际管理机构在中国境内的企业。依法在中国境内成立的企业，包括依照中国法律、行政法规在中国境内成立的企业、事业单位、社会团体以及其他取得收入的组织。实际管理机构是指对企业的生产经营、人员、账务、财产等实施实质性全面管理和控制的机构。实际管理机构是行使居民税收管辖权的国家判定法人居民身份的主要标准。例如，在我国注册成立的沃尔玛（中国）公司、通用汽车（中国）公司，就是我国的居民企业；在英国、百慕大群岛等国家和地区注册的公司，但实际管理机构在我国境内，也是我国的居民企业。居民企业承担全面纳税义务，就其境内、外全部所得纳税。上述企业应就其来源于我国境内、外的所得缴纳企业所得税。

二、非居民企业

非居民企业是指依照外国（地区）法律、法规成立且实际管理机构不在中国境内，但在中国境内设立机构、场所的，或者在中国境内未设立机构、场所，但有来源于中国境内所得的企业。上述所称机构、场所，是指在中国境内从事生产经营活动的机构、场所，包括：

（1）管理机构、营业机构、办事机构。

（2）工厂、农场、开采自然资源的场所。

（3）提供劳务的场所。

（4）从事建筑、安装、装配、修理、勘探等工程作业的场所。

（5）其他从事生产经营活动的机构、场所。

例如，在我国设立的代表处及其他分支机构等外国企业。

【例 5－1】 注册地与实际管理机构所在地均在法国的某银行，取得的下列各项所得中，应按规定缴纳我国企业所得税的有（　　）。

A. 转让位于我国的一处不动产取得的财产转让所得

B. 在香港证券交易所购入我国某公司股票后分红所得

C. 在我国分行为我国某公司提供理财咨询服务收入

D. 在我国设立的子行为位于日本的某电站提供流动资金贷款取得的利息收入

E. 转让位于东京的房产给北京企业

【答案】 ABCD

任务二 企业所得税的征收对象

企业所得税的征税对象，是纳税人(包括居民企业和非居民企业)所取得的生产经营所得、其他所得和清算所得，包括居民企业来源于境内和境外的各项所得，以及非居民企业来源于境内的应税所得。

生产经营所得是指从事物质生产、交通运输、商品流通、劳动服务以及经国务院财政部门确认的其他营利事业取得的所得。

其他所得是指股息、利息、租金、转让各类资产、特许权使用费以及营业外收益等所得。

清算所得是指企业的全部资产可变现价值或者交易价格减除资产净值、清算费用以及相关税费等后的余额。

居民企业应当就其来源于中国境内、境外的所得缴纳企业所得税，包括销售货物所得、提供劳务所得、转让财产所得、股息红利等权益性投资所得、利息所得、租金所得、特许权使用费所得、接受捐赠所得和其他所得。投资方企业从被清算企业分得的剩余资产，其中相当于从被清算企业累计未分配利润和累计盈余公积中应当分得的部分，确认为股息所得；剩余资产减除上述股息所得后的余额，超过或者低于投资成本的部分，应当确认为投资资产转让所得或者损失。

非居民企业在中国境内设立机构、场所的，应当就其所设机构、场所取得的来源于中国境内的所得，以及发生在中国境外但与其所设机构、场所有实际联系的所得，缴纳企业所得税。

非居民企业在中国境内未设立机构、场所的，或者虽设立机构、场所但取得的所得与其所设机构、场所没有实际联系的，应当就其来源于中国境内的所得缴纳企业所得税。实际联系，是指非居民企业在中国境内设立的机构、场所拥有据以取得所得的股权、债权，以及拥有、管理、控制据以取得所得的财产等。

来源于中国境内、境外的所得，按照以下原则确定：

(1)销售货物所得，按照交易活动发生地确定；

(2)提供劳务所得，按照劳务发生地确定；

(3)转让财产所得，不动产转让所得按照不动产所在地确定，动产转让所得按照转让动产的企业或者机构、场所所在地确定，权益性投资资产转让所得按照被投资企业所在地确定；

(4)股息、红利等权益性投资所得，按照分配所得的企业所在地确定；

(5)利息所得、租金所得、特许权使用费所得，按照负担、支付所得的企业或者机构、场所所在地确定，或者按照负担、支付所得的个人的住所地确定；

(6)其他所得，由国务院财政、税务主管部门确定。

任务三 企业所得税的适用税率

企业所得税率是企业应纳所得税额与计税基数之间的数量关系或者比率，也是衡量一个国家企业所得税负高低的重要指标，是企业所得税法的核心。

一、基本税率

居民企业以及在中国境内设立机构、场所且取得的所得与其所设机构、场所有实际联系的非居民企业应当就其来源于中国境内、境外的所得缴纳企业所得税，适用税率为25%。

二、低税率

(1)符合条件的小型微利企业,减按 20%的税率征收企业所得税。

(2)国家需要重点扶持的高新技术企业,减按 15%的税率征收企业所得税。

(3)在中国境内未设立机构、场所的或者虽设立机构、场所但取得的所得与其所设机构、场所没有实际联系的非居民企业适用税率为 20%,但实际征税时适用 10%的税率。

任务四　企业所得税的优惠政策

税收优惠是指国家运用税收政策在税收法律、行政法规中规定对某一部分特定企业和征税对象给予减轻或免除税收负担的一种措施。税法规定的企业所得税的税收优惠方式包括免税、减税、加计扣除、加速折旧、减计收入、税额抵免等。

一、减税和免税优惠

(一)从事农、林、牧、渔业项目的所得

企业从事农、林、牧、渔业项目的所得,可以免征、减征企业所得税。

(1)企业从事下列项目的所得,免征企业所得税:

①蔬菜、谷物、薯类、油料、豆类、棉花、麻类、糖料、水果、坚果的种植;

②农作物新品种的选育;

③中药材的种植;

④林木的培育和种植;

⑤牲畜、家禽的饲养;

⑥林产品的采集;

⑦灌溉、农产品初加工、兽医、农技推广、农机作业和维修等农、林、牧、渔服务业项目;

⑧远洋捕捞。

(2)企业从事下列项目的所得,减半征收企业所得税:

①花卉、茶以及其他饮料作物和香料作物的种植;

②海水养殖、内陆养殖。

企业从事国家限制和禁止发展的项目,不得享受本条规定的企业所得税优惠。

知识链接

"公司+农户"经营模式企业所得税优惠

2010 年 7 月 9 日国家税务总局发布《关于"公司+农户"经营模式企业所得税优惠问题的公告》(国家税务总局公告 2010 年第 2 号,以下简称 2 号文),明确采取"公司+农户"经营模式的企业从事农、林、牧、渔业项目生产的,可以按照《中华人民共和国企业所得税法实施条例》第八十六条的有关规定,享受减免企业所得税优惠政策。

"公司+农户"经营模式,即公司将生产环节外包给农户,自己负责销售与服务环节,承担农产品的大部分风险,农户完全解除了技术与市场之忧,双方组成相对完整、独立的经营模式。

根据国家税务总局公告 2010 年第 2 号文件的规定,符合减免税条件的"公司+农户"经营模式的条件有:

(1)公司与农户之间存在劳务外包关系而非劳动雇佣关系；

(2)公司负责市场、管理、采购、销售等经营职责；

(3)农户负责具体的农业生产活动；

(4)主要经营风险由公司承担。

(二)从事国家重点扶持的公共基础设施项目投资经营的所得

企业所得税法所称国家重点扶持的公共基础设施项目，是指《公共基础设施项目企业所得税优惠目录》规定的港口码头、机场、铁路、公路、城市公共交通、电力、水利等项目。

企业从事前款规定的国家重点扶持的公共基础设施项目的投资经营的所得，自项目取得第一笔生产经营收入所属纳税年度起，第1年至第3年免征企业所得税，第4年至第6年减半征收企业所得税。

企业承包经营、承包建设和内部自建自用上述规定的项目，不得享受本条规定的企业所得税优惠。

(三)从事环境保护、节能节水项目的所得

符合条件的环境保护、节能节水项目，包括公共污水处理、公共垃圾处理、沼气综合开发利用、节能减排技术改造、海水淡化等。

企业从事前款规定的符合条件的环境保护、节能节水项目的所得，自项目取得第一笔生产经营收入所属纳税年度起，第1年至第3年免征企业所得税，第4年至第6年减半征收企业所得税。

依照规定享受减免税优惠的项目，在减免税期限内转让的，受让方自受让之日起可以在剩余期限内享受规定的减免税优惠；减免税期限届满后转让的，受让方不得就该项目重复享受减免税优惠。

(四)符合条件的技术转让所得

符合条件的技术转让所得免征、减征企业所得税，是指一个纳税年度内，居民企业技术转让所得不超过500万元的部分，免征企业所得税；超过500万元的部分，减半征收企业所得税。

二、高新技术企业税收优惠

国家需要重点扶持的高新技术企业，减按15%的税率征收企业所得税。根据《国家高新技术企业认定管理办法》规定，高新技术企业认定须同时满足以下条件：

(1)在中国境内(不含港、澳、台地区)注册的企业，近三年内通过自主研发、受让、受赠、并购等方式或通过5年以上的独占许可方式，对其主要产品(服务)的核心技术拥有自主知识产权。

(2)产品(服务)属于《国家重点支持的高新技术领域》规定的范围。

(3)具有大学专科以上学历的科技人员占企业当年职工总数的30%以上，其中研发人员占企业当年职工总数的10%以上。

(4)企业为获得科学技术(不包括人文、社会科学)新知识，创造性地运用科学技术新知识，或实质性改进技术、产品(服务)而持续进行了研究开发活动，且近三个会计年度的研究开发费用总额占销售收入总额的比例符合如下要求：

①最近一年销售收入小于5 000万元的企业，比例不低于6%；

②最近一年销售收入在5 000万元至20 000万元的企业，比例不低于4%；

③最近一年销售收入在20 000万元以上的企业，比例不低于3%。

其中，企业在中国境内发生的研究开发费用总额占全部研究开发费用总额的比例不低于60%。企业注册成立时间不足3年的，按实际经营年限计算。

(5)高新技术产品(服务)收入占企业当年总收入的60%以上；

(6)企业研究开发组织管理水平、科技成果转化能力、自主知识产权数量、销售与总资产成长性等指标符合《高新技术企业认定管理工作指引》的要求。

三、小型微利企业税收优惠

符合条件的小型微利企业，减按20%的税率征收企业所得税。小型微利企业，是指从事国家非限制和禁止的行业，并符合下列条件的企业：

(一)工业企业

年度应纳税所得额不超过30万元，从业人数不超过100人，资产总额不超过3 000万元。

(二)其他企业

年度应纳税所得额不超过30万元，从业人数不超过80人，资产总额不超过1 000万元。

四、加计扣除优惠

(一)研究开发费用的加计扣除

研究开发费用的加计扣除，是指企业为开发新技术、新产品、新工艺发生的研究开发费用，未形成无形资产计入当期损益的，在按照规定据实扣除的基础上，按照研究开发费用的50%加计扣除；形成无形资产的，按照无形资产成本的150%摊销。

【例5—2】 某企业当年发生研究开发费用200万元，在管理费用和无形资产中各列100万元，则应加计扣除研究开发费为多少？

【答案】 应加计扣除研究开发费＝100×50%＋100×150%÷10＝65(万元)。

(二)企业安置残疾人员所支付的工资的加计扣除

企业安置残疾人员所支付的工资的加计扣除，是指企业安置残疾人员的，在按照支付给残疾职工工资据实扣除的基础上，按照支付给残疾职工工资的100%加计扣除。

五、创业投资企业优惠

创业投资企业采取股权投资方式投资于未上市的中小高新技术企业2年以上的，可以按照其投资额的70%在股权持有满2年的当年抵扣该创业投资企业的应纳税所得额；当年不足抵扣的，可以在以后纳税年度结转抵扣。

六、加速折旧

企业的固定资产由于技术进步等原因，确需加速折旧的，可以缩短折旧年限或者采取加速折旧的方法。可采用以上折旧方法的固定资产是指：

(1)由于技术进步，产品更新换代较快的固定资产；

(2)常年处于强震动、高腐蚀状态的固定资产。

采取缩短折旧年限方法的，最低折旧年限不得低于规定折旧年限的60%；采取加速折旧方法的，可以采取双倍余额递减法或者年数总和法。

七、减计收入优惠

企业所得税法所称减计收入，是指企业以《资源综合利用企业所得税优惠目录》规定的资源作为主要原材料，生产国家非限制和禁止并符合国家和行业相关标准的产品取得的收入，减按90%计入收入总额。

八、税额抵免优惠

企业所得税法所称税额抵免是指企业购置并实际使用《环境保护专用设备企业所得税优惠目录》、《节能节水专用设备企业所得税优惠目录》和《安全生产专用设备企业所得税优惠目录》规定的环境保护、节能节水、安全生产等专用设备的，该专用设备的投资额的10%可以从企业当年的应纳税额中抵免；当年不足抵免的，可以在以后5个纳税年度结转抵免。

享受前款规定的企业所得税优惠的企业，应当实际购置并自身实际投入使用前款规定的专用设备；企业购置上述专用设备在5年内转让、出租的，应当停止享受企业所得税优惠，并补缴已经抵免的企业所得税税款。

九、民族自治地方企业税收优惠

民族自治地方的自治机关对本民族自治地方的企业应缴纳的企业所得税中属于地方分享的部分，可以决定减征或者免征。自治州、自治县决定减征或者免征的，须报省、自治区、直辖市人民政府批准。

对民族自治地方内国家限制和禁止行业的企业，不得减征或者免征企业所得税。

十、非居民企业税收优惠

在中国境内未设立机构、场所的或者虽设立机构、场所但取得的所得与其所设机构、场所没有实际联系的非居民企业，其取得的来源于中国境内的所得，减按10%的税率征收企业所得税。

非居民企业取得下列所得可以免征企业所得税：

(1)外国政府向中国政府提供贷款取得的利息所得；

(2)国际金融组织向中国政府和居民企业提供优惠贷款取得的利息所得；

(3)经国务院批准的其他所得。

十一、关于促进节能服务产业发展的企业所得税优惠政策

为鼓励企业运用合同能源管理机制，加大节能减排技术改造工作力度，根据税收法律法规有关规定和《国务院办公厅转发发展改革委等部门关于加快推行合同能源管理促进节能服务产业发展意见的通知》(国办发〔2010〕25号)精神，从2011年1月1日起对节能服务公司实施合同能源管理项目涉及的企业所得税按以下政策执行：

(1)对符合条件的节能服务公司实施合同能源管理项目，符合企业所得税税法有关规定的，自项目取得第一笔生产经营收入所属纳税年度起，第1年至第3年免征企业所得税，第4年至第6年按照25%的法定税率减半征收企业所得税。

(2)对符合条件的节能服务公司，以及与其签订节能效益分享型合同的用能企业，实施合同能源管理项目有关资产的企业所得税税务处理按以下规定执行：

①用能企业按照能源管理合同实际支付给节能服务公司的合理支出，均可以在计算当期应纳税所得额时扣除，不再区分服务费用和资产价款进行税务处理。

②能源管理合同期满后，节能服务公司转让给用能企业的因实施合同能源管理项目形成

的资产，按折旧或摊销期满的资产进行税务处理，用能企业从节能服务公司接受有关资产的计税基础也应按折旧或摊销期满的资产进行税务处理。

③能源管理合同期满后，节能服务公司与用能企业办理有关资产的权属转移时，用能企业已支付的资产价款，不再另行计入节能服务公司的收入。

(3)"符合条件"是指同时满足以下条件：

①具有独立的法人资格，注册资金不低于100万元，且能够单独提供用能状况诊断、节能项目设计、融资、改造(包括施工、设备安装、调试、验收等)、运行管理、人员培训等服务的专业化节能服务公司。

②节能服务公司实施合同能源管理项目相关技术应符合国家质量监督检验检疫总局和国家标准化管理委员会发布的《合同能源管理技术通则》(GB/T24915-2010)规定的技术要求。

③节能服务公司与用能企业签订《节能效益分享型》合同，其合同格式和内容符合《合同法》及国家质量监督检验检疫总局和国家标准化管理委员会发布的《合同能源管理技术通则》(GB/T24915-2010)等规定。

④节能服务公司实施合同能源管理的项目符合财政部、国家税务总局、国家发改委《关于公布环境保护节能节水项目企业所得税优惠目录(试行)的通知》(财税〔2009〕166号)"节能减排技术改造"类中第一项至第八项规定的项目和条件。

⑤节能服务公司投资额不低于实施合同能源管理项目投资总额的70%。

⑥节能服务公司拥有匹配的专职技术人员和合同能源管理人才，具有保障项目顺利实施和稳定运行的能力。

(4)节能服务公司与用能企业之间的业务往来，应当按照独立企业之间的业务往来收取或者支付价款、费用，不按照独立企业之间的业务往来收取或者支付价款、费用，而减少其应纳税所得额的，税务机关有权进行合理调整。

(5)用能企业对从节能服务公司取得的与实施合同能源管理项目有关的资产，应与企业其他资产分开核算，并建立辅助账或明细账。

(6)节能服务公司同时从事适用不同税收政策待遇项目的，其享受税收优惠项目应当单独计算收入、扣除，并合理分摊企业的期间费用，没有单独计算的，不得享受税收优惠政策。

十二、关于鼓励软件产业和集成电路产业发展的优惠

(1)软件生产企业实行增值税即征即退政策所退还的税款，由企业用于研究开发软件产品和扩大再生产，不作为企业所得税应税收入，不予征收企业所得税。

(2)我国境内新办软件生产企业经认定后，自获利年度起，第1年和第2年免征企业所得税，第3年至第5年减半征收企业所得税。

(3)国家规划布局内的重点软件生产企业，如当年未享受免税优惠的，减按10%的税率征收企业所得税。

(4)软件生产企业的职工培训费用，可按实际发生额在计算应纳税所得额时扣除。

(5)企事业单位购进软件，凡符合固定资产或无形资产确认条件的，可以按照固定资产或无形资产进行核算，经主管税务机关核准，其折旧或摊销年限可以适当缩短，最短可为2年。

(6)集成电路设计企业视同软件生产企业，享受上述软件企业的有关企业所得税政策。

(7)集成电路生产企业的生产性设备，经主管税务机关核准，其折旧年限可以适当缩短，最短可为3年。

(8)投资额超过80亿元人民币或集成电路线宽小于0.25微米的集成电路生产企业，可以减按15%的税率缴纳企业所得税。其中，经营期在15年以上的，从开始获利的年度起，5年免税、5年减半征税。

(9)对生产线宽小于0.8微米(含)的集成电路产品生产企业，经认定后，自获利年度起，2年免税，3年减半征收。

【例5　3】 依据企业所得税法的规定，企业购买专用设备的投资额可按一定比例实行税额抵免，该设备应符合的条件是(　　)。

A. 用于创业投资　　B. 用于综合利用资源

C. 用于开发新产品　　D. 用于环境保护

【答案】 D

十三、西部大开发税收优惠

对设在西部地区的鼓励类产业企业，自2011年1月1日起至2020年12月31日，减按15%的税率征收企业所得税。上述鼓励类产业企业是指以《西部地区鼓励类产业目录》中规定的产业项目为主营业务，且其主营业务收入占企业收入总额70%以上的企业。

项目二　企业所得税的计算及会计处理

任务一　企业所得税的计税依据

企业所得税的计税依据是应纳税所得额。应纳税所得额不等同于收入，应纳税所得额是指企业每一纳税年度的收入总额，减除不征税收入、免税收入、各项扣除以及允许弥补的以前年度亏损后的余额，为应纳税所得额。亏损，是指企业依照企业所得税法规定将每一纳税年度的收入总额减除不征税收入、免税收入和各项扣除后小于零的数额。

应纳税所得额＝收入总额－不征税收入－免税收入－各项扣除金额－弥补亏损

企业应纳税所得额的计算，以权责发生制为原则，属于当期的收入和费用，不论款项是否收付，均作为当期的收入和费用；不属于当期的收入和费用，即使款项已经在当期收付，均不作为当期的收入和费用。

一、确定收入总额

企业以货币形式和非货币形式从各种来源取得的收入，为收入总额，包括销售货物收入，提供劳务收入，转让财产收入，股息、红利等权益性投资收益，利息收入，租金收入，特许权使用费收入，接受捐赠收入，其他收入。

(1)货币形式的收入包括现金、银行存款、应收账款、应收票据、准备持有至到期的债券投资、债务的豁免等。

(2)非货币形式包括固定资产、生物资产、无形资产、股权投资、存货、不准备持有至到期的债券投资、劳务以及有关权益等。企业以非货币形式取得的收入，应当按照公允价值确定收入额，即按照市场价格确定的价值。

(一)收入的构成

(1)销售货物收入,是指企业销售商品、产品、原材料、包装物、低值易耗品以及其他存货取得的收入。

(2)提供劳务收入,是指企业从事建筑安装、修理修配、交通运输.仓储租赁、金融保险、邮电通信、咨询经纪、文化体育、科学研究、技术服务、教育培训、餐饮住宿、中介代理、卫生保健、社区服务、旅游、娱乐、加工以及其他劳务服务活动取得的收入。

(3)转让财产收入,是指企业转让固定资产、生物资产、无形资产、股权、债权等财产取得的收入。

(4)股息、红利等权益性投资收益,是指企业因权益性投资从被投资方取得的收入。股息、红利等权益性投资收益,除另有规定外,按照被投资方作出利润分配决定的日期确认收入的实现。

(5)利息收入,是指企业将资金提供他人使用但不构成权益性投资,或者因他人占用本企业资金取得的收入,包括存款利息、贷款利息、债券利息、欠款利息等收入。利息收入,按照合同约定的债务人应付利息的日期确认收入的实现。

(6)租金收入,是指企业提供固定资产、包装物或者其他有形资产的使用权取得的收入。租金收入,按照合同约定的承租人应付租金的日期确认收入的实现。如果交易合同或协议中规定租赁期限跨年度且租金提前一次性支付的,根据规定的收入与费用配比原则,出租人可对上述已确认的收入在租赁期内分期均匀计入相关年度收入。

(7)特许权使用费收入,是指企业提供专利权、非专利技术、商标权、著作权以及其他特许权的使用权取得的收入。特许权使用费收入,按照合同约定的特许权使用人应付特许权使用费的日期确认收入的实现。

(8)接受捐赠收入,是指企业接受的来自其他企业、组织或者个人无偿给予的货币性资产、非货币性资产。接受捐赠收入,按照实际收到捐赠资产的日期确认收入的实现。

(9)其他收入,是指企业取得的除《企业所得税法》第六条第(一)项至第(八)项规定的收入外的其他收入,包括企业资产溢余收入、逾期未退包装物押金收入、确实无法偿付的应付款项、已作坏账损失处理后又收回的应收款项、债务重组收入、补贴收入、违约金收入、汇兑收益等。

(二)特殊收入的确认

(1)以分期收款方式销售货物的,按照合同约定的收款日期确认收入的实现;

(2)企业受托加工制造大型机械设备、船舶、飞机,以及从事建筑、安装、装配工程业务或者提供其他劳务等,持续时间超过12个月的,按照纳税年度内完工进度或者完成的工作量确认收入的实现。

(3)采取产品分成方式取得收入的,按照企业分得产品的日期确认收入的实现,其收入额按照产品的公允价值确定。

(4)企业发生非货币性资产交换,以及将货物、财产、劳务用于捐赠、偿债、赞助、集资、广告、样品、职工福利或者利润分配等用途的,应当视同销售货物、转让财产或者提供劳务,但国务院财政、税务主管部门另有规定的除外。

(5)分期收款方式销售货物,按照合同约定的收款日期确认收入的实现。

(6)采用售后回购方式销售商品的,按售价确认收入,回购的商品作为购进商品处理。有证据表明不符合销售收入确认条件的,收到的款项应确认为负债,回购价格大于原售价的,差额应在回购期间确认为利息费用。

(7)采用以旧换新方式销售商品的,应当按照销售商品收入确认条件确认收入,回收的商品作为购进商品处理。

(8)采用商业折扣条件销售,应当按照扣除商业折扣后的金额确定销售商品收入金额。

(9)采用现金折扣条件销售,应当按扣除现金折扣前的金额确定销售商品收入金额,现金折扣在实际发生时作为财务费用扣除。

(10)采用折让方式销售,企业已经确认销售收入的售出商品发生销售折让和销售退回的,应当在发生当期冲减当期销售商品收入。

(11)采用买一赠一方式销售商品的,不属于捐赠,应将总的销售金额按各项商品的公允价值的比例来分摊确认各项的销售收入。

(三)资产处置收入

自2008年1月1日起,企业处置资产的所得税处理根据《企业所得税法实施条例》第二十五条的规定执行,对2008年1月1日以前发生的处置资产,2008年1月1日以后尚未进行税务处理的,也按此规定执行。

(1)企业发生下列情形的处置资产,除将资产转移至境外以外,由于资产所有权属在形式和实质上均不发生改变,可作为内部处置资产,不视同销售确认收入,相关资产的计税基础延续计算:

①将资产用于生产、制造、加工另一产品;

②改变资产形式、结构和性能;

③改变资产用途(如自建商品房转为自用或经营);

④将资产在总机构及其分支机构之间转移;

⑤上述两种或两种以上情形的混合;

⑥其他不改变资产所有权属的用途。

(2)企业在境内处置资产时,当资产所有权属发生改变时不属于内部处置资产,应按照规定视同销售确定收入。

①用于市场推广或销售;

②用于交际应酬;

③用于职工奖励或福利;

④用于股息分配;

⑤用于对外捐赠。

(3)视同销售在确认收入时,属于企业自制的资产,应按企业同类资产同期对外销售价格确定销售收入;属于外购的资产,可按购入时的价格确定销售收入。

二、不征税收入和免税收入的确定

不征税收入是由于从根源和性质上,不属于营利性活动带来的经济利益,是专门从事特定目的的收入,这些收入从企业所得税原理上讲应永久不列为征税范围的收入范畴,如政府预算拨款,依法收取并纳入财政管理的行政事业性收费、政府性基金等。

免税收入是纳税人应税收入的重要组成部分,只是国家为了实现某些经济和社会目标,在特定时期或对特定项目取得的经济利益给予的税收优惠照顾,而在一定时期又有可能恢复征税的收入范围,如国债利息收入,符合条件的居民企业之间的股息、红利收入,在中国境内设立机构、场所的非居民企业从居民企业取得与该机构、场所有实际联系的股息、红利收入,符合条件的非营利公益组织的收入等。

（一）不征税收入

1. 财政拨款

财政拨款，是指各级人民政府对纳入预算管理的事业单位、社会团体等组织拨付的财政资金，但国务院和国务院财政、税务主管部门另有规定的除外。

2. 依法收取并纳入财政管理的行政事业性收费、政府性基金

(1)企业按照规定缴纳的、由国务院或财政部批准设立的政府性基金以及由国务院和省、自治区、直辖市人民政府及其财政、价格主管部门批准设立的行政事业性收费，准予在计算应纳税所得额时扣除。企业缴纳的不符合前述审批管理权限设立的基金、收费，不得在计算应纳税所得额时扣除。

(2)企业收取的各种基金、收费，应计入企业当年收入总额。

(3)企业依照法律、法规及国务院有关规定收取并上缴财政的政府性基金和行政事业性收费，准予作为不征税收入，于上缴财政的当年在计算应纳税所得额时从收入总额中减除；未上缴财政的部分，不得从收入总额中减除。

3. 国务院规定的其他不征税收入

国务院规定的其他不征税收入，是指企业取得的，由国务院财政、税务主管部门规定专项用途并经国务院批准的财政性资金。

(1)企业取得的各类财政性资金，除属于国家投资和资金使用后要求归还本金的以外，均应计入企业当年收入总额。

(2)企业取得的由国务院财政、税务主管部门规定专项用途并经国务院批准的财政性资金，准予作为不征税收入，在计算应纳税所得额时从收入总额中减除。

(3)纳入预算管理的事业单位、社会团体等组织按照核定的预算和经费报领关系收到的由财政部门或上级单位拨入的财政补助收入，准予作为不征税收入，在计算应纳税所得额时从收入总额中减除，但国务院和国务院财政、税务主管部门另有规定的除外。

知识链接

财政性资金

财政性资金，是指企业取得的来源于政府及其有关部门的财政补助、补贴、贷款贴息，以及其他各类财政专项资金，包括直接减免的增值税和即征即退、先征后退、先征后返的各种税收，但不包括企业按照规定取得的出口退税款。

(1)出口退税款不属于财政性资金，不征收企业所得税。

(2)其他的除出口退税款以外的财政性资金，是否属于不征税收入，取决于该笔资金是否有专项用途。例如：软件生产企业实行增值税即征即退政策所退还的税款，由企业用于研究开发软件产品和扩大再生产，不作为企业所得税应税收入，不征收企业所得税。

（二）免税收入

企业下列收入为免税收入：

(1)国债利息收入。

(2)符合条件的居民企业之间的股息、红利等权益性投资收益。

(3)在中国境内设立机构、场所的非居民企业从居民企业取得与该机构、场所有实际联系的股息、红利等权益性投资收益。

(4)符合条件的非营利组织的收入：

①接受其他单位或者个人捐赠的收入；

②除《中华人民共和国企业所得税法》第七条规定的财政拨款以外的其他政府补助收入，但不包括因政府购买服务取得的收入；

③按照省级以上民政、财政部门规定收取的会费；

④不征税收入和免税收入孳生的银行存款利息收入；

⑤财政部、国家税务总局规定的其他收入。

(5)地方政府债券利息所得。

知识链接

居民企业或非居民企业取得的免税投资收益不包括连续持有居民企业公开发行并上市流通的、不足12个月的股票取得的投资收益。

对内地企业投资者通过沪港通投资香港联交所上市股票：

(1)取得的转让差价所得，计入其收入总额，依法征收企业所得税。

(2)取得的股息红利所得，计入其收入总额，依法计征企业所得税。其中，内地居民企业连续持有H股满12个月取得的股息红利所得，免征企业所得税。

三、准予扣除项目的确定

(一)税前扣除原则

1. 真实性原则

这是税前扣除凭证管理的首要原则。扣除凭证反映的、企业发生的各项支出，应当确属已经实际发生。要求支出是真实发生的，证明支出发生的凭据是真实有效的。在真实性原则中又蕴含着合法性原则，扣除项目和可扣除金额以及应纳税所得额的计算，要符合税收法律、法规的规定，企业财务、会计处理办法与税收法律、法规的规定不一致的，应当依照税收法律、法规的规定计算。

2. 相关性原则

扣除凭证反映的有关支出，应与取得的收入直接相关，即企业所实际发生的能直接带来经济利益的流入或者可预期经济利益的流入的支出。

3. 合理性原则

扣除凭证反映的支出，必须是应当计入当期损益或者有关资产成本的必要和正常的支出，其计算和分配的方法应符合一般经营常规和会计惯例。

4. 确定性原则

扣除凭证反映的支出的金额必须是确定的，或有支出不得在税前扣除，也就是各项支出的支付时间可由企业决定，但必须是已经实际发生能够可靠地计量而不是估计、可能的支出。

5. 权责发生制原则

权责发生制也称应计基础、应计制原则，以取得收到现金的权利或支付现金的责任即权责的发生为标志，确认本期收入和费用及债权和债务。属于当期的收入和费用，不论款项是否收付，均作为当期的收入和费用；不属于当期的收入和费用，即使款项已经在当期收付，均不作为当期的收入和费用。

6. 配比性原则

企业发生的各项支出应在应配比或应分配的当期申报扣除，不得提前或滞后，从而正确确认损益。

（二）扣除项目的基本范围

1. 税前扣除项目包括企业实际发生的成本、费用、税金、损失和其他支出

（1）成本，是指企业在生产经营活动中发生的销售成本、销货成本、业务支出以及其他耗费。

（2）费用，是指企业在生产经营活动中发生的销售费用、管理费用和财务费用，已经计入成本的有关费用除外。

（3）税金，是指企业发生的除企业所得税和允许抵扣的增值税以外的各项税金及其附加。

（4）损失，是指企业在生产经营活动中发生的固定资产和存货的盘亏、毁损、报废损失，转让财产损失，呆账损失，坏账损失，自然灾害等不可抗力因素造成的损失以及其他损失。企业发生的损失，减除责任人赔偿和保险赔款后的余额，依照国务院财政、税务主管部门的规定扣除。企业已经作为损失处理的资产，在以后纳税年度又全部收回或者部分收回时，应当计入当期收入。

（5）其他支出，是指除成本、费用、税金、损失外，企业在生产经营活动中发生的与生产经营活动有关的、合理的支出。

2. 限定条件准予扣除项目

（1）工资薪金支出。

工资薪金，是指企业每一纳税年度支付给在本企业任职或者受雇的员工的所有现金形式或者非现金形式的劳动报酬，包括基本工资、奖金、津贴、补贴、年终加薪、加班工资，以及与员工任职或者受雇有关的其他支出。

（2）“五险一金”。

企业依照国务院有关主管部门或者省级人民政府规定的范围和标准为职工缴纳的基本养老保险费、基本医疗保险费、失业保险费、工伤保险费、生育保险费等基本社会保险费和住房公积金，准予扣除。企业为投资者或者职工支付的补充养老保险费、补充医疗保险费，在国务院财政、税务主管部门规定的范围和标准内准予扣除。

除企业依照国家有关规定为特殊工种职工支付的人身安全保险费和国务院财政、税务主管部门规定可以扣除的其他商业保险费外，企业为投资者或者职工支付的商业保险费不得扣除。

（3）职工福利费支出、工会经费、职工教育经费支出。

企业发生的职工福利费支出，不超过工资薪金总额14%的部分，准予扣除。企业拨缴的工会经费，不超过工资薪金总额2%的部分，准予扣除。企业发生的职工教育经费支出，不超过工资薪金总额2.5%的部分，准予扣除；超过部分，准予在以后纳税年度结转扣除。

（4）业务招待费支出。

企业发生的与生产经营活动有关的业务招待费支出，按照发生额的60%扣除，但最高不得超过当年销售（营业）收入的5‰。

(5)广告费和业务宣传费支出。

企业发生的符合条件的广告费和业务宣传费支出，除国务院财政、税务主管部门另有规定外，不超过当年销售(营业)收入15%的部分，准予扣除；超过部分，准予在以后纳税年度结转扣除。

(6)借款费用。

企业在生产经营活动中发生的合理的、不需要资本化的借款费用，准予扣除。企业为购置、建造固定资产、无形资产和经过12个月以上的建造才能达到预定可销售状态的存货发生借款的，在有关资产购置、建造期间发生的合理的借款费用，应当作为资本性支出计入有关资产的成本，并依照规定扣除。

(7)利息支出。

企业在生产经营活动中发生的下列利息支出，准予扣除：

①非金融企业向金融企业借款的利息支出、金融企业的各项存款利息支出和同业拆借利息支出、企业经批准发行债券的利息支出；

②非金融企业向非金融企业借款的利息支出，不超过按照金融企业同期同类贷款利率计算的数额的部分。

(8)汇兑损失。

企业在货币交易中以及纳税年度终了时将人民币以外的货币性资产、负债按照期末即期人民币汇率中间价折算为人民币时产生的汇兑损失，除已经计入有关资产成本以及与向所有者进行利润分配相关的部分外，准予扣除。

(9)环境保护专项资金。

企业依照法律、行政法规有关规定提取的用于环境保护、生态恢复等方面的专项资金，准予扣除。上述专项资金提取后改变用途的，不得扣除。

(10)财产保险。

企业参加财产保险，按照规定缴纳的保险费，准予扣除。

(11)租赁费。

企业根据生产经营活动的需要租入固定资产支付的租赁费，按照以下方法扣除：

①以经营租赁方式租入固定资产发生的租赁费支出，按照租赁期限均匀扣除；

②以融资租赁方式租入固定资产发生的租赁费支出，按照规定构成融资租入固定资产价值的部分应当提取折旧费用，分期扣除。

(12)劳动保护支出。

企业发生的合理的劳动保护支出，准予扣除。

(13)总机构分摊的费用。

非居民企业在中国境内设立的机构、场所，就其中国境外总机构发生的与该机构、场所生产经营有关的费用，能够提供总机构出具的费用汇集范围、定额、分配依据和方法等证明文件，并合理分摊的，准予扣除。

(14)公益性捐赠支出。

公益性捐赠，是指企业通过公益性社会团体或者县级以上人民政府及其部门，用于《中华人民共和国公益事业捐赠法》规定的公益事业的捐赠。

企业发生的公益性捐赠支出，不超过年度利润总额12%的部分，准予扣除；超过年度利润总额12%的部分，准予结转以后三年内在计算应纳税所得额时扣除。年度利润总额，是指企业依照国家统一会计制度的规定计算的年度会计利润。

非货币性的公益性捐赠，在确认公益性支出的时候，这个支出等于视同销售货物的成本加上视同销售货物所产生的销项税额。准予扣除的数额是根据会计利润的12%这个限额来计算调整的。

【例5-4】 某企业将成本为200万元的自产货物通过政府机构对灾区进行捐赠，产品的市场价格为400万元。假设当年该企业的会计利润为2 000万元，则该笔捐赠的企业所得税的处理：

(1)视同销售收入400万元，成本200万元。会计处理上不确认收入，形成税会差异，做纳税调整增加处理。同时，注意视同销售收入，同时结转视同销售成本。

(2)捐赠的处理：捐赠成本＝200＋400×17%＝268(万元)，税法允许扣除的捐赠支出＝2 000×12%＝240(万元)，纳税调整增加28万元。

公益性社会团体和县级以上人民政府及其组成部门和直属机构在接受捐赠时，应按照行政管理级次分别使用由财政部或省、自治区、直辖市财政部门印制的公益性捐赠票据，并加盖本单位的印章。对个人索取票据的，应予开具。

知识链接

公益性社会团体

公益性社会团体，是指同时符合下列条件的基金会、慈善组织等社会团体：

①依法登记，具有法人资格；

②以发展公益事业为宗旨，且不以营利为目的；

③全部资产及其增值为该法人所有；

④收益和营运结余主要用于符合该法人设立目的的事业；

⑤终止后的剩余财产不归属任何个人或者营利组织；

⑥不经营与其设立目的无关的业务；

⑦有健全的财务会计制度；

⑧捐赠者不以任何形式参与社会团体财产的分配；

⑨国务院财政、税务主管部门会同国务院民政部门等登记管理部门规定的其他条件。

(三)不得扣除项目

计算应纳税所得额时不得扣除的项目：

(1)向投资者支付的股息、红利等权益性投资收益款项；

(2)企业所得税税款；

(3)税收滞纳金；

(4)罚金、罚款和被没收财物的损失；

(5)年度利润总额12%以外的公益性捐赠支出(非公益性的捐赠也不得扣除)；

(6)企业发生的与生产经营活动无关的各种非广告性质的赞助支出；

(7)未经核定的准备金支出；

(8)与取得收入无关的其他支出。

企业之间支付的管理费、企业内营业机构之间支付的租金和特许权使用费，以及非银行企业内营业机构之间支付的利息，不得扣除。

知识辨析

罚金、罚款和被没收财物的损失，不包括纳税人按照经济合同规定支付的违约金(包括银行罚息)、罚款和诉讼费用。银行按规定加收的罚息属于纳税人按照经济合同规定支付的违约金，不属于行政罚款，可以在企业所得税税前扣除。

(四)亏损弥补

企业所得税法规定，纳税人发生年度亏损的，可以用下一纳税年度的所得弥补；下一纳税年度的所得不足弥补的，可以逐年延续弥补，但是延续弥补期最长不得超过5年。

将每一纳税年度的收入总额减除不征税收入、免税收入和各项扣除后小于零的数额，为亏损。这里所指亏损，是指企业财务报表中的亏损额经主管税务机关按税法规定核实调整后的金额，5年内不论是盈利或亏损，都作为实际弥补期限计算。

亏损弥补期限是自亏损年度的下一个年度起连续5年不间断地计算，企业在汇总计算缴纳企业所得税时，其境外营业机构的亏损不得抵减境内营业机构的盈利，企业从事生产经营之前进行筹办活动期间发生筹办费用支出，不得计算为当期的亏损，不能将筹办期作为企业损益年度，筹办期间发生的费用支出，可以在开始经营之日的当年一次性扣除，也可以按照新税法有关长期待摊费用的规定处理，但一经选定，不得改变。

知识链接

企业以前年度发生的资产损失未能在当年税前扣除的，可以按照规定，向税务机关说明并进行专项申报扣除。其中，属于实际资产损失，准予追补至该项损失发生年度扣除的，其追补确认期限一般不得超过5年，但因计划经济体制转轨过程中遗留的资产损失、企业重组上市过程中因权属不清出现争议而未能及时扣除的资产损失、因承担国家政策性任务而形成的资产损失以及政策定性不明确而形成的资产损失等特殊原因形成的资产损失，其追补确认期限经国家税务总局批准后可适当延长。属于法定资产损失，应在申报年度扣除。

任务二　资产的税务处理

一、固定资产的税务处理

固定资产是指企业为生产产品、提供劳务、出租或者经营管理而持有的，使用时间超过12个月的，价值达到一定标准的非货币性资产，包括房屋、建筑物、机器、机械、运输工具以及其他与生产经营活动有关的设备、器具、工具等。固定资产是企业的劳动手段，也是企业赖以生产经营的主要资产。

(一)固定资产的计税基础

根据《企业所得税法实施条例》第五十八条规定，固定资产按照以下方法确定计税基础：

(1)外购的固定资产，以购买价款和支付的相关税费以及直接归属于使该资产达到预定用途发生的其他支出为计税基础。

(2)自行建造的固定资产,以竣工结算前发生的支出为计税基础。

(3)融资租入的固定资产,以租赁合同约定的付款总额和承租人在签订租赁合同过程中发生的相关费用为计税基础,租赁合同未约定付款总额的,以该资产的公允价值和承租人在签订租赁合同过程中发生的相关费用为计税基础。

(4)盘盈的固定资产,以同类固定资产的重置完全价值为计税基础。

(5)通过捐赠、投资、非货币性资产交换、债务重组等方式取得的固定资产,以该资产的公允价值和支付的相关税费为计税基础。

(6)改建的固定资产,除已足额提取折旧仍继续使用的固定资产和租入的固定资产的支出外,以改建过程中发生的支出增加计税基础。

(二)固定资产折旧的范围

在计算应纳税所得额时,企业按照规定计算的固定资产折旧准予扣除。下列固定资产不得计算折旧扣除:

(1)房屋、建筑物以外未投入使用的固定资产。

(2)以经营租赁方式租入的固定资产。

(3)以融资租赁方式租出的固定资产。

(4)已足额提取折旧仍继续使用的固定资产。

(5)与经营活动无关的固定资产。

(6)单独估价作为固定资产入账的土地。

(7)其他不得计算折旧扣除的固定资产。

(三)固定资产折旧的计提方法

(1)企业应当自固定资产投入使用月份的次月起计算折旧;停止使用的固定资产,应当自停止使用月份的次月起停止计算折旧。

(2)企业应当根据固定资产的性质和使用情况,合理确定固定资产的预计净残值。固定资产的预计净残值一经确定,不得变更。

(3)固定资产按照直线法计算的折旧,准予扣除。

(四)固定资产折旧的计提年限

除另有规定外,固定资产计算折旧的最低年限如下:

(1)房屋、建筑物为20年。

(2)飞机、火车、轮船、机器、机械和其他生产设备为10年。

(3)与生产经营活动有关的器具、工具、家具等为5年。

(4)飞机、火车、轮船以外的运输工具为4年;

(5)电子设备为3年。

二、生物资产的税务处理

我国《企业会计准则第5号——生物资产》规定,生物资产是指有生命的动物和植物。生物资产分为消耗性生物资产、生产性生物资产和公益性生物资产三大类。消耗性生物资产,是指为出售而持有的,或在将来收获为农产品的生物资产,包括生长中的大田作物、蔬菜、用材林以及存栏待售的牲畜等。生产性生物资产,是指为产出农产品、提供劳务或出租等目的而持有的生物资产,包括经济林、薪炭林、产畜和役畜等。公益性生物资产,是指以防护、环境保护为主要目的的生物资产,包括防风固沙林、水土保持林和水源涵养林等。

(一)生产性生物资产的计税基础

生产性生物资产按照以下方法确定计税基础：

(1)外购的生产性生物资产，以购买价款和支付的相关税费为计税基础；

(2)通过捐赠、投资、非货币性资产交换、债务重组等方式取得的生产性生物资产，以该资产的公允价值和支付的相关税费为计税基础。

(二)生产性生物资产的折旧

生产性生物资产按照直线法计算的折旧，准予扣除。

企业应当自生产性生物资产投入使用月份的次月起计算折旧；停止使用的生产性生物资产，应当自停止使用月份的次月起停止计算折旧。

企业应当根据生产性生物资产的性质和使用情况，合理确定生产性生物资产的预计净残值。生产性生物资产的预计净残值一经确定，不得变更。

生产性生物资产计算折旧的最低年限如下：

(1)林木类生产性生物资产为10年；

(2)畜类生产性生物资产为3年。

三、无形资产的税务处理

无形资产，是指企业为生产产品、提供劳务、出租或者经营管理而持有的，没有实物形态的非货币性长期资产，包括专利权、商标权、著作权、土地使用权、非专利技术、商誉等。

(一)无形资产的计税基础

无形资产按照以下方法确定计税基础：

(1)外购的无形资产，以购买价款和支付的相关税费以及直接归属于使该资产达到预定用途发生的其他支出为计税基础。

(2)自行开发的无形资产，以开发过程中该资产符合资本化条件后至达到预定用途前发生的支出为计税基础。

(3)通过捐赠、投资、非货币性资产交换、债务重组等方式取得的无形资产，以该资产的公允价值和支付的相关税费为计税基础。

(二)无形资产的摊销范围

下列无形资产不得计算摊销费用扣除：

(1)自行开发的支出已在计算应纳税所得额时扣除的无形资产。

(2)自创商誉。

(3)与经营活动无关的无形资产。

(4)其他不得计算摊销费用扣除的无形资产。

(三)无形资产的摊销方法和年限

无形资产按照直线法计算的摊销费用，准予扣除。无形资产的摊销年限不得低于10年。作为投资或者受让的无形资产，有关法律规定或者合同约定了使用年限的，可以按照规定或者约定的使用年限分期摊销。外购商誉的支出，在企业整体转让或者清算时，准予扣除。

四、长期待摊费用的税务处理

长期待摊费用，是指企业发生的应在一个年度以上或几个年度进行摊销的费用。在计算应纳税所得额时，企业发生的下列支出作为长期待摊费用，按照规定摊销的，准予扣除。

(1)已足额提取折旧的固定资产的改建支出,按照固定资产预计尚可使用年限分期摊销。

(2)租入固定资产的改建支出,按照合同约定的剩余租赁期限分期摊销。

(3)固定资产的大修理支出,按照固定资产尚可使用年限分期摊销。

(4)其他应当作为长期待摊费用的支出,自支出发生月份的次月起,分期摊销,摊销年限不得低于3年。

大修理支出,按照固定资产尚可使用年限分期摊销。企业所得税法所指固定资产的大修理支出,是指同时符合下列条件的支出:

(1)修理支出达到取得固定资产时的计税基础50%以上。

(2)修理后固定资产的使用年限延长2年以上。

其他应当作为长期待摊费用的支出,自支出发生月份的次月起分期摊销,摊销年限不得低于3年。

五、投资资产的税务处理

投资资产,是指企业对外进行权益性投资和债权性投资形成的资产。

企业在转让或者处置投资资产时,投资资产的成本准予扣除。

(一)投资资产的成本

投资资产按照以下方法确定成本:

(1)通过支付现金方式取得的投资资产,以购买价款为成本。

(2)通过支付现金以外的方式取得的投资资产,以该资产的公允价值和支付的相关税费为成本。

(二)投资资产成本的扣除方法

企业对外投资期间,投资资产的成本在计算应纳税所得额时不得扣除,企业在转让或者处置投资资产时,投资资产的成本准予扣除。

六、存货的税务处理

存货,是指企业持有以备出售的产品或者商品、处在生产过程中的在产品、在生产或者提供劳务过程中耗用的材料和物料等。

(一)存货的计税基础

存货按照以下方法确定成本:

(1)通过支付现金方式取得的存货,以购买价款和支付的相关税费为成本。

(2)通过支付现金以外的方式取得的存货,以该存货的公允价值和支付的相关税费为成本。

(3)生产性生物资产收获的农产品,以产出或者采收过程中发生的材料费、人工费和分摊的间接费用等必要支出为成本。

(二)存货的成本计算方法

企业使用或者销售存货的成本计算方法,可以在先进先出法、加权平均法、个别计价法中选用一种。计价方法一经选用,不得随意变更。企业使用或者销售存货,按照规定计算的存货成本,准予在计算应纳税所得额时扣除。

任务三 企业所得税的特别纳税调整

特别纳税调整,是指企业与其关联方之间的业务往来,不符合独立交易原则而减少企业或者其关联方应纳税收入或者所得额的，税务机关有权按照合理方法调整。企业与其关联方共同开发、受让无形资产，或者共同提供、接受劳务发生的成本，在计算应纳税所得额时应当按照独立交易原则进行分摊。

一、转让定价

企业与其关联方之间的业务往来，不符合独立交易原则而减少企业或者其关联方应纳税收入或者所得额的，税务机关有权按照合理方法调整。

（一）关联方

关联方，是指与企业有下列关联关系之一的企业、其他组织或者个人：

（1）在资金、经营、购销等方面存在直接或者间接的控制关系；

（2）直接或者间接地同为第三者控制；

（3）在利益上具有相关联的其他关系。

（二）独立交易原则

企业与其关联方分摊共同发生的成本时，应按照独立交易原则达成成本分摊协议。企业与其关联方分摊成本时，应当按照成本与预期收益相配比的原则进行分摊，并在税务机关规定的期限内，按照税务机关的要求报送有关资料。

企业应当在税务机关规定的期限内提供与关联业务往来有关的价格、费用的制定标准，计算方法和说明等资料。关联方以及与关联业务调查有关的其他企业应当在税务机关与其约定的期限内提供相关资料。

企业所得税法所称相关资料，包括：

（1）与关联业务往来有关的价格、费用的制定标准，计算方法和说明等同期资料；

（2）关联业务往来所涉及的财产、财产使用权、劳务等的再销售（转让）价格或者最终销售（转让）价格的相关资料；

（3）与关联业务调查有关的其他企业应当提供的与被调查企业可比的产品价格、定价方式以及利润水平等资料；

（4）其他与关联业务往来有关的资料。

企业所得税法所称与关联业务调查有关的其他企业，是指与被调查企业在生产经营内容和方式上相类似的企业。

独立交易原则，是指没有关联关系的交易各方，按照公平成交价格和营业常规进行业务往来遵循的原则。

在判断关联企业与其关联方之间的业务往来是否符合独立交易原则时，强调将关联交易定价或利润水平与可比情形下没有关联关系的交易定价和利润水平进行比较，如果存在差异，就说明因为关联关系的存在而导致企业没有遵循正常市场交易原则和营业常规，从而违背了独立交易原则。

（三）调整方法

（1）可比非受控价格法，是指按照没有关联关系的交易各方进行相同或者类似业务往来的价格进行定价的方法。

（2）再销售价格法，是指按照从关联方购进商品再销售给没有关联关系的交易方的价格，减除相同或者类似业务的销售毛利进行定价的方法。

（3）成本加成法，是指按照成本加合理的费用和利润进行定价的方法。

(4)交易净利润法，是指按照没有关联关系的交易各方进行相同或者类似业务往来取得的净利润水平确定利润的方法。

(5)利润分割法，是指将企业与其关联方的合并利润或者亏损在各方之间采用合理标准进行分配的方法。

(6)其他符合独立交易原则的方法。

企业发生关联交易以及税务机关审核、评估关联交易均应遵循独立交易原则，选用合理的转让定价方法。选用合理的转让定价方法应进行可比性分析。

(四)核定征收

税务机关依照企业所得税法的规定核定企业的应纳税所得额时，可以采用下列方法：

(1)参照同类或者类似企业的利润率水平核定；

(2)按照企业成本加合理的费用和利润的方法核定；

(3)按照关联企业集团整体利润的合理比例核定；

(4)按照其他合理方法核定。

企业对税务机关按照前款规定的方法核定的应纳税所得额有异议的，应当提供相关证据，经税务机关认定后，调整核定的应纳税所得额。

(五)加收利息

企业实施其他不具有合理商业目的的安排而减少其应纳税收入或者所得额的，税务机关有权按照合理方法调整。不具有合理的商业目的，是指以减少、免除或者推迟缴纳税款为主要目的。

税务机关依照规定进行特别纳税调整后，除了应当补征税款外，并按照国务院规定加收利息。应当对补征的税款，自税款所属纳税年度的次年6月1日起至补缴税款之日止的期间，按日加收利息。加收的利息不得在计算应纳税所得额时扣除。

(六)纳税调整的时效

企业与其关联方之间的业务往来，不符合独立交易原则，或者企业实施其他不具有合理商业目的的安排的，税务机关有权在该业务发生的纳税年度起10年内进行纳税调整。

二、预约定价安排

预约定价安排，是指企业就其未来年度关联交易的定价原则和计算方法，向税务机关提出申请，与税务机关按照独立交易原则协商、确认后达成的协议。

(1)适用条件：

①年度发生的关联交易金额在4 000万元人民币以上；

②依法履行关联申报义务；

③按规定准备、保存和提供同期资料。

(2)预约定价安排适用于自企业提交正式书面申请年度的次年起3～5个连续年度的关联交易。

三、成本分摊协议

企业与其关联方共同开发、受让无形资产，或者共同提供、接受劳务发生的成本，在计算应纳税所得额时应当按照独立交易原则进行分摊。

企业可以依照《企业所得税法》的规定，按照独立交易原则与其关联方分摊共同发生的成本，达成成本分摊协议。企业与其关联方分摊成本时，应当按照成本与预期收益相配比的原则进行分摊，并在税务机关规定的期限内，按照税务机关的要求报送有关资料。企业与其关联方分摊成本时违反前述规定的，其自行分摊的成本不得在计算应纳税所得额时扣除。

四、受控外国企业

由居民企业或者由居民企业和中国居民控制的、设立在实际税负低于我国《企业所得税法》规定税率水平50%的国家（地区）的企业，并非由于合理的经营需要而对利润不作分配或者减少分配的，上述利润中应归属于该居民企业的部分，计入该居民企业的当期收入。

企业所得税法所称控制，包括：

(1)居民企业或者中国居民直接或者间接单一持有外国企业10%以上有表决权股份，且由其共同持有该外国企业50%以上股份；

(2)居民企业或者居民企业和中国居民持股比例没有达到规定的标准，但在股份、资金、经营、购销等方面对该外国企业构成实质控制。

五、资本弱化

企业从其关联方接受的债权性投资与权益性投资的比例超过规定标准而发生的利息支出，不得在计算应纳税所得额时扣除。标准由国务院财政、税务主管部门另行规定。

关联债资比例，是指根据企业所得税法及其实施条例的规定，企业从其全部关联方接受的债权性投资（以下简称关联债权投资）占企业接受的权益性投资（以下简称权益投资）的比例。关联债权投资包括关联方以各种形式提供担保的债权性投资。

在计算应纳税所得额时，企业实际支付给关联方的利息支出，不超过以下规定比例和企业所得税法及其实施条例有关规定计算的部分，准予扣除，超过的部分不得在发生当期或以后年度扣除。企业实际支付给关联方的利息支出，其接受关联方债权性投资与权益性投资的比例为：(1)金融企业为5∶1；(2)其他企业为2∶1。

债权性投资，是指企业直接或者间接从关联方获得的，需要偿还本金和支付利息或者需要以其他具有支付利息性质的方式予以补偿的融资。

企业间接从关联方获得的债权性投资，包括：

(1)关联方通过无关联第三方提供的债权性投资；

(2)无关联第三方提供的、由关联方担保且负有连带责任的债权性投资；

(3)其他间接从关联方获得的具有负债实质的债权性投资。

权益性投资，是指企业接受的不需要偿还本金和支付利息，投资人对企业净资产拥有所有权的投资。

知识辨析

权益性投资与债权性投资的区别

债权性投资，是指为取得债权所作的投资，如购买国库券、公司债券等。债券是一种定约证券，它以契约的形式明确规定投资企业与被投资企业的权利和义务，无论被投资企业有无利润，投资企业均享有定期收回本金、获取利息的权利。企业进行债权性投资，一般是为了取得高于银行存款利率的利息，并保证按期收回本息。

权益性投资，是指为获取另一企业的净资产所有权所作的投资，包括普通股、优先股、认股权与认股证等。权益性证券的持有者一般在股东大会上拥有表决权和领取股利的权利。但此类证券一般无还本日期，股东若无意继续持有，则可依法转让给他人而收回投资。

任务四 企业重组的所得税处理

一、企业重组的表现形式

企业重组，是指企业在日常经营活动以外发生的法律结构或经济结构重大改变的交易，包括企业法律形式改变、债务重组、股权收购、资产收购、合并、分立等。

(一)企业法律形式改变

企业法律形式改变是指企业注册名称、住所以及企业组织形式等的简单改变，但符合本通知规定的其他重组的类型除外。

(二)债务重组

债务重组是指在债务人发生财务困难的情况下，债权人按照其与债务人达成的书面协议或者法院裁定书，就其债务人的债务作出让步的事项。

(三)股权收购

股权收购是指一家企业(以下称为收购企业)购买另一家企业(以下称为被收购企业)的股权，以实现对被收购企业控制的交易。收购企业支付对价的形式包括股权支付、非股权支付或两者的组合。

(四)资产收购

资产收购是指一家企业(以下称为受让企业)购买另一家企业(以下称为转让企业)实质经营性资产的交易。受让企业支付对价的形式包括股权支付、非股权支付或两者的组合。

【例5－5】 联想收购IBM的PC业务，根据收购交易条款，联想已支付给IBM的交易对价为12.5亿美元，其中包括约6.5亿美元现金，以及按2004年12月交易宣布前最后一个交易日的股票收市价价值6亿美元的联想股份。交易完成后，IBM拥有联想18.9%的股权。此外，联想将承担来自IBM约5亿美元的净负债。

(五)合并

合并是指一家或多家企业(以下称为被合并企业)将其全部资产和负债转让给另一家现存或新设企业(以下称为合并企业)，被合并企业股东换取合并企业的股权或非股权支付，实现两个或两个以上企业的依法合并。

(六)分立

分立是指一家企业(以下称为被分立企业)将部分或全部资产分离转让给现存或新设的企业(以下称为分立企业)，被分立企业股东换取分立企业的股权或非股权支付，实现企业的依法分立。

上面所称股权支付，是指企业重组中购买、换取资产的一方支付的对价中，以本企业或其控股企业的股权、股份作为支付的形式；所称非股权支付，是指以本企业的现金、银行存款、应收款项、本企业或其控股企业股权和股份以外的有价证券、存货、固定资产、其他资产以及承担债务等作为支付的形式。

二、企业重组的税务处理

企业重组的税务处理根据不同条件，分为一般性税务处理和特殊性税务处理两种。采用何种税务处理取决于交易额度大小和股权性交易大小。

（一）企业重组的一般性税务处理

（1）企业由法人转变为个人独资企业、合伙企业等非法人组织，或将登记注册地转移至中华人民共和国境外（包括港、澳、台地区），应视同企业进行清算、分配，股东重新投资成立新企业。企业的全部资产以及股东投资的计税基础均应以公允价值为基础确定。以下两种情况要视同清算分配：

①企业由法人转变为个人独资企业、合伙企业。

②登记注册地转移至中华人民共和国境外。其他的法律形式改变，直接变更税务登记即可。

（2）企业债务重组。

①以非货币资产清偿债务，应当分解为转让相关非货币性资产和按非货币性资产公允价值清偿债务两项业务，确认相关资产的所得或损失。

②发生债权转股权的，应当分解为债务清偿和股权投资两项业务，确认有关债务清偿所得或损失。

③债务人应当按照支付的债务清偿额低于债务计税基础的差额，确认债务重组所得；债权人应当按照收到的债务清偿额低于债权计税基础的差额，确认债务重组损失。

④债务人的相关所得税纳税事项原则上保持不变。

【例5—6】 2017年9月，A公司以500万元的银行存款购买取得B公司的部分经营性资产。A公司购买B公司该部分经营性资产的账面价值为420万元，计税基础为460万元，公允价值为500万元。一般性税务处理方法的涉税处理如下：

（1）A公司（受让方/收购方）的税务处理

A公司购买该经营性资产后，应以该资产的公允价值500万元为基础确定计税基础。

（2）B公司（转让方/被收购方）的税务处理

B公司应确认资产转让所得＝500－460＝40（万元）

（3）企业股权收购、资产收购重组交易：

①被收购方应确认股权、资产转让所得或损失。

②收购方取得股权或资产应以公允价值为计税基础确定。

③被收购企业的相关所得税事项原则上保持不变。

（4）企业合并：

①合并企业应按公允价值确定接受被合并企业各项资产和负债的计税基础。

②被合并企业及其股东都应按清算进行所得税处理。

③被合并企业的亏损不得在合并企业结转弥补。

（5）企业分立：

①被分立企业对分立出去的资产应按公允价值确认资产转让所得或损失。

②分立企业应按公允价值确认接受资产的计税基础。

③被分立企业继续存在时，其股东取得的对价应视同被分立企业分配进行处理。

④被分立企业不再继续存在时，被分立企业及其股东都应按清算进行所得税处理。

⑤企业分立相关企业的亏损不得相互结转弥补。

(二)企业重组的特殊性税务处理

(1)企业重组同时符合下列条件的,适用特殊性税务处理规定:

①具有合理的商业目的,且不以减少、免除或者推迟缴纳税款为主要目的;

②被收购、合并或分立部分的资产或股权比例符合《财政部、国家税务总局关于企业重组业务企业所得税处理若干问题的通知》(简称《通知》)规定的比例;

③企业重组后连续12个月内不改变重组资产原来的实质性经营活动;

④重组交易对价中涉及股权支付金额符合该《通知》规定的比例;

⑤企业重组中取得股权支付的原主要股东,在重组后连续12个月内不得转让所取得的股权。

(2)企业重组符合上述条件的,交易各方对其交易中的股权支付部分,可以按以下规定进行特殊性税务处理:

①企业债务重组确认的应纳税所得额占该企业当年应纳税所得额50%以上,可以在5个纳税年度的期间内,均匀计入各年度的应纳税所得额。

②股权收购。收购企业购买的股权不低于被收购企业全部股权的50%,且收购企业在该股权收购发生时的股权支付金额不低于其交易支付总额的85%,可以选择按以下规定处理:

A. 被收购企业的股东取得收购企业股权的计税基础,以被收购股权的原有计税基础确定。

B. 收购企业取得被收购企业股权的计税基础,以被收购股权的原有计税基础确定。

C. 收购企业、被收购企业原有各项资产和负债的计税基础和其他相关所得税事项保持不变。

③资产收购。受让企业收购的资产不低于转让企业全部资产的50%,且受让企业在该资产收购发生时的股权支付金额不低于其交易支付总额的85%,可以选择按以下规定处理:

A. 转让企业取得受让企业股权的计税基础,以被转让资产的原有计税基础确定。

B. 受让企业取得转让企业资产的计税基础,以被转让资产的原有计税基础确定。

④企业合并。企业股东在该企业合并发生时取得的股权支付金额不低于其交易支付总额的85%,以及同一控制下且不需要支付对价的企业合并,可以选择按以下规定处理:

A. 合并企业接受被合并企业资产和负债的计税基础,以被合并企业的原有计税基础确定。

B. 被合并企业合并前的相关所得税事项由合并企业继承。

C. 可由合并企业弥补的被合并企业亏损的限额=被合并企业净资产公允价值×截至合并业务发生当年年末国家发行的最长期限的国债利率。

D. 被合并企业股东取得合并企业股权的计税基础,以其原持有的被合并企业股权的计税基础确定。

⑤ 企业分立。被分立企业所有股东按原持股比例取得分立企业的股权,分立企业和被分立企业均不改变原来的实质经营活动,且被分立企业股东在该企业分立发生时取得的股权支付金额不低于其交易支付总额的85%,可以选择以下规定处理:

A. 分立企业接受被分立企业资产和负债的计税基础,以被分立企业的原有计税基础确定。

B. 被分立企业已分立出去资产相应的所得税事项由分立企业继承。

C. 被分立企业未超过法定弥补期限的亏损额可按分立资产占全部资产的比例进行分配，由分立企业继续弥补。

D. 被分立企业的股东取得分立企业的股权(以下简称“新股”)，如需部分或全部放弃原持有的被分立企业的股权（以下简称“旧股”)，则新股的计税基础应以放弃旧股的计税基础确定；如不需要放弃旧股，则其取得新股的计税基础可从以下两种方法中选择确定：直接将新计税基础确定为零；或者以被分立企业分立出去的净资产占被分立企业全部净资产的比例先调减原持有的旧股的计税基础，再将调减的计税基础平均分配到新股上。

⑥重组交易各方按上述①～⑤项规定对交易中股权支付暂不确认有关资产的转让所得或损失的，其非股权支付仍应在交易当期确认相应的资产转让所得或损失，并调整相应资产的计税基础。

非股权支付对应的资产转让所得或损失＝(被转让资产的公允价值－被转让资产的计税基础)×(非股权支付金额÷被转让资产的公允价值)

⑦对100％直接控制的居民企业之间，以及受同一或相同多家居民企业100％直接控制的居民企业之间按账面净值划转股权或资产，凡具有合理的商业目的，不以减少、免除或者推迟缴纳税款为主要目的，股权或资产划转后连续12个月内不改变被划转股权或资产原来的实质性经营活动，且划出方企业和划入方企业均未在会计上确认损益的，可以选择按以下规定进行特殊性税务处理：

A. 划出方企业和划入方企业均不确认所得。

B. 划出方企业取得被划转股权或资产的计税基础，以被划转股权或资产的原账面净值确定。

C. 划入方企业取得的被划转资产，应按其原账面净值计算折旧扣除。

(三)企业发生涉及中国境内与境外之间(包括港、澳、台地区)的股权和资产收购交易，除应符合上述规定的条件外，还应同时符合以下条件，才可以选择适用特殊性税务处理规定

(1)非居民企业向其100％直接控股的另一非居民企业转让其拥有的居民企业股权，没有因此造成以后该项股权转让所得预提税负变化，且转让方非居民企业向主管税务机关书面承诺在3年(含3年)内不转让其拥有受让方非居民企业的股权。

(2)非居民企业向与其具有100％直接控股关系的居民企业转让其拥有的另一居民企业股权。

(3)居民企业以其拥有的资产或股权向其100％直接控股的非居民企业进行投资。

(4)财政部、国家税务总局核准的其他情形。

上述第(3)条所指的居民企业以其拥有的资产或股权向其100％直接控股关系的非居民企业进行投资，其资产或股权转让收益如选择特殊性税务处理，可以在10个纳税年度内均匀计入各年度应纳税所得额。

(四)在企业存续分立中，分立后的存续企业性质及适用税收优惠的条件未发生改变的，可以继续享受分立前该企业剩余期限的税收优惠，其优惠金额按该企业分立前一年的应纳税所得额(亏损计为零)乘以分立后存续企业资产占分立前该企业全部资产的比例计算

(五)企业在重组发生前后连续12个月内分步对其资产、股权进行交易，应根据实质重于形式原则将上述交易作为一项企业重组交易进行处理

(六)企业发生符合上述规定的特殊性重组条件并选择特殊性税务处理的，当事各方应在该重组业务完成当年企业所得税年度申报时，向主管税务机关提交书面备案资料，证明其符合

各类特殊性重组规定的条件。企业未按规定书面备案的，一律不得按特殊重组业务进行税务处理

任务五 应纳企业所得税的计算及会计处理

一、居民企业应纳税额的计算

居民企业应缴纳所得税额由应纳税所得额和适用税率两个变量决定。在实际工作中，企业所得税计算有两种方法：

(一)间接计算法

在会计利润总额的基础上加或减按照税法规定调整的项目金额后，即为应纳税所得额。计算公式为：

应纳税所得额＝会计利润总额±纳税调整项目金额

(二)直接计算法

企业每一纳税年度的收入总额减除不征税收入、免税收入、各项扣除以及允许弥补的以前年度亏损后的余额为应纳税所得额。计算公式为：

应纳税所得额＝收入总额－不征税收入－免税收入－各项扣除金额－弥补亏损

二、企业所得税的会计处理

(一)会计账户的设置

采用资产负债表债务法时，设置"所得税费用"、"递延所得税资产"、"递延所得税负债"和"应交税费——应交所得税"四个账户。其中，"递延所得税资产"账户和"递延所得税负债"账户分别用来核算可抵扣暂时性差异和应纳税暂时性差异形成的递延所得税资产和递延所得税负债。

"所得税费用"是损益类科目，设"当期所得税费用"和"递延所得税费用"两个明细账户，核算企业确认的应从当期利润总额中扣除的所得税费用，借方反映资产负债表日，企业按照税法规定计算确定的当期应交所得税费用和递延所得税资产的应有余额小于"递延所得税资产"科目余额的差额，贷方反映资产负债表日，递延所得税资产的应有余额大于"递延所得税资产"科目余额的差额。企业应予确认的递延所得税负债，也比照上述原则调整本科目。期末，应将本科目的余额转入"本年利润"，结转后无余额。

"递延所得税资产"是资产类科目，核算企业由于可抵扣暂时性差异确认的递延所得税资产，及按能够结转后期的尚可抵扣的亏损和税款抵减的未来应税利润确认的递延所得税资产。借方反映确认的各类递延所得税资产，贷方反映当企业确认递延所得税资产的可抵扣暂时性差异情况发生回转时转回的所得税影响额以及税率变动或开征新税调整的递延所得税资产。余额反映尚未转回的递延所得税资产。

"递延所得税负债"是负债类科目，核算企业由于应税暂时性差异确认的递延所得税负债。贷方反映确认的各类递延所得税负债，借方反映资产负债表日递延所得税负债的应有余额小于其账面余额的差额，期末贷方余额反映企业已确认的递延所得税负债。

(二)资产负债表债务法的会计处理

1. 资产负债表债务法下企业盈利时的会计处理

在资产负债表债务法下，当企业实现盈利时，在资产负债表日，企业按照税法规定计算确

定当期的应交所得税费用。会计分录为:借记“所得税费用”科目,贷记“应交税费——应交所得税”科目。然后根据递延所得税资产科目余额的差额编制如下会计分录,借记“所得税费用”科目,贷记“递延所得税资产”科目或者借记“递延所得税负债”科目,贷记“所得税费用”科目。

2. 资产负债表债务法下企业亏损时的会计处理

在资产负债表债务法下,由于企业发生亏损,因而确定的当期应交所得税费用为零。但是,企业必须把这部分亏损在资产负债表中体现出来,而且必须确定由于时间性差异形成的递延所得税资产。编制如下会计分录:借记“递延所得税资产”科目,贷记“所得税费用”科目。同时,亏损作为可抵扣暂时性差异必须满足以下两个条件:(1)5年内的亏损可抵扣;(2)企业必须预计未来5年内有足够的纳税所得可以抵扣这一亏损数额。如果企业的亏损能同时满足以上两个条件,那么企业可以将亏损作为可抵扣暂时性差异,确认为递延所得税资产,并按所得税会计准则的规定,核算可抵扣暂时性差异对所得税费用的影响。

【例5—7】 某工业企业为居民企业,2017年发生的经营业务如下:全年取得产品销售收入5 600万元,发生产品销售成本4 000万元;其他业务收入800万元,其他业务成本660万元;取得购买国债的利息收入40万元;缴纳非增值税销售税金及附加300万元;发生的管理费用760万元,其中新技术的研究开发费用60万元、业务招待费用70万元;发生财务费用200万元;取得直接投资其他居民企业的权益性投资收益34万元(被投资方已按15%的税率缴纳企业所得税);取得营业外收入100万元,发生营业外支出250万元(其中含公益性捐赠支出38万元),计算该企业2017年应纳的企业所得税。

第一步:求利润总额。

会计利润总额=5 600+800+40+34+100−4 000−660−300−760−200−250=404(万元)

第二步:纳税调整。

国债利息收入免征企业所得税,应调减应纳税所得额40万元。

新技术的研究开发费调减应纳税所得额=60×50%=30(万元)

按实际发生额的60%计算,业务招待费的扣除限额=70×60%=42(万元)

按销售(营业)收入的5‰计算业务招待费的扣除限额=(5 600+800)×5‰=32(万元)

按照规定税前扣除限额为32万元,应调增应纳税所得额=70−32=38(万元)

取得直接投资其他居民企业的权益性投资收益属于免税收入,应调减应纳税所得额34万元。

捐赠扣除标准=404×12%=48.48(万元)

实际捐赠额38万元小于扣除标准48.48万元,可据实扣除,不做纳税调整。

第三步:计算应纳税所得额和应纳税额。

应纳税所得额=404−40−30+38−34=338(万元)

该企业2017年应缴纳企业所得税=338×25%=84.5(万元)

(三)境外所得抵扣税额的计算及会计处理

居民企业来源于中国境外的应税所得,以及非居民企业在中国境内设立机构、场所,取得发生在中国境外但与该机构、场所有实际联系的应税所得,已在境外缴纳的所得税税额,可以从其当期应纳税额中抵免,抵免限额为该项所得依照《中华人民共和国企业所得税法》规定计算的应纳税额。超过抵免限额的部分,可以在以后5个年度内,用每年抵免限额抵免当年应抵税额后的余额进行抵补。

(1)已在境外缴纳的所得税税额，是指企业来源于中国境外的所得依照中国境外税收法律以及相关规定应当缴纳并已经实际缴纳的企业所得税性质的税款。

(2)抵免限额，是指企业来源于中国境外的所得，依照企业所得税法和本条例的规定计算的应纳税额。除国务院财政、税务主管部门另有规定外，该抵免限额应当分国(地区)不分项计算，计算公式如下：

抵免限额＝中国境内、境外所得的应纳税总额×来源于某国(地区)的应纳税所得额÷中国境内、境外应纳税所得总额

(3)所谓5个年度，是指从企业取得的来源于中国境外的所得，已经在中国境外缴纳的企业所得税性质的税额超过抵免限额的当年的次年起连续5个纳税年度。

居民企业从其直接或间接控制的外国企业分得的来源于中国境外的股息、红利等权益性投资收益，外国企业在境外实际缴纳的所得税额中属于该项所得负担的部分，可以作为该居民企业的可抵免境外所得税额，在该法规定的抵免限额内抵免。抵免企业所得税额时，应当提供中国境外税务机关出具的税款所属年度的有关纳税凭证。

【例5-8】 某企业在汇算清缴企业所得税时向税务机关申报：2017年度应纳税所得额为1 100万元，已累计预缴企业所得税210万元。在对该企业纳税申报表进行审核时，税务机关发现如下问题，要求该企业纠正后重新办理纳税申报：

(1)缴纳的房产税、城镇土地使用税、车船税、印花税等税金90万元已在管理费用中列支，但在计算应纳税所得额时又重复扣除。

(2)将违法经营罚款28万元、税收滞纳金1万元列入营业外支出中直接对某小学捐款50万元，在计算应纳税所得额时予以扣除。

(3)2017年6月1日以经营租赁方式租入1台机器设备，合同约定租赁期10个月，租赁费20万元，该企业未分期摊销该笔租赁费，而是一次性列入2017年度管理费用中扣除。

(4)从境外取得税后利润32万元(境外缴纳所得税时适用的税率为20%)，未补缴企业所得税。

计算该企业2017年度境内所得的应纳所得税额，境外所得应补缴的所得税额，境内、境外所得应补缴的所得税额，并作相应的会计分录。

境内所得的应纳所得税额＝(1 100＋90＋28＋1＋50＋20÷10×3)×25%＝1 275×25%＝318.75(万元)

境外所得应补缴的所得税额＝32÷(1－20%)×(25%－20%)＝2(万元)

应补缴的所得税额＝318.75－210＋2＝110.75(万元)

递延所得税资产＝(应税所得－会计利润)×25%＝ (1 275－1 100)×25%＝43.75(万元)

(1)计算境内所得的应纳所得税：

借：所得税费用　　275

　递延所得税资产　　43.75

　　贷：应交税费——应交所得税　　318.75

(2)计算境外所得的应纳所得税：

借：所得税费用　　2

　　贷：应交税费——应交所得税　　2

(3)实际补缴少缴的税款：

借：应交税费——应交所得税　　110.75

　贷：银行存款　　110.75

(4)居民企业核定征收应纳税额的计算。

核定征收办法，仅适用于账簿不全、核算不清、逾期不申报、申报不正常的居民纳税人，具体分为定率(核定应税所得率)和定额(核定应纳所得税额)两种方法。

①税务机关采用下列方法核定征收企业所得税：

A. 参照当地同类行业或者类似行业中经营规模和收入水平相近的纳税人的税负水平核定。

B. 按照应税收入额或成本费用支出额定率核定。

C. 按照耗用的原材料、燃料、动力等推算或测算核定。

D. 按照其他合理方法核定。

采用上述所列一种方法不足以正确核定应纳税所得额或应纳税额的，可以同时采用两种以上的方法核定。采用两种以上方法测算的应纳税额不一致时，可按测算的应纳税额从高核定。

②采用应税所得率方式核定征收企业所得税的，应纳所得税额的计算公式如下：

应纳所得税额＝应纳税所得额×适用税率

应纳税所得额＝应税收入额×应税所得率

或

应纳税所得额＝成本(费用)支出额÷(1－应税所得率)×应税所得率

实行应税所得率方式核定征收企业所得税的纳税人，经营多业的，无论其经营项目是否单独核算，均由税务机关根据其主营项目确定适用的应税所得率。

【例5－9】 2017年某居民企业向主管税务机关申报应税收入总额120万元，成本费用支出总额127.5万元，全年亏损7.5万元。经税务机关检查，成本费用核算准确，但收入总额不能确定。税务机关对该企业采取核定征税办法，应税所得率为25%。计算2017年度该企业应纳所得税额。

该企业应纳税所得额＝127.5÷(1－25%)×25%＝42.5(万元)

应纳所得税额＝应纳税所得额×25%＝42.5×25%＝10.63(万元)

(5)非居民企业应纳税额的计算。

对于在中国境内未设立机构、场所的，或者虽设立机构、场所但取得的所得与其所设机构、场所没有实际联系的非居民企业的所得，按照下列方法计算应纳税所得额：

①股息、红利等权益性投资收益和利息、租金、特许权使用费所得，以收入全额为应纳税所得额。

②转让财产所得，以收入全额减除财产净值后的余额为应纳税所得额。

③其他所得，参照前两项规定的方法计算应纳税所得额。

财产净值是指财产的计税基础减除已经按照规定扣除的折旧、折耗、摊销、准备金等的余额。

【例5－10】 境外A公司在中国境内未设立机构、场所，2017年取得境内甲公司投资收益100万元，取得境内乙公司支付的设备转让收入80万元，该项财产原值80万元，已提折旧20万元。计算2017年度该境外公司在我国应纳企业所得税。

财产净值＝80－20＝60(万元)

应纳企业所得税＝[100＋(80－60)]×10％＝12(万元)

(6)非居民企业的核定征收办法。

①按收入总额核定应纳税所得额，计算公式如下，

应纳税所得额＝收入总额×经税务机关核定的利润率

②按成本费用核定应纳税所得额：

应纳税所得额＝成本费用总额/(1－经税务机关核定的利润率)×经税务机关核定的利润率

③按经费支出换算收入核定应纳税所得额：

应纳税所得额＝经费支出总额/(1－经税务机关核定的利润率－营业税税率)×经税务机关核定的利润率

税务机关可按照以下标准确定非居民企业的利润率：

①从事承包工程作业、设计和咨询劳务的，利润率为15％～30％；

②从事管理服务的，利润率为30％～50％；

③从事其他劳务或劳务以外经营活动的，利润率不低于15％。

非居民企业与中国居民企业签订机器设备或货物销售合同，同时提供设备安装、装配、技术培训、指导、监督服务等劳务，其销售货物合同中未列明提供上述劳务服务收费金额，或者计价不合理的，主管税务机关可以根据实际情况，参照相同或相近业务的计价标准核定劳务收入。无参照标准的，以不低于销售货物合同总价款的10％为原则，确定非居民企业的劳务收入。

任务六　企业所得税的纳税申报

一、企业所得税的征收管理

(一)纳税地点

除税收法律、行政法规另有规定外，居民企业以企业登记注册地为纳税地点；登记注册地在境外的，以实际管理机构所在地为纳税地点。企业注册登记地，是指企业依照国家有关规定登记注册的住所地。

居民企业在中国境内设立不具有法人资格的营业机构的，应当汇总计算并缴纳企业所得税。企业汇总计算并缴纳企业所得税时，应当统一核算应纳税所得额，具体办法由国务院财政、税务主管部门另行制定。

非居民企业在中国境内设立机构、场所的，应当就其所设机构、场所取得的来源于中国境内的所得，以及发生在中国境外但与其所设机构、场所有实际联系的所得，缴纳企业所得税，以机构、场所所在地为纳税地点。非居民企业在中国境内未设立机构、场所的，或者虽设立机构、场所但取得的所得与其所设机构、场所没有实际联系的，应当就其来源于中国境内的所得缴纳企业所得税，以扣缴义务人所在地为纳税地点。

非居民企业取得的同一项所得在境内存在多个所得发生地，涉及多个主管税务机关的，在按照企业所得税法规定自行申报缴纳未扣缴税款时，可以选择一地办理申报缴税事宜。受理申报地主管税务机关应在受理申报后5个工作日内，向扣缴义务人所在地和同一项所得其他发生地主管税务机关发送《非居民企业税务事项联络函》(见附件)，告知非居民企业涉税事项。

（二）纳税期限

企业所得税的纳税年度，自公历1月1日起至12月31日止。企业所得税按年计征，分月或者分季预缴，年终汇算清缴，多退少补。

企业在一个纳税年度的中间开业，或者由于合并、关闭等原因终止经营活动，使该纳税年度的实际经营期不足12个月的，应当以其实际经营期为1个纳税年度。企业在年度中间终止经营活动的，应当自实际经营终止之日起60日内，向税务机关办理当期企业所得税汇算清缴。

自年度终了之日起5个月内，向税务机关报送年度企业所得税纳税申报表，并汇算清缴，结清应缴应退税款。

（三）纳税申报

企业根据企业所得税法规定分月或者分季预缴企业所得税时，应当按照月度或者季度的实际利润额预缴；按照月度或者季度的实际利润额预缴有困难的，可以按照上一纳税年度应纳税所得额的月度或者季度平均额预缴，或者按照经税务机关认可的其他方法预缴。预缴方法一经确定，该纳税年度内不得随意变更。

企业在纳税年度内无论盈利或者亏损，都应当依照企业所得税法规定的期限，向税务机关报送预缴企业所得税纳税申报表、年度企业所得税纳税申报表、财务会计报告和税务机关规定应当报送的其他有关资料。

企业所得以人民币以外的货币计算的，预缴企业所得税时，应当按照月度或者季度最后一日的人民币汇率中间价，折合成人民币计算应纳税所得额。年度终了汇算清缴时，对已经按照月度或者季度预缴税款的，不再重新折合计算，只就该纳税年度内未缴纳企业所得税的部分，按照纳税年度最后一日的人民币汇率中间价，折合成人民币计算应纳税所得额。

经税务机关检查确认，企业少计或者多计前款规定的所得的，应当按照检查确认补税或者退税时的上一个月最后一日的人民币汇率中间价，将少计或者多计的所得折合成人民币计算应纳税所得额，再计算应补缴或者应退的税款。

（四）跨地区经营汇总纳税企业所得税征收管理

(1)居民企业在中国境内跨地区（指跨省、自治区、直辖市和计划单列市）设立不具有法人资格的营业机构、场所的，应当汇总计算并缴纳企业所得税。

(2)母子公司的盈亏不能弥补汇总，总分公司的盈亏可以汇总进行弥补。

(3)在汇总计算境外应纳税所得额时，企业在境外同一国家（地区）设立不具有独立纳税地位的分支机构的亏损，不得抵减其境内或他国（地区）的应纳税所得额，但可以用同一国家（地区）其他项目或以后年度的所得按规定弥补。

(4)汇总纳税企业按照企业所得税法规定汇总计算的企业所得税包括预缴税款和汇算清缴应缴应退税款，50%在各分支机构间分摊，各分支机构根据分摊税款就地办理缴库或退库；50%由总机构分摊缴纳，其中25%就地办理缴库或退库，25%就地全额缴入中央国库或退库。

(5)总分机构分摊税款的计算。

①总机构按以下公式计算分摊税款：

总机构分摊税款＝汇总纳税企业当期应纳所得税额×50%

②分支机构按以下公式计算分摊税款：

所有分支机构分摊税款总额＝汇总纳税企业当期应纳所得税额×50%

某分支机构分摊税款＝所有分支机构分摊税款总额×该分支机构分摊比例

③总机构按照上年度分支机构的营业收入、职工薪酬和资产总额三个因素计算各分支机

构分摊所得税款的比例；三级及以下分支机构，其营业收入、职工薪酬和资产总额统一计入二级分支机构；三因素的权重依次为0.35、0.35、0.30。计算公式如下：

某分支机构分摊比例＝(该分支机构营业收入/各分支机构营业收入之和)×0.35＋(该分支机构职工薪酬/各分支机构职工薪酬之和)×0.35＋(该分支机构资产总额/各分支机构资产总额之和)×0.30

分支机构分摊比例按上述方法一经确定后，除出现特定情形外，当年不作调整。

【例5－11】 在北京的A机械制造公司为总机构，在武汉、成都分别设有B、C两个二级分支机构，所得税实行按季度预缴。假设2013年度B机构全年营业收入、职工薪酬、资产总额分别为8 000万元、200万元和3 000万元，C机构全年营业收入、职工薪酬、资产总额分别为6 000万元、150万元和3 000万元；2014年度B机构全年营业收入、职工薪酬、资产总额分别为9 000万元、220万元和3 000万元，C机构全年营业收入、职工薪酬、资产总额分别为5 000万元、130万元和3 000万元。A、B、C三家机构的所得税率均为25%。假设2015年第一季度汇总后的实际利润为1 000万元，则B机构应预缴税款(　　)万元。

2015年全年B机构的分摊比例＝0.35×9 000÷(9 000＋5 000)＋0.35×220÷(220＋130)＋0.3×3 000÷(3 000＋3 000)＝0.225＋0.22＋0.15＝0.595

机构应预缴税款＝1 000×50%×0.595×25%＝74.375(万元)

(6)房地产开发企业所得税预缴税款的处理。

在未完工前采取预售方式销售取得的预售收入，按照规定的预计利润率分季(或月)计算出预计利润额，计入利润总额预缴，开发产品完工、结算计税成本后按照实际利润再行调整。

【例5－12】 某房地产开发公司2017年开发商品房一幢，到12月31日销售了该幢商品房面积的85%，取得销售收入7 800万元。假定该房地产公司开发的商品房坐落在省级城市，企业所得税的预征所得率为15%，请计算该房地产开发公司2017年开发该幢商品房应预缴的企业所得税。

预缴企业所得税的应纳税所得额＝7 800×15%＝1 170(万元)

2017年应预缴企业所得税＝1 170×25%＝292.5(万元)

二、企业所得税纳税申报实务

国家税务总局在总结和评估《年度纳税申报表(A类，2014年版)》三年以来的实际执行效果，听取有关方面意见和建议的基础上，发布了修订后的《年度纳税申报表(A类，2017年版)》。

《年度纳税申报表(A类，2017年版)》由37张表单组成，其中必填表2张，选填表35张，较《年度纳税申报表(A类，2014年版)》减少4张表单，体系结构更加紧密，栏次设置更加合理，逻辑关系更加清晰。

从填报内容看，全套申报表由反映纳税人整体情况(2张)以及反映会计核算(6张)、纳税调整(13张)、弥补亏损(1张)、税收优惠(9张)、境外税收(4张)、汇总纳税(2张)等明细情况的“1＋6”表单体系组成。

从表单结构看，全套申报表分为基础信息表(1张)、主表(1张)、一级明细表(6张)、二级明细表(25张)和三级明细表(4张)，表单数据逐级汇总，环环相扣。

从使用频率看，绝大部分纳税人实际填报表单的数量在8～10张。《企业基础信息表》、《中华人民共和国企业所得税年度纳税申报表(A类)》、《一般企业收入明细表》、《一般企业成本支出明细表》、《期间费用明细表》、《纳税调整项目明细表》、《职工薪酬支出及纳税调整明细表》、《减免所得税优惠明细表》等，为常用表单。除此之外，纳税人应当根据行业类型、业务发生情况正确选择适合本企业的表单。

按照《国务院办公厅关于加快推进“五证合一、一照一码”登记制度改革的通知》(国办发〔2016〕53号)等文件规定，将原《中华人民共和国企业所得税年度纳税申报表(A类，2017年版)》封面的“纳税人识别号”修改为“纳税人统一社会信用代码(纳税人识别号)”，具体如下：

表5-1　　A100000　中华人民共和国企业所得税年度纳税申报表(A类)

行次	类别	项　目	金　额
1	利润总额计算	一、营业收入(填写A101010\101020\103000)	
2		减：营业成本(填写A102010\102020\103000)	
3		减：税金及附加	
4		减：销售费用(填写A104000)	
5		减：管理费用(填写A104000)	
6		减：财务费用(填写A104000)	
7		减：资产减值损失	
8		加：公允价值变动收益	
9		加：投资收益	
10		二、营业利润(1-2-3-4-5-6-7+8+9)	
11		加：营业外收入(填写A101010\101020\103000)	
12		减：营业外支出(填写A102010\102020\103000)	
13		三、利润总额(10+11-12)	
14	应纳税所得额计算	减：境外所得(填写A108010)	
15		加：纳税调整增加额(填写A105000)	
16		减：纳税调整减少额(填写A105000)	
17		减：免税、减计收入及加计扣除(填写A107010)	
18		加：境外应税所得抵减境内亏损(填写A108000)	
19		四、纳税调整后所得(13-14+15-16-17+18)	
20		减：所得减免(填写A107020)	
21		减：弥补以前年度亏损(填写A106000)	
22		减：抵扣应纳税所得额(填写A107030)	
23		五、应纳税所得额(19-20-21-22)	
24	应纳税额计算	税率(25%)	
25		六、应纳所得税额(23×24)	
26		减：减免所得税额(填写A107040)	
27		减：抵免所得税额(填写A107050)	
28		七、应纳税额(25-26-27)	
29		加：境外所得应纳所得税额(填写A108000)	
30		减：境外所得抵免所得税额(填写A108000)	
31		八、实际应纳所得税额(28+29-30)	
32		减：本年累计实际已缴纳的所得税额	
33		九、本年应补(退)所得税额(31-32)	
34		其中：总机构分摊本年应补(退)所得税额(填写A109000)	
35		财政集中分配本年应补(退)所得税额(填写A109000)	
36		总机构主体生产经营部门分摊本年应补(退)所得税额(填写A109000)	

个人所得税纳税实务

技能目标

1. 能判断居民纳税人和非居民纳税人；
2. 能根据资料计算个人所得税应纳税额；
3. 能根据资料填写个人所得税的纳税申报表；
4. 能根据资料进行代扣代缴个人所得税业务的会计处理。

知识目标

1. 理解个人所得税基本法规知识；
2. 掌握各项个人所得税应纳税额的计算；
3. 掌握自行申报和源泉扣缴个人所得税的两种申报方式；
4. 熟悉代扣代缴个人所得税业务的会计处理。

情境导入

美国居民罗伯特先生在中国境内无住所，自 2017 年 1～10 月都在中国境内居住，取得由中国境内外资企业支付的月薪 2 万元人民币，美国公司每月支付的工薪折合人民币 1 万元。6 月份回美国工作 10 日，计算罗伯特先生 2017 年 6 月份应就其工薪在中国缴纳多少个人所得税？

项目一　个人所得税法律知识

个人所得税是以个人（自然人）取得的各项应税所得为对象征收的一种税，是调整征税机关与自然人（居民、非居民）之间在个人所得税的征纳与管理过程中所发生的社会关系的法律规范的总称。1980 年 9 月 10 日，第五届全国人民代表大会第三次会议通过《中华人民共和国个人所得税法》。中华人民共和国第十届全国人民代表大会常务委员会第十八次会议于 2005 年 10 月 27 日通过《全国人民代表大会常务委员会关于修改〈中华人民共和国个人所得税法〉

的决定》,中华人民共和国第十一届全国人大常委会第二十一次会议2011年6月30日下午表决通过了全国人大常委会关于修改个人所得税法的决定。根据决定,个税免征额将从现行的2 000元提高到3 500元,自2011年9月1日起施行。

个人所得税是世界各国普遍开征的一个税种,最早产生于18世纪的英国。很多国家个人所得税在全部税收收入中所占比重超过了其他税种,成为政府重要的财政收入。个人所得税是政府对自然人征收的一种所得税,对国家取得财政收入、缩小贫富差距有着十分重要的作用。

任务一　个人所得税的征税范围

下列各项个人所得,应纳个人所得税:

(1)工资、薪金所得,指个人因任职或者受雇而取得的工资、薪金、奖金、年终加薪、劳动分红、津贴、补贴以及与任职或者受雇有关的其他所得。

一般来说,工资、薪金所得属于非独立个人劳动所得。所谓非独立个人劳动,是指个人所从事的是由他人指定、安排并接受管理的劳动。工作或服务于公司、工厂、行政、事业单位的人员(私营企业主除外)均为非独立劳动者。他们从上述单位取得的劳动报酬,是以工资、薪金的形式体现的。

(2)个体工商户的生产、经营所得,指:

①个体工商户从事工业、手工业、建筑业、交通运输业、商业、饮食业、服务业、修理业及其他行业取得的所得。

②个人经政府有关部门批准,取得执照,从事办学、医疗、咨询以及其他有偿服务活动取得的所得。

③上述个体工商户和个人取得的与生产、经营有关的各项应税所得。

④个人因从事彩票代销业务而取得的所得,应按照"个体工商户的生产、经营所得"项目计征个人所得税。

⑤其他个人从事个体工商业生产、经营取得的所得。

个体工商户和从事生产、经营的个人,取得与生产、经营活动无关的其他各项应税所得,应分别按照其他应税项目的有关规定,计算征收个人所得税,如取得银行存款的利息所得、对外投资取得的股息所得,应按"股息、利息、红利"税目的规定单独计征个人所得税。

个人独资企业、合伙企业的个人投资者以企业资金为本人、家庭成员及其相关人员支付与企业生产经营无关的消费性支出及购买汽车、住房等财产性支出,视为企业对个人投资者的利润分配,并入投资者个人的生产经营所得,依照"个体工商户的生产经营所得"项目计征个人所得税。

(3)企事业单位的承包经营、承租经营所得,指个人承包经营、承租经营以及转包、转租取得的所得,包括个人按月或者按次取得的工资、薪金性质的所得。

(4)劳务报酬所得,指个人从事设计、装璜、安装、制图、化验、测试、医疗、法律、会计、咨询、讲学、新闻、广播、翻译、审稿、书画、雕刻、影视、录音、录像、演出、表演、广告、展览、技术服务、介绍服务、经纪服务、代办服务以及其他劳务取得的所得。

(5)稿酬所得,指个人因其作品以图书、报刊形式出版、发表而取得的所得。

(6)特许权使用费所得,指个人提供专利权、商标权、著作权、非专利技术以及其他特许权的使用权取得的所得;提供著作权的使用权取得的所得,不包括稿酬所得。

(7)利息、股息、红利所得，指个人拥有债权、股权而取得的利息、股息、红利所得。

(8)财产租赁所得，指个人出租建筑物、土地使用权、机器设备、车船以及其他财产取得的所得。

(9)财产转让所得，指个人转让有价证券、股权、建筑物、土地使用权、机器设备、车船以及其他财产取得的所得。

(10)偶然所得，指个人得奖、中奖、中彩以及其他偶然性质的所得。

(11)经国务院财政部门确定征税的其他所得。

个人取得的应纳税所得，包括现金、实物和有价证券。所得为实物的，应当按照取得的凭证上所注明的价格计算应纳税所得额；无凭证的实物或者凭证上所注明的价格明显偏低的，由主管税务机关参照当地的市场价格核定应纳税所得额。所得为有价证券的，由主管税务机关根据票面价格和市场价格核定应纳税所得额。

知识链接

津贴的征免个人所得税范围

根据我国目前个人收入的构成情况，规定对于一些不属于工资、薪金性质的补贴、津贴或者不属于纳税人本人工资、薪金所得项目的收入，不予征税。这些项目包括：(1)独生子女补贴；(2)执行公务员工资制度未纳入基本工资总额的补贴、津贴差额和家属成员的副食品补贴；(3)托儿补助费；(4)差旅费津贴、误餐补助。但单位以误餐补助名义发给职工的补助、津贴征收个人所得税。

【例 6—1】 以下不属于工资、薪金所得的项目有(　　)。

A. 托儿补助费　　B. 劳动分红　　C. 投资分红　　D. 独生子女补贴

【答案】 ACD

任务二　个人所得税的纳税人

我国个人所得税的纳税义务人是在中国境内居住有所得的人，以及不在中国境内居住而从中国境内取得所得的个人，包括中国国内公民，在华取得所得的外籍人员和港、澳、台同胞。纳税义务人依据住所和居住时间两个标准，区分为居民和非居民，分别承担不同的纳税义务。

一、个人所得税的居民纳税人和非居民纳税人划分

1. 住所标准和居住时间标准只要具备一个就成为居民纳税人：

(1)住所标准："在中国境内有住所"是指因户籍、家庭、经济利益关系而在中国境内习惯性居住。习惯性居住，是判定纳税义务人属于居民还是非居民的一个重要依据。它是指个人因学习、工作、探亲等原因消除之后，没有理由在其他地方继续居留时，所要回到的地方，而不是指实际居住地或在某一个特定时期内的居住地。一个纳税人因学习、工作、探亲、旅游等原因，原来是在中国境外居住，但是在这些原因消除之后，如果必须回到中国境内居住的，则中国为该人的习惯性居住地。尽管该纳税义务人在一个纳税年度内，甚至连续几个纳税年度，都未在中国境内居住过1天，他仍然是中国居民纳税义务人，应就其来自全球的应纳税所得，向中国

缴纳个人所得税。

（2）居住时间标准："在中国境内居住满 1 年"是指在一个纳税年度（即公历 1 月 1 日起至 12 月 31 日止）内，在中国境内居住满 365 日。在计算居住天数时，对临时离境应视同在华居住，不扣减其在华居住的天数。"临时离境"是指在一个纳税年度内，一次不超过 30 日或者多次累计不超过 90 日的离境。

2. 非居民纳税人的判定条件是以下两条必须同时具备：

（1）在我国无住所；

（2）在我国不居住或居住不满 1 年。

二、居民纳税义务人

居民纳税义务人是指在中国境内有住所，或者无住所而在中国境内居住满 1 年的个人。居民纳税义务人负有无限纳税义务。其所取得的应纳税所得，无论是来源于中国境内还是中国境外任何地方，都要在中国境内缴纳个人所得税。

三、非居民纳税义务人

非居民纳税义务人，是指不符合居民纳税义务人判定标准（条件）的纳税义务人。非居民纳税义务人承担有限纳税义务，即仅就其来源于中国境内的所得，向中国缴纳个人所得税。

【例 6－2】 美国人玛丽被派到中国工作，每月该玛丽女士取得来自中国境外的所得折合人民币 25 000 元，其中，中国境内公司负担 10 000 元；来自中国境内的所得为 40 000 元人民币，其中美国的派遣公司负担 12 000 元。

1. 若一个纳税年度内玛丽在中国境内居住时间不超过 90 日或 183 日（税收协定），应就哪些所得缴纳个人所得税？

2. 若一个纳税年度内玛丽在中国境内居住时间超过 90 日或 183 日（税收协定）但不满 1 年，每月应就哪些所得缴纳个人所得税？

3. 若玛丽在中国境内居住时间满 1 年但不超过 5 年，每月应就哪些所得缴纳个人所得税？

4. 若玛丽在中国境内居住时间超过 5 年，每月应就哪些所得缴纳个人所得税？

【解析】

1. 若一个纳税年度内玛丽在中国境内居住时间不超过 90 日或 183 日（税收协定），应就来自中国境内的所得，由境内公司负担的部分 28 000 元（40 000－12 000）纳税。

2. 若一个纳税年度内玛丽在中国境内居住时间超过 90 日或 183 日但不满 1 年，每月应就全部来自中国境内的所得 40 000 元纳税。

3. 若玛丽在中国境内居住时间满 1 年但不超过 5 年，每月应就全部来自中国境内的所得，加来源于境外、境内公司负担部分 50 000 元（40 000＋10 000）纳税。

4. 若玛丽在中国境内居住时间超过 5 年，每月应就全部境内外的所得 65 000 元（40 000＋25 000）纳税。

任务三　企业所得税的适用税率

个人所得税的税率按所得项目不同分别确定为：

一、工资、薪金所得

工资、薪金所得，是指个人因任职或受雇而取得的工资、薪金、奖金、年终加薪、劳动分红、津贴、补贴以及与任职或受雇有关的其他所得。这就是说，个人取得的所得，只要是与任职、受雇有关，不管其单位的资金开支渠道或以现金、实物、有价证券等形式支付的，都是工资、薪金所得项目的课税对象。

工资、薪金所得，适用七级超额累进税率，税率为3%～45%，见表6－1。

表6－1　　个人所得税税率表(工资、薪金所得适用)

级数	全月应纳税所得额		税率(%)	速算扣除数
	含税级距	不含税级距		
1	不超过1 500元的	不超过1 455元的	3	0
2	超过1 500元至4 500元的部分	超过1 455元至4 155元的部分	10	105
3	超过4 500元至9 000元的部分	超过4 155元至7 755元的部分	20	555
4	超过9 000元至35 000元的部分	超过7 755元至27 255元的部分	25	1 005
5	超过35 000元至55 000元的部分	超过27 255元至41 255元的部分	30	2 755
6	超过55 000元至80 000元的部分	超过41 255元至57 505元的部分	35	5 505
7	超过80 000元的部分	超过57 505元的部分	45	13 505

二、个体工商户的生产、经营所得和对企事业单位的承包经营、承租经营所得

个体工商户的生产、经营所得是指：

(1)个体工商户从事工业、手工业、建筑业、交通运输业、商业、饮食业、服务业、修理业以及其他行业生产、经营取得的所得。

(2)个人经政府有关部门批准，取得执照，从事办学、医疗、咨询以及其他有偿服务活动取得的所得。

(3)其他个人从事个体工商业生产、经营取得的所得。

(4)上述个体工商户和个人取得的与生产、经营有关的各项应纳税所得。

(5)个体工商户或者个人专营种植业、养殖业、饲养业、捕捞业，其经营项目不属于农业税、牧业税征收范围的，应当缴纳个人所得税。兼营上述行为并将其所得单独核算的，比照专营者纳税；不能单独核算的，应当就其全部所得缴纳个人所得税。

(6)个人独资企业、合伙企业的个人投资者以企业资金为本人、家庭成员及其相关人员支付与企业生产经营无关的消费性支出及购买汽车、住房等财产性支出，视为企业对个人投资者的利润分配，并入投资者个人的生产经营所得，依照“个体工商户的生产经营所得”项目计征个人所得税。

个体工商户的生产、经营所得和对企事业单位的承包经营、承租经营所得，适用5%～35%的超额累进税率，见表6－2。

表 6—2　个体工商户的生产、经营所得个人所得税税率表

级数	含税级距	不含税级距	税率(%)	速算扣除数
1	不超过 15 000 元的	不超过 14 250 元的	5	0
2	超过 15 000 元至 30 000 元的部分	超过 14 250 元至 27 750 元的部分	10	750
3	超过 30 000 元至 60 000 元的部分	超过 27 750 元至 51 750 元的部分	20	3 750
4	超过 60 000 元至 100 000 元的部分	超过 51 750 元至 79 750 元的部分	30	9 750
5	超过 100 000 元的部分	超过 79 750 元的部分	35	14 750

注:(1)表中所列含税级距与不含税级距,均为按照税法规定减除有关费用(成本、损失)后的全年应纳税所得额。

(2)含税级距适用于个体工商户的生产、经营所得和由纳税人负担税款的承包经营、承租经营所得;不含税级距适用于由他人(单位)代付税款的承包经营、承租经营所得。

三、稿酬所得

稿酬所得,是指个人因其作品以图书、报纸形式出版、发表而取得的所得。这里所说的“作品”,是指包括中外文字、图片、乐谱等能以图书、报刊方式出版、发表的作品;“个人作品”,包括本人的著作、翻译的作品等。个人取得遗作稿酬,应按稿酬所得项目计税。

稿酬所得,适用比例税率,税率为 20%,并按应纳税额减征 30%,故其实际税率为 14%。

四、劳务报酬所得

劳务报酬所得,是指个人从事设计、装潢、安装、制图、化验、测试、医疗、法律、会计、咨询、讲学、新闻、广播、翻译、审稿、书画、雕刻、影视、录像、演出、表演、广告、展览、技术服务、介绍服务、经济服务、代办服务以及其他劳务取得的所得。

劳务报酬所得,适用比例税率,税率为 20%。对劳务报酬所得一次收入畸高的,可以实行加成征收,具体办法由国务院规定,税率见表 6—3。

表 6—3　劳务报酬所得个人所得税税率表

级数	每次应纳税所得额	税率(%)	速算扣除数(元)
1	不超过 20 000 元的部分	20	0
2	20 000～50 000 元的部分	30	2 000
3	超过 50 000 元的部分	40	7 000

注:本表所称每次应纳税所得额,是指每次收入额减除费用 800 元(每次收入额不超过 4 000 元时)或者减除 20%的费用(每次收入额超过 4 000 元时)后的余额。

知识链接

“劳务报酬所得一次收入畸高”,是指个人一次取得劳务报酬,其应纳税所得额超过 20 000 元。对应纳税所得额超过 20 000～50 000 元的部分,依照税法规定计算应纳税额后再按照应纳税额加征五成;超过 50 000 元的部分,加征十成。因此,劳务报酬所得实际上适用 20%、30%、40%的三级超额累进税率。

知识辨析

出租车司机取得的所得税目划分

主要看出租车是否归个人所有，如果出租车归个人所有，则为个体户生产经营所得；如果出租车不归个人所有，则为工资、薪金所得。

(1)出租汽车经营单位对出租车驾驶员采取单车承包或承租方式运营，出租车驾驶员从事客货运营取得的收入，按工资、薪金所得项目征税(这个可以理解为出租汽车经营管理单位只是把驾驶员招聘进来当司机，目的是看中驾驶员的开车技术，驾驶员取得的只是出租汽车经营管理单位支付的固定的工资、薪金收入)。

(2)从事个体出租车运营的出租车驾驶员取得的收入，按个体工商户的生产、经营所得项目缴纳个人所得税。

(3)出租车属于个人所有，但挂靠出租汽车经营单位或企事业单位，驾驶员向挂靠单位缴纳管理费的，或出租汽车经营单位将出租车所有权转移给驾驶员的，出租车驾驶员从事客货运营取得的收入，比照个体工商户的生产、经营所得项目征税。

(4)对于临时顶替的驾驶员，没有签订承包合同雇用合同的，按劳务报酬所得征税。

五、特许权使用费所得

特许权使用费所得，是指个人提供专利权、著作权、商标权、非专利技术以及其他特许权的使用权取得的所得。提供著作权的使用权取得的所得，不包括稿酬所得。作者将自己的文字作品手稿原件或复印件公开拍卖(竞价)取得的所得，应按特许权使用费所得项目计税。

知识辨析

区分稿酬所得和工资、薪金所得，特许权使用费所得

(1)任职、受雇于报纸、杂志等单位的记者、编辑等专业人员，因在本单位的报纸、杂志上发表作品而取得的所得，属于因任职、受雇而取得的所得，应与其当月工资收入合并，按“工资、薪金所得”项目征收个人所得税。

(2)除上述专业人员以外，其他人员在本单位的报纸、杂志上发表作品取得的所得，应按“稿酬所得”项目征收个人所得税。

(3)作者将自己的文字作品手稿原件或复印件公开拍卖(竞价)取得的所得，属于提供著作权的使用权所得，故应按“特许权使用费所得”项目征收个人所得税。

个人取得特许权的经济赔偿收入，应按“特许权使用费所得”项目征收个人所得税。

六、利息、股息、红利所得

利息、股息、红利所得是指个人拥有债权、股权而取得的利息、股息、红利所得。利息是指个人的存款利息(国家宣布 2008 年 10 月 8 日次日开始取消利息税)、贷款利息和购买各种债券的利息。股息，也称股利，是指股票持有人根据股份制公司章程规定，凭股票定期从股份公司取得的投资利益。红利，也称公司(企业)分红，是指股份公司或企业根据应分配的利润按股份分配超过股息部分的利润。股份制企业以股票形式向股东个人支付股息、红利即派发红股，应以派发的股票面额为收入额计税。

七、财产租赁所得

财产租赁所得，是指个人出租建筑物、土地使用权、机器设备车船以及其他财产取得的所得。财产包括动产和不动产。

八、财产转让所得

财产转让所得，是指个人转让有价证券、股权、建筑物、土地使用权、机器设备、车船以及其他自有财产给他人或单位而取得的所得，包括转让不动产和动产而取得的所得。对个人股票买卖取得的所得暂不征税。

九、偶然所得

偶然所得，是指个人取得的所得是非经常性的，属于各种机遇性所得，包括得奖、中奖、中彩以及其他偶然性质的所得(含奖金、实物和有价证券)。个人购买社会福利有奖募捐奖券、中国体育彩票，一次中奖收入不超过10 000元的，免征个人所得税；超过10 000元的，应以全额按偶然所得项目计税(截至2011年4月21日的税率为20%)。

十、其他所得

除上述9项应税项目以外，其他所得应确定征税的，由国务院财政部门确定。国务院财政部门，是指财政部和国家税务总局。截至1997年4月30日，财政部和国家税务总局确定征税的其他所得项目有：

(1)个人取得“蔡冠深中国科学院院士荣誉基金会”颁发的中国科学院院士荣誉奖金。

(2)个人取得由银行部门以超过国家规定利率和保值贴补率支付的揽储奖金。

(3)个人因任职单位缴纳有关保险费用而取得的无偿款优待收入。

(4)对保险公司按投保金额，以银行同期储蓄存款利率支付给在保期内未出险的人寿保险户的利息(或以其他名义支付的类似收入)。

(5)股民个人因证券公司招揽大户股民在本公司开户交易，从取得的交易手续费中支付部分金额给大户股民而取得的回扣收入或交易手续费返还收入。

(6)个人取得部分单位和部门在年终总结、各种庆典、业务往来及其他活动中，为其他单位和部门的有关人员发放现金、实物或有价证券。

(7)辞职风险金。

(8)个人为单位或者他人提供担保获得报酬。

知识链接

个人所得税应纳税额的特殊规定

目前明确的具体项目：

1. 个人为单位或他人提供担保获得报酬，应按照个人所得税法规定的“其他所得”项目缴纳个人所得税，税款由支付所得的单位或个人代扣代缴。

2. 企业在业务宣传、广告等活动中，随机向本单位以外的个人赠送礼品，对个人取得的礼品所得，按照“其他所得”项目，全额适用20%的税率缴纳个人所得税。

3. 企业在年会、座谈会、庆典以及其他活动中向本单位以外的个人赠送礼品，对个人取得的礼品所得，按照“其他所得”项目，全额适用20%的税率缴纳个人所得税。

4. 房屋产权所有人将房屋产权无偿赠与他人的，受赠人因无偿受赠房屋取得的所得，按照“其他所得”项目缴纳个人所得税，税率为20%。其应纳税所得额为房地产赠与合同上标明的房屋赠与价值，减除赠与过程中受赠人支付的相关税费后的余额。

任务四　个人所得税的优惠政策

《个人所得税法》及其实施条例以及财政部、国家税务总局的若干规定等，都对个人所得项目给予了减税免税的优惠，主要有：

一、免征个人所得税的优惠

(1)省级人民政府、国务院部委和中国人民解放军军以上单位，以及外国组织颁发的科学、教育、技术、文化、卫生、体育、环境保护等方面的奖金。

(2)国债和国家发行的金融债券利息。

(3)按照国家统一规定发给的补贴、津贴。这里所说的按照国家统一规定发给的补贴、津贴，是指按照国务院规定发给的政府特殊津贴和国务院规定免纳个人所得税的补贴、津贴。

(4)福利费、抚恤金、救济金。

(5)保险赔款。

(6)军人的转业费、复员费。

(7)按照国家统一规定发给干部、职工的安家费、退职费、退休工资、离休工资、离休生活补助费。

(8)依照我国有关法律规定应予免税的各国驻华使馆、领事馆的外交代表、领事官员和其他人员的所得。

(9)中国政府参加的国际公约以及签订的协议中规定免税的所得。

(10)符合规定的见义勇为者的奖金。为了鼓励广大人民群众见义勇为，维护社会治安，对乡、镇(含乡、镇)以上人民政府或经县(含县)以上人民政府主管部门批准成立的有机构、有章程的见义勇为基金会或者类似组织，奖励见义勇为者的奖金或奖品，经主管税务机关核准，免予征收个人所得税。

(11)企业和个人按照省级以上人民政府规定的比例提取并缴付的住房公积金、医疗保险金、基本养老保险金、失业保险金，不计入个人当期的工资、薪金收入，免予征收个人所得税。超过规定的比例缴付的部分计征个人所得税。个人领取原提存的住房公积金、医疗保险金、基本养老保险金时，免予征收个人所得税。

(12)对个人取得的教育储蓄存款利息所得以及国务院财政部门确定的其他专项储蓄存款或者储蓄性专项基金存款的利息所得，免征个人所得税。

(13)储蓄机构内从事代扣代缴工作的办税人员取得的扣缴利息税手续费所得，免征个人所得税。

(14)解除劳动合同补偿收入个人所得。

个人因与用人单位解除劳动关系而取得的一次性补偿收入(包括用人单位发放的经济补

偿金、生活补助费和其他补助费用)，其收入在当地上年职工平均工资 3 倍数额以内的部分，免征个人所得税；超过的部分按照《国家税务总局关于个人因解除劳动合同取得经济补偿金征收个人所得税问题的通知》(国税发〔1999〕178 号)的有关规定，计算征收个人所得税。

(15)生育妇女按照县级以上人民政府根据国家有关规定制定的生育保险办法，取得的生育津贴、生育医疗费或其他属于生育保险性质的津贴、补贴，免征个人所得税。

(16)一次性补偿(安置)收入个人所得。对国有企业职工，因企业依照《中华人民共和国企业破产法(试行)》宣告破产，从破产企业取得的一次性安置费收入，免予征收个人所得税。

(17)对工伤职工及其近亲属按照《工伤保险条例》规定取得的工伤保险待遇，免征个人所得税。

(18)对延长离休、退休年龄的高级专家从其劳动人事关系所在单位取得的，单位按国家有关规定向职工统一发放的工资、薪金、奖金、津贴、补贴等收入，视同离休、退休工资，免征个人所得税。

延长离休、退休年龄的高级专家是指：

①享受国家发放的政府特殊津贴的专家、学者。

②中国科学院、中国工程院院士。

(19)对被拆迁人按照国家有关城镇房屋拆迁管理办法规定的标准取得的拆迁补偿款，免征个人所得税。

(20)经国务院财政部门批准免税的所得。

二、减征个人所得税的优惠

(1)残疾、孤老人员和烈属的所得。

凡符合《中国残疾人实用评定标准》所列的六类残疾(视力残疾、听力残疾、言语残疾、肢体残疾、智力残疾、精神残疾)中视力残疾属于盲类别的，听力残疾、言语残疾属于二级(含二级，下同)以上级别的，肢体残疾属于二级(中度)以上级别的(身体正常发育的侏儒除外)，精神残疾属于中度(二级)以上的，智力残疾属于中度以上智力水平以及孤老人员和烈属的工资、薪金所得；个体工商业户的生产经营所得；对企事业单位的承包承租经营所得；劳务报酬所得；稿酬所得；特许权使用费所得，减半征收个人所得税。

(2)因严重的自然灾害造成重大损失的。

(3)退役士兵从事个体经营个人所得税。

对自主就业退役士兵从事个体经营的，在 3 年内按每户每年 8 000 元为限额依次扣减其当年实际应缴纳的营业税、城市维护建设税、教育费附加、地方教育附加和个人所得税。限额标准最高可上浮 20%，各省、自治区、直辖市人民政府可根据本地区的实际情况在此幅度内确定具体限额标准，并报财政部和国家税务总局备案。

(4)对持《就业失业登记证》(注明“自主创业税收政策”或附着《高校毕业生自主创业证》)人员从事个体经营的，在 3 年内按每户每年 8 000 元为限额依次扣减其当年实际应缴纳的营业税、城市维护建设税、教育费附加、地方教育附加和个人所得税。限额标准最高可上浮 20%，各省、自治区、直辖市人民政府可根据本地区实际情况在此幅度内确定具体限额标准，并报财政部和国家税务总局备案。

(5)其他经国务院财政部门批准减税的。

三、暂免征收个人所得税的优惠

(1)外籍个人所得暂免征收个人所得税。

①外籍个人以非现金形式或实报实销形式取得的住房补贴、伙食补贴、搬迁费、洗衣费。

②外籍个人按合理标准取得的境内、外出差补贴。

③外籍个人取得的探亲费、语言训练费、子女教育费等,经当地税务机关审核批准为合理的部分。可以享受免征个人所得税优惠的探亲费,仅限于外籍个人在我国的受雇地与其家庭所在地(包括配偶或父母居住地)之间搭乘交通工具,且每年不超过两次的费用。

(2)外籍个人按合理标准取得的境内、外出差补贴。

(3)对个人购买社会福利有奖募捐奖券一次中奖收入不超过10 000元的暂免征收个人所得税。

(4)个人举报、协查各种违法、犯罪行为而获得的奖金。

(5)个人办理代扣代缴税款手续,按规定取得的扣缴手续费,暂免征收个人所得税。

(6)个人转让自用达5年以上并且是唯一的家庭居住用房取得的所得。

(7)外籍个人从央企取得的股息、红利所得。

(8)体育彩票中奖个人所得。

为了有利于动员全社会力量资助和发展我国的体育事业,对个人购买体育彩票中奖收入的所得税政策作如下调整:凡一次中奖收入不超过1万元的,暂免征收个人所得税;超过1万元的,应按税法规定全额征收个人所得税。

(9)对证券市场个人投资者取得的证券交易结算资金利息所得,暂免征收个人所得税,即证券市场个人投资者的证券交易结算资金在2008年10月9日后(含10月9日)孳生的利息所得,暂免征收个人所得税。

(10)凡符合下列条件之一的外籍专家取得的工资、薪金所得可免征个人所得税:

①根据世界银行专项贷款协议由世界银行直接派往我国工作的外国专家。

②联合国组织直接派往我国工作的专家。

③为联合国援助项目来华工作的专家。

④援助国派往我国专为该国无偿援助项目工作的专家。

⑤根据两国政府签订文化交流项目来华工作2年以内的文教专家,其工资、薪金所得由该国负担的。

⑥根据我国大专院校国际交流项目来华工作2年以内的文教专家,其工资、薪金所得由该国负担的。

⑦通过民间科研协定来华工作的专家,其工资、薪金所得由该国政府机构负担的。

(11)股权分置改革中非流通股股东通过对价方式向流通股股东支付的股份、现金等收入,暂免征收流通股股东应缴纳的个人所得税。

(12)个人捐赠。

根据《个人所得税法实施条例》第二十四条规定:个人将其所得对教育事业和其他公益事业的捐赠,是指个人对其所得通过中国境内的社会团体、国家机关向教育和其他社会公益事业以及遭受严重自然灾害地区、贫困地区的捐赠,捐赠额未超过纳税义务人申报的应纳税所得额30%的部分,可从其应纳税所得额中扣除。

(13)个人取得单张有奖发票奖金所得不超过800元(含800元)的,暂免征收个人所得税;

个人取得单张有奖发票奖金所得超过800元的，应全额按照个人所得税法规定的“偶然所得”项目征收个人所得税。

(14)自2006年6月1日起，对保险营销员佣金中的展业成本，免征个人所得税；对佣金中的劳务报酬部分，扣除实际缴纳的营业税及附加后，依照税法有关规定计算征收个人所得税。保险营销员的佣金由展业成本和劳务报酬构成，所谓“展业成本”即营销费。根据目前保险营销员展业的实际情况，佣金中展业成本的比例暂定为40%。

四、对在中国境内无住所，但在境内居住1年以上不到5年的纳税人的减免税优惠

在中国境内无住所，但是居住1年以上5年以下的个人，其来源于中国境外的所得，经主管税务机关批准，可以只就由中国境内公司、企业以及其他经济组织或者个人支付的部分缴纳个人所得税；居住超过5年的个人，从第6年起，应当就其来源于中国境内外的全部所得缴纳个人所得税。

五、对在中国境内无住所，但在一个纳税年度中在中国境内居住不超过90日的纳税人的减免税优惠

在中国境内无住所，但是在一个纳税年度中在中国境内连续或者累计居住不超过90日的个人，其来源于中国境内的所得，由境外雇主支付并且不由该雇主在中国境内的机构、场所负担的部分，免予缴纳个人所得税。

【例6－3】 对于县级政府颁发的科学、教育、技术、文化、卫生、体育、环境保护等方面的奖金，应当(　　)。

A. 征收个人所得税　　B. 免征个人所得税

C. 减半征收个人所得税　　D. 适当减征个人所得税

【答案】 A

六、可以不用缴纳个人所得税的收入

1. 按照国家统一规定发放的补贴、津贴

《中华人民共和国个人所得税法实施条例》规定，国家统一规定发放的补贴、津贴，是指按照国务院规定发给的政府特殊津贴、院士津贴、资深院士津贴，以及国务院规定免纳个人所得税的其他补贴、津贴。

2. 个人福利费

《个人所得税法》规定，福利费免征个人所得税。其中超出国家规定的比例或基数计提的福利费，工会经费中支付给个人的各种补贴、补助等不属于免税的福利费范围，应当计征个人所得税。

3. 独生子女补贴、托儿补助费

根据《国家税务总局关于印发〈征收个人所得税若干问题的规定〉的通知》规定，个人按规定标准取得独生子女补贴和托儿补助费，不征收个人所得税。但超过规定标准的部分应并入公司薪金所得。

4. 差旅费津贴

根据《国家税务总局关于印发〈征收个人所得税若干问题的规定〉的通知》规定，“差旅费津

贴”不属于工资、薪金性质的补贴、津贴或不属于纳税人本人工资、薪金所得项目收入，不征个人所得税。

5. 上市公司股息红利

根据《关于上市公司股息红利差别化个人所得税政策等有关问题的通知》，个人从公开发行的转让市场取得的上市公司股票，持股期限超过1年，股息红利所得暂免征收个税。

6.“五险一金”

《财政部、国家税务总局关于基本养老保险费、基本医疗保险费、失业保险费、住房公积金有关个人所得税政策的通知》规定，企事业单位按照国家或省（自治区、直辖市）人民政府规定的缴费比例或办法实际缴付的基本医疗保险费、失业保险费允许在个人应纳税所得额中扣除。单位和个人分别在不超过职工本人上一年度月平均工资12%的幅度内实际缴存的住房公积金，允许在个人应纳税所得额中扣除。

7. 符合规定的房屋产权无偿赠与，对当事双方不征收个人所得税

(1)房屋产权所有人将房屋产权无偿赠与配偶、父母、子女、祖父母、外祖父母、孙子女、外孙子女、兄弟姐妹；

(2)房屋产权所有人将房屋产权无偿赠与对其承担直接抚养或者赡养义务的抚养人或者赡养人；

(3)房屋产权所有人死亡，依法取得房屋产权的法定继承人、遗嘱继承人或者受遗赠人。

项目二　个人所得税应纳税额的计算及会计处理

要计算个人所得税应纳税额，应先计算应纳税所得额。由于个人所得税的应税项目不同，并且取得某项所得所需费用也不相同，因此，计算个人应纳税所得额，需按不同应税项目分项计算。以某项应税项目的收入额减去税法规定的该项费用减除标准后的余额，为该项应纳税所得额。

任务一　工资、薪金所得应纳税额的计算

一、费用减除标准

工资、薪金所得，以每月收入额减除费用3 500元后的余额为应纳税所得额。

考虑到外籍人员，华侨，港、澳、台同胞和在境外工作的中国公民生活费用较高的实际情况，税法增列了附加减除费用的规定。也就是在3 500元扣除额的基础上，再附加一个费用扣除额，即再减除1 300元，其余额为应纳税所得额。

外籍人员是指在中国境内的央企和外国企业中工作的外籍人员，应聘在中国境内的企业、事业单位、社会团体、国家机关中工作的外籍专家，在中国境内有住所而在中国境外任职或者受雇取得工资、薪金所得的个人。

二、工资、薪金所得应纳税额的计算

工资、薪金所得应纳税额的计算公式为：

应纳税额=(工资、薪金所得 −“五险一金”−扣除数)×适用税率−速算扣除数

全月应纳税所得额＝(应发工资－"四金")－3 500

实发工资＝应发工资－"四金"－缴税

【例 6－4】　某纳税人 2017 年 9 月工资为 4 200 元，该纳税人不适用附加减除费用的规定。计算其当月应纳个人所得税税额。

(1)应纳税所得额＝4 200－3 500＝700(元)

(2)应纳税额＝700×3%＝21(元)

【例 6－5】　某央企中工作的美国专家(假设为非居民纳税人)，2017 年 9 月份取得由该企业发放的工资收入 10 400 元人民币。请计算其应纳个人所得税税额。

(1)应纳税所得额＝10 400－(3 500＋1 300)＝5 600(元)

(2)应纳税额＝5 600×20%－555＝565(元)

任务二　个体工商户的生产、经营所得应纳税额的计算及会计处理

一、会计科目的设置

个体工商户缴纳个人所得税有查账征收和核定征收两种形式。查账征收适用于账册健全、核算完整的纳税人，核定征收适用于账册不健全、会计核算不完整的纳税人。对于实现查账征收的纳税人，其应缴纳的个人所得税是以每一年度的收入总额减去成本、费用和损失后的余额，按适用税率计算，其会计核算通过"留存收益"和"应交税费——应交个人所得税"等账户进行。在计算应纳个人所得税时，借记"留存收益"账户，贷记"应交税费——应交个人所得税"账户；税款实际上缴入库时，借记"应交税费　应交个人所得税"账户，贷记"银行存款"账户。

二、个体工商户生产、经营所得应纳税额的计算及账务处理

个体工商户的生产、经营所得，以每一纳税年度的收入总额，减除成本、费用以及损失后的余额，为应纳税所得额。成本，是指纳税人为生产、经营商品和提供劳务过程中等所发生的各项直接支出和各项间接支出；费用，是指纳税人在生产、经营商品和提供劳务过程中等所发生的销售费用、管理费用和财务费用；损失，是指纳税人在生产、经营过程中发生的各项营业外支出。纳税人不能提供完整、准确的纳税资料，不能正确计算应纳税所得额的，由主管税务机关核定其应纳税所得额。

个体工商户的生产、经营所得包括以下四个方面：

(1)经工商行政管理部门批准开业并领取营业执照的城乡个体工商户，从事工业、手工业、建筑业、交通运输业、商业、饮食业、服务业、修理业及其他行业的生产、经营取得的所得。

(2)个人经政府有关部门批准，取得营业执照，从事办学、医疗、咨询以及其他有偿服务活动取得的所得。

(3)其他个人从事个体工商业生产、经营取得的所得，即个人临时从事生产、经营活动取得的所得。

(4)上述与个体工商户和个人取得的生产、经营有关的各项应税所得。

知识链接

根据现行个人所得税法及其实施条例和财税〔2010〕62 号文件，自 2011 年 9 月 1 日起，将

个体工商户、个人独资企业和合伙企业个人所得税税前扣除标准有关问题作如下调整：

1. 对个体工商户业主、个人独资企业和合伙企业投资者的生产经营所得依法计征个人所得税时，个体工商户业主本人、个人独资企业和合伙企业投资者的费用扣除标准统一确定为42 000元/年(3 500元/月)。

2. 个体工商户、个人独资企业和合伙企业投资者向其从业人员实际支付的合理的工资、薪金支出，允许在税前据实扣除。

3. 个体工商户、个人独资企业和合伙企业投资者拨缴的工会经费、发生的职工福利费、职工教育经费支出分别在工资、薪金总额2%、14%、2.5%的标准内据实扣除。

4. 个体工商户、个人独资企业和合伙企业投资者每一纳税年度发生的广告费和业务宣传费用不超过当年销售(营业)收入15%的部分，可据实扣除；超过部分，准予在以后纳税年度结转扣除。

5. 个体工商户、个人独资企业和合伙企业投资者每一纳税年度发生的与其生产经营业务直接相关的业务招待费支出，按照发生额的60%扣除，但最高不得超过当年销售(营业)收入的5‰。

6. 投资者及其家庭发生的生活费用不允许在税前扣除。投资者及其家庭发生的生活费用与企业生产经营费用混合在一起，并且难以划分的，全部视为投资者个人及其家庭发生的生活费用，不允许在税前扣除。

7. 企业生产、经营和投资者及其家庭生活共用的固定资产，难以划分的，由税务机关根据企业的生产、经营类型和规模等具体情况，核定准予在税前扣除的折旧费用的数额或比例。

8. 企业计提的各种准备金不得扣除。

个体工商户和从事生产、经营的个人，取得与生产、经营活动无关的各项应税所得，应分别适用各应税项目的规定计算征收个人所得税。

个体工商户的生产、经营所得应纳税额的计算公式为：

应纳税额＝应纳税所得额×适用税率－速算扣除数

或　＝(全年收入总额－成本、费用及损失)×适用税率－速算扣除数

【例6－6】 某个体工商户2017年全年经营收入60万元，发生生产经营成本、费用总额为40万元，按个人所得税法规定，计算其应缴纳的个人所得税税额，并编制相应的会计分录。

①应纳税额＝(600 000－400 000)×35%－14 750＝55 250(元)

②会计处理：

借：留存利润　55 250

　贷：应交税费——应交个人所得税　55 250

③实际缴纳税款时：

借：应交税费——应交个人所得税　55 250

　贷：银行存款　55 250

三、个人独资企业和合伙企业投资者的生产、经营所得应纳个人所得税的计算

对个人独资企业和合伙企业投资者的生产、经营所得，其个人所得税应纳税额的计算有以下两种方法：

第一种：查账征收。凡实行查账征收办法的企业，生产经营所得应纳税额的计算比照个体

工商户个人所得税计税办法执行。

第二种：核定征收。核定征收方式，包括定额征收、核定应税所得率征收以及其他合理的征收方式。

实行核定应税所得率征收方式的，应纳所得税额的计算公式如下：

应纳所得税额＝应纳税所得额×适用税率

应纳税所得额＝收入总额×应税所得率

或　　＝成本费用支出额÷(1－应税所得率)×应税所得率

应税所得率应按表6—4规定的标准执行。

表6—4　　个人所得税应税所得率表

行　业	应税所得率(%)
工业、交通运输业、商业	5～20
建筑业、房地产开发业	7～20
饮食服务业	7～25
娱乐业	20～40
其他行业	10～30

企业经营多业的，无论其经营项目是否单独核算，均应根据其主营项目确定其适用的应税所得率。

任务三　企事业单位的承包经营、承租经营所得应纳税额

一、费用减除标准

对企事业单位的承包经营、承租经营所得，以每一纳税年度的收入总额减除必要费用后的余额，为应纳税所得额。每一纳税年度的收入总额，是指纳税义务人按照承包经营、承租经营合同规定分得的经营利润和工资、薪金性质的所得；所说的减除必要费用，是指按月减除3 500元。

二、对企事业单位的承包经营、承租经营所得应纳税额的计算

对企事业单位的承包经营、承租经营所得，其个人所得税应纳税额的计算公式为：

应纳税额＝应纳税所得额×适用税率－速算扣除数

或　　＝(纳税年度收入总额－必要费用)×适用税率－速算扣除数

对企事业单位的承包经营、承租经营所得适用的速算扣除数，同个体工商户的生产、经营所得适用的速算扣除数。

【例6—7】　2017年3月1日，某个人与事业单位签订承包合同经营招待所，承包期为3年。2010年招待所实现承包经营利润150 000元，按合同规定，承包人每年应从承包经营利润中上缴承包费30 000元。计算承包人2010年应纳个人所得税税额。

(1)年应纳税所得额＝承包经营利润－上缴费用－每月必要费用扣减合计

＝150 000－30 000－(3 500×10)＝850 000(元)

(2)应纳税额＝年应纳税所得额×适用税率－速算扣除数

=850 000 ×30%－9 750=15 750(元)

任务四　劳务报酬所得应纳税额的计算

一、费用减除标准

劳务报酬所得、稿酬所得、特许权使用费所得、财产租赁所得，每次收入不超过 4 000 元的，减除费用 800 元；4 000 元以上的，减除 20%的费用，其余额为应纳税所得额。其中财产租赁所得还可以减去相关税费、修缮费用。

二、劳务报酬所得应纳税额的计算

对劳务报酬所得，其个人所得税应纳税额的计算公式为：

(1)每次收入不足 4 000 元的：

应纳税额=应纳税所得额×适用税率

或　　=(每次收入额－800)×20%

(2)每次收入在 4 000 元以上的：

应纳税额=应纳税所得额×适用税率

=每次收入额×(1－20%)×20%

(3)每次收入的应纳税所得额超过 20 000 元的：

应纳税额=应纳税所得额×适用税率－速算扣除数

或　　=每次收入额×(1－20%)×适用税率－速算扣除数

【例 6－8】 某演员 2017 年 5 月一次取得表演收入 40 000 元，扣除 20%的费用后，应纳税所得额为 32 000 元。请计算其应纳个人所得税税额。

应纳税额=每次收入额×(1－20%)×适用税率－速算扣除数

=40 000×(1－20%)×30%－2 000=7 600(元)

知识辨析

劳务报酬判定

1. 注意劳务报酬(独立、非雇佣)与工资、薪金(非独立、雇佣)的差别。个人兼职取得的收入应按照“劳务报酬所得”项目缴纳个人所得税。

演员参加非任职单位组织的演出取得的报酬，应按“劳务报酬所得”项目，按次计算纳税；演员参加任职单位组织的演出取得的报酬，应按“工资、薪金所得”项目，按月计算纳税。

2. 个人担任董事取得的董事费收入的计税规定——按照董事身份内外有别。

内部董事，主要指担任公司董事的同时在本公司任职、受雇的个人，其取得的董事费收入，属于因任职、受雇而取得的报酬，应与个人工资收入合并，统一按“工资、薪金所得”项目缴纳个人所得税。外部董事，是指不在本公司任职受雇的董事，其取得的董事费收入按“劳务报酬所得”项目缴纳个人所得税。

3. 在校学生因参与勤工俭学活动而取得的属于个人所得税法规定的应税所得项目的所得，应依法缴纳个人所得税。

4. 非货币性营销业绩奖励的对象不同，适用的征税项目的差异。

自2004年1月20日起，对商品营销活动中，企业和单位对营销业绩突出的非雇员以培训班、研讨会、工作考察等名义组织旅游活动，通过免收差旅费、旅游费对个人实行的营销业绩奖励(包括实物、有价证券等)，应根据所发生费用的全额作为该营销人员当期的劳务收入，按照"劳务报酬所得"项目征收个人所得税，并由提供上述费用的企业和单位代扣代缴。

任务五　稿酬所得应纳税额的计算

一、费用减除标准

稿酬所得每次收入不超过4 000元的，减除费用800元；4 000元以上的，减除20%的费用，其余额为应纳税所得额。

稿酬所得，以每次出版、发表取得的收入为一次。出版单位预付或分次支付稿酬，或加印该作品再付稿酬，均应合并计算其稿酬；如果作者将同一作品既出书，又在报刊上连载，应将出书和连载取得的收入分为两次计税。

二、稿酬所得应纳税额的计算

(1)每次收入不足4 000元的：

$$
\begin{aligned}
\text{应纳税额}&=\text{应纳税所得额}\times\text{适用税率}\times(1-30\%)\\
&=(\text{每次收入额}-800)\times 20\%\times(1-30\%)
\end{aligned}
$$

(2)每次收入在4 000元以上的：

$$
\begin{aligned}
\text{应纳税额}&=\text{应纳税所得额}\times\text{适用税率}\times(1-30\%)\\
&=\text{每次收入额}\times(1-20\%)\times 20\%\times(1-30\%)
\end{aligned}
$$

【例6—9】 某作家取得一次未扣除个人所得税的稿酬收入20 000元。请计算其应缴纳的个人所得税税额。

$$
\begin{aligned}
\text{应纳税额}&=\text{应纳税所得额}\times\text{适用税率}\times(1-30\%)\\
&=20\,000\times(1-20\%)\times 20\%\times(1-30\%)=2\,240(\text{元})
\end{aligned}
$$

知识辨析

稿酬所得与工资、薪金所得的具体区分

任职、受雇于报纸、杂志等单位的记者、编辑等专业人员，因在本单位的报纸、杂志上发表作品而取得的所得，属于因任职、受雇而取得的所得，应与其当月工资收入合并，按"工资、薪金所得"项目征收个人所得税。

除上述专业人员以外，其他人员在本单位的报纸、杂志上发表作品取得的所得，应按"稿酬所得"项目征收个人所得税。

出版社的专业作者撰写、编写或翻译的作品，由本社以图书形式出版而取得的稿费收入，应按"稿酬所得"税目征收个人所得税。因为出版社的专业作者并不属于出版社的员工，不具有雇佣关系，两者只是签约关系，所以不属于工资、薪金所得。

任务六　特许权使用费所得应纳税额的计算

一、费用减除标准

每次收入不超过 4 000 元的，减除费用 800 元；4 000 元以上的，减除 20%的费用，其余额为应纳税所得额。

特许权使用费所得，以一项特许权的一次许可使用所得收入为一次。

二、特许权使用费所得应纳税额的计算

(1)每次收入不足 4 000 元的：

应纳税额＝应纳税所得额×适用税率＝(每次收入额－800)×20%

(2)每次收入在 4 000 元以上的：

应纳税额＝应纳税所得额×适用税率＝每次收入额×(1－20%)×20%

【例 6－10】 某纳税人转让一项专利权取得收入 3 500 元，要求计算其应纳税额。

解：(1)应纳税所得额＝3 500－800＝2 700(元)

(2)应纳个人所得税额＝2 700×20%＝540(元)

知识辨析

特许权费和特许权使用费的辨析

特许权使用费收入，是指企业提供专利权、非专利技术、商标权、著作权以及其他特许权的使用权取得的收入。特许权使用费收入，按照合同约定的特许权使用人应付特许权使用费的日期确认收入的实现。

特许权费，可以理解为特许经营某种商品或服务收取的费用，例如奥运特许商品，收取特许权费，特许经营商按照销售额的一定比例向奥组委支付特许权费。特许权费的比例一般为商品零售价的 5%～15%。属于提供设备和其他有形资产的特许权费，在交付资产或转移资产所有权时确认收入；属于提供初始及后续服务的特许权费，在提供服务时确认收入。

任务七　利息、股息、红利所得和偶然所得应纳税额的计算

一、费用减除标准

利息、股息、红利所得，是指个人拥有债权、股权而取得的利息、股息、红利所得。利息，一般是指存款、贷款和债券的利息。股息、红利，是指个人拥有股权取得的股息、红利，属于公司、企业的分红。按照一定的比率派发的每股息金，叫股息；根据公司、企业应分配的利润，按股份分配的叫红利。

偶然所得，是指个人得奖、中奖、中彩以及其他偶然性质的所得。

利息、股利、红利所得，以每次收入额为应纳税所得额，以支付利息、股息、红利取得的收入为一次。偶然所得，以每次取得该项收入为一次。

二、利息、股息、红利所得和偶然所得应纳税额的计算

利息、股息、红利所得和偶然所得应纳税额的计算公式为：

应纳税额＝应纳税所得额×适用税率
＝每次收入额×20％

任务八　财产租赁所得应纳税额的计算

一、费用减除标准

财产租赁所得，以一个月取得的收入为一次，纳税人在出租财产过程中缴纳的税金和教育费附加，可持完税凭证，从其财产租赁收入中扣除。由纳税人负担的该出租财产实际开支的修缮费，如能提供有效、准确的凭证，准予扣除，但每次以 800 元为限，一次扣除不完的，准予在下一次继续扣除，直到扣完为止。

二、财产租赁所得应纳税额的计算

财产租赁所得应纳税额的计算公式为：

(1)每次(月)收入不超过 4 000 元的：

应纳税所得额＝每次(月)收入额－准予扣除项目－修缮费用(800 元为限)－800 元

(2)每次(月)收入超过 4 000 元的：

应纳税所得额＝[每次(月)收入额－准予扣除项目－修缮费用(800 元为限)]×(1－20％)

应纳税额＝应纳税所得额×适用税率

【例 6－11】 刘某于 2017 年 1 月将其自有的 4 间面积为 150 平方米的房屋出租给张某作为经营场所，租期 1 年。刘某每月取得租金收入 2 500 元，全年租金收入 30 000 元。计算刘某全年租金收入应缴纳的个人所得税。

财产租赁收入以每月内取得的收入为一次，因此，刘某每月及全年应纳税额为：

(1)每月应纳税额＝(2 500－800)×20％＝340(元)

(2)全年应纳税额＝340×12＝4 080(元)

本例在计算个人所得税时未考虑其他税、费。如果对租金收入计征营业税、城市维护建设税、房产税和教育费附加等，还应将其从税前的收入中先扣除后才计算应缴纳的个人所得税。

假定上例中，当年 2 月份因下水道堵塞找人修理，发生修理费用 500 元，有维修部门的正式收据，则 2 月份和全年的应纳税额为：

(1)2 月份应纳税额＝(2 500－500－800)×20％＝240(元)

(2)全年应纳税额＝340×11＋240＝3 980(元)

任务九　财产转让所得应纳税额的计算

一、费用减除标准

财产转让所得，以个人每次转让财产的收入额减除财产原值和相关税费后的余额为应纳税所得额。财产原值是指：

(1)有价证券，为买入价以及买入时按照规定缴纳的有关税费；

(2)建筑物，为建造费或者购进价格以及其他有关税费；

(3)土地使用权，为取得土地使用权所支付的金额、开发土地的费用以及其他有关税费；

(4)机器设备、车船，为购进价格、运输费、安装费以及其他有关税费；

(5)其他财产,参照以上方法确定。

纳税人未提供完整、准确的财产原值凭证,不能正确计算财产原值的,由主管税务机关核定其财产原值。

相关税费,是指卖出财产时按照规定支付的有关税费。

二、财产转让所得应纳税额的计算

财产转让所得应纳税额的计算公式为:

应纳税额=应纳税所得额×适用税率

=(收入总额-财产原值-合理税费)×20%

【例 6-12】 某人建房一栋,造价 36 000 元,支付有关费用 2 000 元。该人转让房屋,售价 60 000 元,在卖房过程中按规定支付交易费等有关费用 2 500 元,其应纳个人所得税税额的计算过程为:

(1)应纳税所得额=财产转让收入-财产原值-合理费用

=60 000-(36 000+2 000)-2 500=19 500(元)

(2)应纳税额=19 500×20%=3 900(元)

任务十　其他所得应纳税额的计算

其他所得,以每次取得该项收入为一次。

其他所得应纳税额的计算公式为:

应纳税额=应纳税所得额×适用税率

=每次收入额×20%

为了正确计算应纳税所得额,实施条例还规定,个人取得的应纳税所得,包括现金、实物和有价证券。所得为实物的,应当按照取得的凭证上所注明的价格计算应纳税所得额,无凭证的实物或凭证上所注明的价格明显偏低的,由主管税务机关参照当地的市场价格核定应纳税所得额。所得为有价证券的,由主管税务机关根据票面价格和市场价格核定应纳税所得额。

另外,纳税义务人兼有税法所列的两项或两项以上的应纳税所得的,应分项计算纳税。在中国境内两处或两处以上取得工资、薪金所得或个体工商户的生产、经营所得或者对企事业单位的承包经营、承租经营所得的,同项所得应合并计算纳税。

在中国境内有住所或者无住所而在境内居住满一年的个人,从中国境外取得的所得,应当与中国境内取得的应纳税所得分别计算纳税,并按税法规定分项减除费用,计算应纳税额。

两个或两个以上的个人共同取得的同一项目收入的,应当对每个人取得的收入分别按税法规定减除费用后,计算应纳税额。

各项所得的计算,以人民币为单位,个人所得为外国货币的,应当按照填开完税凭证的上一月最后一日中国人民银行公布的外汇牌价,折合成人民币计算应纳税所得额及税额,依照税法规定须在年度终了后汇算清缴税款的,对已按月或按次预缴税款的外国货币所得,不再重新折算;对应补缴税款的所得部分,按上一纳税年度最后一日中国人民银行的外汇牌价,折合成人民币计算应纳税所得额及税额。

计算个人所得税的应纳税额,首先应确定个人所得属于何种应税项目,再根据应税项目的种类计算应纳税所得额,然后再依据应税项目确定适用税率。适用超额累进税率的项目,还应根据应纳税所得额的大小,划分纳税所得额分别达到的级距及分别适用的税率。

任务十一 应纳税额计算中的几个特殊问题

一、对个人取得全年一次性奖金等应纳税额的计算

全年一次性奖金是指行政机关、企事业单位等扣缴义务人根据其全年经济效益和对雇员全年工作业绩的综合考核情况，向雇员发放的一次性奖金。一次性奖金也包括年终加薪、实行年薪制和绩效工资办法的单位根据考核情况兑现的年薪和绩效工资。纳税人取得全年一次性奖金，单独作为1个月工资、薪金所得计算纳税，自2005年1月1日起按以下计税办法，由扣缴义务人发放时代扣代缴：

(1)先将雇员当月内取得的全年一次性奖金，除以12个月，按其商数确定适用税率和速算扣除数。

如果在发放年终一次性奖金的当月，雇员当月工资、薪金所得低于税法规定的费用扣除额，应将全年一次性奖金减除"雇员当月工资、薪金所得与费用扣除额的差额"后的余额，按上述办法确定全年一次性奖金的适用税率和速算扣除数。

(2)将雇员个人当月内取得的全年一次性奖金，按上述第(1)条确定的适用税率和速算扣除数计算征税。

如果雇员当月工资、薪金所得高于(或等于)税法规定的费用扣除额的。适用公式为：

应纳税额＝雇员当月取得全年一次性奖金×适用税率－速算扣除数

如果雇员当月工资、薪金所得低于税法规定的费用扣除额的，适用公式为：

应纳税额＝(雇员当月取得全年一次性奖金－雇员当月工资、薪金所得与费用扣除额的差额)×适用税率－速算扣除数

(3)在一个纳税年度内，对每一个纳税人，该计税办法只允许采用一次。

(4)实行年薪制和绩效工资的单位。个人取得年终兑现的年薪和绩效工资按上述第(2)条、第(3)条规定执行。

(5)雇员取得除全年一次性奖金以外的其他各种名目奖金，如半年奖、季度奖、加班奖、先进奖、考勤奖等，一律与当月工资、薪金收入合并，按税法规定缴纳个人所得税。

【例6－13】 中国公民王某就职于国内A上市公司，2017年12月取得当年度全年一次性奖金收入36 000元，王某当月的工资为4 500元。王某12月取得全年一次性奖金应当缴纳个人所得税是多少？

每月的奖金＝36 000÷12＝3 000(元)

适用10%的税率，速算扣除数为105元。

应纳个人所得税＝36 000×10%－105＝3 495(元)

二、在央企、外国企业和外国驻华机构工作的中方人员取得的工资、薪金所得的应纳税额的计算

在央企、外国企业和外国驻华机构工作的中方人员取得的工资、薪金收入，凡是由雇佣单位和派遣单位分别支付的，支付单位应按税法规定代扣代缴个人所得税。同时，按税法规定，纳税义务人应以每月全部工资、薪金收入减除规定费用后的余额为应纳税所得额。为了有利于征管，对雇佣单位和派遣单位分别支付工资、薪金的，采取由支付者中的一方减除费用的方法，即只由雇佣单位在支付工资、薪金时，按税法规定减除费用，计算扣缴个人所得税；派遣单

位支付的工资、薪金不再减除费用，以支付金额直接确定适用税率，计算扣缴个人所得税。

上述纳税义务人，应持两处支付单位提供的原始明细工资、薪金单(书)和完税凭证原件，选择并固定到一地税务机关申报每月工资、薪金收入，汇算清缴其工资、薪金收入的个人所得税，多退少补。具体申报期限，由各省、自治区、直辖市税务机关确定。

【例6－14】 某央企雇用的中方人员，假定2017年9月该央企支付给王某的薪金为7 200元，同月，王某还收到其所在的派遣单位发给的工资1 900元。请问：该央企、派遣单位应如何扣缴个人所得税？王某实际应缴的个人所得税为多少？

(1)央企应为王某扣缴的个人所得税为：

扣缴税额＝(每月收入额－3 500)×适用税率－速算扣除数

＝(7 200－35 00)×10%－105＝265(元)

(2)派遣单位应为王某扣缴的个人所得税为：

扣缴税额＝每月收入额×适用税率－速算扣除数＝1 900×10%－105＝85(元)

(3)王某实际应缴的个人所得税为：

应纳税额＝(每月收入额－3 500)×适用税率－速算扣除数

＝(7 200＋1 900－3 500)×20%－555＝565(元)

因此，在王某到某税务机关申报时，还应补缴215(565－265－85)元。

三、特定行业职工取得的工资、薪金所得的计税问题

为了照顾采掘业、远洋运输业、远洋捕捞业因季节、产量等因素的影响，职工的工资、薪金收入呈现较大幅度波动的实际情况，对这三个特定行业的职工取得的工资、薪金所得，可按月预缴，年度终了后30日内，合计其全年工资、薪金所得，再按12个月平均并计算实际应纳的税款，多退少补。用公式表示为：

应纳所得税额＝[(全年工资、薪金收入/12－费用扣除标准)×税率－速算扣除数]×12

四、关于个人取得公务用车、通信补贴收入征税问题

个人因公务用车和通信制度改革而取得的公务用车、通信补贴收入，扣除一定标准的公务费用后，按照“工资、薪金”所得项目计征个人所得税。按月发放的，并入当月“工资、薪金”所得计征个人所得税；不按月发放的，分解到所属月份并与该月份“工资、薪金”所得合并后计征个人所得税。

公务费用的扣除标准，由省级地方税务局根据纳税人公务用车、通信费用的实际发生情况调查测算，报经省级人民政府批准后确定，并报国家税务总局备案。

五、关于失业保险费(金)征税问题

城镇企事业单位及其职工个人按照《失业保险条例》规定的比例，实际缴付的失业保险费，均不计入职工个人当期的工资、薪金收入，免予征收个人所得税；超过《失业保险条例》规定的比例缴付失业保险费的，应将其超过规定比例缴付的部分计入职工个人当期的工资、薪金收入，依法计征个人所得税。

具备《失业保险条例》规定条件的失业人员，领取的失业保险金，免予征收个人所得税。

六、关于企业改组改制过程中个人取得的量化资产征税问题

对职工个人以股份形式取得的仅作为分红依据，不拥有所有权的企业量化资产，不征收个人所得税。

对职工个人以股份形式取得的拥有所有权的企业量化资产，暂缓征收个人所得税；待个人将股份转让时，就其转让收入额，减除个人取得该股份时实际支付的费用支出和合理转让费用后的余额，按"财产转让所得"项目计征个人所得税。

对职工个人以股份形式取得的企业量化资产参与企业分配而获得的股息、红利应按"利息、股息、红利"项目征收个人所得税。

七、关于个人因与用人单位解除劳动关系而取得的一次性补偿收入征免税问题

(1)个人因与用人单位解除劳动关系而取得的一次性补偿收入(包括用人单位发放的经济补偿金、生活补助费和其他补助费用)，其收入在当地上年职工平均工资 3 倍数额内的部分，免征个人所得税；超过的部分按照《国家税务总局关于个人因解除劳动合同取得经济补偿金征收个人所得税问题的通知》的有关规定，计算征收个人所得税。

(2)个人领取一次性补偿收入时，按照国家和地方政府规定的比例实际缴纳的住房公积金、医疗保险费、基本养老保险费、失业保险费可以计征其一次性补偿收入的个人所得税时予以扣除。

(3)企业按照国家有关法律规定宣告破产，企业职工从该破产企业取得一次性安置收入，免征个人所得税。

八、关于个人取得退职费收入征免个人所得税问题

(1)《个人所得税法》第四条第七款所说的可以免征个人所得税的"退职费"是指个人符合《国务院关于工人退休、退职的暂行办法》(国发[1978]104 号)规定的退职条件并按该办法规定的退职费标准所领取的退职费。

(2)个人取得的不符合上述办法规定的退职条件和退职费标准的退职费收入，属于与其任职、受雇活动有关的工资、薪金性质的所得，应在取得的当月按工资、薪金所得计算缴纳个人所得税。但考虑到作为雇主给予退职人员经济补偿的退职费，通常为一次性发给，且数额较大，以及退职人员有可能在一段时间内没有固定收入等实际情况，依照《个人所得税法》中有关工资、薪金所得计算征税的规定，对退职人员有一次取得较高退职费收入的，可视为其一次取得数月的工资、薪金收入，并以原每月工资、薪金收入总额为标准，划分为若干月份的工资、薪金收入后，计算个人所得税的应纳税所得额及税额。但按上述方法划分超过了 6 个月工资、薪金收入的，应按 6 个月平均划分计算。个人取得全部退职费收入的应纳税款，应由其原雇主在支付退职费时负责代扣并于次月 15 日内缴入国库。个人退职后 6 个月内又再次任职、受雇的，对个人已缴纳个人所得税的退职费收入，不再与再次任职、受雇取得的工资、薪金所得合并计算补缴个人所得税。

九、关于企业年金个人所得税征收管理问题

为了进一步规范企业年金个人所得税的征收管理，根据国家税务局《关于企业年金个人所得税征收管理有关问题的通知》(国税函[2009]694 号)规定，从 2009 年 12 月 10 日起，对企业

年金个人所得税征收管理有关问题按以下规定执行：

(1)企业年金的个人缴费部分，不得在个人当月工资、薪金计算个人所得税时扣除。

(2)企业年金的企业缴费记入个人账户的部分(以下简称企业缴费)是个人因任职或受雇而取得的所得，属于个人所得税应税收入，在记入个人账户时，应视为个人一个月的工资、薪金(不与正常的工资、薪金合并)，不扣除任何费用，按照"工资、薪金所得"项目计算当期应纳个人所得税款，并由企业在缴费时代扣代缴。

对企业按季度、半年或年度缴费的，在计税时不得还原至所属月份，均作为一个月的工资、薪金，不扣除任何费用，按照适用税率计算扣缴个人所得税。

(3)对因年金设置条件导致的已经记入个人账户的企业缴费不能归属个人的部分，其已扣缴的个人所得税应予以退还。具体计算公式如下：

应退税款＝企业缴费已纳税款×(1－实际领取企业缴费/已纳税企业缴费的累计额)

参加年金计划的个人在办理退税时，应持居民身份证、企业以前月度申报的含有个人明细信息的《年金企业缴费扣缴个人所得税报告表》复印件、解缴税款的《税收缴款书》复印件等资料，以及由企业出具的个人实际可领取的年金企业缴费额与已缴纳税款的年金企业缴费额的差额证明，向主管税务机关申报，经主管税务机关核实后，予以退税。

(4)设立企业年金计划的企业，应按照个人所得税法和税收征收管理法的有关规定，实行全员全额扣缴明细申报制度。企业要加强与其受托人的信息传递，并按照主管税务机关的要求提供相关信息。对违反有关税收法律法规规定的，按照税收征管法的有关规定予以处理。

(5)通知下发前，企业已按规定对企业缴费部分依法扣缴个人所得税的，税务机关不再退税；企业未扣缴企业缴费部分个人所得税的，税务机关应限期责令企业按以下方法计算扣缴税款：以每年度未扣缴企业缴费部分为应纳税所得额，以当年每个职工月平均工资额的适用税率为所属期企业缴费的适用税率，汇总计算各年度应扣缴税款。

(6)通知所称企业年金是指企业及其职工按照《企业年金试行办法》的规定，在依法参加基本养老保险的基础上，自愿建立的补充养老保险。对个人取得本通知规定之外的其他补充养老保险收入，应全额并入当月工资、薪金所得依法征收个人所得税。

十、个人转让限售股征收个人所得税规定

为了进一步完善股权分置改革后的相关制度，发挥税收对高收入者的调节作用，促进资本市场长期、稳定、健康发展，根据财政部、国家税务总局、证监会《关于个人转让上市公司限售股所得征收个人所得税有关问题的通知》(财税〔2009〕167号)规定，对个人转让上市公司限售流通股(以下简称限售股)取得的所得征收个人所得税有关问题按以下规定执行：

(1)自2010年1月1日起，对个人转让限售股取得的所得，按照"财产转让所得"，适用20%的比例税率征收个人所得税。

(2)本通知所称限售股，包括：

①上市公司股权分置改革完成后股票复牌日之前股东所持原非流通股股份，以及股票复牌日至解禁日期间由上述股份孳生的送、转股(以下统称股改限售股)；

②2006年股权分置改革新老划断后，首次公开发行股票并上市的公司形成的限售股，以及上市首日至解禁日期间由上述股份孳生的送、转股(以下统称新股限售股)；

③财政部、税务总局、法制办和证监会共同确定的其他限售股。

(3)个人转让限售股，以每次限售股转让收入，减除股票原值和合理税费后的余额，为应纳

税所得额，即：

应纳税所得额＝限售股转让收入－（限售股原值＋合理税费）

应纳税额＝应纳税所得额×20％

本通知所称的限售股转让收入，是指转让限售股股票实际取得的收入。限售股原值，是指限售股买入时的买入价及按照规定缴纳的有关费用。合理税费，是指转让限售股过程中发生的印花税、佣金、过户费等与交易相关的税费。

如果纳税人未能提供完整、真实的限售股原值凭证，不能准确计算限售股原值的，主管税务机关一律按限售股转让收入的15％核定限售股原值及合理税费。

（4）限售股转让所得个人所得税，以限售股持有者为纳税义务人，以个人股东开户的证券机构为扣缴义务人。限售股个人所得税由证券机构所在地主管税务机关负责征收管理。

（5）限售股转让所得个人所得税，采取证券机构预扣预缴、纳税人自行申报清算和证券机构直接扣缴相结合的方式征收。证券机构预扣预缴的税款，于次月7日内以纳税保证金形式向主管税务机关缴纳。主管税务机关在收取纳税保证金时，应向证券机构开具《中华人民共和国纳税保证金收据》，并纳入专户存储。

根据证券机构技术和制度准备完成情况，对不同阶段形成的限售股，采取不同的征收管理办法。

①证券机构技术和制度准备完成前形成的限售股，证券机构按照股改限售股复牌日收盘价，或新股限售股上市首日收盘价计算转让收入，按照计算出的转让收入的15％确定限售股原值和合理税费，以转让收入减去原值和合理税费后的余额，适用20％税率，计算预扣预缴个人所得税额。

纳税人按照实际转让收入与实际成本计算出的应纳税额，与证券机构预扣预缴税额有差异的，纳税人应自证券机构代扣并解缴税款的次月1日起3个月内，持加盖证券机构印章的交易记录和相关完整、真实凭证，向主管税务机关提出清算申报并办理清算事宜。主管税务机关审核确认后，按照重新计算的应纳税额，办理退（补）税手续。纳税人在规定期限内未到主管税务机关办理清算事宜的，税务机关不再办理清算事宜，已预扣预缴的税款从纳税保证金账户全额缴入国库。

②证券机构技术和制度准备完成后新上市公司的限售股，按照证券机构事先植入结算系统的限售股成本原值和发生的合理税费，以实际转让收入减去原值和合理税费后的余额，适用20％税率，计算直接扣缴个人所得税额。

（6）纳税人同时持有限售股及该股流通股的，其股票转让所得，按照限售股优先原则，即转让股票视同为先转让限售股，按规定计算缴纳个人所得税。

（7）证券机构等应积极配合税务机关做好各项征收管理工作，并于每月15日前，将上月限售股减持的有关信息传递至主管税务机关。限售股减持信息包括股东姓名、公民身份证号码、开户证券公司名称及地址、限售股股票代码、本期减持股数及减持取得的收入总额。证券机构有义务向纳税人提供加盖印章的限售股交易记录。

（8）对个人在上海证券交易所、深圳证券交易所转让从上市公司公开发行和转让市场取得的上市公司股票所得，继续免征个人所得税。

项目三　个人所得税的纳税申报

任务一　自行申报纳税

自行申报纳税，是由纳税人自行在税法规定的纳税期限内，向税务机关申报取得的应税所得项目和数额，如实填写个人所得税纳税申报表，并按照税法规定计算应纳税额，据此缴纳个人所得税的一种方法。

一、自行申报纳税的纳税义务人

(1)自 2006 年 1 月 1 日起，年所得 12 万元以上的；

(2)从中国境内两处或者两处以上取得工资、薪金所得的；

(3)从中国境外取得所得的；

(4)取得应税所得，没有扣缴义务人的；

(5)国务院规定的其他情形。

其中，年所得 12 万元以上的纳税人，无论取得的各项所得是否已足额缴纳了个人所得税，均应当按照本办法的规定，于纳税年度终了后向主管税务机关办理纳税申报，如实填写《个人所得税纳税申报表(适用于年所得 12 万元以上的纳税申报)》(见表 6－5)；其他情形的纳税人，均应当按照自行申报纳税管理办法的规定，于取得所得后向主管税务机关办理纳税申报。

二、纳税申报地点

申报纳税地点一般应为收入来源地的税务机关。但是，纳税人在两处或两处以上取得工资、薪金所得的，可选择并固定在一地税务机关申报纳税；从境外取得所得的，应向境内户籍所在地或经常居住地税务机关申报纳税。

对在中国境内几地工作或提供劳务的临时来华人员，应以税法所规定的申报纳税日期为准，在某一地区达到申报纳税的日期，即应在该地申报纳税。但为了方便纳税，也可准予个人提出申请，经批准后固定在一地申报纳税。对由在华企业或办事机构发放工资、薪金的外籍纳税人，由在华企业或办事机构集中向当地税务机关申报纳税。

纳税人要求变更申报纳税地点的，须经原主管税务机关批准。

三、申报纳税期限

除特殊情况外，纳税人应在取得应纳税所得的次月 15 日内向主管税务机关申报所得并缴纳税款。具体规定如下：

(1)工资、薪金所得的应纳税款，按月计征，由纳税人在次月 15 日内缴入国库，并向税务机关报送个人所得税纳税申报表。采掘业、远洋运输业、远洋捕捞业等特定行业的纳税人，其工资、薪金所得应纳的税款，考虑其工作的特殊性，可以实行按年计算、分月预缴的方式计征，自年度终了之日起 30 日内，合计全年工资、薪金所得，再按 12 个月平均并计算实际应纳的税款，多退少补。对年所得 12 万元以上的纳税人，在纳税年度终了后 3 个月内向主管税务机关办理纳税申报。

表 6—5

个人所得税纳税申报表

（适用于年所得 12 万元以上的纳税人申报）

INDIVIDUAL INCOME TAX RETURN

（For individuals with an annual income of over 120 000 Yuan）

所得年份：　年　　　填表日期：　年　月　日　　　金额单位：人民币元（列至角分）

Year of income incurred:　　　Date of filing: date month year　　　Amount in RMB Yuan

<table>
<tr><td>纳税人姓名
Tax payer's name</td><td></td><td>国籍（地区）
Nationality/region</td><td></td><td>身份证照类型
ID Type</td><td colspan="2"></td><td>身份证照号码
ID number</td><td colspan="5"></td></tr>
<tr><td>任职、受雇单位
Employer</td><td></td><td>任职受雇单位税务代码
Employer's Tax ID Code</td><td></td><td>任职受雇单位所属行业
Industry of Employer</td><td colspan="2"></td><td>职务
Title</td><td colspan="2"></td><td>职业
Profession</td><td colspan="2"></td></tr>
<tr><td>在华天数
Days of stay in China</td><td></td><td>境内有效联系地址
Address in China</td><td colspan="4"></td><td>境内有效联系地址邮编
Post code</td><td colspan="2"></td><td>联系电话
Tel number</td><td colspan="2"></td></tr>
<tr><td>此行由取得经营所得的纳税人填写
This line is to be filled by taxpayers with business income</td><td>经营单位纳税人识别号
Tax ID Code of the business</td><td colspan="5"></td><td>经营单位纳税人名称
Name of the business</td><td colspan="5"></td></tr>
<tr><td colspan="2" rowspan="2">所得项目
Categories of income</td><td colspan="3">年所得额 Annual Income</td><td rowspan="2">应纳税所得额
Taxable income</td><td rowspan="2">应纳税额
Tax payable</td><td rowspan="2">已缴（扣）税额
Tax pre-paid and withheld</td><td rowspan="2">抵扣税额
Tax credit</td><td rowspan="2">减免税额
Tax exempted or deducted</td><td rowspan="2">应补税额
Tax owed</td><td rowspan="2">应退税额
Tax refundable</td><td rowspan="2">备注
Notes</td></tr>
<tr><td>境内
Income from withinChina</td><td>境外
Income from outside China</td><td>合计
Total</td></tr>
</table>

续表

1. 工资、薪金所得 Wages and salaries										
2. 个体工商户的生产、经营所得 Income from production or business operation conducted by self-employed industrial and commercial households										
3. 对企事业单位的承包经营、承租经营所得 Income from contracted or leased operation of enterprises or social service providers partly or wholly funded by state assets										
4. 劳务报酬所得 Remuneration for providing services										
5. 稿酬所得 Author's remuneration										
6. 特许权使用费所得 Royalties										
7. 利息、股息、红利所得 Interest, dividends and bonuses										
8. 财产租赁所得 Income from lease of property										
9. 财产转让所得 Income from transfer of property										

续表

其中：股票转让所得 Income from transfer of stocks				—	—	—	—	—	—	—	
个人房屋转让所得 Income from transfer of personal estate											
10. 偶然所得 Incidental income											
11. 其他所得 Other income											
合计 Total											

我声明，此纳税申报表是根据《中华人民共和国个人所得税法》及有关法律、法规的规定填报的，我保证它是真实的、可靠的、完整的。
Under penalties of perjury , I declare that this return has been filed according to THE INDIVIDUAL INCOME TAX LAW OF THE PEOPLE'S REPUBLIC OF CHINA and other relevant laws and regulations, and to the best of my knowledge and belief. I guarantee the information provided is true, correct and complete.
纳税人(签字) Taxpayer's signature

代理人(签章)：Preparer (Other than taxpayer)'s firm　　联系电话：Phone number

税务机关受理人(签字)：Signature of responsible tax officer:　　税务机关受理时间：　年　月　日 Filing date Time: Year/Month/Date　　受理申报税务机关名称(盖章)：Responsible tax office

(2)对于账册健全的个体工商户,其生产、经营所得应纳的税款实行按年计算,分月预缴,由纳税人在次月15日内申报预缴,年度终了后3个月汇算清缴,多退少补。对账册不健全的个体工商户,其生产、经营所得的应纳税款,由税务机关依据《税收征管法》自行确定征收方式。

(3)纳税人年终一次性取得承包经营、承租经营所得的,自取得收入之日起30日内申报纳税;在一年内分次取得承包经营、承租经营所得的,应在取得每次所得后的15日内预缴税款,年度终了后3个月内汇算清缴,多退少补。

(4)劳务报酬、稿酬、特许权使用费、利息、股息、红利、财产租赁、财产转让所得和偶然所得等,按次计征。取得所得的纳税人应当在次月15日内将应纳税款缴入国库,并向税务机关报送个人所得税纳税申报表。

(5)从中国境外取得所得的纳税人,在纳税年度终了后30日内向中国境内主管税务机关办理纳税申报。

四、申报纳税方式

纳税人可以采取数据电文、邮寄等方式申报,也可以直接到主管税务机关申报,或者采取符合主管税务机关规定的其他方式申报,纳税人采取邮寄方式申报的,以邮政部门挂号信函收据作为申报凭据,以寄出的邮戳日期为实际申报日期。

纳税人也可以委托有税务代理资质的中介机构或者他人代为办理纳税申报。

任务二 代扣代缴个人所得税

代扣代缴,是指按照税法规定负有扣缴税款义务的单位或者个人,在向个人支付应纳税所得时,应计算应纳税额,从其所得中扣出并缴入国库,同时向税务机关报送扣缴个人所得税报告表(见表6—6)。这种方法,有利于控制税源,防止漏税和逃税。

表 6—6

扣缴个人所得税报告表

税款所属期：　年　月　日　至　年　月　日

扣缴义务人名称：　　　　扣缴义务人所属行业：□一般行业 □特定行业月份申报

扣缴义务人编码：□□□□□□□□□□□□□□□　　　　金额单位：人民币元（列至角分）

序号	姓名	身份证件类型	身份证件号码	所得项目	所得期间	收入额	免税所得	税前扣除项目								减除费用	准予扣除的捐赠额	应纳税所得额	税率%	速算扣除数	应纳税额	减免税额	应扣缴税额	已扣缴税额	应补（退）税额	备注
								基本养老保险费	基本医疗保险费	失业保险费	住房公积金	财产原值	允许扣除的税费	其他	合计											
1	2	3	4	5	6	7	8	9	10	11	12	13	14	15	16	17	18	19	20	21	22	23	24	25	26	27
合计																										

谨声明：此扣缴报告表是根据《中华人民共和国个人所得税法》及其实施条例和国家有关税收法律法规规定填写的，是真实的、完整的、可靠的。

法定代表人（负责人）签字：　年　月　日

扣缴义务人公章： 经办人：	代理机构（人）签章： 经办人： 经办人执业证件号码：	主管税务机关受理专用章： 受理人：
填表日期：　年　月　日	代理申报日期：　年　月　日	受理日期：　年　月　日

一、扣缴义务人

税法规定，个人所得税以取得应税所得的个人为纳税义务人，以支付所得的单位或者个人为扣缴义务人，包括企业(公司)、事业单位、机关、社会团体、军队、驻华机构、个体户等单位和个人。

二、代扣代缴的范围

扣缴义务人在向个人支付下列所得时，应代扣代缴个人所得税：(1)工资、薪金所得；(2)对企事业单位的承包经营所得；(3)劳务报酬所得；(4)稿酬所得；(5)特许权使用费所得；(6)利息、股息、红利所得；(7)财产租赁所得；(8)财产转让所得；(9)偶然所得；(10)经国务院财政部门确定征税的其他所得。

三、代扣代缴期限

扣缴义务人每月所扣的税款，应当在次月 15 日缴入国库，并向主管税务机关报送《扣缴个人所得税报告表》，代扣代收税款凭证和包括每一个纳税人的姓名、单位、职务、收入、税款等内容的支付个人收入明细表以及税务机关要求报送的其他有关资料。

四、代扣代缴税款的手续费

税务机关应根据扣缴义务人所扣的税款，付给 2%的手续费，由扣缴义务人用于代扣代缴费用开支和奖励代扣代缴工作做得较好的办税人员。

五、填写扣缴个人所得税报告表

财产税类纳税实务

技能目标

1. 能够正确计算财产各税应纳税额；
2. 能够填写财产各税申报表并缴纳；
3. 能够准确地对财产各税的纳税人有关业务进行账务处理。

知识目标

1. 房产税、车船税、车辆购置税、契税法律知识；
2. 计算房产等税的应纳税额；
3. 房产等税的会计处理；
4. 填制纳税申报表；
5. 办理房产等税的纳税申报。

情境导入

坐落在县城的某大型国有企业，用于生产经营的厂房原值 6 000 万元。另外，该企业还有一个用于出租的仓库，年租金为 8 万元。按当地规定，允许以减除房产原值 20%后的余值为计税依据。

请问：该国有企业房产税的计税依据是多少？税率怎样确定？应纳房产税如何计算？

项目一　房产税纳税实务

任务一　房产税法律知识

所谓房产税，是以房屋为征税对象，按照房屋的计税余值或租金收入，向产权所有人征收的一种财产税。房产税法是指国家制定的、用来调整房产税征收与缴纳权利与义务关系的法律规范。1986 年 9 月 15 日，国务院颁布了《中华人民共和国房产税暂行条例》，自同年 10 月 1

日起实施。

一、房产税的征税范围

根据《房产税暂行条例》规定，房产税在城市、县城、建制镇和工矿区征收。因此，房产税的征税范围包括：

(1)城市按市行政区域(含郊区)的区域范围。

(2)县城按县城镇行政区域(含镇郊)的区域范围。

(3)建制镇按镇人民政府所在地的镇区范围，不包括所辖的行政村。

(4)工矿区指大中型工矿企业所在地非农业人口达 2 000 人以上、工商业比较发达的工矿区。开征房产税的工矿区须经省税务局批准。

二、房产税的纳税人

房产税的纳税人是指房屋的产权所有人。产权所有人是指拥有房屋产权的单位、集体或个人，即房屋的使用权、收益权、转让权、赠与权等权利归其所有，也就是常说的“产权人”、“房东”或“业主”。

房产税的纳税人具体包括产权所有人、经营管理单位、承典人、房产代管人或者使用人。

(1)产权属国家所有的，由经营管理单位纳税；产权属集体和个人所有的，由集体单位和个人纳税。

房产税的纳税义务人是征税范围内的房屋的产权所有人，包括国家所有和集体、个人所有房屋的产权所有人、承典人、代管人或使用人三类。

(2)产权出典的，由承典人纳税。

(3)产权所有人、承典人不在房屋所在地的，由房产代管人或者使用人纳税。

(4)产权未确定及租典纠纷未解决的，由房产代管人或者使用人纳税。

(5)无租使用其他房产的，由房产使用人纳税。

(6)外商投资企业、外国企业和组织以及外籍个人，依照《中华人民共和国房产税暂行条例》缴纳房产税。

知识链接

产权承典

产权承典，是指产权所有人为了某种需要，将自己的房屋等的产权，在一定的期限内转让(典当)给他人使用而取得出典价款的一种融资行为。产权所有人(房主)称为房屋出典人；支付现金或实物取得房屋支配权的人称为房屋承典人。这种业务一般发生于出典人急需用资金，但又想保留产权回赎权的情况。承典人向出典人交付一定的典价之后，在质典期内获取抵押物品的支配权，并可转典。产权的典价一般要低于卖价。出典人在规定期间内须归还典价的本金和利息，方可赎回出典房屋等的产权。由于在房屋出典期间，产权所有人已无权支配房屋，因此税法规定对房屋具有支配权的承典人为纳税人。

三、房产税的税率

现行房产税采用比例税率。由于房产税的计税依据有从价计征和从租计征两种形式，相应地，房产税的税率也有两种：对于从价计征的，税率为1.2%；对于从租计征的，税率为12%。

另外，从2001年1月1日起，对个人按市场价格出租的居民住房，用于居住的，可暂按4%的税率征收房产税。

四、房产税的优惠政策

目前，房产税的优惠政策主要有：

(1)国家机关、人民团体、军队自用的房产免征房产税。若上述免税单位出租房产以及非自身业务使用的生产、营业用房，则不属于免税范围。

(2)由国家财政部门拨付经费的事业单位自用的房产免征房产税。对于事业单位的非自用、公用房产，如事业单位的附属工厂、商店、招待所等，应照章纳税。

此外，由国家拨付经费的事业单位，为了鼓励其经济自立，自其经济来源实行自收自支的年度起，免征3年房产税。

(3)宗教寺庙、公园、名胜古迹自用的房产免征房产税。但上述单位所附设的营业单位，如影剧院、饮食部、茶楼、照相馆等所使用的房产及其出租的房产，不属于免税房产，应照章纳税。

(4)社会举办的学校、图书馆(室)、文化馆(室)、体育馆、医院、幼儿园、托儿所、敬老院等公共、公益事业单位自用的房产。

(5)个人所有非营业用的房产免征房产税。这里的个人所有非营业用的房产，主要是指居住用房，不分面积多少，一律免征房产税。但对个人拥有的营业用房或出租的房屋，则不属于免征范围，应照章纳税。

(6)经财政部批准免税的其他房产：

①损坏不堪使用的房屋和危险房屋，经有关部门鉴定，在停止使用后，可免征房产税。

②对因企业停产、撤销而停滞不用的房产，经省、自治区、直辖市地方税务局批准可暂不征收房产税。但如果这些房产转给其他征收单位使用或企业恢复生产，应照章纳税。

③房产大修停用半年以上的，经纳税人申请和税务机关审核，在大修期间可免征房产税。

④在基建工地为基建工地服务的各种工棚、材料棚、休息棚和办公室、食堂、茶炉房、汽车房等临时性房屋，在施工期间一律免征房产税。但工程结束后，施工企业将这种临时性房屋交还或估价转让给基建单位的，应从基建单位接收的次月起照章纳税。

⑤为鼓励利用地下人防设施，暂不征收房产税。

⑥老年服务机构自用的房产，如老年社会福利院、敬老院、养老院、老年服务中心、老年公寓等福利性、非营利性机构专门为老年人提供生活照料、护理、健身所使用的房产，免征房产税。

⑦住房租赁免税。从2000年11月1日起，对按政府规定价格出租的公有住房和廉租住房，包括企业和自收自支事业单位向职工出租的单位自有住房；房管部门向居民出租的公有住房；落实私房政策中带销户发还产权并以政府规定的租金标准向居民出租的私有住房等，暂免征房产税。

⑧高校后勤实体房产免税。对高校后勤经济实体的房产，从2000年1月1日起免征房产税。

⑨医疗卫生机构房产免税。疾病控制、妇幼保健等卫生机构和非营利性医疗机构自用的房产，免征房产税。营利性医疗机构的房产，免征房产税3年。

⑩向居民供热并向居民收取采暖费的供热企业暂免征收房产税。

⑪农村邮政企业不征税。从2001年1月1日起，对邮政部门坐落在城市、县城、建制镇、工矿区范围以外，尚在县邮政局内核算的房产，在单位财务中能划分清楚的，不征收房产税。

⑫血站免税。对批准从事采集、提供临床用血的血站，自用的房产，免征房产税。

⑬商品房出售前不征税。对房地产开发企业建造的商品房，在售出前，不征收房产税。但对售出前房地产开发企业已使用或出租、出借的商品房应按规定征收房产税。

⑭天然林保护工程实施企业免税。对长江上游、黄河中上游地区，东北、内蒙古等国有林区天然林资源保护工程实施企业和单位用于天然林保护工程的房产、土地和车船分别免征房产税、城镇土地使用税和车船使用税。对上述企业和单位用于天然林资源保护工程以外其他生产经营活动的房产、土地和车船仍按规定征收房产税、城镇土地使用税和车船使用税。

⑮对少数民族地区、山区和其他地区部分新建立的建制镇，由于经济不发达，房屋简陋，县人民政府要求缓征的，可由县税务局上报，经省税务局批准，可暂缓征收房产税。

(7)纳税人纳税确有困难的，可向房产所在地纳税人税务机关申请，经县(市)税务局批准，酌情给予定期减税或免税的照顾。

五、房产税的计税依据

(一)从价计征的计算

从价计征房产税是按照房产原值一次减除10%～30%后的余值计算缴纳。没有房产原值作为计税依据的，由房产所在地税务机关参考同类房产核定，具体减除幅度由省、自治区、直辖市人民政府规定，计征适用的税率为1.2%，其计算公式为：

应纳税额＝应税房产原值×(1－扣除比例)×1.2%

1. 房产原值的确定

房产原值是指纳税人按照会计制度，在账簿“固定资产”科目中记载的房屋原价。对纳税人未按国家会计制度规定核算并记载的，应按规定予以调整或重新评估。

2. 地下建筑的房产税政策

这里指具备房屋功能的地下建筑，指有屋面和维护结构，能够遮风避雨，可供人们在其中生产、经营、工作、学习、娱乐、居住或储藏物资的场所。自用的地下建筑物，按以下方式计税：

(1)工业用途房产，以房屋原价的50%～60%作为应税房产原值。

应纳房产税的税额＝应税房产原值×[1－(10%～30%)]×1.2%

(2)商业和其他用途房产，以房屋原价的70%～80%作为应税房产原值。

应纳房产税的税额＝应税房产原值×[1－(10%～30%)]×1.2%

出租的地下建筑，按照出租地上房屋建筑的有关规定计算征收房产税。

3. 出租房产免收租金期间的纳税规定

根据《财政部、国家税务总局关于安置残疾人就业单位城镇土地使用税等政策的通知》(财税〔2010〕121号)第二条规定，自2010年12月21日起，对出租房产，租赁双方签订的租赁合同约定有免收租金期限的，免收租金期间由产权所有人按照房产原值缴纳房产税。

4. 将地价计入房产原值

对按照房产原值计税的房产，无论会计上如何核算，房产原值均应包含地价，包括为取得土地使用权支付的价款、开发土地发生的成本费用等。宗地容积率低于0.5的，按房产建筑面积的2倍计算土地面积并据此确定计入房产原值的地价。

宗地容积率是指一个地块上的建筑物总面积与地面面积的比。

5. 附属配套设备的房产税政策

房产原值应包括与房屋不可分割的各种附属设备或一般不单独计算价值的配套设施，主要有：暖气、卫生、通风、照明、煤气等设备；各种管线，如蒸汽、压缩空气、石油、给水排水等管道及电力、电信、电缆导线；电梯、升降机、过道、晒台等。属于房屋附属设备的水管、下水道、暖气管、煤气管等应从最近的探视井或三通管起，计算原值；电灯网、照明线从进线盒连接管起，计算原值。

从 2006 年 1 月 1 日起，房屋附属设备和配套设施计征房产税按以下规定执行：

(1)凡以房屋为载体，不可随意移动的附属设备和配套设施，如给排水、采暖、消防、中央空调、电气及智能化楼宇设备等，无论在会计核算中是否单独记账与核算，都应计入房产原值，计征房产税。

(2)对于更换房屋附属设备和配套设施的，在将其价值计入房产原值时，可扣减原来相应设备和设施的价值；对附属设备和配套设施中易损坏、需要经常更换的零配件，更新后不再计入房产原值。

6. 出典房产的房产税政策

产权出典的房产，由承典人依照房产余值缴纳房产税。产权出典，是指产权所有人将房屋、生产资料等的产权在一定期限内典当给他人使用，而取得资金的一种融资业务。由于在房屋出典期间，产权所有人已无权支配房屋，因此，税法规定对房屋具有支配权的承典人为纳税人。

7. 融资租赁房产的房产税政策

融资租赁的房产，由承租人自融资租赁合同约定开始日的次月起依照房产余值缴纳房产税。合同未约定开始日的，由承租人自合同签订的次月起依照房产余值缴纳房产税。

(二)从租计征的计算

房产出租的，以房产租金收入为房产税的计税依据。其计算公式为：

$$应纳税额=租金收入\times 12\%(或 4\%)$$

房产的租金收入，是房屋产权所有人出租房产使用权所得的报酬，包括货币收入和实物收入。如果以劳务或者其他形式为报酬抵付房租收入的，应根据当地同类房产的租金水平，确定一个标准租金额从租计征，且租金收入不含增值税。

1. 无租使用其他单位房产

对出租房产，租赁双方签订的租赁合同约定有免收租金期限的，免收租金期间由产权所有人按照房产原值缴纳房产税。无租使用其他单位房产的应税单位和个人，依照房产余值代缴纳房产税。

2. 支持住房租赁市场发展的房产税政策

(1)对个人出租房屋，不区分用途，按 4%的税率征收房产税。

(2)对企事业单位、社会团体以及其他组织按市场价格向个人出租用于居住的住房，减按 4%的税率征收房产税。

(三)房产税的计税依据的特殊规定

1. 对投资联营的房产的规定

对以房产投资联营，投资者参与投资利润分红，共担风险的，按房产余值作为计税依据计征房产税；对只收取固定收入，不承担联营风险的，应按租金收入计征房产税。

假定甲与其他投资人共担风险、共负盈亏，则联营企业为房产税纳税人，从价计税。

假定甲只收取固定收入，不承担联营风险，则甲为房产税纳税人，从租计税。

2. 对融资租赁房屋的规定

对融资租赁房屋计征房产税时，应以房产余值计算征收。对于租赁期内房产税的纳税人，由当地税务机关根据实际情况确定。

3. 对居民住宅区内业主共有的经营性房产的规定

对居民住宅区内业主共有的经营性房产，由实际经营(包括自营和出租)的代管人或使用人缴纳房产税。其中自营的，依照房产原值减除10%～30%后的余值计征，没有房产原值或不能将业主共有房产与其他房产的原值准确划分开的，由房产所在地地方税务机关参照同类房产核定房产原值；出租的，依照租金收入计征。

4. 对按照房产原值计税的房产的规定

对按照房产原值计税的房产，无论会计上如何核算，房产原值均应包含地价，包括为取得土地使用权支付的价款、开发土地发生的成本费用等。宗地容积率低于0.5的，按房产建筑面积的2倍计算土地面积并据此确定计入房产原值的地价。

5. 对出租房产的规定

对出租房产，租赁双方签订的租赁合同约定免收租金期限的，免收租金期间由产权所有人按照房产原值缴纳房产税。

六、房产税的征收管理

1. 纳税义务发生时间

(1)纳税人将原有房产用于生产经营的，自生产经营之月起，缴纳房产税。

(2)纳税人自行建造房产用于生产经营的，自建成的下一月起，缴纳房产税。

(3)纳税人委托施工企业建造的房产，自办理验收手续后的下一月起，缴纳房产税。

(4)纳税人购买新建商品房的，自房屋交付使用的下一月起，缴纳房产税。

(5)纳税人购买存量房的，自办理产权过户、变更登记手续，获取房屋产权证书后的下一月起，缴纳房产税。

(6)纳税人出租、出借房产的，自交付出租、出借房产的下一月起，缴纳房产税。

(7)房地产开发企业自用、出租、出借本企业建造的商品房的，自房屋使用或交付的下一月起，缴纳房产税。

2. 纳税期限

房产税实行按年计算、分期缴纳的征收方法，具体纳税期限由省、自治区、直辖市人民政府确定。

3. 纳税地点

房产税在房产所在地缴纳。房产不在同一地方的纳税人，按房产的坐落地点分别向房产所在地的税务机关纳税。

纳税人变更地址，新建或购买的房产，产权转移，房屋添建，改建增减原值，免税房产出租或营业，应于变更、建成、购进、转移、添建、改建竣工和出租、营业之日起20日内，向所在地税务机关申报。

任务二　应纳房产税的计算及会计处理

企业核算房产税，应在“应交税费”科目下设置“应交房产税”明细科目。“应交房产税”明细科目，贷方登记计算应交的房产税税额；借方登记实际上交的房产税税额；期末若为贷方余额,反映应交未交的房产税;若为借方余额,表示预缴的房产税。

企业根据计算应交的房产税,借记“税金及附加”科目,贷记“应交税费——应交房产税”科目。下月缴纳后根据税票的金额,借记“应交税费——应交房产税”,贷记“银行存款”。

(一)纳税人自用房产应纳房产税的计算及会计处理

从价计征是按房产原值扣除10%～30%的比例后的余值计征,其计算公式为:

年应纳税额=应税房产原值×(1-扣除比例)×1.2%

【例7-1】 某建筑公司自有办公楼一幢,原值150万元。2016年1月1日,将其中一间办公室租给另一公司作为办公用,面积占整个面积的10%,年租金5万元,该地规定允许按房产原值一次扣除30%后的余值缴纳房产税,则该公司2016年应缴纳的房产税计算如下:

(1)按房产原值应计缴的房产税

房产原值=150×(1-10%)=135(万元)

应纳房产税=135×(1-30%)×1.2%=1.134(万元)

(2)按租金计缴的房产税

应纳房产税=5×12%=0.6(万元)

合计应纳房产税=1.134+0.6=1.734(万元)

每季度应缴纳房产税=17 340÷12×3=4 335(元)

每季度终:

借:税金及附加　　4 335

　　贷:应交税费——应交房产税　　4 335

季末次月15日前,上缴房产税时:

借:应交税费——应交房产税　　4 335

　　贷:银行存款　　4 335

(二)纳税人出租房产应纳房产税的计算及会计处理

从租计征是按房产的租金收入计征,其计算公式为:

应纳税额=租金收入×12%

由于房屋租金收入不是企业的主营业务收入,出租房屋取得的收入应列入“其他业务收入”,按配比原则,房屋发生的相关税费应列入“其他业务成本”,当取得租金收入时,应开具租赁发票,同时缴纳相关的税金。

【例7-2】 某公司出租空置房屋,合同规定,每年租金为10万元,请计算该公司每年应交的房产税税额。

该公司年应纳房产税税额=100 000×12%=12 000(元)

缴纳房产税时:

借:其他业务成本　　12 000

　　贷:银行存款　　12 000

任务三　房产税的纳税申报

房产税的纳税人应按《中华人民共和国税收征收管理法》、《中华人民共和国房产税暂行条例》相关规定,填报《房产税纳税申报表》。《房产税纳税申报表》(见表7-1)主表包括三个附表:附表一为《房产税减免税明细申报表》,附表二为《从价计征房产税税源明细表》、附表三为《从租计征房产税税源明细表》。首次申报或变更申报时纳税人提交《从价计征房产税税源明细表》和《从租计征房产税税源明细表》后，本表由系统自动生成，无需纳税人手工填写，仅需签字确认。申报房产数量大于 10 个（不含 10 个）的纳税人，建议采用网络申报方式，并可选用本表的汇总版进行申报。后续申报，纳税人税源明细无变更的，税务机关提供免填单服务，根据纳税人识别号，系统自动打印本表，纳税人签字确认即可完成申报。

表 7—1　　房产税纳税申报表

税款所属期：自　年　月　日至　年　月　日　填表日期：　年　月　日

金额单位：元至角分；面积单位：平方米

纳税人识别号 □□□□□□□□□□□□□□□□□□□□

纳税人信息	名称		纳税人分类	单位□　个人□		
	登记注册类型	*	所属行业	*		
	身份证照类型	身份证□　护照□　军官证□　其他□	联系人		联系方式	

一、从价计征房产税

	房产编号	房产原值	其中：出租房产原值	计税比例	税率	所属期起	所属期止	本期应纳税额	本期减免税额	本期已缴税额	本期应补（退）税额
1	*										
2	*										
3	*										
合计	*	*	*	*	*	*	*				

二、从租计征房产税

	本期申报租金收入	税率	本期应纳税额	本期减免税额	本期已缴税额	本期应补（退）税额
1						
2						
3						
合计		*				

以下由纳税人填写：

纳税人声明	此纳税申报表是根据《中华人民共和国房产税暂行条例》和国家有关税收规定填报的，是真实的、可靠的、完整的。				
纳税人签章		代理人签章		代理人身份证号	

以下由税务机关填写：

受理人		受理日期	年　月　日	受理税务机关签章	

本表一式两份，一份纳税人留存，一份税务机关留存。

项目二　车船税纳税实务

车船税是指国家依法对中华人民共和国境内属于本法所附《车船税税目税额表》规定的车辆、船舶（以下简称车船）的所有人或者管理人按照中华人民共和国车船税法应缴纳的一种税。车船税法是指国家制定的用以调整车船税征收与缴纳之间权利与义务的法律规范。2011 年 2 月 25 日，第十一届全国人民代表大会常务委员会第十九次会议通过了《中华人民共和国车船税法》（以下简称《车船税法》）。

任务一　车船税法律知识

一、车船税的征税范围

车船税的征税范围，是指依法在中华人民共和国境内属于本法所附《车船税税目税额表》规定的车辆、船舶(以下简称车船)。

(1)车辆，包括机动车辆和非机动车辆。机动车辆，指依靠燃油、电力等能源作为动力运行的车辆，如汽车、拖拉机、无轨电车等；非机动车辆，指依靠人力、畜力运行的车辆，如三轮车、自行车、畜力驾驶车等。

(2)船舶，包括机动船舶和非机动船舶。机动船舶，指依靠燃料等能源作为动力运行的船舶，如客轮、气垫船等；非机动船舶，指依靠人力或者其他力量运行的船舶，如木船、帆船、舢板等。

二、车船税的纳税人

车船税的纳税人，是指在中华人民共和国境内属于本法所附《车船税税目税额表》规定的车辆、船舶的所有人或者管理人，为车船税的纳税人，应当依照本法缴纳车船税。所称“管理人”，是指对车船具有管理权或者使用权、不具有所有权的单位和个人。

三、车船税的税率

车船税实行幅度定额税率，授予各省、自治区、直辖市在规定的了税目税额幅度内，确定本地区使用税额的权利。车船税税目税额如表 7—2 所示：

表 7—2　　车船税税目税额表

<table>
<tr><th colspan="3">税　目</th><th>计税单位</th><th>年基准税额</th><th>备　注</th></tr>
<tr><td rowspan="7">乘用车[按发动机汽缸容量(排气量)分档]</td><td colspan="2">1.0 升(含)以下的</td><td rowspan="7">每辆</td><td>360 元</td><td rowspan="7">核定载客人数 9 人(含)以下</td></tr>
<tr><td colspan="2">1.0 升以上至 1.6 升(含)的</td><td>540 元</td></tr>
<tr><td colspan="2">1.6 升以上至 2.0 升(含)的</td><td>660 元</td></tr>
<tr><td colspan="2">2.0 升以上至 2.5 升(含)的</td><td>1 200 元</td></tr>
<tr><td colspan="2">2.5 升以上至 3.0 升(含)的</td><td>2 400 元</td></tr>
<tr><td colspan="2">3.0 升以上至 4.0 升(含)的</td><td>3 600 元</td></tr>
<tr><td colspan="2">4.0 升以上的</td><td>5 400 元</td></tr>
<tr><td rowspan="3">商用车</td><td rowspan="2">客车</td><td>核定载客人数 9～19 人</td><td rowspan="2">每辆</td><td>420 至 660 元</td><td rowspan="2">包括电车</td></tr>
<tr><td>核定载客人数 20 人以上</td><td>480 至 660 元</td></tr>
<tr><td colspan="2">货车</td><td>整备质量每吨</td><td>16 至 120 元</td><td></td></tr>
<tr><td>挂车</td><td colspan="2"></td><td>整备质量每吨</td><td>按照货车税额的 50%计算</td><td></td></tr>
<tr><td rowspan="2">其他车辆</td><td colspan="2">专用作业车</td><td rowspan="2">整备质量每吨</td><td>16 至 120 元</td><td></td></tr>
<tr><td colspan="2">轮式专用机械车</td><td>16 至 120 元</td><td></td></tr>
<tr><td></td><td colspan="2"></td><td></td><td></td><td></td></tr>
<tr><td>摩托车</td><td colspan="2"></td><td>每辆</td><td>36 至 180 元</td><td></td></tr>
<tr><td rowspan="2">船舶</td><td colspan="2">机动船舶</td><td>净吨位每吨</td><td>3 至 6 元</td><td>拖船、非机动驳船分别按照机动船舶税额的 50%计算</td></tr>
<tr><td colspan="2">游艇</td><td>艇身长度每米</td><td>600 至 2 000 元</td><td></td></tr>
</table>

四、车船税优惠政策

（一）法定减免

（1）捕捞、养殖渔船，是指在渔业船舶管理部门登记为捕捞船或者养殖船的船舶。

（2）军队、武装警察部队专用的车船，是指按照规定在军队、武装警察部队车船管理部门登记，并领取军队、武警牌照的车船。

（3）警用车船，是指公安机关、国家安全机关、监狱、劳动教养管理机关和人民法院、人民检察院领取警用牌照的车辆和执行警务的专用船舶。

（4）依照法律规定应当予以免税的外国驻华使领馆、国际组织驻华代表机构及其有关人员的车船。

（5）对节约能源的车辆，减半征收车船税；对使用新能源的车辆，免征车船税。

（6）省、自治区、直辖市人民政府根据当地的实际情况，可以对公共交通车船，农村居民拥有并主要在农村地区使用的摩托车、三轮汽车和低速载货汽车定期减征或者免征车船税。

知识链接

免征车船税的新能源汽车

免征车船税的新能源汽车是指纯电动商用车、插电式（含增程式）混合动力汽车、燃料电池商用车。纯电动乘用车和燃料电池乘用车不属于车船税征税范围，对其不征车船税。

免征车船税的新能源汽车（不含纯电动乘用车和燃料电池乘用车，下同），应同时符合下列标准：

1. 获得许可在中国境内销售的纯电动商用车、插电式（含增程式）混合动力汽车、燃料电池商用车；

2. 纯电动续驶里程符合附件3标准；

3. 使用除铅酸电池以外的动力电池；

4. 插电式混合动力乘用车综合燃料消耗量（不计电能消耗）与现行的常规燃料消耗量国家标准中对应目标值相比小于60%，插电式混合动力商用车（含轻型、重型商用车）燃料消耗量（不含电能转化的燃料消耗量）与现行的常规燃料消耗量国家标准中对应限值相比小于60%；

5. 通过新能源汽车专项检测，符合新能源汽车标准。

（二）特定减免

（1）经批准临时入境的外国车船和香港特别行政区、澳门特别行政区、台湾地区的车船，不征收车船税。

（2）按照规定缴纳船舶吨税的机动船舶，自《车船税法》实施之日起5年内免征车船税。

（3）机场、港口内部行驶或作业的车船，自《车船税法》实施之日起5年内免征车船税。

五、车船税征收管理

1. 车船税的纳税义务发生时间

车船税纳税义务发生时间为取得车船所有权或者管理权的当月，即为购买车船的发票或者其他证明文件所载日期的当月。

2. 车船税的纳税期限

车船税按年申报缴纳。具体申报纳税期限由省、自治区、直辖市人民政府规定。

由于机动车的车船税涉及面广、税源流动性强，且纳税人多为个人，征管难度较大。另外，纳税人直接到税务机关缴纳税款又存在道路不熟悉、停车困难、排队时间长等种种不便。为方便纳税人缴纳车船税，新《车船税法》规定：从事机动车第三者责任强制保险业务的保险机构为机动车车船税的扣缴义务人，应当在收取保险费时依法代收车船税，并出具代收税款凭证。

3. 车船税的纳税地点

车船税的纳税地点为车船的登记地或者车船税扣缴义务人所在地。依法不需要办理登记的车船，车船税的纳税地点为车船的所有人或者管理人所在地。

公安、交通运输、农业、渔业等车船登记管理部门、船舶检验机构和车船税扣缴义务人的行业主管部门应当在提供与车船有关的信息等方面，协助税务机关加强车船税的征收管理。

车辆所有人或者管理人在申请办理车辆相关登记、定期检验手续时，应当向公安机关交通管理部门提交依法纳税或者免税证明。公安机关交通管理部门核查后办理相关手续。

车船税按年申报，分月计算，一次性缴纳。纳税年度为公历 1 月 1 日至 12 月 31 日。车船税按年申报缴纳。具体纳税申报期限由省、自治区、直辖市人民政府规定。

在一个纳税年度内，已完税的车船被盗抢、报废、灭失的，纳税人可以凭有关管理机关出具的证明和完税证明，向纳税所在地的主管税务机关申请退还自被盗抢、报废、灭失月份起至该纳税年度终了期间的税款。

已办理退税的被盗抢车船，失而复得的，纳税人应当从公安机关出具相关证明的当月起计算缴纳车船税。

在一个纳税年度内，纳税人在非车辆登记地由保险机构代收代缴机动车车船税，且能够提供合法、有效的完税证明的，纳税人不再向车辆登记地的地方税务机关缴纳车船税。

已缴纳车船税的车船在同一纳税年度内办理转让过户的，不另纳税，也不退税。

任务二　应纳车船税的计算及会计处理

一、会计科目的设置

企业应设置“应交税费——应交车船税”科目，反映车船税的计提和缴纳情况。企业计提车船税时，应借记“管理费用——车船税”科目，贷记“应交税费——应交车船税”科目；企业缴纳车船税时，借记“应交税费——应交车船税”科目，贷记“银行存款”科目。

二、应纳车船税的计算

车船税对各类车船分别以排气量、辆、自重、净吨位和艇身长度为计税依据，其中：乘用车按排气量大小分档计征，客车、摩托车以辆为计税依据，货车、专用作业车、轮式专用机械车以自重量为计税依据，机动船舶以净吨位为计税依据，游艇选择游艇长度作为计税依据。

（一）车船税的计算方法

（1）对车辆净吨位尾数在半吨以下的按半吨计算，超过半吨的按 1 吨计算；

（2）从事运输业务的拖拉机所挂的拖车，均按载重汽车的净吨位的 5 折计征车船使用税；

(3)机动车挂车,按机动载货汽车税额的7折计征;

(4)客货两用汽车,载人部分按乘人汽车税额减半征税,载货部分按机动载货汽车税额征税;

(5)船舶不论净吨位或载重吨位,其尾数在半吨以下的不计算,超过半吨的按1吨计算;

(6)不及1吨的小型船只,一律按1吨计算;

(7)拖轮计算标准可按每马力折合净吨位的5折计算。

(二)车船税税额的计算公式

(1)乘用车、客车、摩托车应纳税额:

乘用车、客车、摩托车应纳税额=车辆数×适用单位税额

(2)载客汽车、电车和摩托车应纳税额:

载客汽车、电车和摩托车应纳税额=车辆数×适用单位税额

(3)载货汽车、专用作业车、轮式专用机械车应纳税额:

载货汽车(包括半挂牵引车、三轮汽车和低速载货汽车等)、专用作业车、轮式专用机械车应纳税额=自重吨位数×适用单位税额

(4)机动船舶应纳税额:

机动船舶应纳税额=净吨位数×适用单位税额

(5)游艇应纳税额:

游艇应纳税额=艇身长度米数×适用单位税额

(6)购置的新车船当年的应纳税额自纳税义务发生的当月起按月计算。计算公式为:

应纳税额=(年应纳税额÷12)×应纳税月份数

三、应纳车船税的会计处理

【例7-3】 某运输公司2017年年初拥有载货汽车15辆(货车整备质量均为10吨)、大客车20辆、小客车10辆。计算该公司应缴纳的车船税(注:载货汽车整备质量每吨年税额90元,大客车每辆年税额600元,小客车每辆年税额400元)。

(1)载货汽车应纳车船税税额=90×15×10=13 500(元)

(2)大客车应纳车船税税额=600×20=12 000(元)

(3)小客车应纳车船税税额=400×10=4 000(元)

全年应纳车船税税额=13 500+12 000+4 000=29 500(元)

(1)计提时:

借:税金及附加——车船税　　29 500

　　贷:应交税费——应交车船税　　29 500

(2)实际缴纳时:

借:应交税费——应交车船税　　29 500

　　贷:银行存款　　29 500

任务三　车船税纳税申报

一、纳税申报表的填列

车船税的纳税义务人,应按有关规定及时办理纳税申报,并如实填写《车船税纳税申报表》。

二、纳税申报表的报送

企业填列申报表一式三联，按税务机关规定的时间进行申报。申报时一式三联一并交专管员审核，经专管员审签后，第一联纳税人保存，第二联由主管税务机关保存，第三联纳税时交税务机关，税务机关人员凭此开税票，并做税收会计原始凭证。

项目三　契税纳税实务

契税是以所有权发生转移变动的不动产为征税对象，向产权承受人征收的一种财产税。契税法是指国家制定的、用来调整契税征收与缴纳双方权利和义务关系的法律规范。现行契税的基本规范是1997年7月7日国务院颁布并于同年10月1日起施行的《中华人民共和国契税暂行条例》。

开征契税，有利于增加地方财政收入；有利于保护合法产权，避免产权纠纷；有利于调节财富分配，体现社会公平。

任务一　契税法律知识

一、契税的征税范围

契税的征收对象是指在中华人民共和国境内转移的土地、房屋权属，具体征收范围包括以下内容：

1. 国有土地使用权的出让

它是指土地使用者向国家交纳土地出让费，国家将国有土地使用权在一定年限内让予土地使用者的行为。

2. 土地使用权的转让

它是指土地使用者将土地使用权以出售、赠与、交换或其他方式转移给其他单位或个人的行为。土地使用权的转让不包括农村集体土地承包经营权的转移。

3. 房屋买卖

即以货币为媒介，出卖者向购买者过渡房产所有权的交易行为。

以下几种特殊情况，视同买卖房屋：

(1)以房产抵债或以实物交换房屋，应由产权承受人按房屋现值缴纳契税。

(2)以房产作投资或股权转让，以自有房产作股投入本人独资经营的企业，免纳契税。

(3)买房拆料或翻建新房，应照章纳税。

但以自有房产作股投入本人独资经营的企业，免纳契税。因为以自有房产投入本人独资经营的企业，产权的所有人与使用权的使用人未发生变化，无需办理房产变更手续，也就无需办理契税手续。

4. 房屋赠与

它是指房屋产权所有人将房屋无偿转让给他人所有的行为。由于房屋是不动产，价值较大，故法律要求房屋赠与应有书面合同(契约)，并须办理房屋登记过户手续。房屋的受赠人应按规定缴纳契税。

5. 房屋交换

它是指房屋所有者之间互相交换房屋的行为。

6. 承受国有土地使用权支付的土地出让金

对承受国有土地使用权所支付的土地出让金，应计征契税，不得因减免土地出让金而减免契税。

【例7—4】 下列各项中，应当征收契税的有（　　）。

A. 以房产抵债　　B. 将房产赠与他人

C. 以房产作投资　　D. 子女继承父母房产

【答案】 ABC

二、契税的纳税人

契税的纳税人是指在中华人民共和国境内转移土地、房屋权属，承受的单位和个人。"土地、房屋权属"是指土地使用权、房屋所有权。"承受"是指以受让、购买、受赠、交换等方式取得土地、房屋权属的行为。"单位"是指企事业单位、国家机关、军事单位和社会团体以及其他组织。"个人"是指个体经营者及其他个人，包括中国公民和外籍人员。

三、契税的税率

契税实行3%～5%的幅度比例税率。考虑到我国各地经济发展不平衡，因此，各省、自治区、直辖市人民政府可根据本地区的实际情况，在3%～5%的幅度范围内自行确定契税税率。

四、契税的优惠政策

（一）契税优惠的基本规定

（1）国家机关、企事业单位、社会团体、军事单位承受土地、房屋用于办公、教学、医疗、科研和军事设施的，免征契税。

（2）城镇职工按规定第一次购买公有住房，免征契税。

（3）因不可抗力丧失住房而重新购买住房的，酌情准予减征或者免征契税。

（4）土地、房屋被县级以上人民政府征用后，重新承受土地、房屋权属的，由省级人民政府确定是否减免。

（5）承受荒山、荒沟、荒丘、荒滩土地使用权，并用于农、林、牧、渔业生产的，免征契税。

（6）依照我国法律以及我国缔结或参加的双边和多边条约的规定，应当予以免税的外国驻华使馆、领事馆、联合国驻华机构及其外交代表、领事官员和其他外交人员承受土地、房屋权属的，免征契税。

（7）公租房经营单位购买住房作为公租房，免征契税。

（二）契税优惠的特殊规定

1. 企业改制

企业整体改制，包括非公司制企业改制为有限责任公司或股份有限公司，有限责任公司变更为股份有限公司，股份有限公司变更为有限责任公司，原企业投资主体存续并在改制（变更）后的公司中所持股权（股份）比例超过75%，且改制（变更）后公司承继原企业权利、义务的，对改制（变更）后公司承受原企业土地、房屋权属，免征契税。

2. 事业单位改制

事业单位按照国家有关规定改制为企业，原投资主体存续并在改制后企业中出资（股权、股份）比例超过50%的，对改制后企业承受原事业单位土地、房屋权属的，免征契税。

3. 公司合并

两个或两个以上的公司，依据法律和合同规定，合并为一个公司，且原投资主体存续的，对其合并后的公司承受原合并方的土地、房屋权属的，免征契税。

4. 公司分立

公司依照法律规定、合同约定分设为两个或两个以上与原公司投资主体相同的公司，对派生方、新设方承受原公司的土地、房屋权属的，免征契税。

5. 企业破产

企业依照有关法律、法规的规定实施破产后，债权人承受破产企业土地、房屋权属以抵偿债务的，免征契税；对非债权人承受破产企业土地、房屋权属，凡按照《劳动法》妥善安置原企业全部职工，其中与原企业30%以上职工签订服务年限不少于3年劳动用工合同的，对其承受所购企业的土地、房屋权属，减半征收契税；与原企业全部职工签订服务年限不少于3年的劳动用工合同的，免征契税。

6. 资产划转

对承受县级以上人民政府或国有资产管理部门按规定进行行政性调整、划转国有土地、房屋权属的单位，免征契税。

同一投资主体内部所属企业之间土地、房屋权属的划转，包括母公司与其全资子公司之间，同一公司所属全资子公司之间，同一自然人与其设立的个人独资企业、一人有限公司之间土地、房屋权属的划转，免征契税。

7. 债权转股权

经国务院批准实施债权转股权的企业，对债权转股权后新设立的公司承受原企业的土地、房屋权属的，免征契税。

8. 划拨用地出让或作价出资

以出让方式或国家作价出资（入股）方式承受原改制重组企业、事业单位划拨用地的，不属上述规定的免税范围，对承受方应按规定征收契税。

9. 公司股权（股份）转让

在股权（股份）转让中，单位、个人承受公司股权（股份），公司土地、房屋权属不发生转移的，不征收契税。

10. 房屋的附属设施

对于承受与房屋相关的附属设施（包括停车位、汽车库、自行车库、顶层阁楼以及储藏室，下同）所有权或土地使用权的行为，征收契税；对于不涉及土地使用权和房屋所有权转移变动的，不征收契税。

11. 继承土地、房屋权属

法定继承人（包括配偶、子女、父母、兄弟姐妹、祖父母、外祖父母）继承土地、房屋权属的，不征收契税。

非法定继承人根据遗嘱承受死者生前的土地、房屋权属的，属于赠与行为，应征收契税。

12. 房产契税征收

（1）对于个人购买家庭唯一住房的（家庭成员范围包括购房人、配偶及未成年子女，下同），面积为90平方米及以下的，减按1%的税率征收契税；面积为90平方米以上的，减按1.5%的税率征收契税。

(2)对于个人购买家庭第二套改善性住房的,面积为90平方米及以下的,减按1%的税率征收契税;面积为90平方米以上的,减按2%的税率征收契税。

北京市、上海市、广州市、深圳市暂且不实行本条规定。

13. 其他

对拆迁居民因拆迁重新购置住房的,对购房成交价格中相当于拆迁补偿款的部分免征契税,成交价格超过拆迁补偿款的,对超过部分征收契税。

五、契税的纳税义务发生时间、纳税期限和纳税地点

1. 纳税义务发生时间

契税的纳税义务发生时间是纳税人签订土地、房屋权属转移合同的当天,或者纳税人取得其他具有土地、房屋权属转移合同性质凭证的当天。

2. 纳税期限

纳税人应当自纳税义务发生之日起10日内,向土地、房屋所在地的契税征收机关办理纳税申报,并在契税征收机关核定的期限内缴纳税款。

3. 纳税地点

契税在土地、房屋所在地的征收机关缴纳。

4. 征收管理

纳税人办理纳税后,征收机关应向纳税人开具契税完税凭证。纳税人持契税完税凭证和其他规定的文件材料,依法向土地管理部门、房产管理部门办理有关土地、房屋的权属变更登记手续。土地管理部门、房产管理部门应向契税征收机关提供有关材料,并协助其依法征收契税。

任务二　应纳契税的计算及会计处理

一、会计科目的设置

企业应设置"应交税费——应交契税"科目,该科目贷方反映本期应缴纳的契税额,借方反映实际缴纳的契税额,期末贷方反映企业应交未交契税额。企业缴纳的契税应计入所取得的土地使用权和房屋的成本。计算应交契税时,借记"无形资产"、"固定资产"等科目,贷记"应交税费——应交契税"科目;企业缴纳契税时,借记"应交税费——应交契税"科目,贷记"银行存款"科目。

二、应纳契税的计算

1. 契税的计税依据

契税的计税依据是不动产的价格。依不动产的转移方式、定价方法不同,契税的计税依据有以下几种情况:

(1)国有土地使用权出让、土地使用权出售、房屋买卖,以成交价格为计税价格。

出让国有土地使用权,契税计税价格为承受人取得该土地使用权而支付的全部经济利益。对通过"招、拍、挂"程序承受国有土地使用权的,应按照土地成交总价款计征契税,其中的土地前期开发成本不得扣除。

(2)土地使用权赠与、房屋赠与,由征收机关参照土地使用权出售、房屋买卖的市场价格核

定。

(3)土地使用权交换、房屋交换、所交换土地使用权、房屋的价格差额为计税依据。

(4)以划拨方式取得土地使用权，经批准转让房地产时，由房地产转让者补交契税，计税依据为补交的土地使用权出让金额或者土地收益。

(5)房屋附属设施征收契税依据的规定。

①采取分期付款方式购买房屋附属设施土地使用权、房屋所有权的，按照合同规定的总价款计算征收契税。

②承受的房屋附属设施权属如果是单独计价的，按照当地适用的税率征收；如果与房屋统一计价的，适用与房屋相同的税率。

(6)对于个人无偿赠与不动产行为(法定继承人除外)，应对受赠人全额征收契税。

如果纳税人申报的成交价格明显低于市场价格并且无正当理由的，或者所交换土地使用权、房屋的价格差额明显不合理并且无正当理由的，可以由征收机关参照市场价格核定。

2. 契税的计算

契税的计算公式如下：

应纳税额＝计税依据×适用税率

三、应纳契税的会计处理

【例7—5】 A公司于2017年2月9日将其一栋房屋出售给B企业，房屋成交价格为500 000元，另将一处房屋与B企业的房屋交换，取得交换房差价款20 000元。请计算B企业应纳契税税额(契税率为3%)。

应纳税额＝(500 000＋20 000)×3%＝15 600(元)

缴纳契税时，会计处理如下：

借：固定资产　　15 600

　　贷：银行存款　　15 600

任务三　办理契税的纳税申报

一、纳税申报表的填列

凡发生土地使用权、房屋所有权属转移行为(如出让、转让、买卖、赠与、继承、交换等)时，承受土地使用权、房屋所有权的单位和个人，应当在确定权属转移发生之日起10日内填列《契税纳税申报表》(见表7—3)，并提交下列文件的复印件：

(1)纳税申报人的法人或法人代表证明、个人身份证或户籍证明。

(2)土地使用权出让或转让合同。

(3)购房合同及发票。

(4)房产交易双方的契约。

(5)土地界址平面图或房屋分层分户平面图。

表 7—3　　　　契税纳税申报表

填表日期：　年　月　日 金额单位：元至角分；面积单位：平方米

纳税人识别号 □□□□□□□□□□□□□□□□□□□□

承受方信息	名　称			□单位 □个人		
	登记注册类型			所属行业		
	身份证件类型	身份证□ 护照□ 其他□____		身份证件号码		
	联系人			联系方式		
转让方信息	名　称			□单位 □个人		
	纳税人识别号		登记注册类型		所属行业	
	身份证件类型		身份证件号码		联系方式	
土地房屋权属转移信　息	合同签订日期		土地房屋坐落地址			
	权属转移对象	设立下拉列框 *	权属转移方式	设立下拉列框	用　途	设立下拉列框
	家庭唯一住房	□90 平米以上 □90 平米及以下		家庭第二套改善性住房	□90 平米以上 □90 平米及以下	
	权属转移面积		成交价格 □含税 □不含税		成交单价	
税款征收信　息	评估价格		计税价格		税率	
	计征税额		减免性质代码	减免税额	应纳税额	

以下由纳税人填写：					
纳税人声明	此纳税申报表是根据《中华人民共和国房产税暂行条例》和国家有关税收规定填报的，是真实的、可靠的、完整的。				
纳税人签章		代理人签章		代理人身份证号	
以下由税务机关填写：					
受理人		受理日期	年　月　日	受理税务机关签章	

本表一式两份，一份纳税人留存，一份税务机关留存。

承受土地使用权、房屋所有权的单位和个人，应当在确定权属转移发生之日起 10 日内向土地、房屋所在地契税征收机关报送《契税纳税申报表》，并缴纳税款。

申报人未按规定期限向契税征收机关办理纳税申报的，依据《中华人民共和国税收征收管理法》第三十九条的规定处罚。契税征收机关在收到《契税纳税申报表》及相关资料后，于两个工作日内办理完毕。

二、纳税申报表的报送

承受土地使用权、房屋所有权的单位和个人，应当在确定权属转移发生之日起 10 日内向土地、房屋所在地契税征收机关报送《契税纳税申报表》，并缴纳税款。

申报人未按规定期限向契税征收机关办理纳税申报的，依据《中华人民共和国税收征收管理法》第三十九条的规定处罚。契税征收机关在收到《契税纳税申报表》及相关资料后，于两个工作日内办理完毕。

项目四　车辆购置税纳税实务

任务一　车辆购置税法律知识

车辆购置税是以在中国境内购置规定的车辆为课税对象、在特定的环节向车辆购置者征收的一种税。就其性质而言，属于直接税的范畴。车辆购置税是指国家制定的用来调整车辆购置税征收与缴纳双方权利和义务关系的法律规范。它是从2001年1月1日起执行的一个新税种。

开征车辆购置税，有利于合理筹集建设资金，积累国家财政收入，促进交通基础设施建设事业的健康发展，有利于规范政府行为、理顺税费关系、深化和完善财税制度改革；在消费环节对消费应税车辆的使用者征收车辆购置税，有利于减少收入差别，体现公平原则，缓解社会分配不公的矛盾。

一、车辆购置税的征税范围

车辆购置税的征税范围：汽车、摩托车、电车、挂车、农用运输车，未列举的车辆不纳税，具体规定如下：

(1)汽车：各类汽车。

(2)摩托车：

①轻便摩托车：最高设计时速不大于50公里/小时，发动机气缸总排量不大于50立方厘米的两个或三个车轮的机动车；

②二轮摩托车：最高设计时速大于50公里/小时，或发动机气缸总排量大于50立方厘米的两个车轮的机动车；

③三轮摩托车：最高设计时速大于50公里/小时，或发动机气缸总排量大于50立方厘米，空车质量不大于400公斤的三个车轮的机动车。

(3)电车：

①无轨电车：以电能为动力，由专用输电电缆线供电的轮式公共车辆；

②有轨电车：以电能为动力，在轨道上行驶的公共车辆。

(4)挂车：

①全挂车：无动力设备，独立承载，由牵引车牵引行驶的车辆；

②半挂车：无动力设备，与牵引车共同承载，由牵引车牵引行驶的车辆。

(5)农用运输车：

①三轮农用运输车：柴油发动机，功率不大于7.4千瓦，载重量不大于500公斤，最高车速不大于40公里/小时的三个车轮的机动车；

②四轮农用运输车：柴油发动机，功率不大于28千瓦，载重量不大于1 500公斤，最高车速不大于50公里/小时的四个车轮的机动车。

二、车辆购置税的纳税人

车辆购置税的纳税人是指在我国境内购买、进口、自产、受赠、获奖或者以其他方式取得并自用应税车辆的单位和个人。其具体是指：

(1)单位，包括国有企业、集体企业、私营企业、股份制企业、外资企业、事业单位、社会团体、国家机关、部队以及其他单位。

(2)个人，包括个体工商户及其他个人，既包括中国公民，又包括外国公民。

三、车辆购置税的税率

车辆购置税实行统一比例税率，税率为10%。

四、车辆购置税的优惠政策

1. 法定减免

(1)外国驻华使馆、领事馆和国际组织驻华机构及其外交人员自用车辆免税；

(2)中国人民解放军和中国人民武装警察部队列入军队武器装备订货计划的车辆免税；

(3)设有固定装置的非运输车辆免税；

(4)国务院规定予以免税或者减税的“其他情形”的，按照规定免税或减税。

①防汛部门和森林消防部门用于指挥、检查、调度、报汛(警)、联络的设有固定装置的、指定型号的车辆。

②回国服务的留学人员用现汇购买1辆自用国产小汽车。

③长期来华定居专家购买1辆自用小汽车。

2. 车辆购置税的退还规定

纳税人已经缴纳车辆购置税但在办理车辆登记手续前，因下列原因需要办理退还车辆购置税的，由纳税人申请，征收机构审查后办理退还车辆购置税手续。

(1)公安机关车辆管理机构不予办理车辆登记注册手续的，凭公安机关车辆管理机构出具的证明办理退税手续。

(2)因质量等原因发生退回所购车辆的，凭经销商的退货证明办理退税手续。

五、车辆购置税的纳税期限和纳税地点

1. 车辆购置税的纳税期限

纳税人购买自用应税车辆的，应当自购买之日起60日内申报纳税。纳税人进口自用应税车辆的，应当自进口之日起60日内申报纳税。纳税人自产、受赠、获奖或者以其他方式取得并自用应税车辆的，应当自取得之日起60日内申报纳税。免税、减税车辆因转让、改变用途等原因不再属于免税、减税范围的，应当在办理车辆过户手续前或者办理变更车辆登记注册手续前缴纳车辆购置税。

2. 车辆购置税的纳税地点

纳税人购置应税车辆的，应当向车辆登记注册地的主管税务机关申报纳税。车辆登记注册地是指车辆上牌落籍地或落户地。

购置不需要办理登记注册手续的应税车辆的，应当向纳税人所在地主管税务机关申报纳税。

六、车辆购置税的征税办法和缴税管理

1. 车辆购置税的征税办法

车辆购置税实行一次征收制度，最终消费环节为车辆购置税的征税环节。纳税人应当在向公安机关等车辆管理机构办理车辆登记注册手续前，自行申报缴纳车辆购置税。对于购置已征车辆购置税的车辆，不再征收车辆购置税。

2. 车辆购置税的缴税管理

(1)车辆购置税缴款方法的选择

车辆购置税缴款方法主要有以下几种：

①自报核缴。由纳税人自行计算应纳税额、自行填写纳税申报表，向主管税务机关申报纳税。经税务机关审核后，开具完税证明，由纳税人持完税凭证向当地金库缴纳税款。

②集中征收缴纳。一是由纳税人集中向税务机关统一申报纳税。该种方式适用于集中购置应税车辆的单位缴纳车辆购置税和经批准实行代理制的经销商的缴纳。二是由税务机关集中报缴税款。该种方式适用于税源分散、税额较少、税务部门实行集中征收管理的地区。

③代征、代收、代扣。扣缴业务人按税法规定代扣代缴、代收代缴税款，税务机关委托征收单位代征税款的方式。它适用于税务机关委托征收或纳税人依法受托征收税款的情形。

(2)车辆购置税的缴税管理

①税款缴纳方式。税款的缴纳方式主要有现金支付、支票、信用卡和电子结算及委托银行代收、银行划转等。

②完税凭证及使用要求。纳税人以现金方式向税务机关缴纳车辆购置税的，由主管税务机关开具《税收通用完税凭证》；纳税人以支票、信用卡和电子结算方式缴纳以及税务机关委托银行代收税款的，由主管税务机关开具《税收转账专用完税证》；纳税人从其银行存款户直接划转税款的，由主管税务机关开具《税收通用缴款书》。

任务二　应纳车辆购置税的计算及会计处理

一、应纳车辆购置税的计算

应纳车辆购置税的计算公式：

应纳税额＝计税价格×税率

车辆购置税的计税价格根据不同情况，按照以下规定确定：

(1)纳税人购买自用的应税车辆的计税价格，为纳税人购买应税车辆而支付给销售者的全部价款和价外费用，不包括增值税税款。

(2)纳税人进口自用的应税车辆的计税价格的计算公式为：

计税价格＝关税完税价格＋关税＋消费税

(3)纳税人自产、受赠、获奖或者以其他方式取得并自用的应税车辆的计税价格，由主管税务机关参照最低计税价格核定。国家税务总局参照应税车辆市场平均交易价格，规定不同类型的应税车辆的最低计税价格。

(4)纳税人购置自用或者进口自用应税车辆，申报的计税价格低于同类型应税车辆的最低计税价格，又无正当理由的，按照最低计税价格征收车辆购置税。

二、应纳车辆购置税的会计处理

企业购置(包括自产、购买、受赠、进口、获奖或者以其他方式取得并自用)应税车辆,按规定缴纳的车辆购置税,应计入车辆的成本中,在支付车辆购置税时,凭车辆购置税发票,借记"固定资产"科目,贷记"银行存款"等科目。

企业购置的减税、免税车辆改制后用途发生变化的,按规定应补交车辆购置税,在补交时,借记"固定资产"科目,贷记"银行存款"等科目。

1. 购买自用

计税依据的具体范围:

(1)含购买者随购买车辆支付的工具件和零部件价款。

(2)含支付的车辆装饰费。

(3)代收款项应区别征税:用代收单位的票据收取的,计入计税依据;用委托方票据收取的,不计入计税依据。

(4)不含增值税税款。

(5)不含购买者支付的控购费(行政性收费)。

(6)含销售单位开展优质销售活动所开票收取的有关费用。

【例7-6】 A公司2017年12月份从某汽车有限公司购买一辆小汽车供自己使用,支付了含增值税税款在内的款项234 000元,另支付代收临时牌照费550元、代收保险费1 000元,支付购买工具件和零配件价款3 000元,车辆装饰费1 300元。所支付的款项均由该汽车有限公司开具"机动车销售统一发票"和有关票据。请计算A公司应纳车辆购置税。

计税依据=(234 000+550+1 000+3 000+1 300)÷(1+17%)=205 000(元)

应纳税额=205 000×10%=20 500(元)

缴纳车辆购置税时,其会计处理如下:

借:固定资产——车辆　　20 500

　　贷:银行存款　　20 500

2. 进口自用

组成计税价格=关税完税价格+关税+消费税

应纳税额=组成计税价格×10%

3. 其他自用应税车辆

纳税人自产、受赠、获奖和以其他方式取得并自用的应税车辆,一般以国家税务总局核定的最低计税价格为计税依据。未核定最低计税价格的,以纳税人提供的有效价格证明注明的价格;有效价格证明注明的价格明显偏低的,税务机关有权核定。

应纳税额=最低计税价格×10%

知识链接

税务机关核定的价格的情形

下列情形按有效价格证明上注明的价格或税务机关核定的价格为计税依据:

(1)进口旧车;

(2)不可抗力因素导致受损的车辆;

(3)库存超过 3 年的车辆;

(4)行驶 8 万公里以上的试验车辆;

(5)国家税务总局规定的其他车辆。

任务三　车辆购置税的纳税申报

购买自用的应税车辆,自购买之日(即购车发票上注明的销售日期)起 60 日内申报纳税;进口自用的应税车辆,应当自进口之日(报关进口的当天)起 60 日内申报纳税;自产、受赠、获奖和以其他方式取得并自用的应税车辆,应当自取得之日起 60 日内申报纳税。

车辆购置税税款应当一次缴清,纳税人购置的应税车辆应当在纳税期限内如实填写《车辆购置税纳税申报表》,向车辆登记注册地的主管税务机关申报纳税;购置不需要办理车辆登记注册手续的应税车辆,应当向纳税人所在地主管税务机关申报纳税。

行为税类纳税实务

技能目标

1. 能够正确计算印花税、城市维护建设税税额和教育费附加金额；
2. 能够准确地对行为各税的纳税人的有关业务进行账务处理；
3. 能够填写行为各税纳税申报表并缴纳。

知识目标

1. 熟悉印花税、城市维护建设税和教育费附加法律知识；
2. 计算行为各税应纳税额；
3. 熟悉行为各税的会计处理；
4. 填制纳税申报表，办理行为各税的纳税申报。

情境导入

甲地产公司2017年与A银行签订周转性借款合同。合同约定，年度内最高借款限额为1 000万元，由甲地产公司随借随还。甲地产公司1月借款500万元，4月归还400万元，8月借款600万元，11月借款100万元，12月归还800万元。

请问：甲地产公司应缴纳多少印花税？

项目一　印花税纳税实务

任务一　印花税法律知识

一、印花税的征税范围

印花税，是对经济活动和经济交往中书立、领受、使用税法规定应税凭证的单位和个人征收的一种行为税。

印花税的征税范围具体包括：

(1)购销、加工承揽、建设工程勘察设计、建筑安装工程承包、财产租赁、货物运输、仓储保管、借款、财产保险、技术合同或具有合同性质的凭证。

(2)产权转移书据。

(3)营业账簿。

(4)权利、许可证照。

(5)经财政部确定征税的其他凭证。

二、印花税的纳税人

印花税的纳税人包括在中国境内书立、领受规定的经济凭证的企业、行政单位、事业单位、军事单位、社会团体、其他单位、个体工商户和其他个人。

根据书立、领受、使用应税凭证的不同，纳税人包括以下五类：

(1)立合同人：合同当事人，即对凭证有直接权利和义务关系的单位和个人，但不包括合同的担保人、证人、鉴定人。

(2)立账簿人：开立并使用营业账簿的单位和个人。

(3)立据人：书立产权转移书据的单位和个人。

(4)领受人：领取并持有权利、许可证照的单位和个人，如领取房屋产权证的单位和个人。

(5)使用人：国外书立、领受，但在国内使用应税凭证的单位和个人，其使用人为印花税的纳税人。

另外需要注意的是，以电子形式签订的各类应税凭证的当事人也是印花税的纳税人。

三、印花税的税率

我国现行印花税采用比例税率和定额税率两种。

比例税率分为1‰、0.5‰、0.3‰、0.05‰四档。按比例税率征收的应税项目，包括各种合同及具有合同性质的凭证、记载资金的账簿和产权转移书据等。

适用定额税率的权利、许可证照和营业账簿中的其他账簿，采取按件征收固定税额，单位税额均为每件5元。

印花税税目税率见表8－1。

表8－1　　印花税税目税率表

应税凭证类别	税　目	范　围	税率形式	纳税人
1. 合同或具有合同性质的凭证	(1)购销合同	包括供应、预购、采购、购销、结合及协作、调剂等合同	按购销金额的0.3‰	订合同人
	(2)加工承揽合同	包括加工、定作、修缮、修理、印刷广告、测绘、测试等合同	按加工或承揽收入的0.5‰	
	(3)建设工程勘察设计合同	包括勘察、设计合同	按收取费用的0.5‰	
	(4)建筑安装工程承包合同	包括建筑、安装工程承包合同	按承包金额的0.3‰	

续表

应税凭证类别	税目	范围	税率形式	纳税人
1. 合同或具有合同性质的凭证	(5)财产租赁合同	包括租赁房屋、船舶、飞机、机动车辆、机械、器具、设备等合同	按租赁金额的1‰,税额不足1元的,按1元贴花	订合同人
	(6)货物运输合同	包括民用航空运输、铁路运输、海上运输、内河运输、公路运输和联运合同	按运输费用的0.5‰	
	(7)仓储保管合同	包括仓储、保管合同,仓单或栈单作为合同使用的,按合同贴花	按仓储保管费用的1‰	
	(8)借款合同(包括融资租赁合同)	银行及其他金融组织和借款人	按借款金额的0.05‰	
	(9)财产保险合同	包括财产、责任、保证、信用等保险合同	按保险费收入的1‰	
	(10)技术合同 技术转让合同包括专利申请转让、专利实施许可和非专利技术转让	包括技术开发、转让、咨询、服务等合同	按所载金额的0.3‰	
2. 书据	(11)产权转移书据 包括土地使用权出让合同、土地使用权转让合同、商品房销售合同、专利权转让合同;个人无偿赠送不动产所签订的《个人无偿赠与不动产登记表》	包括财产所有权和版权、商标专用权、专利权、专有技术使用权等	按所载金额的0.5‰	立据人
3. 账簿	(12)营业账簿 包括日记账簿和各明细分类账簿	生产、经营用账册	记载资金的账簿,按实收资本和资本公积合计的0.5‰;其他账簿按件贴花5元	立账簿人
4. 证照	(13)权利、许可证照 包括房屋产权证、工商营业执照、商标注册证、专利证、土地使用证	包括政府部门发给的房屋产权证、工商营业执照、商标注册证、专利证、土地使用证	按件贴花5元	领受人

营业账簿,是指单位或者个人记载生产经营活动的财务会计核算账簿。记载资金的账簿,是指载有固定资产原值和自有流动资金的总分类账簿,或者专门设置的记载固定资产原值和自有流动资金的账簿。其他账簿,是指除上述账簿以外的账簿,包括日记账簿和各明细分类账簿。记载资金的账簿按固定资产原值和自有流动资金总额贴花后,以后年度资金总额比已贴花资金总额增加的,增加部分应按规定贴花。

四、确定印花税的计税依据

(一)计税依据的一般规定

印花税以各种应税凭证上所记载的计税金额为计税依据,具体规定如下:

(1)借款合同以借款金额为计税依据。

(2)购销合同以合同记载的购销金额为计税依据。

(3)加工承揽合同以加工或承揽收入的金额为计税依据。

(4)建设工程勘察设计合同以收取的费用为计税依据。

(5)建筑安装工程承包合同以承包金额为计税依据。

(6)货物运输合同以取得的运费收入为计税依据,不包括所运货物的金额、装卸费和保险费等。

(7)财产租赁合同以租赁金额为计税依据。税额不足1元的,按1元贴花。

(8)财产保险合同以支付或收取的保险费为计税依据,不包括所保财产的金额。

(9)仓储保管合同以收取的仓储保管费用为计税依据。

(10)产权转移书据以所载金额为计税依据。

(11)技术合同以合同所载的价款、报酬或使用费为计税依据。对于技术开发合同,只就合同所载的报酬金额计税,研究开发经费不作为计税依据。单对合同约定按研究开发经费的一定比例计算报酬的,应按一定比例的报酬金额贴花。

(12)营业账簿中记载资金的账簿以"实收资本"与"资本公积"的合计金额作为计税依据。其他账簿以应税凭证件数为计税依据。

(13)权利、许可证照以应税凭证的件数为计税依据。

(二)计税依据的特殊规定

(1)上述凭证以"金额"、"收入"、"费用"为计税依据的,应全额计税,不得作任何扣除。

(2)同一凭证,记载两个或两个以上经济事项而又适用不同税目税率的,若分别记载金额的,应分别计算应纳税额,相加后按合计税额贴花;若未分别记载金额的,按税率高的计算贴花。

(3)应税凭证所载金额为外国货币的,应按凭证书立当日国家外汇管理局公布的外汇牌价折合成人民币,再计算应纳税额。

(4)按金额比例贴花的应税凭证,未标明金额的,应按凭证所记载的数量及国家牌价计算金额;没有国家牌价的,按市场价格计算金额,然后按规定的税率计算应纳税额。

(5)应纳税额不足1角的,免征印花税;1角以上的,其税额尾数不满5分的不计,满5分的按1角计算。

(6)有些合同,如技术转让合同中的转让收入是按销售收入的一定比例收取或按实现的利润分成;财产租赁合同只是规定了月租金标准而无租赁期限的,对于这类合同,由于签订时无法确认计税金额,可在签订时先按定额5元贴花,以后结算时再按实际金额计税,补贴印花。

(7)不论合同是否兑现或是否按期兑现,均应贴花。因为应税合同在签订时,纳税义务就已产生,应计算应纳税额并贴花。对已履行并贴花的合同,所载金额与合同履行后实际金额不一致的,只要双方未修改合同金额,一般不再办理完税手续。

(8)以货换货的商品交易合同,是既反映购又反映销的双重经济合同,对于这类合同,应按合同所载的购、销合计金额计税贴花。合同未列明金额的,应按合同所载购、销数量依照国家牌价或市场价格计算应纳税额。

(9)施工单位将自己承包的建设项目分包或转包给其他施工单位所签订的分包合同或转包合同,应按新的分包合同或转包合同所载金额计算应纳税额。因为印花税是一种行为性质的凭证税,尽管总承包合同已依法计税贴花,但新的分包合同或转包合同是一种新的凭证,又发生了新的纳税义务。

(10)对于征收股票交易印花税,因购买、继承、赠与所书立的股权转让书据,均依书立时证券市场当日实际成交价格计算的金额,由立据双方当事人分别按规定的税率缴纳印花税。

(11)对有经营收入的事业单位,凡属由国家财政下拨事业经费实行差额预算管理的单位,其记载经营业务的账簿,按其他账簿定额贴花,不记载经营业务的账簿不贴花;凡其经费来源实行自收自支的单位,其营业账簿应对记载资金的账簿和其他账簿分别计算应纳税额。

(12)对国内各种形式的货物联运,凡在起运地统一结算全程运费的,应以全程运费为计税依据,由起运地运费结算双方缴纳印花税;凡分程结算运费的,应以分程的运费为计税依据,分别由办理运费结算的各方缴纳印花税。

印花税票为有价证券,其票面金额以人民币为单位,分为 1 角、2 角、5 角、1 元、2 元、5 元、10 元、50 元、100 元九种。

五、印花税的优惠政策

根据《印花税暂行条例》及其实施细则和其他有关税法的规定,下列凭证免纳印花税:

(1)已缴纳印花税的凭证的副本或者抄本免纳印花税,是指凭证的正式签署本已按规定缴纳了印花税,其副本或者抄本对外不发生权利和义务关系,仅备存查的免贴印花。以副本或者抄本视同正本使用的,应另贴印花。

(2)财产所有人将财产赠给政府、社会福利单位、学校所立的书据。

(3)国家指定的收购部门与村民委员会、农民个人书立的农业产品收购合同。

(4)无息、贴息贷款合同。

(5)外国政府或国际金融组织向我国政府及国家金融机构提供优惠贷款所书立的合同。

(6)房地产管理部门与个人订立的租房合同用于生活居住的,暂免贴花。

(7)军事货物运输、抢险救灾物资运输,以及新建铁路临管线运输等的特殊货运凭证。

(8)企业因改制签订的产权转移书据免予贴花。

(9)对商店、门市部的零星加工修理业务开具的修理单,不贴印花。

(10)对房地产管理部门与个人订立的租房合同,凡用于生活居住的,暂免贴花;用于生产经营的,按规定贴花。

(11)对铁路、公路、航运、水路承运快件行李、包裹开具的托运单据,暂免贴花。

(12)车间、门市部、仓库设置的不属于会计核算范围或虽属会计核算范围,但不记载金额的登记簿、统计簿、台账等,不贴印花。

(13)农林作物、牧业畜类保险合同,免征印花税。

(14)书、报、刊发行单位之间,发行单位与订阅单位或个人之间书立的凭证,免征印花税。

六、印花税的纳税时间和地点

1. 纳税义务发生时间

印花税应当在书立或领受时贴花,具体是指在合同签订时、账簿启用时和证照领受时贴花。如果合同是在国外签订,并且不便在国外贴花的,应在将合同带入境时办理贴花纳税手续。

2. 纳税地点

根据《印花税暂行条例》的规定,印花税一般实行就地纳税。对于全国性商品物资订货会(包括展销会、交易会等)上所签订合同应纳的印花税,由纳税人回其所在地后及时办理贴花完税手续；对地方主办、不涉及省际关系的订货会、展销会上所签合同的印花税，其纳税地点由各省、自治区、直辖市人民政府自行确定。

任务二　应纳印花税的计算及会计处理

一、会计科目的设置

由于印花税是自行完税，企业缴纳的印花税不存在应付未付的情况，也不存在与税务机关结算或清算的问题，因此，企业缴纳的印花税不需要通过“应交税费”科目核算，直接借记“管理费用”或“待摊费用”科目，贷记“银行存款”科目。

二、应纳税额的计算及会计处理

（一）按合同自行贴花

根据《印花税暂行条例》，由合同书立人在合同书立或领受时自行贴花。

纳税人在购入税票时，借：预付账款，贷：银行存款。书立合同贴花时，借：税金及附加，贷：预付账款。一份凭证应纳税额超过500元的，应向当地税务机关申请填写缴款书或者完税证，将其中一联粘贴在凭证上或者由税务机关在凭证上加注完税标记代替贴花。此时，账务处理为：

借：税金及附加

　　贷：银行存款

（二）汇总缴纳

同一种类应纳税凭证，需频繁贴花的，应向当地税务机关申请按期汇总缴纳印花税。税务机关对核准汇总缴纳印花税的单位，应发给汇缴许可证。汇总缴纳的限期限额由当地税务机关确定，但不得超过一个月。

凡汇总缴纳印花税的凭证，应加注税务机关指定的汇缴戳记，编号并装订成册后，将已贴印花或者缴款书的一联黏附册后，盖章注销，保存备查。

汇总缴纳印花税，每月计提印花税时，作分录：

借：税金及附加

　　贷：应交税费——应交印花税

实际缴纳时，作分录：

借：应交税费——应交印花税

　　贷：银行存款

采用按期汇总申报缴纳方式的，一年内不得改变。

（三）核定征收

根据《税收征管法》第三十五条规定和印花税的税源特征，为了加强对印花税的征收管理，纳税人有下列情形的，地方税务机关可以核定纳税人印花税计税依据：

(1)未按规定建立印花税应税凭证登记簿，或未如实登记和完整保存应税凭证的；

(2)拒不提供应税凭证或不如实提供应税凭证致使计税依据明显偏低的；

(3)采用按期汇总缴纳办法的，未按地方税务机关规定的期限报送汇总缴纳印花税情况报告，经地方税务机关责令限期报告，逾期仍不报告的或者地方税务机关在检查中发现纳税人有未按规定汇总缴纳印花税情况的。

核定征收印花税的，每月计提印花税，作分录：

借：税金及附加

　　贷：应交税费——应交印花税

实际缴纳时，作分录：

借：应交税费——应交印花税

　　贷：银行存款

纳税人的应纳税额，根据应纳税凭证的性质，分别按比例税率或者定额税率计算，其计算公式为：

应纳税额＝应税凭证计税金额(或应税凭证件数)×适用税率

【例8—1】 某高新技术企业2017年4月开业，注册资金320万元，当年发生经济活动如下：(1)领受工商营业执照、房屋产权证、土地使用证、专利证各一份；(2)建账时共设10个账簿，其中资金账簿中记载实收资本320万元；(3)签订购销合同5份，共记载金额400万元；(4)签订借款合同1份，记载金额100万元，当年取得借款利息3万元；(5)与广告公司签订广告制作合同1份，分别记载加工费5万元，本企业提供的原材料10万元；(6)签订技术服务合同1份，记载金额80万元；(7)签订租赁合同1份，记载租赁费金额60万元；(8)签订转让专有技术使用权合同1份，记载金额200万元；(9)签订建筑设计合同一份，记载金额5 000万元。

要求：计算该公司4月份应纳印花税税额并做会计处理。

(1)计算应纳印花税税额

①领受权利许可证照应缴纳的印花税＝4×5＝20(元)

②设置账簿应缴纳的印花税＝9×5＋3 200 000×0.5‰＝1 645(元)

③签订购销合同应缴纳的印花税＝4 000 000×0.3‰＝1 200(元)

④签订借款合同应缴纳的印花税＝1 000 000×0.05‰＝50(元)

⑤签订广告制作合同应缴纳的印花税＝50 000×0.5‰＋100 000×0.3‰＝55(元)

⑥签订技术服务合同应缴纳的印花税＝800 000×0.3‰＝240(元)

⑦签订租赁合同应缴纳的印花税＝600 000×1‰＝600(元)

⑧签订专有技术使用权转让合同应缴纳的印花税＝2 000 000×0.5‰＝1 000(元)

⑨签订建筑设计合同应缴纳的印花税＝50 000 000×0.5‰＝25 000(元)

合计应纳印花税＝20＋1 645＋1 200＋50＋55＋240＋600＋1 000＋25 000＝29 810(元)

(2)印花税的会计处理

每月计提印花税时，作分录：

借：税金及附加	29 810	
贷：应交税费——应交印花税		29 810

实际缴纳时，作分录：

借：应交税费——应交印花税	29 810	
贷：银行存款		29 810

任务三　印花税的纳税申报

纳税人书立、领受或者使用《印花税暂行条例》列举的应纳税凭证和经财政部确定征税的其他凭证时，即发生纳税义务，应当根据应纳税凭证的性质，分别按《印花税暂行条例》所附《印花税税目税率表》对应的税目、税率，自行计算应纳税额，购买并一次贴足印花税票(以下简称

"贴花")。

一份凭证应纳税额超过 500 元的,纳税人可以采取将税收缴款书、完税证明其中一联粘贴在凭证上或者由地方税务机关在凭证上加注完税标记代替贴花。

同一种类应纳税凭证,需频繁贴花的,可由纳税人根据实际情况自行决定是否采用按期汇总申报缴纳印花税的方式。汇总申报缴纳的期限不得超过一个月。采用按期汇总申报缴纳方式的,一年内不得改变。

税务机关应分行业对纳税人历年印花税的纳税情况、主营业务收入情况、应税合同的签订情况等进行统计、测算,评估各行业印花税纳税状况及税负水平,确定本地区不同行业应纳税凭证的核定标准。

纳税人对主管税务机关核定的应纳税额有异议的,或因生产经营情况发生变化需要重新核定的,可向主管税务机关提供相关证据,主管税务机关核实后进行调整。

实行核定征收印花税的,纳税期限为 个月;税额较小的,纳税期限可为一个季度,具体由主管税务机关确定。纳税人应当自纳税期满之日起 15 日内,填写国家税务总局统一制定的纳税申报表申报缴纳核定征收的印花税。

《印花税纳税申报(报告)表》见表 8—2。

表 8—2　　印花税纳税申报(报告)表

税款所属期限:自　年　月　日至　年　月　日　　填表日期:　年　月　日　　金额单位:元至角分

纳税人识别号 □□□□□□□□□□□□□□□□□□□□

纳税人信息				
纳税人信息	名　称			□单位　□个人
	登记注册类型		所属行业	
	身份证件类型		身份证件号码	
	联系方式			

应税凭证	计税金额或件数	核定征收		适用税率	本期应纳税额	本期已缴税额	本期减免税额		本期应补(退)税额
		核定依据	核定比例				减免性质代码	减免额	
	1	2	3	4	5=1×4+2×3×4	6	7	8	9=5—6—8
购销合同				0.3‰					
加工承揽合同				0.5‰					
建设工程勘察设计合同				0.5‰					
建筑安装工程承包合同				0.3‰					
财产租赁合同				1‰					
货物运输合同				0.5‰					
仓储保管合同				1‰					
借款合同				0.05‰					
财产保险合同				1‰					
技术合同				0.3‰					
产权转移书据				0.5‰					

续表

营业账簿（记载资金的账簿）		—		0.5‰				
营业账簿（其他账簿）		—		5				
权利、许可证照		—		5				
合计	—	—		—				
以下由纳税人填写：								
纳税人声明	此纳税申报表是根据《中华人民共和国印花税暂行条例》和国家有关税收规定填报的，是真实的、可靠的、完整的。							
纳税人签章			代理人签章			代理人身份证号		
以下由税务机关填写：								
受理人			受理日期	年 月 日		受理税务机关签章		

本表一式两份，一份纳税人留存，一份税务机关留存。

减免性质代码：按照税务机关最新制发的减免税政策代码表中的最细项减免性质代码填报。

项目二 城市维护建设税实务

任务一 城市维护建设税法律知识

一、城市维护建设税的纳税人

城市维护建设税，是指以单位和个人实际缴纳的增值税、消费税、营业税（以下简称“三税”）的税额为计税依据而征收的一种税。

城市维护建设税的纳税人是缴纳增值税、消费税、营业税的单位和个人，自2010年12月1日起，外商投资企业和外国企业也应征收城市维护建设税。

城市维护建设税的计税依据是纳税人实际缴纳的增值税、消费税、营业税的税额。

二、城市维护建设税的征税范围

城建税的征税范围较广，具体包括城市、县城、建制镇以及税法规定征税的其他地区。城市、县城、建制镇的范围，根据行政区域作为划分标准，不能随意扩大或缩小各自行政区域的管辖范围。

三、城市维护建设税的计税依据

城建税以纳税人实际缴纳的消费税、增值税、营业税的税额为计税依据。纳税人违反“三税”有关税法而加收的滞纳金和罚款，是税务机关对纳税人违法行为的经济制裁，不能作为城建税的计税依据。但纳税人在被查补“三税”和被处罚时，应同时对其偷漏的城建税进行补税，征收滞纳金和罚款。

城建税以“三税”为计税依据并同时征收。如果“三税”被免征或减征，也要同时免征或减征城建税。但对出口产品退还增值税、消费税的，不退还已缴纳的城建税。

四、城市维护建设税的税率

城建税实行地区差别比例税率，按纳税人所在地的不同，设置了三个档次的税率：

(1)纳税人所在地为市区的，税率为7%；

(2)纳税人所在地为县城、建制镇的，税率为5%；

(3)纳税人所在地不在市区、县城、建制镇的，税率为1%。

开采海洋石油资源的中外合作油(气)田所在地在海上，根据规定，其城市维护建设税适用1%的税率。

撤县建市后，纳税人所在地在市区的，城市维护建设税适用税率为7%；纳税人所在地在市区以外其他镇的，城市维护建设税适用税率仍为5%。

中国铁路总公司的分支机构预征1%增值税所应缴纳的城市维护建设税和教育费附加，由中国铁路总公司按季向北京市国家税务局缴纳。

城建税的适用税率一律按纳税人所在地的规定税率执行，但下列两种情况可按缴纳“三税”所在地的规定税率就地缴纳城建税：

(1)由受托方代征代扣“三税”的单位和个人，其代征代扣的城建税按受托方所在地适用税率执行；

(2)流动经营等无固定纳税地点的单位和个人，在经营地缴纳“三税”的，其城建税的缴纳按经营地适用税率执行。

五、城市维护建设税的优惠政策

城建税是以增值税、消费税、营业税的税额为计税依据并与“三税”同时征收的，具有附加税的性质。一旦“三税”发生减免，城建税也相应地发生减免。城建税具体的税收减免规定如下：

(1)城建税按减免后实际缴纳的“三税”税额计征，即随“三税”的减免而减免。

(2)因减免税而进行“三税”退库的，城建税也可同时退库。

(3)海关对进口产品代征的增值税、消费税，不征收城建税。

(4)对“三税”实行先征后返、先征后退、即征即退办法的，除另有规定外，对随“三税”附征的城建税，一律不退(返)还。

(5)对国家重大水利工程建设基金免征城市维护建设税和教育费附加。

(6)享受增值税期末留抵退税政策的集成电路企业，其退还的增值税期末留抵税额，应在城市维护建设税、教育费附加和地方教育附加的计税(征)依据中予以扣除。

任务二　城市维护建设税的计算及会计处理

(一)会计科目的设置

城市维护建设税的会计核算应设置“应交税费——应交城市维护建设税”科目，计提城市维护建设税时，应借记“营业税金及附加”科目，贷记“应交税费——应交城市维护建设税”科目。实际缴纳时，借记“应交税费——应交城市维护建设税”科目，贷记“银行存款”科目。

(二)应纳税额的计算及会计处理

城建税以纳税人实际缴纳的消费税、增值税、营业税的税额为计税依据。纳税人的应纳税额的计算公式为：

应纳税额＝纳税人实际缴纳的增值税、消费税×适用税率

【例 8－2】 某汽车厂所在地为省会，当月实际已纳增值税 200 万元，消费税 400 万元，则：

应纳城市维护建设税＝纳税人实际缴纳的增值税、消费税×适用税率＝(200＋400)×7%＝42(万元)

计提时：

借：营业税金及附加　　420 000

　　贷：应交税费——应交城市维护建设税　　420 000

缴纳税款时：

借：应交税费——应交城市维护建设税　　420 000

　　贷：银行存款　　420 000

任务三　城市维护建设税的纳税申报

一、纳税申报表的填列

城市维护建设税纳税申报表的填写要求如下：

(1)纳税人识别号是办理税务登记时由税务机关确定的税务登记号；

(2)"计税金额"应填写实际缴纳增值税、消费税和营业税的金额；

(3)"税率"反映不同的地方适用的不同的城建税税率。

二、纳税申报表的报送

城建税的纳税人应按有关规定，在办理"三税"申报的同时进行城建税的纳税申报，并如实填写《城市维护建设税纳税申报表》。城建税可以单独填写《城市维护建设税纳税申报表》，也可以与营业税、教育费附加等一并填写《地方各税(费、基金)缴纳申报表》进行纳税申报，具体采用哪种申报表由主管税务机关决定。

项目三　教育费附加缴纳实务

任务一　教育费附加的基本规定

教育费附加是以单位和个人缴纳的增值税、消费税、营业税税额为计算依据征收的一种附加费。教育费附加名义上是一种专项资金，但实质上具有税的性质。为了调动各种社会力量办教育的积极性，开辟多种渠道筹措教育经费，国务院于 1986 年 4 月 28 日颁布了《征收教育费附加的暂行规定》，同年 7 月 1 日开始在全国范围内征收教育费附加。

教育费附加对缴纳增值税、消费税、营业税的单位和个人征收，以其实际缴纳的增值税、消费税和营业税税额为计税依据，分别与增值税、消费税和营业税同时缴纳。

任务二　教育费附加的计算及会计处理

随着经济发展，社会各界对各级教育投入的需求也在增加，与此相适应，教育费附加计征

比率也经历了一个由低到高的变化过程。1986 年开征时，比率为 1%，1990 年 5 月增至 2%，1994 年 1 月 1 日至今，教育费附加比率为 3%。但是当时对生产卷烟和烟叶的单位减半征收教育费附加，2005 年 10 月 1 日后已全额征收。与城建税一样，2010 年 12 月 1 日起，外商投资企业和外国企业也应征收教育费附加。

应纳教育费附加＝（实际缴纳的增值税税额＋实际缴纳的消费税税额）×征收比率(3%)

【例 8—3】 某县城一加工企业 2017 年 8 月份销售应税消费品缴纳增值税 170 万元，本月又缴纳消费税 30 万元，该企业本月应缴纳的教育费附加为多少？

应纳教育费附加＝(170＋30)×3%＝ 6(万元)

(1)计提时：

借：营业税金及附加　　60 000

　　贷：应交税费——教育费附加　　60 000

(2)缴纳时：

借：应交税费——教育费附加　　60 000

　　贷：银行存款　　60 000

任务三　教育费附加的纳税申报

教育费附加可以在办理"三税"申报的同时进行纳税申报，也可以与营业税、城建税等一并填写《地方各税(费、基金)缴纳申报表》进行纳税申报，具体采用哪种申报表由主管税务机关决定。

资源税类纳税实务

技能目标

1. 能准确计算企业应缴纳的资源税等其他税种应纳税额；
2. 能对资源税等其他税种的业务熟练地进行账务处理；
3. 能及时完成资源税等其他税种的申报与缴纳。

知识目标

1. 熟悉资源税、土地增值税、城镇土地使用税、耕地占用税的法律知识；
2. 计算应纳资源税税额；
3. 熟悉资源各税的会计处理；
4. 办理资源各税的纳税申报。

情境导入

甲县某独立矿山2017年4月份开采铜矿石原矿5万吨，当月还到乙县收购未税铜矿石原矿4万吨并运回甲县，上述矿石的70%已在当月销售。假定甲县铜矿石原矿单位税额每吨7元，请问：该独立矿山4月份应向甲县税务机关缴纳多少资源税？

项目一　资源税纳税实务

任务一　资源税法律知识

资源税是对在中国境内从事开采矿产品及生产盐的单位和个人，就其产品的课税数量征收的一种税。它是以各种自然资源为课税对象的。

为了正确处理国家与自然资源开发和利用者之间的分配关系，充分发挥税收的调节作用，于1984年10月1日起开征了资源税，把自然资源条件差异形成的级差收入收归国家所有。1994年税制改革，把盐税归并到资源税中，同时扩大了资源税的征税范围，并适当地提高了税率。

2011 年 9 月 21 日国务院第 173 次常务会议通过了《国务院关于修改〈中华人民共和国资源税暂行条例〉的决定》，自 2011 年 11 月 1 日起施行。对《资源税税目税率幅度表》中列举名称的 21 种资源品目和未列举名称的其他金属矿实行从价计征，计税依据由原矿销售量调整为原矿、精矿（或原矿加工品）、氯化钠初级产品或金锭的销售额。列举名称的 21 种资源品目包括：铁矿、金矿、铜矿、铝土矿、铅锌矿、镍矿、锡矿、石墨、硅藻土、高岭土、萤石、石灰石、硫铁矿、磷矿、氯化钾、硫酸钾、井矿盐、湖盐、提取地下卤水晒制的盐、煤层（成）气、海盐。对经营分散、多为现金交易且难以控管的黏土、砂石，按照便利征管原则，仍实行从量定额计征。

一、资源税的征税范围、税率或税额

资源税的征税范围，目前只有 7 大类，它们是：

1. 原油

原油是指开采的天然原油，不包括人造石油。税率为 5%～10%。

2. 天然气

天然气是指专门开采或与原油同时开采的天然气，暂不包括煤矿生产的天然气。海上石油、天然气也应属于资源税的征收范围，但考虑到海上油气资源的勘探和开采难度大、投入和风险也大，过去一直按照国际惯例对其征收矿区使用费，为了保持涉外经济政策的稳定性，目前对海上石油、天然气的开采仍然征收矿区使用费，暂不改为征收资源税。税率为 5%～10%。

3. 煤炭

煤炭是指原煤，不包括洗煤、选煤及其他煤炭制品。焦煤税额为每吨 8～20 元，其他煤炭税额为每吨 0.3～5 元。

4. 其他非金属矿原矿

其他非金属矿原矿是指上列产品和井矿盐以外的非金属矿原矿。普通非金属矿原矿税额为每吨或者每立方米 0.5～20 元；贵重非金属矿原矿税额为每千克或者每克拉 0.5～20 元。

5. 黑色金属矿原矿

黑色金属矿原矿是指纳税人开采后自用、销售的，用于直接入炉冶炼或作为主产品先入选精矿，制造人工矿，再最终入炉冶炼的黑色金属矿原矿，包括铁矿石锰矿石和铬矿石等。税额为 2～30 元/吨。

6. 有色金属矿原矿

有色金属矿原矿包括铜矿石、铅矿石、铝土矿石、钨矿石、锡矿石、镍矿石、黄金矿石等。稀土矿税额为每吨 0.4～60 元；其他有色金属矿原矿税额为每吨 0.4～30 元。

7. 盐

盐包括固体盐、液体盐。固体盐，是指海盐、湖盐、原盐和井矿盐，税额为 10～60 元/吨。液体盐，是指卤水，税额为 2～10 元/吨。

纳税人具体适用的税率，在《资源税税目税率表》规定的税率幅度内，根据纳税人所开采或者生产应税产品的资源品位、开采条件等情况，由财政部商国务院有关部门确定；财政部未列举名称且未确定具体适用税率的其他非金属矿原矿和有色金属矿原矿，由省、自治区、直辖市人民政府根据实际情况确定，报财政部和国家税务总局备案。

二、资源税的纳税义务人

凡是在中华人民共和国领域及管辖海域开采本条例规定的矿产品或者生产盐(以下称开采或者生产应税产品)的单位和个人,均为资源税的纳税义务人,包括各类企事业单位、社会团体及其他单位、外商投资企业、外国企业、个人等。中外合作开采海洋石油资源的中国企业和外国企业和对外合作开采陆上石油资源的企业依法缴纳资源税,不再缴纳矿区使用费。但是,2011年11月1日起前已依法订立的中外合作开采海洋石油资源和陆上石油资源的合同,在已约定的合同有效期内,继续依照当时国家有关规定缴纳矿区使用费,不缴纳资源税;合同期满后,依法缴纳资源税。

按照税法规定负有代扣代缴资源税款义务的单位。现行资源税暂行条例规定,收购未税矿产品的单位为资源税的扣缴义务人。扣缴义务人在收购未税矿产品、支付货款的同时负有代扣代缴资源税的义务。应代扣代缴的资源税额的计算公式是:

应代扣代缴的资源税额 = 收购数量×适用的单位税额

对资源税作出代扣代缴的规定主要是为了便于和加强征收管理,节约征收成本。资源税的代扣代缴主要适用于税源小、零散、不定期开采、易漏税等,税务机关认为不易直接控管,而由扣缴义务人在收购未税(指未纳资源税,下同)矿产品时代扣代缴资源税为宜的这些情况。按照现行税法规定分以下两种情况确定代扣代缴某种应税产品适用的单位税额:

1. 独立矿山、联合企业收购未税矿产品的,按照本单位应税产品税额标准,依据收购的数量代扣代缴资源税;

2. 其他收购单位收购的未税矿产品,按主管税务机关核定的应税产品税额标准,依据收购的数量代扣代缴资源税。

三、资源税的计税依据

现行资源税计税依据是指纳税人应税产品的销售数量和自用数量。具体规定如下:

1. 计税依据的一般规定

(1)纳税人开采或生产应税产品销售的,以销售额或者销售数量为计税依据。

(2)纳税人开采或者生产应税产品,自用于连续生产应税产品的,不缴纳资源税;自用于其他方面的,视同销售,以同类产品价格或自用数量为计税依据。

2. 计税依据的特殊规定

(1)纳税人不能准确提供应税产品销售数量或移送使用数量的,以应税产品的产量或主管税务机关确定的折算比换算成的数量为课税数量。

(2)原油中的稠油、高凝油与稀油划分不清或不易划分的,一律按原油的数量课税。

(3)煤炭,对于连续加工前无法正确计算原煤移送使用量的,可按加工产品的综合回收率,将加工产品实行的销售量和自用量折算成原煤数量作为课税数量。以原煤入洗为例,洗煤这一加工产品的综合回收率是这样计算的:

综合回收率=(原煤入洗后的等级品数量 ÷入洗的原煤数量)×100%

洗煤的课税数量=洗煤的销量、自用量之和÷综合回收率

原煤入洗后的等级品包括洗精煤、洗混煤、中煤、煤泥、洗块煤、洗末煤等。

(4)金属和非金属矿产品原矿,因无法准确掌握纳税人移送使用原矿数量的,可将其精矿按选矿比折算成原矿数量作为课税数量。选矿比的计算公式如下:

选矿比＝耗用的原矿数量÷精矿数量

(5)纳税人以自产自用的液体盐加工固体盐，按固体盐税额征税，以加工的固体盐的数量为课税数量。纳税人以外购的液体盐加工固体盐，其加工固体盐所耗用液体盐的已纳税额准予抵扣。

资源税以应税产品的销售数量或自用数量作为课税数量。由于对盐征税的品目既有固体盐，又有液体盐，而且液体盐与固体盐之间可以相互转化。为了确保对盐征收资源税的不重不漏，根据现行税法有关规定，应按如下不同情况分别确定盐的课税数量：

①纳税人生产并销售液体盐的，以液体盐的销量为课税数量。

②纳税人以其生产的液体盐连续加工碱等产品（固体盐除外）销售或自用的，以液体盐的移送使用数量为课税数量；如果没有液体盐移送使用量记录或记录不清、不准的，应将加工的碱等产品按单位耗盐系数折算为液体盐的数量作为课税数量。

例如，某烧碱厂利用自制液体盐生产烧碱，该厂烧碱的单位耗盐系数（该系数的计算公式为：耗盐系数＝生产的烧碱数量÷耗用的液体盐数量）为1∶6。已知该厂2015年2月生产烧碱3万吨，则该厂2月份液体盐的移送使用数量为：3×6＝18（万吨）。

③纳税人以其生产的液体盐再加工为固体盐销售或自用，以固体盐的数量为课税数量（液体盐不再征税）；纳税人以外购液体盐加工为固体盐销售或自用，以固体盐的数量为课税数量，但在计算固体盐应纳税额时，液体盐的已纳税额可从中抵扣。

④纳税人利用盐资源直接生产海盐原盐、湖盐原盐、井矿盐等固体盐销售或自用，以固体盐的销售或自产自用量为课税数量；以上述固体盐连续加工粉洗盐、粉精盐、精制盐等再制盐或者用于连续加工酸碱、制革等产品，应按单位加工产品（再制盐、碱等）耗盐系数折算为固体盐的数量为课税数量。再制盐的耗盐系数是指单位再制盐的数量与其耗用的原料盐数量的比率。

例如，如果1吨粉洗盐、粉精盐、精制盐分别需要耗用1.1、1.2、1.5吨的海盐原盐，那么，粉洗盐、粉精盐、精制盐的耗盐系数分别是1∶1.1、1∶1.2、1∶1.5。这种情况下海盐原盐课税数量的计算公式为：

海盐原盐的课税数量＝加工的粉洗盐、粉精盐、精制盐等再制盐数量÷耗盐系数

四、资源税的优惠政策

(1)开采原油过程中用于加热、修井的原油免税。

(2)纳税人开采或者生产应税产品过程中，因意外事故或者自然灾害等原因遭受重大损失的，由省、自治区、直辖市人民政府酌情决定减税或者免税。

(3)国务院规定的其他减税、免税专案。

纳税人的减税、免税专案，应当单独核算课税数量；未单独核算或者不能准确提供课税数量的，不予减税或者免税。

五、资源税的纳税义务发生时间和地点

1. 纳税义务发生时间

(1)纳税人销售应税消费品，其纳税义务发生时间为：

①纳税人采取分期收款结算方式的，其纳税义务发生时间为销售合同规定的收款日期的当天。

②纳税人采取预收货款结算方式的，其纳税义务发生时间为发出应税产品的当天。

③纳税人采取其他结算方式的，其纳税义务发生时间为收到销售款或者取得索取销售款凭据的当天。

(2)纳税人自产自用应税产品的纳税义务发生时间，为移送使用应税产品的当天。

(3)扣缴义务人代扣代缴税款的纳税义务发生时间，为支付首笔货款或者开具应支付货款凭据的当天。

2. 纳税地点

(1)纳税人应纳的资源税，应当向应税产品的开采或者生产所在地主管税务机关缴纳。

(2)纳税人在本省、自治区、直辖市范围内开采或者生产应税产品，其纳税地点需要调整的，由所在地省、自治区、直辖市税务机关决定。

(3)纳税人跨省开采资源税应税产品，其下属生产单位与核算单位不在同一省、自治区、直辖市的，对其开采的矿产品，一律在开采地纳税，其应纳税款由独立核算、自负盈亏的单位，按照开采地的实际销售量(或者自用量)及适用的单位税额计算划拨。

(4)扣缴义务人代扣代缴资源税，向收购地主管税务机关缴纳。

任务二　资源税的计算及会计处理

一、会计科目的设置

企业对资源税进行会计核算时，通过“应交税费——应交资源税”科目核算，该科目属于负债类科目，贷方发生额反映企业应缴纳的资源税，借方反映企业已缴纳的或允许抵扣的资源税，贷方余额反映企业应交未交的资源税。

资源税纳税人在采购、生产、销售环节的税务会计处理：

1. 收购未税矿产品代扣代缴资源税的会计处理

为了加强对资源税的征管，税法对税源小、零散、不定期开采、易漏税等情况，由收购未税矿产品的单位在收购时代扣代缴资源税。

(1)企业在收购未税矿产品时，按实际支付的收购款，应作如下会计分录：

借:材料采购

　　贷:现金或银行存款

(2)按代扣代缴的资源税税额，应作如下会计分录：

借:材料采购

　　贷:应交税费——应交资源税

(3)企业按规定缴纳代扣的资源税时：

借:应交税费——应交资源税

　　贷:银行存款

2. 企业销售应税产品的会计处理

(1)月底，企业计提外销售应纳资源税产品应纳的资源税时，应作如下会计分录：

借:产品销售税金及附加

　　贷:应交税费——应交资源税

(2)企业按规定实际缴纳资源税税款时，作如下会计分录：

借:应交税费——应交资源税

贷:银行存款

3. 企业自产自用应税产品的会计处理

(1)对企业自产自用应税产品,其应纳资源税的会计处理与销售应税产品的会计处理有所不同,即其应缴纳的税金不计入产品销售税金,而是计入产品的生产成本,即:

借:生产成本或制造费用

贷:应交税费——应交资源税

(2)企业按规定实际缴纳资源税应纳税款时,作如下会计分录:

借:应交税费——应交资源税

贷:银行存款

4. 收购液体盐加工固体盐的会计处理

按照税法规定,纳税人以外购的液体盐加工固体盐,其加工固体盐所耗用的液体盐的已纳税额准予扣除。

(1)企业在购入液体盐时:

借:应交税费——应交资源税

材料采购

贷:银行存款

(2)企业将液体盐加工成固体盐出售时,按计算出的固体盐应缴的资源税:

借:产品销售税金及附加

贷:应交税费——应交资源税

(3)企业按规定缴纳税金时,应按销售固体盐应纳资源税税额抵扣液体盐已纳资源税税额后的余额:

借:应交税费——应交资源税

贷:银行存款

5. 纳税人与税务机关结算税款时补缴或退税的会计处理

按照规定,纳税人以 1 日、3 日、5 日、10 日或者 15 日为一期纳税的,自期满之日起 5 日内预缴税款,于次月 1 日起 10 日内申报纳税并结算上月税款。

(1)纳税人与税务机关结算上月税款时,对于少缴的税款,应于补缴时作如下分录:

借:应交税费——应交资源税

贷:银行存款

对于多缴的税款,按规定可于下月退回或者抵缴。

(2)实际退回税款时,作如下会计分录:

借:银行存款

贷:应交税费——应交资源税

二、资源税应纳税额的计算及会计处理

(一)企业销售应税矿产品资源税的计算及会计处理

企业销售应税矿产品计提资源税时借记"税金及附加"科目,贷记"应交税费——应交资源税"科目;在缴纳资源税时,借记"应交税费——应交资源税"科目,贷记"银行存款"科目。

【例 9—1】 某油田 2012 年 7 月销售原油取得销货款 120 000 000 元,该油田适用的资源税税率为 10%,计算其当月应纳的资源税并作会计分录:

应纳资源税＝销售额×使用税率

＝120 000 000×10%

＝12 000 000(元)

(1)计提资源税时

借:税金及附加　　12 000 000

　贷:应交税费——应交资源税　　12 000 000

(2)实际缴纳资源税时

借:应交税费——应交资源税　　12 000 000

　贷:银行存款　　12 000 000

(二)自产自用应税矿产品资源税的计算及会计处理

企业自产自用的应税矿产品应纳资源税的会计处理与销售应税矿产品的会计处理不同,其应缴纳的资源税计入生产成本,即借记"生产成本"、"制造费用"等账户,贷记"应交税费——应交资源税"账户。

【例9－2】 某煤矿2017年7月生产原煤5 500吨,当月销售4 000吨,自己使用1 500吨;同时生产天然气50万立方米,当月全部销售,计算该煤矿当月应纳的资源税(煤矿的单位税额为0.5元/吨)。12月煤矿移送5 000吨用于提炼加工精煤,另移送100吨用于职工宿舍取暖,则该煤矿的会计处理如下:

应纳资源税税额＝(5 000＋100)×0.5＝2 550(元)

(1)计提资源税时

借:生产成本　　402 500

　应付福利费　　8 050

　贷:产成品(或自制半成品)　　408 000

　　应交税费——应交资源税　　2 550

(2)实际缴纳资源税时

借:应交税费——应交资源税　　2 550

　贷:银行存款　　2 550

(三)收购未税矿产品应纳资源税的计算及会计处理

企业收购未税矿产品,按实际支付的收购价款,借记"材料采购"等账户,贷记"银行存款"等账户;按代扣代缴的资源税,借记"材料采购"账户,贷记"应交税费——应交资源税"账户。上交资源税时,借记"应交税费——应交资源税"账户,贷记"银行存款"账户。

【例9－3】 捷安有限公司2016年8月收购某铁矿的未税铁矿石2 000吨,每吨不含增值税收购价为115元(其中资源税15元),该铁矿适用的单位税额为15元/吨,款项以银行存款支付,则该公司收购铁矿石时的会计处理如下:

应纳资源税税额＝2 000×15＝30 000(元)

(1)计算代扣代缴资源税时

借:材料采购　　200 000

　应交税费——应交增值税(进项税额)　　39 100

　贷:银行存款　　239 100

借:材料采购　　30 000

　贷:应交税费——应交资源税　　30 000

(2)实际缴纳资源税时

借:应交税费——应交资源税　　30 000

　贷:银行存款　　30 000

(四)外购液体盐加工固体盐应纳资源税的计算及会计处理

由于纳税人以外购的已税液体盐加工固体盐,其加工固体盐所耗用液体盐的已纳资源税额准予抵扣,因此购入液体盐按照允许抵扣资源税,借记"应交税费——应交资源税"科目,按照外购价款允许抵扣资源税后的数额,借记"材料采购"等科目,按支付的全部价款,贷记"银行存款"等科目。

当加工成固体盐销售以后,借记"税金及附加"科目,贷记"应交税费——应交资源税"科目,将销售固体盐应纳资源税抵扣液体盐已纳资源税的差额上缴资源税时,借记"应交税费——应交资源税"科目,贷记"银行存款"科目。

【例 9—4】 某企业 2017 年 4 月购入液体盐 1 000 吨,每吨含增值税价款 117 元,价税合计 117 000 元,该液体盐资源税每吨 5 元;企业将外购液体盐全部领用,加工成固体盐 350 吨,月末全部售出,每吨含增值税价款 702 元,取得含增值税收入 245 700 元;固体盐资源税每吨 40 元。计算应纳资源税。

(1)购入液体盐时

借:原材料——液体盐　　95 000

　　应交税费——应交资源税　　5 000

　　应交税费——应交增值税(进项税额)　　17 000

　贷:银行存款　　117 000

(2)销售固体盐时计提资源税

借:税金及附加　　9 000

　贷:应交税费——应交资源税　　9 000

固体盐销售应纳资源税=(350×40)-(1 000×5)=9 000(元)

(3)实际缴纳资源税时

借:应交税费——应交资源税　　9 000

　贷:银行存款　　9 000

企业交纳的资源税,通过"应交税费——应交资源税"科目进行核算。该科目贷方反映企业应缴纳的资源税税额;借方反映企业已经缴纳或允许抵扣的资源税税额;余额在贷方表示企业应交而未交的资源税税额。

任务三　资源税的纳税申报

一、纳税申报

纳税人的纳税期限为 1 日、3 日、5 日、10 日、15 日或者 1 个月,由主管税务机关根据实际情况具体核定。不能按固定期限计算纳税的,可以按次计算纳税。

纳税人以 1 个月为一期纳税的,自期满之日起 10 日内申报纳税;以 1 日、3 日、5 日、10 日或者 15 日为一期纳税的,自期满之日起 5 日内预缴税款,于次月 1 日起 10 日内申报纳税并结清上月税款。

1. 进口不征,出口不退

对在我国领域及管辖海域开采应税矿产品或生产盐的单位或个人征收，而对进口应税资源产品的单位或个人不征资源税；对出口应税产品也不退(免)已纳的资源税。

2. 一次性课征

对开采或生产应税资源进行销售或自用的单位和个人，在出厂销售或自用时一次性征收，而对已税产品批发、零售的单位和个人不再征收资源税。

3. 收购未税矿产品的独立矿山、联合企业和其他单位(包括个体户)为资源税的扣缴义务人

二、纳税申报表的填报

资源税的纳税人应按《资源税暂行条例》的有关规定，如实填写资源税纳税申报表。

三、纳税申报表的报送

按照规定的格式填列的资源税纳税申报表应在规定的时间内报送主管税务局，资源税申报表的报送可以采取直接报送和网上申报。直接报送是将纳税申报表直接送达主管税务局的办税服务大厅，由税务工作人员签收。资源税的网上申报可参照营业税的网上申报流程。

项目二 土地增值税纳税实务

任务一 土地增值税法律知识

一、土地增值税的征税范围

土地增值税是对有偿转让国有土地使用权、地上建筑物及其附着物产权，取得增值收入的单位和个人征收的一种税。其基本法律依据是1993年12月国务院颁布的《中华人民共和国土地增值税暂行条例》和1995年1月财政部制定的《中华人民共和国土地增值税暂行条例实施细则》。

土地增值税的征税对象是有偿转让国有土地使用权及地上建筑物和其他附着物产权所取得的增值额。地上建筑物，是指建于地上的一切建筑物，包括地上地下的各种附属设施。附着物，是指附着于土地上的不能移动，一经移动即遭损坏的物品。

(一)土地增值税征税范围的一般规定

(1)土地增值税只对转让国有土地使用权的行为征税，转让非国有土地和出让国有土地的行为均不征税。对于属于集体所有的土地，按现行规定，必须先由国家征用后才能转让。土地出让在性质上属于政府凭借所有权在土地一级市场上收取的租金，因此出让行为及出让取得的收入不属于土地增值税范围之列。

(2)土地增值税既对转让土地使用权征税，也对转让地上建筑物和其他附着物的产权征税，即纳税人转让房产取得的全部增值额都要征税，而不是仅仅对土地使用权转让收入征税。

(3)土地增值税只对有偿转让的房地产征税，而对继承、赠予等方式无偿转让的房地产不予征税。

（二）土地增值税征税范围的具体规定

（1）以房地产进行投资联营一方以土地作价入股进行投资或者作为联营条件，免征收土地增值税。其中，如果投资联营的企业从事房地产开发，或者房地产开发企业以其建造的商品房进行投资联营的就不能暂免征税。

（2）房地产开发企业将开发的房产转为自用或者用于出租等商业用途，如果产权没有发生转移，不征收土地增值税。

（3）房地产的互换，由于发生了房产转移，因此属于土地增值税的征税范围。但是对于个人之间互换自有居住用房的行为，经过当地税务机关审核，可以免征土地增值税。

（4）合作建房，对于一方出地，另一方出资金，双方合作建房，建成后按比例分房自用的，暂免征收土地增值税；但建成后转让的，应征收土地增值税。

（5）房地产的出租，指房产所有者或土地使用者，将房产或土地使用权租赁给承租人使用，由承租人向出租人支付租金的行为。房地产企业虽然取得了收入，但没有发生房产产权、土地使用权的转让，因此，不属于土地增值税的征税范围。

（6）房地产的抵押，指房产所有者或土地使用者作为债务人或第三人向债权人提供不动产作为清偿债务的担保而不转移权属的法律行为。这种情况下房产的产权、土地使用权在抵押期间并没有发生权属的变更，因此对房地产的抵押，在抵押期间不征收土地增值税。

（7）企业兼并转让房地产，在企业兼并中，对被兼并企业将房地产转让到兼并企业中的，免征收土地增值税。

（8）房地产的代建行为，是指房地产开发公司代客户进行房地产的开发，开发完成后向客户收取代建收入的行为。对于房地产开发公司而言，虽然取得了收入，但没有发生房地产权属的转移，其收入属于劳务性质，故不在土地增值税的征税范围内。

（9）房地产的重新评估，按照财政部门的规定，国有企业在清产核资时对房地产进行重新评估而产生的增值，因其既没有发生房地产权属的转移，房产产权、土地使用权人也未取得收入，所以不属于土地增值税的征税范围。

（10）土地使用者处置土地使用权，土地使用者转让、抵押或置换土地，无论其是否取得了该土地的使用权属证书，无论其在转让、抵押或置换土地过程中是否与对方当事人办理了土地使用权属证书变更登记手续，只要土地使用者享有占用、使用收益或处分该土地的权利，且有合同等证据表明其实质转让、抵押或置换了土地并取得了相应的经济利益，土地使用者及其对方当事人就应当依照税法规定缴纳营业税、土地增值税和契税等。

二、土地增值税的纳税人

根据《土地增值税暂行条例》规定，土地增值税的纳税人是转让国有土地使用权及地上一切建筑物和其他附着物产权，并取得收入的单位和个人。单位包括各类企事业单位、国家机关、社会团体及其他组织，包括外商投资企业、外国企业及外国机构；个人包括个体经营者，也包括华侨、港澳台同胞及外国公民等。

三、土地增值税的税率

土地增值税实行的是四级超率累进税率，其目的是抑制房地产的投机、炒卖活动，适当调节纳税人的收入分配，增值多的多征，增值少的少征，无增值的不征。其具体税率如表9－1所示：

表 9－1 土地增值税税率

级数	增值额与扣除项目金额的比率	税率(%)	速算扣除系数(%)
1	不超过 50%的部分	30	0
2	超过 50%～100%的部分	40	5
3	超过 100%～200%的部分	50	15
4	超过 200%的部分	60	35

四、土地增值税的优惠政策

(1)纳税人建造普通标准住宅出售,增值额未超过扣除项目金额 20%的,免征土地增值税。这里所称的普通标准住宅,是指按所在地一般民用住宅标准建造的居住用住宅。高级公寓、别墅、度假村等不属于普通标准住宅。普通标准住宅与其他住宅的具体划分界限由各省、自治区、直辖市人民政府规定。纳税人建造普通标准住宅出售,增值额超过扣除项目金额之和 20%的,应就其全部增值额按规定计税。纳税人既建造普通标准住宅,又从事其他房地产开发的,应分别核算增值额;未分别核算或不能准确核算的,其建造的普通标准住宅不适用该免税规定。

(2)因国家建设需要依法征用、收回的房地产,免征土地增值税。这里所说的“因国家建设需要依法征用、收回的房地产”,是指因城市实施规划、国家建设的需要而被政府批准征用的房产或收回的土地使用权。因城市实施规划、国家建设的需要而搬迁,由纳税人自行转让原房地产的,比照有关规定免征土地增值税。

符合上述免税规定的单位和个人,须向房地产所在地税务机关提出免税申请,经税务机关审核后,免予征收土地增值税。

(3)个人因工作调动或改善居住条件而转让原自用住房,经向税务机关申报核准,凡居住满五年或五年以上的,免予征收土地增值税;居住满三年未满五年的,减半征收土地增值税;居住未满三年的,按规定计征土地增值税。

五、土地增值税的纳税地点

土地增值税的纳税人应向房地产所在地主管税务机关申报纳税,并向税务机关提供相关的合同资料。纳税人转让的房地产坐落在两个或两个以上地区的,应按房地产所在地分别申报。

(一)纳税人是法人的

当转让的房地产坐落地与其机构所在地或经营所在地一致时,则在办理税务登记的原管辖税务机关申报纳税即可;如果转让的房地产坐落地与其机构所在地或经营所在地不一致时,则应在房地产坐落地所管辖的税务机关申报纳税。

(二)纳税人是自然人的

当转让的房地产坐落地与其居住所在地一致时,则在住所所在地税务机关申报纳税;当转让的房地产坐落地与其居住所在地不一致时,在办理过户手续所在地的税务机关申报纳税。

任务二　房地产企业应纳土地增值税的计算及会计处理

一、会计科目的设置

企业进行土地增值税会计核算时，通过“应交税费——应交土地增值税”科目核算，同时，企业负担的土地增值税额，根据具体情况，分别在“税金及附加”、“其他业务成本”、“固定资产清理”等账户中列支。

二、应税收入与扣除项目

1. 收入的确定

房地产企业转让房地产所取得的收入，包括货币收入、实物收入及其他收入在内的全部价款及有关的经济利益。对取得的实物收入，要按收入时的市场价格折算成货币收入；取得的外币收入，应以取得收入当天或当月1日国家公布的市场汇率折合成人民币。对取得的无形资产收入，应进行专门的评估，确定其价值后折算成货币收入。

2. 扣除项目金额的确定

(1)取得土地使用权所支付的金额，包括纳税人为取得土地使用权所支付的地价款和按国家统一规定缴纳的有关费用。具体为：以出让方式取得土地使用权的，为支付的土地出让金；以行政划拨方式取得土地使用权的，为转让土地使用权时按规定补交的出让金；以转让方式得到土地使用权的，为支付的地价款。

(2)开发土地和新建房及配套设施的成本，包括土地征用及拆迁补偿费、前期工程费、建筑安装工程费、基础设施费、公共设施配套费、开发间接费用。这些成本允许按实际发生额扣除。

土地征用及拆迁补偿费，包括土地征用费、耕地占用税、劳动力安置费及有关地上、地下附着物拆迁补偿的净支出、安置动迁用房支出等。前期工程费，包括规划、设计、项目可行性研究和水文、地质、“三通一平”等支出。建筑安装工程费，是指以出包方式支付给承包单位的建筑安装工程费，以自营方式发生的建筑安装工程费。基础设施费，包括开发小区内道路、供水、供电、供气、排污、排洪、通信、照明、环卫、绿化等工程发生的支出。公共配套设施费，包括不能有偿转让的开发小区内公共配套设施发生的支出。开发间接费用，是指直接组织、管理开发项目发生的费用，包括工资、职工福利费、折旧费、修理费、办公费、水电费、劳动保护费、周转房摊销等。

(3)开发土地和新建房及其配套设施的费用是指销售费用、管理费用、财务费用。根据新会计制度规定，与房地产开发有关的费用直接计入当年损益，不按房地产项目进行归集或分摊。为了便于计算操作，《土地增值税暂行条例实施细则》规定，财务费用中的利息支出，凡能够按转让房地产项目计算分摊，并提供金融机构的证明的，允许据实扣除，但最高不能超过按商业银行同类同期贷款利率计算的金额，其他房地产开发费用按取得土地使用权所支付的金额及房地产开发成本之和的5%以内予以扣除。凡不能提供金融机构的证明的，利息不单独扣除，三项费用的扣除按取得土地使用权所支付的金额及房地产开发成本的10%以内计算扣除。

(4)旧房及建筑物的评估价格，是指在转让已使用的房屋及建筑物时，由政府批准设立的房地产评估机构评定的重置成本价乘以成新度折扣率后的价值，并由当地税务机关参考评估机构的评估而确认的价格。

(5)与转让房地产有关的税金。这是指在转让房地产时缴纳的营业税、城市维护建设税、印花税。因转让房地产交纳的教育费附加,也可视同税金予以扣除。

(6)加计扣除。对从事房地产开发的纳税人,可按取得土地使用权所支付的金额与房地产开发成本之和加计20%的扣除。

三、土地增值税的税额和税率

土地增值税的税额等于纳税人的应税收入减去扣除项目金额后的余额,然后根据土地增值额对照税率表选择适用税率和速算扣除率。

土地增值额=应税收入-扣除项目金额

四、应纳土地增值税的计算及会计处理

土地增值税按照纳税人转让房地产所取得的增值额和规定的税率计算征收,计算公式为:

应纳土地增值税=土地增值额×适用税率-扣除项目金额×速算扣除系数

土地增值额=应税收入-扣除项目金额

【例9-5】 某房地产开发公司出售一幢写字楼,收入总额为10 000万元。开发该写字楼有关支出为:支付地价款及各种费用1 000万元;房地产开发成本3 000万元;财务费用中的利息支出为500万元(可按转让项目计算分摊并提供金融机构的证明),但其中有50万元属加罚的利息;转让环节缴纳的有关税费共计为555万元;该单位所在地政府规定的其他房地产开发费用计算扣除比例为5%。试计算该房地产开发公司应纳的土地增值税。

答:(1)取得土地使用权支付的地价款及有关费用为1 000万元;

(2)房地产开发成本为3 000万元;

(3)房地产开发费用=500-50+(1 000+3 000)×5%=650(万元);

(4)允许扣除的税费为555万元;

(5)从事房地产开发的纳税人加计扣除20%;

允许扣除额=(1 000+3 000)×20%=800(万元)

(6)允许扣除的项目金额合计=1 000+3 000+650+555+800=6 005(万元)

(7)增值额=10 000-6 005=3 995(万元)

(8)增值率=3 995÷6 005×100%=66.53%

(9)应纳税额=3 995×40%-6 005×5%=1 297.75(万元)

会计处理如下:

借:税金及附加　　12 977 500

　　贷:应交税费——应交土地增值税　　12 977 500

任务三　房地产开发企业土地增值税清算

土地增值税清算,是指纳税人在符合土地增值税清算条件后,依照税收法律、法规及土地增值税有关政策规定,计算房地产开发项目应缴纳的土地增值税税额,并填写《土地增值税清算申报表》,向主管税务机关提供有关资料,办理土地增值税清算手续,结清该房地产项目应缴纳土地增值税税款的行为。

自2009年6月1日起,各省(自治区、直辖市、计划单列市)税务机关可按以下规定对房地产开发企业土地增值税进行清算。各省税务机关可根据以下规定并结合本地实际情况,对《土

地增值税清算管理规程》进一步进行细化。

一、土地增值税的清算单位

土地增值税以国家有关部门审批的房地产开发项目为单位进行清算，对于分期开发的项目，以分期项目为单位清算。开发项目中同时包含普通住宅和非普通住宅的，应分别计算增值额。

二、土地增值税的清算条件

(1)符合下列情形之一的，纳税人应进行土地增值税的清算：

①房地产开发项目全部竣工、完成销售的；

②整体转让未竣工决算房地产开发项目的；

③直接转让土地使用权的。

(2)符合下列情形之一的，主管税务机关可要求纳税人进行土地增值税清算：

①已竣工验收的房地产开发项目，已转让的房地产建筑面积占整个项目可售建筑面积的比例在85%以上，或该比例虽未超过85%，但剩余的可售建筑面积已经出租或自用的；

②取得销售(预售)许可证满三年仍未销售完毕的；

③纳税人申请注销税务登记但未办理土地增值税清算手续的；

④省(自治区、直辖市、计划单列市)税务机关规定的其他情况。

对前款所列第③项情形，应在办理注销登记前进行土地增值税清算。

三、非直接销售和自用房地产的收入确定

(1)房地产开发企业将开发产品用于职工福利、奖励、对外投资、分配给股东或投资人、抵偿债务、换取其他单位和个人的非货币性资产等，发生所有权转移时应视同销售房地产，其收入按下列方法和顺序确认：

①按本企业在同一地区、同一年度销售的同类房地产的平均价格确定；

②由主管税务机关参照当地当年同类房地产的市场价格或评估价值确定。

(2)房地产开发企业将开发的部分房地产转为企业自用或用于出租等商业用途时，如果产权未发生转移，不征收土地增值税，在税款清算时不列收入，不扣除相应的成本和费用。

四、土地增值税的扣除项目

(1)扣除取得土地使用权所支付的金额、房地产开发成本、费用及与转让房地产有关的税金，须提供合法、有效的凭证；不能提供合法、有效的凭证的，不予扣除。

(2)房地产开发企业办理土地增值税清算所附送的前期工程费、建筑安装工程费、基础设施费、开发间接费用的凭证或资料不符合清算要求或不实的，地方税务机关可参照当地建设工程造价管理部门公布的建安造价定额资料，结合房屋结构、用途、区位等因素，核定上述四项开发成本的单位面积金额标准，并据以计算扣除。具体核定方法由省税务机关确定。

(3)房地产开发企业开发建造的与清算项目配套的居委会和派出所用房、会所、停车场(库)、物业管理场所、变电站、热力站、水厂、文体场馆、学校、幼儿园、托儿所、医院、邮电通信等公共设施，按以下原则处理：

①建成后产权属于全体业主所有的，其成本、费用可以扣除。

②建成后无偿移交给政府、公用事业单位用于非营利性社会公共事业的，其成本、费用可

以扣除。

③建成后有偿转让的，应计算收入，并准予扣除成本、费用。

④房地产开发企业销售已装修的房屋，其装修费用可以计入房地产开发成本。

⑤属于多个房地产项目共同的成本费用，应按清算项目可售建筑面积占多个项目可售总建筑面积的比例或其他合理的方法，计算确定清算项目的扣除金额。

五、土地增值税清算时应提供的清算资料

对于符合《土地增值税清算管理规程》第九条规定，应进行土地增值税清算的项目，纳税人应当在满足条件之日起90日内到主管税务机关办理清算手续。对于符合本规程第十条规定税务机关可要求纳税人进行土地增值税清算的项目，由主管税务机关确定是否进行清算；对于确定需要进行清算的项目，由主管税务机关下达清算通知，纳税人应当在收到清算通知之日起90日内办理清算手续。

应进行土地增值税清算的纳税人或经主管税务机关确定需要进行清算的纳税人，在上述规定的期限内拒不清算或不提供清算资料的，主管税务机关可依据《中华人民共和国税收征收管理法》的有关规定进行处理。

纳税人办理土地增值税清算应报送以下资料：

(1)房地产开发企业清算土地增值税书面申请、土地增值税纳税申报表；

(2)项目竣工决算报表、取得土地使用权所支付的地价款凭证、国有土地使用权出让合同、银行贷款利息结算通知单、项目工程合同结算单、商品房购销合同统计表等与转让房地产的收入、成本和费用有关的证明资料；

(3)主管税务机关要求报送的其他与土地增值税清算有关的证明资料等。

纳税人委托税务中介机构审核鉴证的清算项目，还应报送中介机构出具的《土地增值税清算税款鉴证报告》。

主管税务机关收到纳税人清算资料后，对符合清算条件的项目，且报送的清算资料完备的，予以受理；对纳税人符合清算条件但报送的清算资料不全的，应要求纳税人在规定限期内补报，纳税人在规定的期限内补齐清算资料后，予以受理；对不符合清算条件的项目，不予受理。上述具体期限由各省、自治区、直辖市、计划单列市税务机关确定。主管税务机关已受理的清算申请，纳税人无正当理由不得撤销。

六、土地增值税清算项目的审核鉴证

清算审核包括案头审核和实地审核。

案头审核，是指对纳税人报送的清算资料进行数据、逻辑审核，重点审核项目归集的一致性、数据计算的准确性等。

实地审核，是指在案头审核的基础上，通过对房地产开发项目实地查验等方式，对纳税人申报情况的客观性、真实性、合理性进行审核。

清算审核时，应审核房地产开发项目是否以国家有关部门审批、备案的项目为单位进行清算；对于分期开发的项目，是否以分期项目为单位清算；对不同类型的房地产是否分别计算增值额、增值率，缴纳土地增值税。

审核收入情况时，应结合销售发票、销售合同(含房管部门网上备案登记资料)、商品房销售(预售)许可证、房产销售分户明细表及其他有关资料，重点审核销售明细表、房地产销售面

积与项目可售面积的数据关联性，以核实计税收入；对销售合同所载商品房面积与有关部门实际测量面积不一致，而发生补、退房款的收入调整情况进行审核；对销售价格进行评估，审核有无价格明显偏低的情况。

必要时，主管税务机关可通过实地查验，确认有无少计、漏计事项，确认有无将开发产品用于职工福利、奖励、对外投资、分配给股东或投资人、抵偿债务、换取其他单位和个人的非货币性资产等情况。

土地增值税扣除项目审核的内容包括：

(1)取得土地使用权所支付的金额。

(2)房地产开发成本，包括土地征用及拆迁补偿费、前期工程费、建筑安装工程费、基础设施费、公共配套设施费、开发间接费用。

(3)房地产开发费用。

(4)与转让房地产有关的税金。

(5)国家规定的其他扣除项目。

纳税人委托中介机构审核鉴证的清算项目，主管税务机关应当采取适当的方法对有关鉴证报告的合法性、真实性进行审核，对符合要求的鉴证报告，税务机关可以采信。

对纳税人委托中介机构审核鉴证的清算项目，主管税务机关未采信或部分未采信鉴证报告的，应当告知其理由。

税务机关要对从事土地增值税鉴证工作的税务中介机构在准入条件、工作程序、鉴证内容、法律责任等方面提出明确要求，并做好必要的指导和管理。

七、土地增值税的核定征收

在土地增值税清算过程中，发现纳税人符合核定征收条件的，应按核定征收方式对房地产项目进行清算。

在土地增值税清算中符合以下条件之一的，可实行核定征收：

(1)依照法律、行政法规的规定应当设置但未设置账簿的；

(2)擅自销毁账簿或者拒不提供纳税资料的；

(3)虽设置账簿，但账目混乱或者成本资料、收入凭证、费用凭证残缺不全，难以确定转让收入或扣除项目金额的；

(4)符合土地增值税清算条件，企业未按照规定的期限办理清算手续，经税务机关责令限期清算，逾期仍不清算的；

(5)申报的计税依据明显偏低，又无正当理由的。

符合上述核定征收条件的，由主管税务机关发出核定征收的税务事项告知书后，税务人员对房地产项目开展土地增值税核定征收核查，经主管税务机关审核合议，通知纳税人申报缴纳应补缴税款或办理退税。

八、清算后再转让房地产的处理

在土地增值税清算时未转让的房地产，清算后销售或有偿转让的，纳税人应按规定进行土地增值税的纳税申报，扣除项目金额按清算时的单位建筑面积成本费用乘以销售或转让面积计算。

单位建筑面积成本费用＝清算时的扣除项目总金额÷清算的总建筑面积

任务四　土地增值税的纳税申报

一、纳税申报表的填列

土地增值税的纳税人应在转让房地产合同签订后的7日内，到房地产所在地主管税务机关办理纳税申报，并向税务机关提交房屋及建筑物产权、土地使用权证书，土地转让、房产买卖合同，房地产评估报告及其他与转让房地产有关的资料。

纳税人因经常发生房地产转让而难以在每次转让后申报的，经税务机关审核同意后，可以定期进行纳税申报，具体期限由税务机关根据情况确定。具体要求如下：

(1)以一次交割并付清价款方式转让房地产的，主管税务机关可在纳税人办理纳税申报后，根据其应纳税额的大小及向有关部门办理过户、登记手续的期限等，规定其在办理过户、登记手续前数日内一次性缴纳全部税款。

(2)以分期收款方式转让房地产的，主管税务机关可根据合同规定的收款日期来确定具体的纳税期限，即先计算出应缴纳的全部土地增值税税额，再按总税额除以转让房地产的总收入，算出应纳税额占总收入的比例。然后，在每次收到价款时，按收到的价款乘以该比例，计算出每次应纳的土地增值税税额。

(3)项目全部竣工决算前转让房地产的，可以预征土地增值税，待项目办理竣工结算后再进行清算，多退少补。

2009年5月12日，国家税务总局制定并下发了《土地增值税纳税申报表》。此表包括适用于从事房地产开发纳税人的《土地增值税项目登记表》(见表9－2)和《土地增值税纳税申报表》(一)(见表9－3)，及适用于非从事房地产开发纳税人的《土地增值税纳税申报表》(二)(见表9－4)。纳税人必须按照税法的有关规定，向房地产所在地主管税务机关如实申报转让房地产所取得的收入、扣除项目金额以及应纳的土地增值税税额，并按期缴纳税额。

表9－2　　土地增值税项目登记表

(从事房地产开发的纳税人适用)

纳税人识别号：　　　　纳税人名称：　　　　填表日期：　年　月　日

金额单位：元至角分　　　　　　　　　　　　　　　　面积单位：平方米

项目名称		项目地址		业　别	
经济性质		主管部门			
开户银行		银行账号			
地　　址		邮政编码		电　话	
土地使用权受让(行政划拨)合同号			受让(行政划拨)时间		
建设项目起讫时间		总预算成本		单位预算成本	
项目详细坐落地点					
开发土地总面积		开发建筑总面积		房地产转让合同名称	

续表

转让次序	转让土地面积（按次填写）	转让建筑面积（按次填写）	转让合同签订日期（按次填写）		
第1次					
第2次					
……					
备　注					
以下由纳税人填写：					
纳税人声明	此纳税申报表是根据《中华人民共和国土地增值税暂行条例》及其实施细则和国家有关税收规定填报的，是真实的、可靠的、完整的。				
纳税人签章		代理人签章		代理人身份证号	
以下由税务机关填写：					
受理人		受理日期	年　月　日	受理税务机关签章	

表 9—3

土地增值税纳税申报表（一）

（从事房地产开发的纳税人预征适用）

税款所属时间：　年　月　日至　年　月　日　　　　填表日期：　年　月　日

项目名称：　　　　项目编号：　　　　金额单位：元至角分；面积单位：平方米

纳税人识别号 □□□□□□□□□□□□□□□□□□□□

房产类型	房产类型子目	收入：应税收入	收入：货币收入	收入：实物收入及其他收入	收入：视同销售收入	预征率（%）	应纳税额	税款缴纳：本期已缴税额	税款缴纳：本期应缴税额计算
	1	2=3+4+5	3	4	5	6	7=2×6	8	9=7−8
普通住宅									
非普通住宅									
其他类型房地产									
合　计	—					—			

以下由纳税人填写：					
纳税人声明	此纳税申报表是根据《中华人民共和国土地增值税暂行条例》及其实施细则和国家有关税收规定填报的，是真实的、可靠的、完整的。				
纳税人签章		代理人签章		代理人身份证号	
以下由税务机关填写：					
受理人		受理日期	年　月　日	受理税务机关签章	

本表一式两份，一份纳税人留存，一份税务机关留存。

表 9—4 **土地增值税纳税申报表(二)**

(从事房地产开发的纳税人清算适用)

税款所属时间：　年　月　日至　年　月　日　　　　填表日期：　年　月　日

金额单位：元至角分　　　面积单位：平方米

纳税人识别号 □□□□□□□□□□□□□□□□□□□□

纳税人名称		项目名称		项目编号		项目地址	
所属行业		登记注册类型		纳税人地址		邮政编码	
开户银行		银行账号		主管部门		电　话	
总可售面积				自用和出租面积			
已售面积		其中：普通住宅已售面积		其中：非普通住宅已售面积		其中：其他类型房地产已售面积	

项　目		行次	金　额			
			普通住宅	非普通住宅	其他类型房地产	合计
一、转让房地产收入总额 1=2+3+4		1				
其中	货币收入	2				
	实物收入及其他收入	3				
	视同销售收入	4				
二、扣除项目金额合计 5=6+7+14+17+21+22		5				
1. 取得土地使用权所支付的金额		6				
2. 房地产开发成本 7=8+9+10+11+12+13		7				
其中	土地征用及拆迁补偿费	8				
	前期工程费	9				
	建筑安装工程费	10				
	基础设施费	11				
	公共配套设施费	12				
	开发间接费用	13				
3. 房地产开发费用 14=15+16		14				
其中	利息支出	15				
	其他房地产开发费用	16				
4. 与转让房地产有关的税金等 17=18+19+20		17				
其中	营业税	18				
	城市维护建设税	19				
	教育费附加	20				
5. 财政部规定的其他扣除项目		21				
6. 代收费用		22				
三、增值额 23=1−5		23				
四、增值额与扣除项目金额之比(%)24=23÷5		24				
五、适用税率(%)		25				

续表

六、速算扣除系数(%)			26				
七、应缴土地增值税税额 27=23×25－5×26			27				
八、减免税额 28=30+32+34			28				
其中	减免税(1)	减免性质代码(1)	29				
		减免税额(1)	30				
	减免税(2)	减免性质代码(2)	31				
		减免税额(2)	32				
	减免税(3)	减免性质代码(3)	33				
		减免税额(3)	34				
九、已缴土地增值税税额			35				
十、应补(退)土地增值税税额 36=27－28－35			36				

以下由纳税人填写：					
纳税人声明	此纳税申报表是根据《中华人民共和国土地增值税暂行条例》及其实施细则和国家有关税收规定填报的，是真实的、可靠的、完整的。				
纳税人签章		代理人签章		代理人身份证号	
以下由税务机关填写：					
受理人		受理日期	年　月　日	受理税务机关签章	

本表一式两份，一份纳税人留存，一份税务机关留存。

二、纳税申报表的报送

土地增值税的纳税人应在转让房地产合同签订后的 7 日内，到房地产所在地主管税务机关办理纳税申报，报送土地增值税纳税申报表及附表，并向税务机关提交房屋及建筑物产权、土地使用权证书，土地转让、房屋买卖合同，房地产评估报告及其他与转让房地产有关的资料。

项目三　城镇土地使用税纳税实务

任务一　城镇土地使用税法律知识

一、城镇土地使用税的征税范围

城镇土地使用税的征税范围，包括在城市、县城、建制镇和工矿区内的国家所有和集体所有的土地，不包括农村集体所有的土地。城市的土地包括市区和郊区的土地，县城的土地是指县人民政府所在地的城镇的土地，建制镇的土地是指镇人民政府所在地的土地。对建立在城市、县城、建制镇和工矿区以外的工矿企业则不需要缴纳城镇土地使用税。但 2006 年 4 月 30 日《财政部、国家税务总局关于集体土地城镇土地使用税有关政策的通知》(财税[2006]56 号)对此进行了扩大解释，该文规定，在城镇土地使用税征税范围内实际使用应税集体所有建设用地但未办理土地使用权流转手续的，由实际使用集体土地的单位和个人按规定缴纳城镇土地使用税。该通知将城镇土地使用税的征税范围扩大到集体建设用地。

对城市、县城、建制镇和工矿区的具体征税范围的确定，由省、自治区、直辖市人民政府具体划定。

从2007年7月1日起，外商投资企业、外国企业和在华机构的用地也要征收城镇土地使用税。

自2009年1月1日起，公园、名胜古迹内的索道公司经营用地，应按规定缴纳城镇土地使用税。

二、城镇土地使用税的纳税人

在城市、县城、建制镇、工矿区范围内使用土地的单位和个人为城镇土地使用税的纳税人。

所称单位，包括国有企业、集体企业、私营企业、股份制企业、外商投资企业、外国企业及其他企业和事业单位、社会团体、国家机关、军队及其他单位。

所称个人，包括个体工商户及其他个人。

具体规定：

(1)拥有土地使用权的单位和个人，为纳税义务人。

(2)拥有土地使用权的单位和个人不在土地所在地的，其土地的实际使用人和代管人为纳税义务人。

(3)土地使用权未确定或权属纠纷未解决的，其实际使用人为纳税义务人。

(4)土地使用权共有的，共有各方都是纳税义务人，由共有各方分别纳税。

三、计税依据

城镇土地使用税以实际占用的土地面积为计税依据。

(1)凡由省、自治区、直辖市人民政府确定的单位组织测定土地面积的，以测定的面积为准。

(2)尚未组织测量，但纳税人持有政府部门核发的土地使用证书的，以证书确认的土地面积为准。

(3)尚未核发土地使用证书的，应由纳税人申报土地面积，据以纳税，待核发土地使用证以后再作调整。

四、城镇土地使用税的税率

城镇土地使用税采用定额税率，即采用有幅度的差别税额，按大、中等、小城市和县城、建制镇、工矿区分别规定每平方米土地使用税年应纳税额，具体标准如表9－5所示：

表9－5

级　别	人口(人)	每平方米税额(元)
大城市	50万人以上	1.5～30
中等城市	20万～50万	1.2～24
小城市	20万人以下	0.9～18
县城、建制镇、工矿区		0.6～12

五、城镇土地使用税的优惠政策

城镇土地使用税的税收优惠包括法定免缴土地使用税的优惠和省、自治区、直辖市地方税务局确定减免土地使用税的优惠。

1. 法定免缴土地使用税的优惠

(1)国家机关、人民团体、军队自用的土地。

(2)由国家财政部门拨付事业经费的单位自用的土地。

(3)宗教寺庙、公园、名胜古迹自用的土地,如宗教人员生活用地、公园公共参观游览用地及其管理单位的办公用地。

以上单位的生产、经营用地和其他用地,不属于免税范围,应按规定缴纳土地使用税,如公园、名胜古迹中附设的营业单位如影剧院、饮食部、茶社、照相馆、索道公司等使用的土地。

(4)市政街道、广场、绿化地带等公共用地。

(5)直接用于农、林、牧、渔业的生产用地。

这部分土地是指直接从事于种植养殖、饲养的专业用地,不包括农副产品加工场地和生活办公用地。

(6)经批准开山填海整治的土地和改造的废弃土地,从使用的月份起免缴土地使用税5～10年。

(7)对非营利性医疗机构、疾病控制机构和妇幼保健机构等卫生机构自用的土地,免征城镇土地使用税。对营利性医疗机构自用的土地自2000年起免征城镇土地使用税3年。

(8)企业办的学校、医院、幼儿园、托儿所,其用地能与企业其他用地明确区分的,免征城镇土地使用税。

(9)免税单位无偿使用纳税单位的土地(如公安、海关等单位使用铁路、民航等单位的土地),免征城镇土地使用税。纳税单位无偿使用免税单位的土地,纳税单位应照章缴纳城镇土地使用税。纳税单位与免税单位共同使用共有使用权土地上的多层建筑,对纳税单位可按其占用的建筑面积占建筑总面积的比例计征城镇土地使用税。

(10)对行使国家行政管理职能的中国人民银行总行(含国家外汇管理局)所属分支机构自用的土地,免征城镇土地使用税。

(11)为了体现国家的产业政策,支持重点产业的发展,对石油、电力、煤炭等能源用地,民用港口、铁路等交通用地和水利设施用地,三线调整企业、盐业、采石场、邮电等一些特殊用地划分了征免税界限和给予政策性减免税照顾:

①对企业的铁路专用线、公路等用地,在厂区以外与社会公用地段未加隔离的,暂免征收城镇土地使用税。

②对企业厂区以外的公共绿化用地和向社会开放的公园用地,暂免征收城镇土地使用税。

③对林业系统所属林区的育林地、运材道、防火道、防火设施用地,免征城镇土地使用税。林业系统的森林公园、自然保护区,可以比照公园免征土地使用税。

④自2007年1月1日起,在城镇土地使用税征收范围内经营采摘、观光农业的单位和个人,其直接用于采摘、观光的种植、养殖、饲养的土地,免征城镇土地使用税。

⑤从2007年9月10日起,对核电站的核岛、常规岛、辅助厂房和通信设施用地(不包括地下线路用地),生活、办公用地按规定征收城镇土地使用税,其他用地免征城镇土地使用税。对核电站应税土地在基建期内减半征收城镇土地使用税。

⑥对水利设施及其管护用地(如水库库区、大坝、堤防、灌渠、泵站等用地),免征土地使用税;其他用地,如生产、办公、生活用地,应照章征收土地使用税。

2. 省、自治区、直辖市地方税务局确定减免土地使用税的优惠

(1)个人所有的居住房屋及院落用地。

(2)房产管理部门在房租调整改革前经租的居民住房用地。

(3)免税单位职工家属的宿舍用地。

(4)民政部门举办的安置残疾人占一定比例的福利工厂用地。

(5)集体和个人办的各类学校、医院、托儿所、幼儿园用地。

(6)向居民供热并向居民收取采暖费的供热企业暂免征收城镇土地使用税。"供热企业"包括专业供热企业、兼营供热企业、单位自供热及为小区居民供热的物业公司等,不包括从事热力生产但不直接向居民供热的企业。

对既向居民供热,又向非居民供热的企业,可按向居民供热收取的收入占其总供热收入的比例划分征免税界限;对于兼营供热的企业,可按向居民供热收取的收入占其生产经营总收入的比例划分征免税界限。

3. 对高校后勤实体免征城镇土地使用税

六、城镇土地使用税的纳税期限、时间和地点

1. 纳税期限

城镇土地使用税实行按年计算、分期缴纳的征收办法,具体纳税期限由省、自治区、直辖市人民政府确定。

2. 纳税义务发生时间

使用城镇土地,一般是从次月起发生纳税义务,只有新征用耕地是在批准使用之日起满一年时开始纳税。具体归纳如表 9－6 所示:

表 9－6

情 况	纳税义务发生时间
购置新建商品房	房屋交付使用之次月起
购置存量房	房地产权属登记机关签发房屋权属证书之次月起
出租、出借房地产	交付出租、出借房产之次月起
以出让或转让方式有偿取得土地使用权的	应由受让方从合同约定交付土地时间的次月起缴纳城镇土地使用税;合同未约定交付土地时间的,由受让方从合同签订的次月起缴纳城镇土地使用税
新征用的耕地	批准使用之日起满一年时
新征用的非耕地	批准征用次月起
纳税人因土地权利状态发生变化而依法终止土地使用税的纳税义务的	其应纳税款的计算应截至房产的实物或权利发生变化的当月末(即次月免除纳税义务)

3. 纳税地点

城镇土地使用税的纳税地点为土地所在地,由土地所在地的税务机关负责征收。

任务二　应纳城镇土地使用税的计算及会计处理

一、会计科目的设置

企业缴纳的土地使用税应通过“应交税费——应交土地使用税”科目核算。该科目贷方反映企业应缴的土地使用税；借方反映企业已经缴纳的土地使用税；余额在贷方，表示应缴而未缴的土地使用税。

企业按规定计算城镇土地使用税时，借记“管理费用”科目，贷记“应交税费——应交土地使用税”科目；在实际缴纳资源税时，借记“应交税费——应交土地使用税”科目，贷记“银行存款”科目。

二、应纳城镇土地使用税的计算及会计处理

1. 确定城镇土地使用税的计税依据

城镇土地使用税以纳税义务人实际占用的土地面积为计税依据。

纳税义务人实际占用土地面积按下列方法确定：

(1)凡由省、自治区、直辖市人民政府确定的单位组织测定土地面积的，以测定的面积为准。

(2)尚未组织测量，但纳税人持有政府部门核发的土地使用证书的，以证书确认的土地面积为准。

(3)尚未核发土地使用证书的，应由纳税人申报土地面积，据以纳税，等到核发土地使用证以后再作调整。

2. 计算城镇土地使用税应纳税额

城镇土地使用税采用从量定额方法计算应纳税额。其计算公式为：

全年应纳税额＝实际占用应税土地面积(平方米)×适用税额

【例9-6】 某公司实际使用土地面积3 000平方米，该公司所在城市计税标准为每平方米5元，则：

(1)计提土地使用税时

借：税金及附加　　15 000

　　贷：应交税费——应交土地使用税　　15 000

年应纳税额＝3 000×5＝15 000(元)

(2)缴纳土地使用税时

借：应交税费——应交土地使用税　　15 000

　　贷：银行存款　　15 000

任务三　城镇土地使用税的纳税申报

一、纳税申报表的填列

城镇土地使用税的纳税人应按《城镇土地使用税暂行条例》的有关规定，如实填写《城镇土地使用税纳税申报表》。

二、纳税申报表的报送

城镇土地使用税的纳税人应在规定的时间内，将填列的《城镇土地使用税纳税申报表》报送主管税务机关，并及时缴纳税款。

项目四　耕地占用税纳税实务

耕地占用税是对占用耕地建房或从事其他非农业建设的单位和个人，就其占用的耕地面积征收的一种税。耕地占用税法是用以调整国家与耕地占用税纳税人之间征纳关系的法律规范，其基本法律依据是 2007 年 12 月 1 日国务院发布的《中华人民共和国耕地占用税暂行条例》，该条例自 2008 年 1 月 1 日起执行。

耕地是从事农业生产的基本条件，开征此税是加强土地管理、防止乱占耕地、综合治理非农业占用耕地的一种法律和经济手段。

任务一　耕地占用税法律知识

一、耕地占用税的征税范围

耕地占用税以占用农用耕地(包括国家所有和集体所有的耕地)建房或从事其他非农业建设为征税范围。占用其他农用土地，例如占用已开发从事种植、养殖的滩涂、草场、水面和林地等从事非农业建设，是否征税，由省、自治区、直辖市本着有利于保护农用土地资源和保护生态平衡的原则，结合具体情况加以确定。

知识链接

属于耕地占用税征税范围的土地

1. 耕地，指用于种植农作物的土地。

2. 园地，指果园、茶园、其他园地。

3. 林地、牧草地、农田水利用地、养殖水面以及渔业水域滩涂等其他农用地。

林地，包括有林地、灌木林地、疏林地、未成林地、苗圃等，不包括居民点内部的绿化林木用地，铁路、公路征地范围内的林木用地，以及河流、沟渠的护堤林用地。

牧草地，包括天然牧草地、人工牧草地。

农田水利用地，包括农田排灌沟渠及相应的附属设施用地。

养殖水面，包括人工开挖或者天然形成的用于水产养殖的河流水面、湖泊水面、水库水面、坑塘水面及相应的附属设施用地。

渔业水域滩涂，包括专门用于种植或者养殖水生动植物的海水潮浸地带和滩地。

4. 草地、苇田。

草地，是指用于农业生产并已由相关行政主管部门发放使用权证的草地。

苇田，是指用于种植芦苇并定期进行人工养护管理的苇田。

二、耕地占用税的纳税义务人

耕地占用税的纳税义务人是占用土地建房或从事其他非农业建设的单位和个人。这里所称单位，包括国有企业、集体企业、私营企业、股份制企业、外商投资企业、外国企业以及其他企业和事业单位、社会团体、国家机关、部队以及其他单位；所称个人，包括个体工商户以及其他个人。

二、耕地占用税的税率

耕地占用税实行定额幅度税率，以县为单位按人均占有耕地多少(按总人口和现有耕地计算)，并参照经济发展情况，确定适用税额。具体规定如下：

(1)人均耕地不超过1亩的地区(以县级行政区域为单位，下同)，每平方米为10元至50元；

(2)人均耕地超过1亩但不超过2亩的地区，每平方米为8元至40元；

(3)人均耕地超过2亩但不超过3亩的地区，每平方米为6元至30元；

(4)人均耕地超过3亩的地区，每平方米为5元至25元。

国务院财政、税务主管部门根据人均耕地面积和经济发展情况确定各省、自治区、直辖市的平均税额。

各地适用税额，由省、自治区、直辖市人民政府在《耕地占用税暂行条例》规定的税额幅度内，根据本地区情况核定。各省、自治区、直辖市人民政府核定的适用税额的平均水平，不得低于暂行条例规定的平均税额。

经济特区、经济技术开发区和经济发达且人均耕地特别少的地区，适用税额可以适当提高，但是提高的部分最高不得超过本条例规定的当地适用税额的50%。

占用基本农田的，适用税额应当在本条例规定的当地适用税额的基础上提高50%。

占用林地、牧草地、农田水利用地、养殖水面以及渔业水域滩涂等其他农用地建房或者从事非农业建设的，适用税额可以适当低于当地占用耕地的适用税额，具体适用税额按照各省、自治区、直辖市人民政府的规定执行。

纳税人临时占用应税土地，应当依照《耕地占用税暂行条例》及其实施细则的规定缴纳耕地占用税。临时占用应税土地，是指纳税人因建设项目施工、地质勘查等需要，一般不超过2年临时使用应税土地并且没有修建永久性建筑物的行为。

四、耕地占用税的优惠政策

1. 下列经批准征用的耕地，免征耕地占用税：

(1)军事设施占用耕地。

(2)学校、幼儿园、养老院、医院占用耕地。

2. 根据《耕地占用税暂行条例》的有关规定，下列项目减征或免征耕地占用税：

(1)铁路线路、公路线路、飞机场跑道、停机坪、港口、航道占用耕地，减按每平方米2元的税额征收耕地占用税。

根据实际需要，国务院财政、税务主管部门商国务院有关部门并报国务院批准后，可以对前款规定的情形免征或者减征耕地占用税。

(2)农村居民占用耕地新建住宅，按照当地适用税额减半征收耕地占用税。

(3)农村烈士家属、残疾军人、鳏寡孤独以及革命老根据地、少数民族聚居区和边远贫困山区生活困难的农村居民，在规定用地标准以内新建住宅缴纳耕地占用税确有困难的，经所在地乡(镇)人民政府审核，报经县级人民政府批准后，可以免征或者减征耕地占用税。

3. 以下占用土地行为不征收耕地占用税：

(1)农田水利占用耕地的。

(2)建设直接为农业生产服务的生产设施占用林地、牧草地、农田水利用地、养殖水面以及渔业水域滩涂等其他农用地的。

(3)农村居民经批准搬迁，原宅基地恢复耕种，凡新建住宅占用耕地不超过原宅基地面积的。

4. 符合以下情形，纳税人可以申请退还已缴纳的耕地占用税：

(1)纳税人在批准临时占地的期限内恢复所占用土地原状的。

(2)损毁土地的单位或者个人，在2年内恢复土地原状的。

(3)依照税收法律、法规规定的其他情形。

因污染、取土、采矿塌陷等损毁应税土地的，由造成损毁的单位或者个人缴纳耕地占用税。超过2年未恢复土地原状的，已征税款不予退还。

依照《耕地占用税暂行条例》第八条、第九条规定，免征或者减征耕地占用税后，纳税人改变原占地用途，不再属于免征或者减征耕地占用税情形的，应当按照当地适用税额补缴耕地占用税。

任务二　应纳耕地占用税的计算及会计处理

一、会计科目的设置

耕地占用税是在实际占用耕地时一次性缴纳的，不需要预提和清算，因此可不通过“应交税费”科目进行核算，直接计入有关项目的成本费用之中。按规定计算的耕地占用税，借记“在建工程”科目，贷记“银行存款”科目。房地产开发企业开发房地产缴纳的耕地占用税，作为房地产开发的构成内容，记入“开发成本”科目。

二、应纳耕地占用税的计算及会计处理

耕地占用税以纳税人实际占用的耕地面积为计税依据，按规定的单位税额计算应纳税额。

应纳税额＝实际占用的耕地面积×单位税额

【例9－7】　某市高新区一汽车改装厂经批准扩建，占用耕地1.6公顷，该高新区耕地占用税适用税额为20元/平方米，计算其当月该企业缴纳的耕地占用税并作会计分录(1公顷＝10 000平方米)：

(1)应纳税额＝1.6×10 000×20＝320 000(元)

(2)缴纳耕地占用税时的会计处理

借：在建工程　　320 000

　　贷：银行存款　　320 000

任务三　耕地占用税的纳税申报

一、耕地占用税的征收管理

耕地占用税由各级地方税务机关负责征收。纳税人应在耕地批准占用之日起 30 日内向地方税务机关申报纳税。纳税人未经批准占用应税土地，应税面积不能及时、准确确定的，主管地税机关可根据实际占地情况核定征收耕地占用税，待应税面积准确确定后结清税款，结算补税不加收滞纳金。

土地管理部门在通知单位或者个人办理占用耕地手续时，应当同时通知耕地所在地同级地方税务机关。获准占用耕地的单位或者个人应当在收到土地管理部门的通知之日起 30 日内缴纳耕地占用税。土地管理部门凭耕地占用税完税凭证或者免税凭证和其他有关文件发放建设用地批准书。

纳税人临时占用耕地，应当依照本条例的规定缴纳耕地占用税。纳税人在批准临时占用耕地的期限内恢复所占用耕地原状的，全额退还已经缴纳的耕地占用税。

占用林地、牧草地、农田水利用地、养殖水面以及渔业水域滩涂等其他农用地建房或者从事非农业建设的，比照《耕地占用税暂行条例》的规定征收耕地占用税。

建设直接为农业生产服务的生产设施占用前款规定的农用地的，不征收耕地占用税。

耕地占用税纳税申报应报送以下资料：

(1)《耕地占用税纳税申报表》；

(2)纳税人身份证明原件及复印件；

(3)农用地转用审批文件原件及复印件；

(4)享受耕地占用税优惠的，应提供减免耕地占用税证明材料原件及复印件；

(5)未经批准占用应税土地的，应提供实际占地的相关证明材料原件及复印件。

主管地税机关接收纳税人的申报资料后，审核资料是否齐全、是否符合法定形式，填写内容是否完整，项目间逻辑关系是否相符，审核无误的，即时受理；审核发现问题的，当场一次性告知应补正资料或不予受理原因。

纳税人因有特殊困难，不能按期缴纳耕地占用税税款的，按照《税收征管法》及其实施细则的规定，经省地税机关批准，可以延期缴纳税款，但是最长不得超过 3 个月。

特殊困难是指以下情形之一：

(1)因不可抗力，导致纳税人发生较大损失，正常生产经营活动受到较大影响的；

(2)当期货币资金在扣除应付职工工资、社会保险费后，不足以缴纳税款的。

二、纳税申报表的填列

耕地占用税的纳税人应按《耕地占用税暂行条例》的有关规定，如实填写《耕地占用税纳税申报表》。

企业纳税筹划

技能目标

1. 掌握纳税筹划的基本方法；

2. 掌握我国现行主体税种的基本纳税筹划思路；

3. 能根据纳税筹划方法和技术为企业提出可行的纳税筹划建议；能为中小企业和个人所得税纳税人设计简单的纳税筹划方案。

知识目标

1. 熟悉纳税筹划工作流程和具体内容；

2. 理解纳税筹划的基本方法；

3. 熟悉流转税纳税筹划思路；

4. 熟悉所得税纳税筹划思路；

5. 熟悉其他税纳税筹划思路。

情境导入

纳税筹划工作者为某市A公司提出的方案是：采取销售商品开具自制收据，直接从仓库发货，不入公司财务账的方式从事账外经营活动，自2010年1月至2010年12月隐瞒应税销售收入210 000元，可减少应纳增值税35 700元。

请问：这种行为是否为纳税筹划？是否要承担法律责任？

项目一　纳税筹划的基本方法

任务一　纳税筹划的概念

纳税筹划就是纳税人通过筹资、投资、收入分配、组织形式、经营等事项的事先安排、选择和策划，以不违法为前提，以税收负担最小化、企业利益最大化为目的的经济活动，具体从以下几个方面理解：

一、纳税筹划的前提是不违反税法

在税法中最为重要的基本原则是税收法定主义原则。税收法定主义要求征税方依法征税，纳税方依法纳税。纳税人只根据税法的明确要求承担其法定的税收义务，没有法律的明确规定，不承担纳税义务。税收法定主义原则要求在税收征纳过程中应避免道德判断，税收是按照法律的规定执行，国家不能超越法律的规定以道德的名义要求纳税人承担纳税义务。税务机关对纳税人的纳税筹划活动或者纳税违法活动的判断和认定，只能以现行税收法律和行政法规为依据，只要不违背现行税收法律和行政法规，纳税人的纳税筹划方案都是允许的。也就是说，纳税人依法应该缴纳的税款，应该一分不少地上缴国库，履行自己应尽的义务；不应该缴纳的税款，纳税人可以理直气壮地拒绝缴纳，无论对方是谁，采取什么手段。

二、纳税筹划的时间——纳税义务发生之前

纳税筹划一般在纳税义务发生之前。在经济活动中，税法具有一定的稳定性，而纳税义务通常具有滞后性，如企业在交易行为发生之后才有纳税人义务，才缴纳各种流转税；在收益实现或分配之后，才缴纳所得税；在财产取得之后，才缴纳财产税等。这在客观上决定了纳税筹划一般应当在纳税义务发生之前。如果经营活动已经发生，纳税义务发生后应纳税额已经确定而去偷漏税或欠缴税款，显然不是纳税筹划。

三、纳税筹划的目标是为纳税人提供缴纳税款最少、总体收益最大的方案

站在纯税收的角度，纳税人缴纳税款最少是其追求的目标。然而，站在企业财务决策总体的高度，纳税筹划只是财务决策的一个部分，因而不能只考虑缴纳税款最少的目标，而忽略因该筹划目标的实施所引发的其他非税因素的变化，进而对企业整体利益产生的影响。纳税人通常希望缴纳税款最少的方案就是企业整体利益最大的方案，即“节税增收”，然而这种“理想境界”在现实中不一定总是存在的。有时缴纳税款最少并不一定等于企业总体收益的增加。若一味追求缴纳税款最少，反过来可能导致企业总体利益的下降时，就只能选择总体收益最多但缴纳税款并不一定最少的方案。也就是说，纳税筹划若站在纯税收的角度，则目标通常定位为缴纳税款最少；但站在企业财务决策总体的高度，则以总体收益最多而不一定缴纳税款最少为目标。

四、纳税筹划所运用的主要理论知识平台——税法、会计核算和财务管理

税法具有原则性、稳定性和针对性的特点，这就决定了无论哪一种税收法律制度在内容上都不能包罗一切，税法所涉及的具体事物与税法的原则性之间往往会出现某种不一致；从稳定性来说，相对稳定的税法和瞬息万变的社会实际情况也会出现不一致，即使对法律进行完善和修改，在时间上也有滞后效应。另外，税法中的具体规定虽然一般都有针对性，但要使针对性达到全部对号入座的程度是办不到的。因此，这种有弹性的税收制度就为纳税筹划提供了可能性，是纳税筹划工作者进行纳税筹划的基础和切入点。

纳税筹划不仅仅是税收单方面的问题，还涉及许多其他方面，包括会计核算和财务管理等方面的知识。一般来说，计算应纳税额时，税法没有明确规定的都应按会计制度的规则和方法进行核算；会计制度中还有税法认可的各种选择性核算方法，如存货计价方法、折旧方法等，不

同的核算方法会影响纳税人的税负。因此,进行纳税筹划要仔细分析和运用会计制度,选择合适的核算方法。站在纯税收的角度,纳税人缴纳税款最少是其追求的目标,但企业经营活动追求的目标是总体收益最多,投资报酬率、投资风险、投资回收速度、资本结构等都是其考虑的因素,缴纳税款最少的方案应当服从于总体收益最多的方案,因此纳税筹划工作中必然要运用到财务管理知识。

任务二 纳税筹划的基本方法

纳税筹划方法很多,如税收优惠政策法、纳税期的递延法、利用会计处理方法筹划法、利用转让定价筹划法、利用税法漏洞筹划法等,这些方法不是一成不变的,而是可以相互转化的,在实践中也是多种方法结合起来使用。

一、税收优惠政策法

国家为了扶持某些特定地区、行业、企业和产品的发展,或者基于照顾某些有实际困难的纳税人的目的,经常在税法中作出某些特殊规定,比如免除其应缴纳的全部或者部分税款,以减轻其税收负担,这种在税法中规定的、用以减轻特定纳税人税收负担的规定,就是税收优惠政策。所谓税收优惠政策法,就是指纳税人充分利用这些优惠政策,来达到为自己降低税负的目的。它是税收筹划最重要的内容,因为它最符合国家税法的立法意图。

国家税收优惠政策的出台,促进了我国经济的发展,加速了我国社会主义市场经济的建设,因而国家对纳税人利用税收优惠政策进行的筹划是支持与鼓励的,纳税人对税收优惠政策利用得越多,越有利于国家特定政策目的的实现,越有利于促进产业结构的优化,这是国家和纳税人"双赢"的选择。

从税制构成要素的角度来看,利用税收优惠进行纳税筹划的方法主要有:

(一)免税技术

免税是国家对特定地区、行业、企业、项目或情况给予纳税人完全免征税收优惠或奖励扶持或照顾的一种措施。

免税一般分为法定免税、特定免税和临时免税三种。在这三类免税中,法定免税是主要方式,特定免税和临时免税是辅助方式,是对法定免税的补充。世界各国一般对特定免税和临时免税都有极严格的控制,尽量避免这类条款产生的随意性和不公正性。由于我国正处于转型时期,所以税法中出现了大量的特定免税条款和临时免税条款。

免税实质上相当于财政补贴,一般有两类免税:一类是照顾性免税,另一类是奖励性免税。照顾性免税的取得一般是在比较苛刻的条件下取得的,所以纳税筹划不能利用这项条款达到节税的目的,只有取得国家奖励性质的免税才能达到目的。

在运用免税技术的过程中,尽量注意做到以下两点:一是尽量使免税期最长化,在合理、合法的情况下,尽量使其最长化,免税期越长,节减的税就越多;二是尽量争取更多的免税待遇,在合法、合理的情况下,尽量争取免税待遇,免税越多,节减的税收也就越多,企业可以支配的税后利润也就越大。

(二)税收减征技术

税收减征技术,是按照税收法律、法规减除纳税人一部分应纳税款,是对某些纳税人、征税对象进行扶持、鼓励或照顾,以减轻税收负担的一种特殊规定。与免税一样,也是税收灵活性与严肃性相结合制定的一项措施,也是各个国家尤其是中国目前采取的一种最普遍的措施。

由于免税和减免在税法中经常结合使用，人们习惯上统称为减免技术。

减税技术在使用时应注意把握两点：一是尽量使减税期最长化。在合理、合法的情况下，尽量使减税期最长化。因为减税时间越长，节减的税收越多，企业的税后利润也就越多。二是尽量使减税项目最多化。减税项目越多，企业的收益越大。

（三）税率差异技术

税率差异技术是指在合理、合法的情况下，利用税率的差异而直接节减税收的筹划技术。在市场经济条件下，一个企业可以利用税收中税率之间的差异来节减税收，实现企业利润的最大化。

税率差异技术在运用中应注意两点：一是尽可能地寻找税率最低的地区、产业，使其适用税率最低化，而且税率差异越大，企业的获利能力就越强，可支配的税后利润就越多，企业的竞争力就越强；二是尽量寻求税率差异的稳定性和长期性，税率差异一般具有时间性和稳定性两个特征，但并不是一成不变的，随着时间的推移和税法制度的改变会发生变化，如政策的变化和享受优惠政策时间的到期，税率也就会发生变化，因此，应想办法使企业税率差异的时间最长化和稳定化。

（四）分离技术

分离技术是指企业所得和财产在两个或更多纳税人之间进行分割而使节减税款达到最大化的纳税筹划技术。一般来讲，所得税和财产税的适用税率为累进税率，即计税基础越大，适用的边际税率越高。因此，如果在两个或更多的纳税人之间进行合理的分离，就可以减少每个人的纳税基础，降低最高边际适用税率，节减税款。

分离技术在应用时注意两点：一点是分离要合理化，使用该技术，除要合法化以外，还要注意合理化，使分离出去的部分，尽量往低税率上靠，否则就没有意义；二是节税最大化，通过合理的分离，使分离后的企业达到最大化的节税目的。

（五）扣除技术

扣除技术即税前扣除技术，是指在计算缴纳税款时，对于构成计税依据的某些项目，准予从计税依据中扣除的那一部分税收。扣除技术是税收制度的重要组成部分，许多税种对扣除项目、扣除多少都作了比较详细的规定。这些准予扣除的项目扣除的范围，有些是对所有纳税人通用的，有些则只是对某些特定的纳税人或征税对象而设计的，应严格区分开来。例如，企业安置残疾人员所支付的工资，按照支付给残疾职工工资的100%加计扣除。

在运用扣除技术时，一般应注意以下三点：一是扣除金额最大化，在税法允许的情况下，尽量使各项扣除的项目按上限扣除，用足用活扣除政策，因为扣除金额的最大化，就意味着应交税基的最小化，扣除的金额越多，交税就越少，企业税后利润就越大；二是扣除项目最多化，企业应尽量按照税法允许的扣除项目一一列出，凡是符合扣除的项目，都要依法给予扣除，列入成本，因为扣除项目越多，计税基数就越小，节减的税就越多；三是扣除最早化，在税法允许的范围之内，尽可能地使各种允许的扣除项目尽早得到扣除，因为扣除越早，企业缴纳的税金就越少，节省的税金就越多，企业早期的现金净流量就越大，相对节减的税收就越多。

（六）抵免技术

抵免技术是指当对纳税人来源于国内外的全部所得或财产所得课征所得税时，允许以其在国外已缴纳的所得税或财产税税款抵免应纳税款的一种税收优惠方式，是解决国际所得或财产重复征税的一种措施。例如：企业购置并实际使用《环境保护专用设备企业所得税优惠目录》、《节能节水专用设备企业所得税优惠目录》和《安全生产专用设备企业所得税优惠目录》规定的环境保护、节能节水、安全生产等专用设备的,该专用设备的投资额的10%可以从企业当年的应纳税额中抵免;当年不足抵免的,可以在以后5个纳税年度结转抵免。

抵免技术在运用时应注意以下两点:一是抵免项目最多化,在税法规定的可以抵免的范围内,尽可能地把能参与抵免的项目全部抵免,因为参与抵免的项目越多,就意味着节减的利润越多;二是抵免金额最大化,在税法允许的范围内,尽可能地使参与抵免的项目的金额最大化地进行抵免,抵免的金额越大,应纳税额就越小,因而节减的税收就越多,企业实现的税后利润就越多。

(七)退税技术

退税技术是按照税法的规定应缴纳的税款,由税务机关在征税时,全部或部分退还给纳税人的一种纳税筹划技术。它与出口退税、先征后退一并属于退税的范畴,是一种特殊的免税和减税方式。退税技术所涉及的退税是让税务机关退还纳税人符合国家退税奖励条件的已缴纳的税款。例如,纳税人销售软件产品并随同销售一并收取的软件安装费、维护费、培训费等收入,应按照增值税混合销售的有关规定征收增值税,并可享受软件产品增值税即征即退政策。这主要是国家为了鼓励软件开发企业提高国际市场竞争能力的一种措施。

实施退税技术的要点:一是尽量争取退税项目的最多化,在税法规定的范围内,尽量争取更多的退税待遇;二是尽量使应退的税额最大化,因为退还的税越多,企业的税后利润也就越多。

二、纳税期的递延法

纳税期的递延,是对纳税人应纳税款的部分或全部的缴纳期限适当延长的一种特殊规定。为了照顾某些纳税人缺少资金或其他特殊原因造成纳税困难,许多国家都制定了有关延期纳税的条款。有的是对某个税种规定了准予缓纳,有的则是对所有税种都可以缓纳。尽管采用缓纳技术不能使应缴纳的税款免纳或少纳,但它使应该缴纳的税款可以向后推迟一段时间,而且不需支付任何报酬,这就相当于从政府手中拿到了一笔无息贷款,不仅节省了利息支出,而且还因通货膨胀带来了好处,变相降低了应纳税额。例如,我国税法规定,纳税人因有特殊困难,不能按期缴纳税款的,经省、自治区、直辖市国家税务局、地方税务局批准,可以延期缴纳税款,但最长时间不能超过3个月。

纳税期的递延在使用中应该注意两点:一是使缓纳时间最长化,在税法规定的时间内,尽量争取缓纳的时间最长,因为缓纳的时间越长,相对节减的税收也就越多;二是缓纳的项目最多化,争取在税法允许的范围内找足找齐各种原因,经税务机关批准,使这些项目纳入缓纳项的行列,因为缓纳的项目越多,企业当期的现金流量也就越大,节税也就越多。

三、利用会计处理方法筹划法

税收与会计紧密相关,而由于所采用的会计原则不同,必然会形成不同的财务结果,从而形成不同的税收负担。在存在多种可供选择的会计政策时,择定有利于税后收益最大化的会计政策组合模式,也是税收筹划的基本规律。

例如,对于一项费用,如果涉及多个分摊对象,分摊依据的不同会造成分摊结果的不同;对于一项拟摊销的费用,如果摊销期限和摊销方法不同,摊销结果也会不同。分摊的处理会影响企业损益和资产估价,进而影响企业税负。类似无形资产摊销、待摊费用摊销、固定资产折旧、存货计价方法以及间接费用的分摊等都可以采用这样的方法。

四、利用转让定价筹划法

转让定价筹划法主要是通过关联企业不符合营业常规的交易形式进行的纳税筹划，是纳税筹划的基本方法之一，被广泛地应用于国际、国内的纳税筹划实务中。

转让定价是指在经济活动中有经济联系的企业各方为了转移收入、均摊利润或转移利润而在交换或买卖过程中不是依照市场买卖规则和市场价格进行交易，而是根据它们之间的共同利益或为了最大限度地维护它们之间的收入进行的产品或非产品转让。在这种转让中，根据双方的意愿，产品的转让价格可高于或低于市场上由供求关系决定的价格，以达到少纳税甚至不纳税的目的。例如，在生产企业和商业企业承担的纳税负担不一致的情况下，若商业企业承担的税负高于生产企业，则有联系的商业企业和生产企业就可以通过某种契约的形式，增加生产企业利润，减少商业企业利润，使它们共同承担的税负和各自承担的税负达到最少。

企业之间转移收入或利润时定价的主要方式有：

（一）以内部成本为基础进行价格转让

这里又分为实际成本法和标准成本法。实际成本法是指以销售利润中心所购产品的实际成本定价；标准成本法是指以预先规定的假设成本定价。

（二）以市场价格为基础进行价格转让

其中包括使用外部交易的市场价格和成本加价。关联企业之间进行转让定价的方式有很多，一般来说主要有：

(1)利用商品交易进行筹划。即关联企业间商品交易采取压低定价或抬高定价的策略，转移收入或利润，以实现从整体上减轻税收负担。例如，有些实行高税率的企业，在向低税率的关联企业销售产品时，有意地压低产品的售价，将利润转移到关联企业。这是转让定价中应用最为广泛的做法。

(2)利用原材料及零部件购销和原材料的购销价格进而影响产品成本来实现税务筹划，例如，由母公司向子公司低价供应零部件产品，或由子公司高价向母公司出售零部件，以此降低子公司的产品成本，使其获得较高的利润。又如，利用委托加工产品收回后直接出售的不再缴纳消费税的政策进行定价转让筹划。

(3)利用关联企业之间相互提供劳务进行筹划。关联企业之间相互提供劳务时，通过高作价或低作价甚至不作价的方式收取劳务费用，从而使关联企业之间相互提供利润根据需要进行转移，达到减轻税收负担的目的。

(4)利用无形资产价值评定困难进行筹划。因无形资产价值的评定没有统一的标准，因此，关联企业就可以通过转让定价的方式调节利润，达到税收负担最小化的目的。如某企业将本企业的生产配方、商标权等无偿或低价提供给关联企业，不计或少计转让收入，但是从对方企业留利中获取好处。另外，还有利用租赁机器设备、利用管理费用等进行税务筹划。

为了保证利用转让定价进行税务筹划的有效性，筹划时应注意：一是要进行成本效益分析；二是要考虑价格的波动应在一定的范围内，以防被税务机关调整而增加税负；三是纳税人可以运用多种方法进行全方位、系统的筹划安排。

五、利用税法漏洞筹划法

利用税法漏洞进行筹划就是利用税法文字上的忽略或税收实务中征管方大大小小的漏洞进行筹划的方法，属于避税筹划。纳税人可以利用税法漏洞争取自己并不违法的合理权益。

漏洞主要指税法对某些内容的文字规定,因语法或字词有歧义而导致对税法理解的多样性以及税法应该具有而实际操作时有较大部分的忽略。漏洞在一国的税法之中是必然存在的,而且星星点点地分布在立法、执法等环节之中,主要是由时间变化、地点差异、人员素质、技术手段以及经济状况的复杂、多样和多变的特点所决定的。

时间的变化常常使相对完善的税法漏洞百出,地点的差异又不可避免地衍生漏洞,人员素质不同同样会导致税收漏洞的出现,技术手段落后会限制税制的完善以及税收效率的提高;法律体系内部结构的不协调同样会造成税收漏洞。这些漏洞正是纳税人增收减支,降低税负可以利用的地方。

利用税法漏洞进行避税筹划的方法:

(一)利用税法中的矛盾进行筹划

我国税法中存在着许多矛盾之处,纳税人可以利用税法中的矛盾进行筹划,如在我国《税收征管法》中税收管辖的规定便存在诸多的矛盾,有机构设置与配合的问题,也有税法自身规定的矛盾或不确定的问题。

(二)利用税务机构设置不科学进行筹划

目前,我国存在的机构臃肿、人员冗杂、办事效率低下问题还没有得到彻底解决。机构设置庞杂、人员众多并不表明税收方面应设的机构都设置了;相反,该设置的机构设置不全,许多不该设的机构却依然存在。这样会形成机构内部协调失衡的问题,如果与其他政府机构联系起来,其设置与配合的问题会更多。这正是纳税人可以利用的地方。

(三)利用税收管辖权进行筹划

在我国税收地域管辖的规定中,流转税和所得税两大主体税种都存在不足,如《中华人民共和国增值税暂行条例》第二十二条,主要是界定固定业户与非固定业户的纳税地点,却缺少许多必要的补充与限制,如对固定业户与非固定业户的判定标准及判定权的归属问题。其实,像这类有漏洞的条文在消费税、营业税、关税、企业所得税及个人所得税法律、法规中也同样存在。

利用漏洞平台应注意以下问题:一是需要精通财务与税务的专业化财会人才,只有专业化人员才可能根据实际情况,参照税法而利用其漏洞进行筹划;二是具有一定的纳税操作经验,只依据税法而不考虑征管方面的具体措施,只能是纸上谈兵,成功的可能性肯定不会太高;三是要有严格的财会纪律和保密措施,没有严格的财会纪律便没有严肃的财会秩序,混乱的财务状况显然无法作为筹划的实际参考,另外又因为利用税法漏洞和空白一样具有隐蔽性,一次公开的利用往往会导致以后利用的途径被堵死;四是同样要进行风险—收益的分析。

任务三 纳税筹划的工作步骤

一、熟知税法、归纳的相关规定

要进行纳税筹划,必须要熟知税法及相关法律,全面掌握税法的各项规定,尤其是各项税收优惠政策,往往都是散见于各项文件之中,有的是人大常委会、国务院颁发的,有的是财政部、国家税务总局联合发文,有的是国家税务总局发文,还有的可能是省(市、自治区)发文,这些都要收集齐全、进行归类。

二、获取单位或个人的背景资料

背景资料主要包括单位和所处的行业,从事的业务范围及业务流程;或发生的行为和拥有的财产类别。

三、分析单位或个人的背景资料，确定税种，明确筹划目标

分析单位或个人的背景资料，对照税法规定确定所要筹划的税种；根据他们的意愿，进一步明确以缴纳税款最少还是以总体收益最大为目标，是增加短期所得还是长期资本增值，或者既要求增加短期税收所得，又要求资本在长期增值。

四、签订委托合同

纳税筹划的一般步骤是受托方在收到委托方单位申请之后进行前期洽谈，然后明确纳税筹划目标，并进行现场调查、收集资料，再综合考虑自身的业务能力，决定是否接受委托，如果接受，则需要签订委托合同。

五、制订纳税筹划计划并实施

第一，根据纳税筹划内容，确立纳税筹划的目标，建立多个备选方案，每一方案都包括一些特定的法律安排。

第二，根据有关税法规定和纳税预计经营情况（中、长期预算等），尽可能建立数学模型，进行演算，模拟决策，定量分析，修改备选方案。

第三，根据税后净回报，排列选择方案，分析每一备选方案，所有备选方案的比较都要在成本最低化和利润最大化的分析框架中进行，并以此标准确立能够产生最大税后净回报的方案。另外，还要考虑企业风险、税收风险、政治风险等因素。

第四，利用筹划方法，选择制订符合目标的纳税方案。

项目二　流转税的纳税筹划

任务一　增值税的纳税筹划

增值税筹划的着眼点主要有：(1)尽量利用国家税收优惠政策，享受减免税优惠政策；(2)选择不同程度的纳税人身份，使自己适用较低的税率或征收率；(3)通过经营安排，最大限度地抵扣进项税额；(4)推迟纳税时间，获得资金时间效益等。

一、增值税纳税人身份选择的纳税筹划

增值税按经营规模及会计核算健全与否，将纳税人划分为两类，即一般纳税人与小规模纳税人。与一般纳税人相比而言，小规模纳税人是指年销售额在规定标准以下，并且会计核算不健全，不能按规定报送有关税务资料的增值税纳税人。划分两者的基本原则，关键是看会计核算是否健全，是否能够以规范化的办法计算增值税。会计核算健全的，年销售额虽低，也可按一般纳税人对待；会计核算不健全或不能以规范化的办法计算增值税的，例如不经常发生应税行为的企业，年销售额虽高，但也作为小规模纳税人对待。由于有了这样较为灵活的划分原则，使一般纳税人与小规模纳税人之间的界限变得模糊，两者之间就有可能互相转化。

一般纳税人和小规模纳税人税额计算中，除了销售额的确定与进口货物应纳税额的计算

一致外，其余不尽相同。一般纳税人采用凭发票扣税的购进扣税法计税。一般纳税人享有税款抵扣权，小规模纳税人不享有税款抵扣权；小规模纳税人按征收率3%计算税额，而一般纳税人按规定税率计算税额。这种对一般纳税人与小规模纳税人的差别待遇，就为纳税人利用身份变化进行纳税筹划提供了可能性。

人们通常认为，小规模纳税人的税负重于一般纳税人，但实际并不尽然。我们先来分析一个案例。

小规模纳税人的征收率为3%，不得抵扣进项税额；一般纳税人的税率为17%，可以抵扣进项税额，如表10－1所示。

表10－1　　不同类型纳税人税负的比较

应纳税额纳税人类别 / 购销资料	小规模纳税人	一般纳税人	结　论
不含税进价100元，含税售价200元	200/(1＋3%)×3%＝5.83(元)	200/(1＋17%)×17%－100×17%＝12.06(元)	一般纳税人比小规模纳税人缴纳的税款多，税负重
不含税进价150元，含税售价200元	200/(1＋3%)×3%＝5.83(元)	200/(1＋17%)×17%－150×17%＝3.56(元)	一般纳税人比小规模纳税人缴纳的税款少，税负轻

从上面的计算可以看出，有时一般纳税人税负轻，有时小规模纳税人税负轻，那么企业到底选择哪种纳税人对自己才更有利呢？一般而言，可以使用销售额增值判断法：

这种方法即通过分析纳税人销售额增值率是否超过节税点增值率来判断。当一般纳税人的应税销售额增值率超过一般纳税人节税点增值率时，其增值税税负要超过小规模纳税人；反过来，当一般纳税人的应税销售额增值率小于一般纳税人节税点增值率时，其增值税税负就要小于小规模纳税人，在具体判断时主要分两种情况来分析。

1. 一般纳税人与小规模纳税人增值率平衡点的计算

增值率＝(不含税销售额－不含税购进额)/不含税销售额×100%

假设一般纳税人的适用税率为17%，小规模纳税人的征收率为3%，则对于一般纳税人而言：

应纳增值税税额＝当期销项税额－当期进项税额

其中，

当期销项税额＝不含税销售额×17%

当期进项税额＝不含税销售额×(1－增值率)×17%

一般纳税人应纳增值税税额＝不含税销售额×17%－不含税销售额×(1－增值率)×17%

＝不含税销售额×增值率×17%　①

而对于小规模纳税人而言：

应纳增值税税额＝不含税销售额×3%　②

若使一般纳税人与小规模纳税人应纳税额相同，则令①＝②，即

不含税销售额×增值率×17%＝不含税销售额×3%　③

解得：增值率＝17.65%

因此，当增值率＝17.65%时，一般纳税人增值税应纳税额与小规模纳税人应纳税额相同，

无论是哪种纳税人都不能节减税收，也不会增加税收。

当增值率>17.65%时，③式左边大于右边，这时一般纳税人增值税应纳税额大于小规模纳税人应纳税额，因此，小规模纳税人可节税。

当增值率<17.65%时，③式左边小于右边，这时一般纳税人增值税应纳税额小于小规模纳税人应纳税额，一般纳税人可节税。

一般纳税人的增值税税率为13%，按照上述方法，可以计算出无差别平衡点增值率为23.08%。

2. 一般纳税人与小规模纳税人抵扣率平衡点的计算

增值率=(不含税销售额—可抵扣的购进项目金额)/不含税销售额

=1—可抵扣的购进项目金额/不含税销售额

假设抵扣率为X，那么可以计算出抵扣率无差别纳税平衡点：

$$不含税销售额\times17\%\times(1-X)=不含税销售额\times3\%$$

解得抵扣率平衡点：$X=82.35\%$。因此，当抵扣率为82.35%时，两种纳税人的税负完全相同；当抵扣率大于82.35%时，一般纳税人税负轻于小规模纳税人；反之，则一般纳税人税负重于小规模纳税人。用同样的方法可以计算出一般纳税人增值税税率为13%时抵扣率无差别纳税平衡点为76.02%。

表10—2　　一般纳税人与小规模纳税人增值率和抵扣率平衡点

一般纳税人税率(%)	小规模纳税人税率(%)	不含税增值率平衡点(%)	不含税抵扣率平衡点(%)
17	3	17.65	82.35
13	3	23.08	76.02

【例10—1】　光谷公司是一个年含税销售额为90万元左右的生产企业，公司每年购进材料50万元左右(含17%的增值税)。如果是增值税一般纳税人，该公司产品的增值税适用税率为17%；如果是小规模纳税人，则增值税征收率为3%。该公司会计核算健全，有条件被认定为一般纳税人。请为该公司进行纳税人身份的纳税筹划。

该公司含税销售额增值率=(90—50)/90×100%=44.44%

因为含税销售额增值率44.44%大于节税点增值率17.65%，所以，该公司维持小规模纳税人身份更为有利。

该公司如果是一般纳税人，应纳增值税税额=90/(1+17%)×17%—50/(1+17%)×17%=5.82(万元)

若为小规模纳税人，应纳增值税税额=90/(1+3%)×3%=2.62(万元)

因此，小规模纳税人可节税=5.82—2.62=3.2(万元)

考虑到由小规模纳税人申请为一般纳税人还要增加一定的费用和纳税成本，所以从税收的角度看，该公司还是作为小规模纳税人有益些。

(1)在选择纳税人身份时，除了要比较税收负担外，还要注意以下几方面的比较：①经营规模。一般纳税人的经营规模往往要比小规模纳税人的经营规模大。②信誉度。要求一般纳税人的信誉度比小规模纳税人的信誉度高一些。③赢得顾客的数量。从一般纳税人那里购进货物往往比从小规模纳税人那里购进货物所获抵扣进项税额多，因此一般纳税人会赢得更多的顾客。

但是，一般纳税人要有健全的会计核算制度，要有健全的账簿，培养或聘用会计人员将增加会计成本；一般纳税人的增值税征收管理制度比较复杂，需要投入的人力、物力、财力也多，会增加纳税人的纳税成本等。这些都是想要转为一般纳税人的小规模纳税人必须考虑的。如果小规模纳税人由于税负减轻而带来的收益不足以抵扣这些成本的支出，则宁可保持小规模纳税人的身份。

(2)根据税法规定，年应税销售额超过小规模纳税人标准的个人、非企业性单位、不经常发生应税行为的企业，可选择按小规模纳税人纳税。对于这部分纳税人，可通过税负比较等方法进行纳税筹划，看是否有必要让个人组建成为一个企业，非企业性单位组建成为一个企业性单位，以争取成为一般纳税人。

二、分散与联合经营的纳税筹划

(一)分散经营的纳税筹划

企业不同的生产经营方式对企业税收负担有着不同的影响。企业按照法律规定，将部分或全部业务分离出去，分化成两个或两个以上的新企业，目的在于提高管理与资源利用效率，突出企业的主营业务，或者获取税收方面的利益。从增值税方面来看，由于一些特定产品是免税的，或者适用税率较低，但这类产品在税收核算上又有一些特殊要求，而企业往往由于种种原因不能满足这些核算要求，因而丧失了税收上的一些利益。如果通过筹划，进行分散经营，或许企业能够获得税收收益。

(二)联合经营的纳税筹划

与社会分工趋势相对的是社会生产协作。其实，分工与协作并不矛盾，两者是相辅相成、密不可分的。企业可以通过分散经营达到节税的目的，自然也可以通过联合经营来进行纳税筹划。企业通过联合经营进行纳税筹划的方式主要有两种：一是通过紧密的联合方式，即建立新的法人组织进行联合经营；二是通过合同契约联合，即企业与企业之间相互提供产品，避开交易，消除营业额，从而避开增值税和营业税。独立核算的经济组织除了生产烟酒等高税率产品的联合组织之外，其他组织均可以联合经济组织为单位缴纳增值税，其方法由省级税务局会同有关部门制定，报国家税务局备案。联合经营组织实现的利润，采用“先分后税”的办法，以联合各方按协议规定从联合组织分得利润，拿回原地并入企业利润一并征收所得税。这便给企业进行纳税筹划带来了方便。

利用联合经营进行纳税筹划，关键是企业瓜分和转移利润是否合法，或能否得到税务机关的认可；否则就有可能被税务机关认定为逃税行为。

三、销售过程中的纳税筹划

(一)有奖(赠送)销售筹划

一般选择现金的赠送形式要优于赠送实物。有奖(赠送)销售就是指纳税人在销售的同时通过奖励的方式赠送一些实物或现金给购货方。根据税法规定，销货方若是赠送实物，应该视同销售货物，计算缴纳增值税。采用有奖(赠送)销售的方式，购货方可以得到的实惠就是，若是赠送货物就可以以同样的支出换回更多货物；若是赠送现金，就可以以更少的支出换回同样多的货物。对销货方来说，若是赠送实物，应该视同销售货物，计算缴纳增值税；若是赠送现金，该支出均计为销售费用，作为所得税应税利润的税前扣除，可少缴相应的企业所得税，不必为此缴纳任何流转税费。所以，从税收筹划的角度，企业选择现金的赠送形式要优于赠送实物。

【例 10—2】 某商家推出有奖销售，若购货满 1 000 元，方案一：赠送 100 元现金；方案二：赠送 100 元实物，该实物进价(含税)65 元。问：选择现金的赠送形式还是赠送实物？

选用方案一：企业无需为赠送的 100 元现金承担任何流转税费。

选用方案二：赠送 100 元实物，企业尚需缴纳增值税额：

(100 －65)÷1.17×0.17＝5.09(元)

方案选择：仅从节约流转税费角度考虑，企业应选择赠送现金，将节约 5.09 元的增值税支出。

(二)折扣销售

折扣销售，是指销货方在销售货物或应税劳务时，因购货方购买数量较大或购买行为频繁等原因，而给予购货方价格方面的优惠。比如购买 10 件，销售价格折扣 5%；购买 20 件，销售价格折扣 10%等。这种行为在现实经济生活中很普遍，是企业销售策略的一部分。由于折扣是在销货方实现销售的同时发生，因此，税法规定，如果销售额和折扣额在同一张发票上分别注明，可按折扣后的余额作为计税依据计算增值税；如果将折扣额另开发票，不论在财务上如何处理，均不得从销售额中减除折扣额。因此，筹划的基本思路就是将销售额和折扣额在同一张发票上分别注明，以减轻税收负担。

【例 10—3】 某企业为了促销，规定凡在 5 月份购买本企业产品 100 件以上者，给予价格 10%的折扣。该产品不含税单价为 200 元，则折扣后价格为 180 元。

折扣前应纳增值税＝100×200×17%＝3 400(元)

折扣后应纳增值税＝100×180×17%＝3 060(元)

折扣后比折扣前少纳增值税＝3 400－3 060＝340(元)

就这笔业务而言，税法为纳税人提供了 340 元的节税筹划空间。

任务二　消费税的纳税筹划

消费税是对我国境内从事生产、委托加工和进口应税消费品的单位和个人，就其销售额或销售数量，在特定环节征收的税种，因其征税对象是税法列举的特定消费品，征收的刚性比较强，可进行纳税筹划的空间有限，但还是有纳税筹划的可能。

一、委托加工应税消费品的纳税筹划

应税消费品可以委托加工，也可以自行加工。委托加工的应税消费品应由受托方代收代缴消费税；自行加工应税消费品由生产企业按照销售收入和规定的税率计算缴纳消费税。委托加工的应税消费品收回后，可以在本企业继续加工成应税产成品，也可以直接对外销售。继续加工再对外销售的，原支付给受托方的消费税可以抵扣；直接对外销售的，不再缴纳消费税。因此，对加工应税消费品进行纳税筹划，就是要选择应税消费品的加工方式，以实现企业的经营利润最大化。

【例 10—4】 某卷烟厂 2017 年 3 月外购烟丝一批，不含税价为 1 000 万元，准备生产某牌号雪茄烟，现有三个方案：各方案的有关资料如表 10—3 所示。

表 10－3 加工应税消费品纳税筹划表 金额单位：元

项　目	方案一	方案二	方案三
	委托加工半成品(烟丝)	委托加工产成品(雪茄烟)	自行生产产成品(雪茄烟)
投入材料(烟叶)	1 000	1 000	1 000
加工费	470	1 090	
生产费用	400		900
代扣代缴税率	30%	36%	
代扣代缴	630＝(1 000＋470)÷(1－30%)×30%	1 175.63＝(1 000＋1 090)÷(1－36%)×36%	
代扣代缴城建税等	63＝630×10%	101.68＝1 175.63×10%	
售价	6 000	6 000	6 000
产成品税率	36%		36%
应纳消费税	1 530＝6 000×36%－630		2 160＝6 000×36%
应纳城建税及附加	153＝1 530×10%		216＝2 160×10%
经营利润	1 354	2 632.69	1 724

注：应税半成品烟丝的税率为30%，应税产成品雪茄烟的税率为36%；假设按照组成计税价格计算应代扣代缴的消费税；委托加工产成品受托方还应根据代扣代缴的消费税计算应纳城建税及附加，假设城建税及附加的税率为应纳流转税的10%，下同。

从表10－3可以看出，加工方式不同，经营利润也会不同。在销售收入一定的情况下，方案二实现的经营利润最大。因为在各种因素相同的情况下，委托加工的应税消费品收回后直接销售，不再计算缴纳消费税、城建税及附加，且委托加工应税产成品按照组成计税价格计税，其税基低于应税消费品的销售价格，即使加工费较高，也可获得较高的经营利润。因此，企业在选择应税消费品加工方式时，宜采用委托加工产成品的方式。当然，在选择加工方式时，需综合考虑企业的生产能力、产品质量等多种因素，不能单纯从税款缴纳的角度进行决策。

二、关联企业转移定价的消费税纳税筹划

企业自行生产、委托加工而进口的应税消费品可以直接对外销售，并按照销售价格计算缴纳消费税，也可以在不违反公平交易原则的前提下，按低于直接对外销售的价格销售给其独立核算的销售部门，并按照此价格计算缴纳消费税，而处在销售环节的独立核算销售部门，无须再缴纳消费税。因此，关联企业可考虑是否成立独立核算的销售部门来进行纳税筹划。

【例 10－5】 某化妆品厂2017年3月生产一批化妆品10万盒，每盒不含税出厂价为100元，现有两个纳税筹划方案：若设置独立核算的销售部门销售，每盒不含税价为80元；若不设置独立核算的销售部门销售，每盒不含税出厂价为100元。各方案的有关资料如表10－4所示。

表 10－4　　关联企业转移定价纳税筹划表　　金额单位：元

项　目	方案一	方案二
	设置独立核算的销售部门	不设置独立核算的销售部门
销售数量	100 000 盒	100 000 盒
单位售价	80 元/盒	100 元/盒
消费税税率	15%	15%
应纳消费税	1 200 000＝8 000 000×15%	1 500 000＝10 000 000×15%
应纳城建税及附加	120 000＝1 200 000×10%	150 000＝1 500 000×10%
税费合计	1 320 000＝1 200 000＋120 000	1 650 000＝1 500 000＋150 000

从表 10－4 可以看出，方案一所缴纳的消费税明显低于方案二。因为企业设置独立核算的销售公司后，产品从生产企业向销售公司转移的销售价格低于直接对外销售的价格，从而计算消费税的税基较低，缴纳的消费税也较少。同时，销售公司属于流通领域，不需要缴纳消费税，但设置独立核算的销售部门后，可能会增加一些费用，企业应权衡节约的税款和增加的费用，以决定是否设置独立核算的销售部门。

另外，《税收征管法》规定，企业或者外国企业在中国境内设立的从事生产、经营的机构、场所与其关联企业之间的业务往来，应当按照独立企业之间的业务往来收取或者支付价款、费用。不按照独立企业之间的业务往来收取或者支付价款、费用而减少其应纳税的收入或所得额的，税务机关有权进行合理调整。因此，企业在进行纳税筹划时，应注意独立销售部门的费用和销售价格的确定。

三、利用税率差异的纳税筹划

消费税不但规定了两种不同的税率形式——定额税率和比例税率，而且不同的应税消费品适用不同税率，对于经营不同税率应税消费品的纳税人来说，分开核算是至关重要的，否则就会增加消费税的负担。

(一)兼营不同税率货物应分开核算

税法规定，纳税人兼营不同税率的应税消费品，应当分别核算不同税率应税消费品的销售额、销售数量，按不同税率分别征税；未分别核算销售额、销售数量的，从高适用税率。可见，分别核算、分别纳税是消费税的基本要求，同时也可以尽量降低纳税人不必要的税收损失。

纳税人在日常核算时为了减少应纳税额，可能会想到假如将高税率应税消费品核算在低税率应税消费品账户内，如将白酒销售额核算在酒精账户内，就会少缴消费税。但是，这一做法属于偷税行为，是要受到税法严厉制裁的。准确核算各项收入，依法纳税才是纳税人首要的纳税态度。

(二)成套消费品销售的巧妙处理

企业为了提升商品档次，吸引更多的消费者，往往会采取将几种类似的消费品组成成套的消费品，并辅之以精美的包装，这样的组合产品固然会由于包装而产生一定的附加值，但也会由于包装而产生高额的消费税税负。消费税政策规定，纳税人将应税消费品和非应税消费品，以及适用不同税率的应税消费品组成成套消费品出售的，应根据组合产品的销售金额按应税消费品中适用税率最高的消费品的税率征税，所以纳税人在应纳税环节筹划时可选择分别销售的方式。

项目三 所得税的纳税筹划

任务一 企业所得税的纳税筹划

企业纳税筹划是指企业在纳税之前依据税法规定，以税收政策为导向，通过经营活动和财务活动的安排，选择税收负担最轻的方案，以获得合法税收收益的行为。十届全国人大五次会议于2007年3月16日通过了《企业所得税法》(以下简称新税法)，自2008年1月1日起施行，国务院于2007年12月6日颁布了《企业所得税法实施条例》，为新税法的实施提供了可行的操作指南。由于新税法及其实施条例对企业组织形式、税率及税收优惠政策进行了较大调整，纳税筹划空间大大压缩，企业应利用有限的纳税筹划空间，合理安排生产经营，充分享受国家税收优惠政策，进行纳税筹划。

一、企业组织形式的筹划

(一)权衡分公司与子公司

新税法改变了以往企业所得税以独立核算为条件判定纳税人标准的做法，以是否具有法人资格作为企业所得税纳税人的认定标准，规定："企业设有多个不具有法人资格营业机构的，应当汇总缴纳企业所得税。"子公司是独立法人，无论盈利或亏损，均不能并入母公司损益，应当作为独立的居民企业单独缴纳企业所得税。设立子公司对于整个集团公司来说，不能起到节税目的。而分公司不是独立的法人，其实现的利润或亏损应当并入总公司，由总公司汇总纳税。如果分公司亏损，可抵减总公司的应纳税所得额，从而达到降低总公司整体税负的目的。

(二)权衡公司与独资、合伙企业

税法规定，个人独资企业和合伙企业不属于企业所得税的纳税人，这两类企业应缴纳个人所得税。若自然人投资设立个人独资企业或合伙企业，投资人只就其所得缴纳一次税，即个人所得税。若投资设立公司制企业，既要缴纳企业所得税，又要就其分得的税收利润缴纳20%的个人所得税。存在重复征税，税负必然加重。因此，自然人投资设立企业，从减轻税负角度，可以考虑选择独资企业或合伙企业。

二、收入的筹划

销售货物收入或提供劳务收入，是企业最基本的收入来源。一般来说，选择合理的收入结算方式，控制收入确认的时间，可以实现延缓纳税的效果。推迟销售商品收入的实现是收入纳税筹划的重点。税法规定，采取赊销和分期收款结算方式的，销售收入确认时间为合同约定的收款日期的当天；委托代销商品销售在受托方寄回代销清单时确认收入。企业可以选用以上销售方式来推迟销售收入的实现。但是，应用中一定要注意：赊销或分期收款销售必须订有协议，协议中必须订明每次收款日期和金额，同时注意控制风险，确保企业的收入能够安全地收回。对于临近年终所发生的销售收入，在税法允许的范围内，可将收入推迟至下年确认，延迟缴纳企业所得税，增大企业资金周转的空间。

三、税前扣除项目的筹划

（一）提高职工薪酬与福利

新税法规定，企业实际发生的合理的工资、薪金，准予扣除。同时规定，企业实际发生的不超过工资、薪金总额14%的职工福利费、2.5%以内的职工教育经费及2%以内的工会经费(简称“三费”)，准予扣除。因此，企业可通过提高职工工资水平、增加职工福利、增加职工培训次数等，来达到减税的目的。但应用中要注意，以上支出均为当期实际发生的，若企业推迟发放工资或只计提“三费”而未实际支出，均不得扣除。

（二）适时公益性捐赠

企业利用捐赠既可获得广告效益，又可实现节税目的。新税法规定，企业发生的公益性捐赠支出，在年度利润总额12%以内的部分，准予在计算应纳税所得额时扣除。与原规定相比，主要变化有两点：一是基数由应纳税所得额调整为年度利润总额(会计报表上的)；二是内资企业的计提比例由3%提高到12%，外资企业由据实扣除调整为限额扣除。具体运用中应注意：捐赠必须通过社会团体或者县级以上人民政府及其部门对公益事业的捐赠才可以扣除，直接捐赠和非公益性捐赠税前是不允许扣除的。

（三）合理开支广告费、业务宣传费、业务招待费

广告费、业务宣传费和业务招待费是企业必须发生的费用。新税法对这些费用的扣除限额作了较为严格的规定，这三项费用也成为企业最容易超支导致纳税调整的项目。

销售收入的大小是影响业务招待费、广告费和业务宣传费扣除限额的共同因素。为了获取最大限度的节税利益，企业应尽可能地扩大销售规模。若企业销售规模已无法扩大，可以考虑设立独立的销售子公司，以扩大三项费用的扣除限额。

（四）加大技术开发

为鼓励企业进行技术研发，新税法对企业的技术研发费做了加计扣除的优惠，即企业为开发新技术、新产品、新工艺发生的研究开发费用，未形成无形资产计入当期损益的，在按规定据实扣除的基础上，按研究开发费用的50%加计扣除；形成无形资产的，按无形资产成本的150%摊销。对企业而言，充分利用这一优惠政策，积极进行技术研发，不仅可促进企业产品升级换代，增强企业核心竞争力，而且可实现节税目的，获得“双赢”效果。

（五）灵活运用固定资产折旧方法

固定资产的折旧方法主要有平均年限法、工作量法、加速折旧法。在这三种方法中，加速折旧法可以使前期多提折旧、后期少提折旧。这样，在税率不变的情况下，企业前期的应纳税所得额就会减少，而后期的应纳税所得额就会增加，使企业前期少缴纳所得税、后期多缴纳所得税，即企业的一部分所得税缴纳时间后移，企业就相当于获得了一笔无息贷款。

（六）有效控制固定资产大修理费用

新税法对固定资产大修理支出进行了明确规定，即同时符合下列条件的支出为大修理支出：一是修理支出达到取得固定资产时的计税基础50%以上；二是修理后固定资产的使用年限延长2年以上。固定资产维修费能否直接在发生当期税前扣除，关键在于其支出数额能否达到固定资产原值的50%。因此，当企业预计固定资产维修费用将超过这一限额时，可以考虑在不影响正常生产的前提下，采用多次修理的方式或减少当期开支的办法，实现维修费在当期税前全额扣除。企业也可以按年度预先提取修理费用，使企业提前获得修理费用的抵税利益。

四、用足税收优惠政策

总体上看，新税法构筑了“产业优惠为主，区域优惠为辅”的税收优惠体系。享受优惠的产业主要是节能、节水、资源综合利用、高新技术产业、基础设施建设项目和煤矿安全设备等国家重点扶持的产业。区域优惠倾向于中西部、少数民族、东北老工业基地等。能否有效地利用这些优惠政策，直接影响企业税负的高低。目前，国家对农、林、牧、渔业基础设施，符合条件的环境保护、节能节水项目、高新技术产业项目、创业投资项目等，给予了降低税率、收入减免、加计扣除、投资抵扣等多种形式的税收优惠，企业可根据自身情况，选择适合的投资项目，以达到节税的目的。

任务二　个人所得税的纳税筹划

一、工资、薪金所得的纳税筹划

（一）工资、薪金福利化筹划法

(1)按规定扣除法定福利项目。按国务院相关规定，企业和个人按照国家或地方政府规定的比例提取并向金融机构实际缴付的住房公积金、医疗保险金、养老保险金、失业保险金不计入个人当期的工资、薪金收入，免征个人所得税。根据此规定，雇佣企业在发放工资时应尽量为职工缴付法定福利项目，一方面可降低企业和个人的各种风险，为职工谋福利；另一方面可降低工资、薪金所得的计税依据，以达到降低个人所得税税负的目的。

(2)采用实报实销的方法列支部分支出，从而达到降低名义工资、降低适用税率的目的。此条筹划方法对外籍个人尤其适用。按税法规定，外籍个人以非现金形式或实报实销形式取得的住房补贴、伙食补贴、搬迁费、洗衣费，可暂免征收个人所得税。因此，公司在向外籍职工发放工资时可降低工资发放标准，允许其实报实销多个支出项目，从而实现低工资、高消费，但税负较低的目的。

(3)企业向职工提供住所、上下班交通车服务或职工福利设施，一方面可在本企业内部满足职工的物质、服务需求，减少职工的相应外部开支，增强企业的凝聚力；另一方面也可少纳所得税。

【例 10－6】 某公司财务经理 2017 年 5 月从公司获取工资、薪金收入 11 500 元，由于租住房屋，每月向外支付房租 3 200 元，每月上下班交通费约 1 500 元，每月可实际支配收入为 6 800 元。财务经理应纳个人所得税为：

(11 500－3 500)×20％－555＝1 045(元)

(6 100－2 000)×15％－125＝490(元)

若该公司为财务经理免费提供住房，并提供上、下班的班车免费接送，将每月工资下调为 6 800 元，则此时财务经理应纳个人所得税为：

(6 800－3 500)×10％－105＝225(元)

筹划后，每月可为该财务经理节省个人所得税为 820 元(1 045－225)。

（二）纳税项目选择筹划法

在应税项目中，工资、薪金所得与劳务报酬所得相比较，其应税所得额的确定不完全相同，适用的税率也不一样，因此导致个人的同一笔收入究竟按“工资、薪金所得”纳税，还是按“劳务报酬所得”纳税，其税负不一样。这样纳税项目的选择就为个人所得税的筹划提供了空间。

在现实中，区分工资、薪金所得与劳务报酬所得，主要标准是个人所取得的收入是从与其有固定雇佣关系的单位获得，还是从临时性的、没签订雇佣劳动关系的单位获得。这一点在纳税筹划时较易操作，若个人按工资、薪金所得纳税税负较轻，则个人应与取得收入的单位签订雇佣劳动关系；若个人按劳务报酬所得纳税税负较轻，则个人不需与取得收入的单位签订雇佣劳动关系。

当个人的月应税所得额较低时，由于“工资、薪金所得”有三个档次的税率 0%、3%、10%，它们均低于“劳务报酬所得”的比例税率 20%。而“工资、薪金所得”的第四档次的税率虽然等于“劳务报酬所得”的税率 20%，但由于工资、薪金所得为超额累进税率，其在计算应纳税额时可减去速算扣除数 555 元，而劳务报酬却不能，故当应税所得额较低时，按“工资、薪金所得”项目纳税的税负会较低。

此时究竟应税收入最高限为多少呢？我们可以做一推算：

$(X-3\,500)\times 20\%-555= X(1-20\%)\times 20\%$

经计算得 X＝31 375(元)

故当个人月收入在 31 375 元以下时，按工资、薪金所得纳税税负较轻，而当月工资收入较高时，按劳务报酬所得纳税税负较轻。

【例 10－7】 张先生为一退休下岗技术工人，2017 年 7～12 月，其在某企业提供技术指导服务，每月获取收入 17 500 元。现有两种方案可供张先生自行选择，张先生可与企业签订雇佣劳动关系，也可不与该企业签订雇佣劳动关系。哪种方案对张先生更为有利？

方案一：与企业签订雇佣劳动关系，其应纳个人所得税为：

[(17 500－3 500)×25%－1 005]×6 个月＝14 970(元)

方案二：不与企业签订雇佣劳动关系，其应纳个人所得税为：

17 500×(1－20%)×20% ×6 个月＝16 800(元)

方案一与方案二相比，半年中张先生少交个人所得税 1 830(16 800－14 970)元。因此张先生从个人所得税税负的角度，应与该企业签订雇佣劳动关系。

(三)“削山头”筹划法

1. 奖金分摊筹划法

纳税人取得全年一次性奖金，单独作为一个月工资、薪金所得计算纳税。自 2005 年 1 月起按以下方法纳税：即先将雇员当月内取得的全年一次性奖金除以 12 个月，按其商数确定适用税率和速算扣除数。如发放奖金的当月，雇员工资、薪金所得低于税法规定的费用扣除额，应将全年一次性奖金减除“雇员当月工资、薪金所得与费用扣除额的差额”后的余额，再除以 12 个月，按其商数确定适用税率和速算扣除数，计算应纳所得税。但一个纳税年度内该方法只允许采用一次，且雇员取得的除全年一次性奖金以外的其他各种名目的奖金，如半年奖、季度奖、加班奖、先进奖、考勤奖等，一律与当月工资、薪金合并，按税法规定缴纳个人所得税。

鉴于以上规定，如果纳税人一次性取得的半年奖、季度奖、加班奖、先进奖、考勤奖等数额较大的，将适用较高的税率。此时，若采用“削山头”方法，即将较高的一次性取得的奖金进行分期摊销，则可节省不少所得税。

【例 10－8】 某纳税人 2017 年每月取得工资 3 500 元，其所在公司发放的奖金为 48 000 元，现有两种发放形式：一是年终发放一次性奖金，每人每年 48 000 元，二是 6 月末和 12 月末各发放一次半年奖，每次 24 000 元。

方案一：年终发放一次性奖金

由于该纳税人每月取得工资 3 500 元，扣除 3 500 元费用后所得为零，所以不纳个人所得税，年终一次性奖金适用的税率级别为 48 000÷12 月＝4 000 元，适用 10%税率，速算扣除数为 105，其应纳税额＝48 000×10%－105＝4 695（元）。

方案二：6 月末和 12 月末各发放一次半年奖

半年奖应纳税额＝（24 000×25%－1 005）×2＝9 990（元）

方案三：若将半年奖分摊于每月工资之中，每月工资增加 4 000 元，即为 7 500 元，取消半年奖的发放，则此时该个人全年应纳个人所得税为：［（7 500－3 500）×10%－105］×12＝3 540（元）。

从以上三个方案中可以看出，方案三对纳税人更有利。

2. 工资、薪金所得均匀分摊法

由于工资、薪金所得适用九级超额累进税率，应纳税所得额越大，其适用的税率也就越高。因此，相对于工资、薪金所得非常均衡的纳税人而言，工资、薪金所得极不均衡的纳税人的税收负担就较重。此时可采用工资、薪金所得均匀分摊法，将较高月份与较低月份的工薪进行平均，削掉“山头”来降低税率，减轻税负。此种方法主要适用于季节性较强的企业或企业中的特殊岗位，其职工的工资在一年中分布不均衡，此时也可采用“削山头”法，将生产旺季的较高工资与生产淡季的较低工资进行均匀分摊，使其工资整体适用较低档次的税率，从而降低工资、薪金所得的税负。

二、个体工商户生产经营所得的纳税筹划

（一）个体工商户生产经营所得的纳税筹划的基本思路

核定征收与查账征收作为个体工商户应纳税额计算的两种方法，究竟哪种更好呢？对于这个问题我们必须根据不同个体工商户的利润情况而定。如果个体工商户每年的利润较高而稳定，采用核定征收方式比较好；若利润不稳定，则采用查账征收方式比较好。另外，纳税人实行核定征收方式的，不得享受企业所得税的各项税收优惠，同时投资者个人也无法享受个人所得税的优惠政策。所以，个体工商户在考虑享受某项企业所得税的优惠政策时，便不宜采取核定征收方式。

绝大多数个体工商户采用查账征收方式，因此个体工商户的纳税筹划主要在收入、成本费用、税率这三个环节，即在保证纳税筹划行为合法的前提下，如何使应税收入最小化，如何使与取得收入有关的成本费用最大化，如何使自己的应纳税所得额适用低档次的税率。

（二）个体工商户生产经营所得的纳税筹划的基本方法

个体工商户的经营者是生产经营的实体，其纳税与企业的生产经营活动密不可分。因此，个体工商户生产经营所得不同于工资薪金、劳务报酬、稿酬等其他所得，其纳税筹划方法与企业所得税的纳税筹划方法类似，但也有自己的特点。

1. 收入环节

第一，递延收入实现的时间。个体工商户缴纳个人所得税，采取的是每月预缴、年终汇算清缴的管理模式。如果个体工商户某一纳税年度的应纳税所得额过高，就要按较高的税率纳税，此时，个体工商户可以通过采取递延收入的方式来起到延期纳税的作用或使纳税人当期适用较低的税率的作用。一般递延收入的方式有：一是让客户暂缓支付货款和劳务费用；二是改一次性收款销售为分期收款销售。

第二，分散收入。个体工商户通过分散收入，可以使其适用较低的税率，从而达到节税的

目的。常用的方法有：(1)区分收入的性质，不同性质的收入分别适用不同的税目。(2)借助与分支机构和关联机构的交易将收入分散。(3)由于我国个人所得税实行的是“先分后税”的原则，将一人投资变更为多人投资，便可以将全年实现的应纳税所得额分散到多个投资人的名下。(4)借助信托公司，将集中的收入分散到信托公司的名下。

2. 成本费用环节

合理扩大成本费用的列支范围，是个体工商户减少应纳税所得额进而实现节税目的的有效手段。需要注意的是，在税务机关的纳税检查过程中，很多纳税人申报的成本费用被剔除，不允许在税前扣除，究其原因，是因为纳税人不能提供合法的凭证，所以纳税人平时应注意保管好原始凭证，发生的损失必须报告备案。成本费用环节的纳税筹划方法如下：

(1)尽量把一些收入转换成费用开支。因为个人收入主要用于家庭的日常开支，而家庭的很多日常开支事实上很难与其经营支出区分开。由于公私不分会使个体工商户的实际支出超过规定的扣除标准，所以，电话费、冰箱电费、交通费等支出也应计入个体工商户经营成本中。这样，个体工商户就可以把本来应由其收入支付的家庭开支转换成其经营开支，从而既能满足家庭开支的正常需要，又可减少应纳税所得额。

(2)尽可能地将资本性支出合法地转化为收益性支出。对于符合税法规定的收益性支出，可以将其作为一次性的成本费用在税前扣除。

(3)使用家庭成员或雇用临时工，扩大工资等费用支出范围。这些人员的开支具有较大的灵活性，既能增加个人家庭收入，又能扩大一些与之相关的人员费用支出范围，增加了税前列支费用，从而减少了应纳税所得额。按税法规定，个体工商户工作人员的工资及规定的津贴可以计入产品成本，这样就达到了“个人有所得，商户少交税”的目的。

3. 筹资环节

个体工商户由于自身资金的限制，往往需要通过筹措资金来开发新项目、购买新设备。个体工商户筹集资金的方法主要有金融机构贷款、自我积累、相互拆借和融资租赁四种方式。一般来说，从纳税筹划的角度来讲，相互拆借的减税效果最好，金融机构贷款次之，融资租赁第三，自我积累效果最差。

(1)相互拆借。个体工商户与其他经济组织之间的资金拆借可以为纳税筹划提供极其便利的条件，它们之间可以通过互相借款来解决资金问题。与向金融机构贷款不同的是，相互拆借的利率不是固定的，可以由双方协定后自由调节。而且，相互拆借的利息在归还时间和归还方式上还有很大的弹性。高利率不仅给贷款人带来高收益，也给借款人带来更多的可抵税费用。当然，关于利息的支付标准国家有一定的规定，应控制在国家规定的范围之内，否则，超过规定标准部分的利息将不予扣除。

(2)融资租赁。融资租赁，也称为金融租赁或购买性租赁。租赁公司根据个体工商户的请求及提供的规格，与第三方(供货商)订立一项供货合同，根据此合同，租赁公司取得生产设备。并且，租赁公司与个体工商户订立一项租赁合同，以个体工商户支付租金为条件授予其使用生产设备的权利。融资租赁把“融资”与“融物”很好地结合起来。对于个体工商户来说，融资租赁可获得双重好处：一是可以避免因自购设备而占用资金并承担风险；二是可以在经营活动中以支付租金的方式冲减个体工商户的利润，减少个人所得税税基，从而减少个人所得税税额。

(3)金融机构贷款。个体工商户向银行或其他金融机构贷款，不仅可以在较短的时间内完成资金的筹措，而且归还的利息部分可以用作抵税，因此实际税负也减轻了。所以，个体工商户利用金融机构贷款从事生产经营活动是减轻税负、合理避税的一个很好的方法。

(4)自我积累。从税负和经营的效益关系看,如果个体工商户采用自我积累的筹资方法,则需要很长时间才能完成资金的筹措,容易错过最佳的投资时机,不利于其自身的发展。另外,个体工商户采用自我积累的筹资方法,其资金的所有者和使用者是一致的,无法带来抵税的好处,投入生产经营活动之后,产生的全部税负由个体工商户自己承担。

三、劳务报酬所得的纳税筹划

(一)费用转移筹划

个人从非雇佣单位取得的劳务报酬时,可以考虑由非雇佣单位提供一定的服务或福利,将本应由自己负担的费用改由对方提供,这样名义上劳务报酬减少,应税所得额降低,适用的税率会降低,税负减轻,但个人实际获取的利益并未减少。例如,由对方提供餐饮服务,报销办公、交通开支,提供办公用具、实验设备、提供住宿等。

(二)分项计算筹划

当个人兼有不同劳务项目(即税法中列举的28种形式的劳务报酬所得项目)的所得时,应分别确定收入,分项扣除,分别计算应纳个人所得税。这样可通过增加扣除额,降低税率档次,从而降低税负。

【例10-9】 某高级工程师在其工作之余被一工业企业聘为特级技术顾问。其受聘期间既要现场解答公司提出的技术操作难题,又要为该企业的出口产品说明书进行翻译和设计,已知该高级工程师2017年4月从企业处获取劳务报酬收入30 000元。

若该高级工程师将取得的所有劳务报酬合并纳税,则应纳税额为:

30 000×(1－20%)×30%－2 000(速算扣除数)＝5 200(元)

在对该高级工程师的劳务报酬所得进行纳税筹划时,可将其4月份的劳务报酬分为三个劳务项目分别纳税。其中,咨询费20 000元,设计费9 200元,翻译费800元,则其缴纳个人所得税时,由于分项扣除,分项计征,翻译费未超出扣除限额,无须纳税,应纳个人所得税为:

20 000×(1－20%)×20%＋9 200×(1－20%)×20%＝4 672(元)

由此可见,分项纳税可以增加扣除额,适用较低税率,减轻税负528元。

(三)增加支付次数

按现行《个人所得税税法》的规定,对于同一项目取得的连续性收入,以每一个月的收入为一次。但在现实生活中,劳务报酬为个人从非雇佣单位取得的收入,其具有不稳定性和阶段性,即有些时期有收入,有些时期无收入;有时收入较高,而有时收入较低。这样就会导致纳税个人的劳务报酬有时适用较高的税率,而有时适用较低的税率,甚至有时收入额低于扣除限额。

如以上情况,纳税人只要和支付劳务报酬的对方单位间进行商议,在不改变总体数额的前提下,可通过增加支付次数,使每月的劳务报酬比较平均,从而适用较低的税率,降低税负。

【例10-10】 赵某为当地一家公司的职员,在其工作之余还为另一家单位提供8个月的计算机软件维护服务,合同约定总的劳务报酬额为年30 000元。其劳务报酬的支付有三种方案:

方案一:按8个月支付,每月支付劳务报酬3 750元;

方案二:按12个月支付,每月支付劳务报酬2 500元;

方案三:每月由非雇佣单位为其报销实际发生的500元的电话费、交通费,另外12个月每月支付劳务报酬2 000元。

比较三种方案下各自应纳的个人所得税：

方案一：[(3 750－800)×20%]×8＝4 720(元)

方案二：[(2 500－800)×20%]×12＝4 080(元)

方案三：[(2 000－800)×20%]×12＝2 880(元)

通过计算可看出，方案三既增加了劳务报酬的支付次数，又采用了费用转移的方法，其降低了计税依据，因此税负最轻，最具有借鉴意义。

四、稿酬所得的纳税筹划

(一)费用转移

可以转移的费用一般有：

(1)作品创作前期实地考察、搜集素材、申报课题的费用；

(2)作品创作过程中发生的交通费、实验费、住宿费、误餐补助、资料印刷费、设备工具费等；

(3)作品创作基本成熟时支付给他人的助理费、审稿费、校正费、翻译费等劳务报酬开支。

(二)合理分摊稿酬

根据个人所得税法的有关规定，两个或两个以上的个人共同取得同一项目收入的，应当对每个人取得的收入分别按照税法规定减除费用后计算纳税，即实行“先分、后扣、再税”的办法。因此在分摊稿酬时应最大限度地利用费用扣除的政策，扩大免征额。

【例 10－11】 丁某主编出版一本教材，除丁某外参加编写的人员共有五位，预计该书出版后能获稿酬 18 000 元，如何在每个人之间划分稿酬才能使税负最轻？

筹划分析：根据税法的上述相关规定，降低税负的关键是在每个人之间合理划分稿酬，使扣除额达到最大，应纳税款总额最小。

使扣除额最大的方法为充分利用免征额的规定，即 5 个人每人分得稿酬 800 元，主编丁某分得 14 000 元，则总的扣除额为：

800×5＋14 000×20%＝6 800(元)

其中，5 人所得由于未超过免征额，免税。

主编丁某的应纳税额＝14 000×(1－20%)×20%×(1－30%)＝1 568(元)

五、财产租赁所得纳税筹划

个人出租房屋在同等租金的条件下避免出租，用于经营。

【例 10－12】 项某在某市区以 50 万元的价格购置了一套二手房，近两年内因故自己不能在此处居住，于是决定将此房出租。有以下两个方案可供选择：

方案一：出租给某从事技术服务的经营公司在此从事商务活动，初步商定每月租金为 2 100 元。

方案二：出租给本市居民李某用于生活居住，李某只同意支付每月租金 2 000 元。

筹划分析：

方案一：将房屋出租给经营单位的纳税情况分析：

(1)房租收入两年应缴纳营业税为：2 100×5%×24＝105×24＝2 520(元)

(2)应缴纳城建税及教育费附加为：2 520×(7%＋3%)＝252(元)

(3)应缴纳房产税为：2 100×24×12%＝252×24＝6 048(元)

(4)应缴纳个人所得税为:(2 100−105−10.5−252−800)×20%×24=4 476(元)

(5)两年应缴纳各种税收合计为:2 520+252+6 048+4 476=13 296(元)

实际取得租赁净收益为 37 104 元(2 100×24−13 296)。

方案二:将房屋出租给李某作为生活用房的纳税情况分析:

(1)应缴纳营业税为:2 000×24×3%=1 440(元)

(2)应缴纳城建税及教育费附加为:1 440×(7%+3%)=144(元)

(3)应缴纳房产税为:2 000×24×4%=1 920(元)

(4)应缴纳个人所得税为:(2 000−60−6−80−800)×10%×24=2 529.6(元)

(5)两年应缴纳各税合计为:1 440+144+1 920+2 529.6=6 033.6(元)

(6)实际取得收益 41 966.4 元(2 000×24−6 033.6)。

由此可见,方案二尽管月租金比方案一要少 100 元,但因其可以享受减低税率的税收优惠政策,其节税效果比方案一要好。

项目四 其他税种的纳税筹划

任务一 土地增值税的纳税筹划

土地增值税,是对有偿转让国有土地使用权、地上建筑物及其附着物的单位和个人,就其取得的增值额征收的一种税。土地增值税按照纳税人转让房地产所取得的增值额(转让收入减除税法规定的扣除项目金额后的余额)和税法规定的四级超率累进税率计算征收。

一、适当增值筹划法

土地增值税税法规定,纳税人建造普通标准住宅出售,增值额未超过扣除项目金额的20%时,免征土地增值税;增值额超过扣除项目金额 20%的,应就其全部增值额按规定计税。

按此原则,纳税人建造住宅出售的,应考虑增值额增加带来的效益与放弃优惠而增加的税收负担间的关系,避免增值率稍高于起征点而导致得不偿失。

(1)纳税人欲享受起征点照顾。例如,假定某房地产开发企业建成一批商品房待售,除销售税金及附加外的全部允许扣除项目的金额为 100 元,当其销售这批商品房的价格为 X 时,相应的销售税金及附加为:

$5\%\times(1+7\%+3\%)\times X=5.5\%X$

式中,5%为营业税;7%为城市维护建设税;3%为教育费附加。

这时,其全部允许扣除金额为:$100+5.5\%X$。

根据有关起征点的规定,该企业享受起征点最高售价为:

$X=(100+5.5\%\times X)\times 1.2$

解以上方程可知,此时的最高售价为 128.48 元,允许扣除项目金额为 107.07 元(100+5.5%×128.48)。

(2)如果企业欲通过提高售价达到增加效益的目的,当增值率略高于 20%时,即应适用"增值率"在 50%以下、税率为 30%的规定。假定此时的售价为(128.48+Y)。

由于售价的提高(数额为 Y),相应的销售税金及附加和允许扣除项目金额都应提高

$5.5\%\times Y$，这时：

允许扣除项目的金额$=107.07+5.5\%\times Y$，

增值额$=128.48+Y-(107.07+5.5\%\times Y)$，

化简后增值额的计算公式为：$94.5\%\times Y+21.41$，

所以应纳土地增值税$=30\%\times(94.5\%\times Y+21.41)$。

若企业欲使提价带来的效益超过因突破起征点而新增加的税收，就必须使$Y>30\%\times(94.5\%\times Y+21.4)$，即$Y>8.96$。

这就是说，如果想通过提高售价获取更大的收益，就必须使价格高于137.44元(128.48+8.96)。

二、收入分散筹划法

一般常见的方法就是将可以分开单独处理的部分从整个房地产中分离，比如房屋里面的各种设施。很多人在售出房地产时，总喜欢整体进行，不善于利用分散技巧，因为这样可以省去不少麻烦，但不利于节税。

【例10－13】 某企业准备出售其拥有的一幢房屋以及土地使用权。因为房屋已经使用过一段时间，里面的各种设备均已安装齐全。房屋以及土地使用权为20万元，其中各种办公用品及设施的价格约为5万元。

案例分析：如果该企业和购买者签订房地产转让合同时，采取以下变通方法，将收入分散，便可以节省不少税款，具体做法是在合同上仅注明15万元的房地产转让价格，同时签订一份5万元的附属办公设备购销合同，则问题迎刃而解。这样将收入分散进行筹划，不仅可以使得增值额变小从而节省应交土地增值税税额，而且由于购销合同适用0.03%的印花税税率，比产权转移书据适用的0.05%税率要低，也可以节省不少印花税，一举两得。

三、建房方式的筹划

土地增值税税法对不同的建房方式进行了一系列界定，并规定某些方式的建房行为不属于土地增值税征税范围，不用缴纳土地增值税。纳税人如果能注意运用这些特殊政策进行纳税筹划，其节税效果是很明显的。

第一种建房方式是房地产开发公司的代建房方式。

这种方式是指房地产开发公司代客户进行房地产的开发，开发完成后向客户收取代建房报酬的行为。对于房地产开发公司来说，虽然取得了一定的收入，但由于房地产权自始至终是属于客户的，没有发生转移，其收入也属于劳务性质的收入，故不属于土地增值税的征税范围，而属于营业税的征税范围。

由于建筑行业适用的是3%的比例税率，税负较低，而土地增值税适用的是30%～60%的四级超率累进税率，税负显然比前者为重，如果在相同收入的情况下，当然是前者更有利于实现收入最大化。因此，如果房地产开发公司在开发之初便能确定最终用户，就可以完全采用代建房方式进行开发，而不采用税负较高的开发后销售方式。这种筹划方式可以是由房地产开发公司以用户名义取得土地使用权和购买各种材料设备，也可以协商由客户自己取得和购买，只要从最终形式上看房地产产权没有发生转移便可以。

第二种建房方式便是合作建房方式。

我国税法规定，对于一方出地、一方出资金，双方合作建房，建成后按比例分房自用的，暂免征收土地增值税。房地产开发企业也可以很好地利用该项政策。

比如某房地产开发企业购得一块土地的使用权准备修建住宅,则该企业可以预收购房者的购房款作为合作建房的资金。这样,从形式上就符合了一方出土地、一方出资金的条件。一般而言,一幢住房中土地支付价所占比例应该比较小,这样房地产开发企业分得的房屋就较少,大部分由出资金的用户分得自用。

这样,在该房地产开发企业售出剩余部分住房前,各方都不用缴纳土地增值税,只有在房地产开发企业建成后转让属于自己的那部分住房时,才就这一部分缴纳土地增值税。

任务二 房产税的纳税筹划

一、降低房产原值的纳税筹划

合理地划分房产界限,通过减少房产原值来减少房产余值,进而减少房产税。

房产是以房屋形态表现的财产。独立于房屋之外的建筑物,如酒窖菜窖、室外游泳池、玻璃暖房、各种油气罐等,则不属于房产。与房屋不可分离的附属设施,属于房产。如果将除厂房、办公用房以外的建筑物建成露天的,并且把这些独立建筑物的造价同厂房、办公用房的造价分开,在会计账簿中单独核算,则这部分建筑物的造价不计入房产原值,不缴纳房产税。

【例 10－14】 甲企业位于某市市区,企业除厂房、办公用房外,还包括厂区围墙、烟囱、水塔、变电塔、游泳池、停车场等建筑物,总计工程造价 10 亿元,除厂房、办公用房外的建筑设施工程造价 2 亿元。假设当地政府规定的扣除比例为 30%。

方案一:将所有建筑物都作为房产计入房产原值。

应纳房产税＝100 000×(1－30%)×1.2%＝840(万元)

方案二:将游泳池、停车场等都建成露天的,在会计账簿中单独核算。

应纳房产税＝(100 000－20 000)×(1－30%)×1.2%＝672(万元)

由此可见,方案二比方案一少缴房产税 168 万元。

二、降低租金收入的纳税筹划

房产出租的,房产税采用从租计征方式,以租金收入作为计税依据,按 12%的税率计征。对于出租方的代收项目收入,应当与实际租金收入分开核算,分开签订合同,从而降低从租计征的计税依据。

【例 10－15】 甲公司拥有一幢写字楼,配套设施齐全,对外出租。全年租金共 3 000 万元,其中含代收的物业管理费 300 万元,水电费 500 万元。

方案一:甲公司与承租方签订租赁合同,租金为 3 000 万元。

应纳房产税＝3 000×12%＝360(万元)

方案二:将各项收入分别由各相关方签订合同,如物业管理费由承租方与物业公司签订合同,水电费按照承租人实际耗用的数量和规定的价格标准结算、代收代缴。

应纳房产税＝(3 000－300－500)×12%＝264(万元)

由此可见,方案二比方案一少缴房产税 96 万元。

三、利用税收优惠政策进行纳税筹划

房产税在城市、县城、建制镇和工矿区征收,不包括在农村。在不影响企业生产经营的情

况下，可将企业设立在农村，则可免缴房产税。

【例10－16】 甲公司欲投资建厂，房产原值为10 000万元。现有两种方案可供选择：一是建在市区，当地政府规定的扣除比例为30%；二是建在农村。假设该厂不论建在哪里都不影响企业的生产经营。

方案一：建在市区。

应纳房产税＝10 000×(1－30%)×1.2%＝84(万元)

方案二：建在农村。免缴房产税。

由此可见，方案二比方案一少缴房产税84万元。

四、计征方式选择的纳税筹划

房产税的计征方式有两种：一是从价计征，二是从租计征。从价计征的房产税，是以房产余值为计税依据，即按房产原值一次减除10%～30%后余值的1.2%计征。从租计征的房产税，是以房屋出租取得的租金收入为计税依据，税率为12%。企业可以根据实际情况选择计征方式，通过比较两种方式税负的大小，选择税负低的计征方式，以达到节税的目的。

【例10－17】 甲企业现有5栋闲置库房，房产原值为2 000万元，企业经研究提出以下两种利用方案：一是将闲置库房出租收取租赁费，年租金收入为200万元；二是配备保管人员将库房改为仓库，为客户提供仓储服务，收取仓储费，年仓储收入为200万元，但需每年支付给保管人员2万元。当地房产原值的扣除比例为30%。

方案一：采用出租方案。

应纳房产税＝200×12%＝24(万元)

应纳营业税＝200×5%＝10(万元)

应交城建税及教育费附加＝10×(7%＋3%)＝1(万元)

共支出35万元。

方案二：采用仓储方案。

应纳房产税＝2 000×(1－30%)×1.2%＝16.8(万元)

应纳营业税＝200×5%＝10(万元)

应交城建税及教育费附加＝10×(7%＋3%)＝1(万元)

应支付给保管人员2万元。共支出29.8万元。

由此可见，方案二比方案一少支出5.2万元。

任务三　印花税的纳税筹划

印花税是对经济活动和经济交往中书立、使用、领受具有法律效力的凭证的单位和个人征收的一种税。

几种特殊情况加以重视：首先，应税合同在签订时纳税义务即已产生，应计算应纳税额并贴花。所以，不论合同是否兑现或是否按期兑现，均应贴花。其次，同一凭证载有两个或两个以上经济事项而适用不同税目税率的，应分别计算应纳税额，相加后按合计税额贴花；如未分别记载金额的，按税率高的计税贴花。

一、模糊金额筹划法

如果两企业在签订合同时仅规定每天的租金数，而不具体确定租赁合同的执行时限，则根据上述规定，两企业只需各自缴纳5元的印花税，余下部分等到结算时才缴纳，从而达到了节省税款的目的。当然这笔钱以后是要缴上去的，但现在不用缴，便获得了货币时间价值，对企业来说是有利无弊的，而且筹划极其简单。

二、压缩金额筹划法

印花税的计税依据是合同上所载的金额，因而出于共同利益，双方或多方当事人可以经过合理筹划，使各项费用及原材料等的金额通过合法的途径从合同所载金额中得以减除，从而压缩合同的表面金额，达到少缴税款的目的。

案情说明：企业甲和企业乙欲签订一加工承揽合同，数额较大。由于加工承揽合同的计税依据是加工或承揽收入，而且这里的加工或承揽收入额是指合同中规定的受托方的加工费收入和提供的辅助材料金额之和，因此，如果双方当事人能想办法将辅助材料金额压缩，问题便解决了。

案例分析：具体的做法就是由委托方自己提供辅助材料，如果委托方自己无法提供或是无法完全自己提供，也可以由受托方提供，当然这时的筹划就要分两步进行。第一步，双方签订一份购销合同，由于购销合同适用的税率为0.3‰，比加工承揽合同适用的税率0.5‰要低。只要双方将部分或全部辅助材料先行转移所有权，加工承揽合同和购销合同要缴纳的印花税之和便会下降。第二步便是双方签订加工承揽合同，其合同金额仅包括加工承揽收入，而不包括辅助材料金额。

压缩金额筹划法在印花税的筹划中可以广泛地应用，比如互相以物易物的交易合同中，双方当事人尽量互相提供优惠价格，使得合同金额下降到合理的程度。当然这要注意一下限度，以免被税务机关调整价格，最终使税负更重，得不偿失。

参考文献

1. 中国注册会计师协会．税法[M]. 北京：经济科学出版社，2017.

2. 全国注册税务师执业资格考试教材编写组．税法（Ⅰ）[M]. 北京：中国税务出版社，2017.

3. 全国注册税务师执业资格考试教材编写组．税法（Ⅱ）[M]. 北京：中国税务出版社，2017.

4. 盖地．税务会计学（第8版）[M]. 北京：中国人民大学出版社，2016.

5. 孔祥银，黄超平，陈宏桥．纳税实务（第二版）[M]. 武汉：武汉大学出版社，2015.

6. 国家税务总局全面推开营改增督促落实领导小组办公室．全面推开营改增操作指引[M]. 北京：中国税务出版社，2016.

7. 梁文涛．企业纳税实务（第二版）[M]. 北京：高等教育出版社，2016.

8. 盖地．税务会计与纳税筹划（第11版）[M]. 大连：东北财经大学出版社，2015.

高等职业院校财经类专业“十三五”规划教材

纳税实务习题集

唐 文 陈宏桥 主编

上海财经大学出版社

前　言

《纳税实务习题集》充分贯彻高等职业教育"教、学、做"一体化的教学理念，满足高职财经类税法教学的需要。本书与唐文、陈宏桥主编的《纳税实务》教材相配套，习题分为十个学习情境。具体内容包括企业纳税准备工作、增值税纳税实务、消费税纳税实务、关税纳税实务、企业所得税纳税实务、个人所得税纳税实务、财产税类纳税实务、行为税类纳税实务、资源税类纳税实务和企业纳税筹划的习题。

习题包括单项选择题、多项选择题、判断题和计算题四种题型。习题内容安排紧扣《纳税实务》教材，通过习题的训练，旨在帮助学生全面了解税法的基本理论，正确计算应纳税额，熟练进行涉税业务的会计处理。

本书由武汉职业技术学院唐文、陈宏桥主编。具体分工如下：唐文编写学习情境二至学习情境九，陈宏桥编写学习情境一和学习情境十。

由于我们水平有限，书中错误和疏漏在所难免，恳请全国的专家、高职高专的师生及广大读者提出宝贵意见。

编　者

2018 年 4 月 16 日

目　录

学习情境一　企业纳税准备工作 …………………………………………… (1)

学习情境二　增值税纳税实务 …………………………………………… (4)

学习情境三　消费税纳税实务 …………………………………………… (12)

学习情境四　关税纳税实务 ……………………………………………… (17)

学习情境五　企业所得税纳税实务 ……………………………………… (22)

学习情境六　个人所得税纳税实务 ……………………………………… (37)

学习情境七　财产税类纳税实务 ………………………………………… (44)

学习情境八　行为税类纳税实务 ………………………………………… (50)

学习情境九　资源税类纳税实务 ………………………………………… (54)

学习情境十　企业纳税筹划 ……………………………………………… (60)

企业纳税准备工作

一、单项选择题

1. 下列选项中，属于税基式减免的是（　　）。

A. 全部免征　　B. 减半征收　　C. 零税率　　D. 免征额

2. 区分不同税种的主要标志是（　　）。

A. 纳税义务人　　B. 课税对象　　C. 税率　　D. 税目

3. 下列税种采用比例税率的是（　　）。

A. 个人所得税　　B. 增值税　　C. 车船使用税　　D. 土地增值税

4. 以征税对象数额的相对率划分若干级距，分别规定相应的差别税率，相对率每超过一个级距的，对超过的部分就按高一级的税率计算纳税。这种税率称为（　　）。

A. 差别比例税率　　B. 超额累进税率　　C. 全率累进税率　　D. 超率累进税率

5. 下列各项中，属于纳税义务人享有的权利的是（　　）。

A. 申请延期纳税　　B. 办理税务登记　　C. 进行纳税申报　　D. 依法缴纳税款

6. 领购发票的单位和个人凭（　　）核准的种类、数量以及购票方式，向主管税务机关领购发票。

A. 税务登记证　　B. 发票印制通知书

C. 发票领购申请审批表　　D. 发票领购簿

7. 纳税人的完税凭证、发票等涉税资料应当保存的期限是（　　）。

A. 3 年　　B. 5 年　　C. 10 年　　D. 20 年

8. 税务登记不包括（　　）。

A. 开业登记　　B. 减免税登记　　C. 变更登记　　D. 注销登记

9. 我国《税收征收管理法》规定，依法办理营业执照或成为法定纳税人的，应自领取营业执照或成为法定纳税人之日起（　　）内办理税务登记。

A. 15 日　　B. 30 日　　C. 45 日　　D. 60 日

10. 下列关于纳税人的权利与义务的说法中，错误的是（　　）。

A. 纳税人因有特殊困难，不能按期缴纳税款的，经批准，可以延期缴纳税款，但最长不得

超过3个月

B. 纳税人及扣缴义务人有权要求税务机关或税务人员为纳税人或扣缴义务人的情况保密，但是税收违法行为信息不属于保密范围

C. 纳税人或扣缴义务人在纳税期限内如果没有应纳税款，可以不办理纳税申报

D. 纳税人未按照规定期限缴纳税款或者未按照规定期限解缴税款的，税务机关除责令限期缴纳外，从滞纳税款之日起，按日加收滞纳税款0.5‰的滞纳金

11. 下列税法中，属于流转课税的有（　　）。

A. 企业所得税　　B. 关税　　C. 资源税　　D. 房产税

12. 税务机关对税务登记证件实行定期验审制度，验证时间一般（　　）一次。

A. 半年　　B. 1年　　C. 2年　　D. 3年

13. 纳税人遗失税务登记证件的，应当在（　　）日内书面报告主管税务机关，并登报声明作废。

A. 5　　B. 10　　C. 15　　D. 30

14. 纳税人因有特殊困难，不能按期缴纳税款的，经省、自治区、直辖市国家税务局、地方税务局批准，可以延期缴纳税款，但最长不得超过（　　）。

A. 6个月　　B. 3个月　　C. 12个月　　D. 1个月

15. 纳税人未按照规定期限缴纳税款的，扣缴义务人未按照规定期限解缴税款的，税务机关除责令限期缴纳外，从滞纳税款之日起，按日加收滞纳税款（　　）的滞纳金。

A. 千分之二　　B. 千分之五　　C. 万分之五　　D. 万分之二

16. 纳税人有（　　）的税务违法行为，经税务机关提请，由工商行政管理机关吊销其营业执照。

A. 未在规定期限内申请办理税务登记

B. 未按规定使用税务登记证

C. 不办理税务登记，经税务机关责令限期改正，逾期仍不改正

D. 伪造税务登记证件

17. 纳税人可以委托（　　）代为办理税务事宜。

A. 扣缴义务人　　B. 税收代征人　　C. 税务代理人　　D. 其他纳税人

18. 下列税种中属于中央政府与地方政府共享收入的是（　　）。

A. 耕地占用税　　B. 个人所得税　　C. 车辆购置税　　D. 土地增值税

二、多项选择题

1. 税收法律关系由（　　）组成。

A. 税收权利主体　　B. 税收权利客体

C. 权利主体享有的权利　　D. 权利主体承担的义务

2. 下列各项中，属于纳税人应承担的义务的有（　　）。

A. 申请延期纳税　　B. 申请减免税　　C. 办理纳税申报　　D. 接受税务检查

3. 下列税种中，征税对象与计税依据不一致的有（　　）。

A. 企业所得税　　B. 营业税　　C. 车船税　　D. 增值税

4. 纳税人在办理注销税务登记前，应当向税务机关（　　）。

A. 结清滞纳金　　B. 缴销发票　　C. 缴销税务登记证　　D. 缴销开户许可证

5. 企业应当报送税务机关备案的会计资料是(　　)。

A. 企业使用的财务会计制度　　B. 企业使用的会计处理办法

C. 企业使用的会计核算软件　　D. 企业使用的账簿和会计报表

6. 税务申报的方式包括(　　)。

A. 直接申报　B. 间接申报　C. 邮寄申报　D. 数据电文

7. 税款征收方式包括(　　)。

A. 查账征收　B. 核定征收　C. 委托征收　D. 强制征收

8. 现行税法规定纳税人所享有的权利包括(　　)等。

A. 纳税申报方式选择权　　B. 申请延期缴纳税款权

C. 复议申诉权　　D. 定期定额征收

9. 比例税率是指对同一征税对象,不分数额大小,规定相同的征收比例,其具体形式有(　　)。

A. 单一比例税率　B. 差别比例税率　C. 幅度比例税率　D. 双重比例税率

10. 税收的特征主要有(　　)。

A. 公平性　B. 强制性　C. 无偿性　D. 固定性

三、判断题

1. 流转税在生产和流通环节纳税,所得税在分配环节纳税。(　　)

2. 纳税人的具体纳税期限,由主管税务机关根据纳税人应纳税额的大小分别核定,不能按照固定期限纳税的,可以按次纳税。(　　)

3. 非正常户是未办理税务登记的纳税人未按照规定的期限申报纳税,经责令其限期改正逾期不改正的,税务机关派员实地检查,查无下落并且无法强制其履行纳税义务的纳税人。(　　)

4. 纳税人未按照规定使用税务登记证件或者转借、涂改、损毁、买卖、伪造税务登记证件的,处 2 000 元以上 1 万元以下罚款;情节严重的,处 1 万元以上 5 万元以下罚款。(　　)

5. 税务登记证件 5 年更换一次,一年验审一次。(　　)

6. 生产、经营规模小又确无建账能力的纳税人,经税务机关批准,可以不设账簿。(　　)

7. 按照填开方式的不同,普通发票可分为通用机打发票、通用手工发票和通用定额发票三大类。(　　)

8. 享受减税、免税待遇的纳税人和当期未发生应税行为的纳税人、扣缴义务人,不办理纳税申报。(　　)

9. 纳税人、纳税担保人同税务机关在纳税上产生争议时,可以暂缓纳税,依法申请行政复议。(　　)

10. 企业在进行税务登记之后还要到工商管理部门办理工商登记手续。(　　)

11.《税收征收管理法》属于税收基本法。(　　)

12. 免征额是指对征税对象总额中免予征税的数额,即将纳税对象中的一部分给予减免,只就减除后的剩余部分计征税款。(　　)

增值税纳税实务

一、单项选择题

1. 固定资产的进项税额不允许抵扣的增值税属于(　　)。

A. 生产型增值税　　B. 收入型增值税

C. 消费型增值税　　D. 积累型增值税

2. 按照现行规定，下列各项中必须被认定为小规模纳税人的是(　　)。

A. 年不含税销售额在110万元以上、从事货物生产的纳税人

B. 年不含税销售额200万元以上、从事货物批发的纳税人

C. 年不含销售额为150万元以下、会计核算制度健全、从事货物零售的纳税人

D. 年不含税销售额为90万元以下、会计核算制度健全、从事货物生产的纳税人

3. 对设有固定经营场所和拥有货物实物的新办商贸零售企业以及注册资金在(　　)万元以上、人员在(　　)人以上的新办大中型商贸企业在进行税务登记时，即提出一般纳税人资格认定申请的，可认定为一般纳税人直接进入辅导期。

A. 300，30　　B. 500，50　　C. 200，20　　D. 100，30

4. 一般纳税人的辅导期不得少于(　　)。

A. 1个月　　B. 2个月　　C. 3个月　　D. 6个月

5. 下列项目适用17%税率征税的有(　　)。

A. 商场销售鲜奶　　B. 花农销售自种花卉

C. 印刷厂印刷图书报刊(委托方提供纸张)　　D. 瓜果销售公司批发水果

6. 下列各项中，属于视同销售行为应当计算销项税额的是(　　)。

A. 将购买的货物用于非应税项目　　B. 将自产的货物委托外单位加工

C. 将购买的货物无偿赠送他人　　D. 将购买的货物用于个人消费

7. 根据增值税法律制度的规定，关于起征点的表述中，下列表述错误的是(　　)。

A. 销售应税劳务的，为月销售额5 000～10 000元

B. 销售货物的，为月销售额5 000～20 000元

C. 增值税起征点的适用范围限于个人

D. 按次纳税的，为每次(日)销售额 300～500 元

8. 一般纳税人销售下列货物，适用 11%税率的是(　　)。

A. 销售图书　　B. 销售金银首饰

C. 销售化妆品　　D. 销售机器设备

9. 下列货物销售，适用 17%税率的是(　　)。

A. 某自来水公司生产自来水销售

B. 某蛋禽厂加工松花蛋销售

C. 某农机厂生产农机零部件销售

D. 某煤气公司生产煤气销售

10. 纳税人销售(　　)，免征增值税。

A. 茶叶　　B. 饲料添加剂

C. 旧货　　D. 自产农产品

11. 某生产果酒企业为增值税一般纳税人，月销售收入为 128.7 万元(含税)，当期发出包装物收取押金为 5.85 万元，当期逾期未归还包装物押金为 2.34 万元。该企业本期应申报的销项税额为(　　)。

A. 21.87 万元　　B. 20.74 万元　　C. 19.55 万元　　D. 20.7978 万元

12. 某商场(增值税一般纳税人)实行还本销售家具，家具现售价 16 500 元(含税)，5 年后还本，该商场增值税的计税销售额为(　　)。

A. 16 500 元　　B. 16 500/5 元

C. 16 500/(1+17%)元　　D. 5 年后纳税，现在不纳税

13. 某电视机厂采用分期收款结算方式于 2003 年 5 月份售出彩电 100 台，每台成本 2 000 元，售价 2 500 元(不含增值税)。合同约定产品发出后先收货款一半，余款以后分五次收回，5 月份如期收回货款 146 250 元，则 5 月份应计入的产品销售收入为(　　)元。

A. 250 000　　B. 125 000　　C. 146 250　　D. 292 500

14. 按税法规定，出口货物不能享受退(免)税政策的是(　　)。

A. 有出口经营权的生产企业

B. 有出口经营权的外贸企业

C. 委托外贸企业代理出口货物的生产企业

D. 委托外贸企业代理出口货物的商贸企业

15. 出口货物应在货物报关出口之日(以出口货物报关单上注明的出口日期为准)起(　　)内，向退税部门申报办理出口货物退(免)税手续。

A. 30 日　　B. 60 日　　C. 90 日　　D. 120 日

16. 某商贸企业某月份组织收购货物一批，取得的增值税专用发票上注明的货款金额与增值税税额分别为 100 万元和 17 万元，当月委托某外贸企业以出口离岸价为 120 万元出口，如果该出国货物适用的出口退税率为 13%，那么，出口退税额为(　　)万元。

A. 17　　B. 13　　C. 15.6　　D. 0

17. 下列各项中，符合增值税专用发票开具时限规定的是(　　)。

A. 采用预收货款结算方式的，为收到货款的当天

B. 将货物分配给股东，为货物移送的当天

C. 采用交款提货结算方式的，为发出货物的当天

D. 将货物交付他人代销的，为货物移送的当天

18. 进口货物增值税的组成计税价格是（　　）。

A. 关税完税价格＋关税　　B. 成本×（1＋成本利润率）

C. 货物到岸价格＋关税＋消费税　　D. 关税完税价格＋关税＋消费税

19. 下列各项中，不符合有关增值税纳税地点规定的是（　　）。

A. 固定业户到外县（市）销售货物或者提供应税劳务，未向销售地主管税务机关申报纳税的，由其机构所在地主管税务机关补征税款

B. 固定业户必须向其机构所在地主管税务机关申报纳税

C. 非固定业户销售货物或者提供应税劳务，应当向销售地主管税务机关申报纳税

D. 进口货物，应当由进口人或其代理人向报关地海关申报纳税

20. 下列关于增值税税率的描述错误的是（　　）。

A. 提供有形动产租赁服务，税率为17%

B. 小规模纳税人提供应税服务，税率为3%

C. 提供部分现代服务业服务（有形动产租赁除外），税率为6%

D. 提供交通运输业服务，税率为11%

21. 下列各项中属于视同销售行为应当计算销项税额的是（　　）。

A. 将自产的货物用于非应税项目　　B. 将购买的货物用于在建工程

C. 将自产货物用于换取生产资料　　D. 将购买的货物奖励给内部员工

22. 根据增值税法律制度的规定，某生产企业（增值税一般纳税人）的下列进项税额，从销项税额中抵扣的有（　　）。

A. 购买涂料装修会议室发生的进项税额

B. 购买用于生产应税货物的设备所发生的进项税额

C. 购买原材料用于生产免税产品所发生的进项税额

D. 购买原材料因管理不善被盗所发生的进项税额

23. 一般纳税人销售货物同时提供运输服务，未分别核算销售额的，应按（　　）征税。

A. 3%　　B. 6%　　C. 11%　　D. 17%

24. 某体育用品公司进口一批高尔夫球具，海关应征进口关税15万元（关税税率为30%），则进口环节缴纳的增值税为（　　）万元（消费税税率为10%）。

A. 13　　B. 12.28　　C. 11.28　　D. 40.08

25. 2017年1月份张某因自身原因，将自己一套住房租给了朋友李某，租期为1年，租赁费为16 000元，并于1月初一次性收到。2017年1月份张某应缴纳增值税（　　）元。

A. 761.90　　B. 228.57　　C. 19.05　　D. 63.49

二、多项选择题

1. 对已使用增值税防伪税控系统但年销售额未达到规定标准的一般纳税人，如会计核算制度健全，且未有下列（　　）情形时，不取消其一般纳税人资格。

A. 虚开增值税专用发票或者有偷、骗、抗税行为

B. 连续3个月未申报且无正当理由

C. 不按规定保管、使用增值税专用发票、税控装置，造成严重后果

D. 连续6个月纳税申报异常且无正当理由

2. 根据增值税的有关规定，不能认定为增值税一般纳税人的有（　　）。

A. 个体经营者以外的其他个人

B. 年应税销售额 180 万元以下、会计核算制度健全的商店

C. 年销售额超过小规模纳税标准的废气回收单位

D. 不经常发生应税行为的企业

3. 增值税的销售额为纳税人销售货物或应税劳务向购买方收取的全部价款和价外费用，但下列费用不包括在价外费用之内的有（　　）。

A. 向买方收取的手续费

B. 向买方收取的销项税额

C. 受托加工应征消费税的货物代收代缴的消费税

D. 同时符合两个条件的代垫运费：承运部门的运费发票开具给购买方的；纳税人将该项发票转交给购买方的

4. 某单位购进的下列货物中，按增值税有关规定不能作为进项税额抵扣的有（　　）。

A. 外购食用油用于职工集体福利

B. 外购货物用于分配给股东

C. 外购原材料用于在建工程

D. 发生非正常损失的产品中所耗用的外购材料

5. 某工厂（一般纳税人）2017 年 4 月发出一批材料委托甲企业加工，5 月加工完毕收回并验收入库，取得增值税专用发票上注明税金 5.1 万元，6 月将加工收回货物制成的产品用于非应税项目，账面成本 60 万元（无同类产品售价），7 月支付加工费及税款。对于该企业，下列税务处理正确的有（　　）。

A. 5 月份进项税额 5.1 万元　　B. 6 月份销项税额 10.2 万元

C. 6 月份销项税额 11.22 万元　　D. 7 月份进项税额 5.1 万元

6. 甲企业销售给乙企业一批货物，乙企业因资金紧张无法支付货币资金，经双方协商，乙企业用自产的产品抵顶货款，则下列表述不正确的是（　　）。

A. 甲企业收到乙企业的抵顶货物时不应作购货处理，不能抵扣进项税额

B. 乙企业发出抵顶货款的货物要做销售处理，计算销项税额

C. 甲、乙双方发出货物都作销售处理，但收到货物所含增值税额一律不能计入进项税额

D. 甲、乙双方都应作购销处理，可对开增值税专用发票，分别核算销售额和购进额，并计算销项税额和进项税额

7. 某企业 2017 年 3 月 10 日进口一批工业品，海关于当日填发了税款缴纳证，关税完税价格为 40 万元，关税税率为 10%，下列说法正确的是（　　）。

A. 进口增值税为 6.8 万元　　B. 进口增值税为 7.48 万元

C. 组成计税价格为 44 万元　　D. 组成计税价格为 40 万元

8. 根据增值税的规定，下列表述正确的有（　　）。

A. 生产企业一般纳税人购入废旧物资可按购入金额的 10%扣除率计算抵扣进项税额

B. 废旧物资回收经营单位销售其收购的废旧物资免征增值税

C. 利用废旧物资加工生产的产品可享受免征增值税的政策

D. 生产企业一般纳税人购入的是废旧物资回收经营单位销售的废旧物资，可按收购金额的 10%计算抵扣进项税额

9. 增值税一般纳税人购进货物或应税劳务时，其进项税额申报抵扣的时限包括（　　）。
A. 购进应税劳务的费用支付后
B. 商业企业购进货物并付款后
C. 商业企业购进货物并验收入库后
D. 工业企业购进货物并付款后
10. 纳税人售价明显偏低且无正当理由的情况下，主管税务机关有权核定其销售额，核定顺序及方法有（　　）。
A. 当月同类货物的平均销售价格
B. 当月同类货物的最高销售价格
C. 最近时期同类货物的平均销售价格
D. 组成计税价格
11. 根据增值税的有关规定，一般纳税人在（　　）情况下不可以开具增值税专用发票。
A. 生产企业出售给批发企业的货物
B. 商品零售企业出售给消费者的货物
C. 生产企业在境外销售应税劳务
D. 生产企业出售给小规模纳税人的货物
12. 下列情况中，属未按规定开具增值税专用发票，不得作为扣税凭证的有（　　）。
A. 在专用发票"金额栏"逐行或者合计行填写的销售额超过了该栏的最高金额单位
B. 填错项目又涂改正确后的专用发票
C. 企业使用十万元版专用发票时填开的销售金额达到所限额的最高一位
D. 财务专用章或者发票章使用蓝色印泥
13. 开具增值税专用发票后，发生退货或折让，销货方必须在（　　）时，才可开具红字专用发票。
A. 退回购买方购货款
B. 收到购买方所在地主管税务机关开具的证明单
C. 收到购买方退回原专用发票的记账联、税款抵扣联
D. 收到购买方退回原专用发票的发票联、税款抵扣联
14. 根据增值税法律制度的规定，下列企业中，属于增值税小规模纳税人的有（　　）。
A. 会计制度不健全、年应纳税销售额 50 万元的零售企业
B. 会计制度不健全、年应纳税销售额 60 万元的批发企业
C. 会计制度健全、年应纳税销售额 70 万元的生产企业
D. 会计制度健全、年应纳税销售额 80 万元的生产企业
15. 根据营业税改征增值税的规定，下列各项中，属于交通运输业营改增范围的有（　　）。
A. 程租业务　　B. 期租业务　　C. 湿租业务　　D. 铁路运输业务
16. 下列各项中，应视同销售货物征收增值税的有（　　）。
A. 将委托加工收回的货物用于集体福利
B. 用自产货物换取生产资料
C. 销售代销的货物
D. 用自产产品对外投资
17. 以下有关增值税起征点的说法中，正确的有（　　）。
A. 增值税起征点的适用范围限于个人

B. 销售货物的，为月销售额 1 500～3 000 元

C. 销售应税劳务的，为月销售额 5 000～20 000 元

D. 按次纳税的，为每次(日)销售额 150～200 元

18. 企业收取的下列款项中，应作为价外费用并入销售额计算增值税销项税额的有(　　)。

A. 商业企业向供货方收取的返还收入

B. 生产企业销售货物时收取的包装物租金

C. 供电企业收取的逾期未退的电费保证金

D. 燃油电厂从政府财政专户取得的发电补贴

19. 下列选项中，进项税额不得抵扣的有(　　)。

A. 免税货物的进项税额　　B. 正常损失货物的进项税额

C. 购进生产用固定资产的进项税额　　D. 非应税项目耗用货物的进项税额

20. 纳税人提供应税服务，应当向索取增值税专用发票的接受方开具增值税专用发票，并在增值税专用发票上分别注明销售额和销项税额。属于下列情形之一的，不得开具增值税专用发票：(　　)。

A. 向消费者个人提供应税服务　　B. 适用免征增值税规定的应税服务

C. 用于非增值税应税项目的应税服务　　D. 用于集体福利和个人消费的应税服务

21. 下列哪些项目免征增值税？(　　)

A. 运输公司提供货物运输服务　　B. 个人转让著作权

C. 残疾人个人提供应税服务　　D. 航空公司提供飞机播撒农药服务

22. 营改增试点实施之后，增值税税率有(　　)。

A. 17%　　B. 11%　　C. 3%　　D. 6%

E. 13%

23. 增值税的计税方法，包括(　　)。

A. 简易办法征收　　B. 简易计税方法

C. 销项减进项　　D. 一般计税方法

24. 根据增值税税收法律制度的规定，下列业务中享受零税率的税收优惠政策的有(　　)。

A. 在境外提供的广播影视节目播映服务

B. 向境外单位提供的完全在境外消费的离岸外包业务

C. 在境外提供的技术转让服务

D. 向境外单位提供的完全在境外的合同能源管理服务

三、判断题

1. 一般纳税人提供应税服务必须适用一般计税方法计税。(　　)

2. 研发服务属于非增值税应税劳务。(　　)

3. 为工厂提供包车服务属于本次营改增的应税服务范围。(　　)

4. 丢失的购进货物其增值税进项税额不得抵扣。(　　)

5. 用一般计税方法的纳税人，兼营简易计税方法计税项目、非增值税应税劳务。免征增值税项目而无法划分不得抵扣的进项税额，不采取年度清算方式。(　　)

6. 纳税人收讫销售款项，是指纳税人提供应税服务之前或者完成后收到款项。（　　）

7. 纳税人发生视同提供应税服务的，其纳税义务发生时间为应税服务完成的当天。（　　）

8. 增值税扣缴义务发生时间为纳税人增值税纳税义务发生的当天。（　　）

9. 增值税一般纳税人的应纳税额的计算公式为：应纳税额＝当期销项税额－当期进项税额。（　　）

10. 文化创意服务包括设计服务、商标所有权转让服务、知识产权服务、广告服务和会议展览服务。（　　）

四、计算题

1. 甲企业为增值税一般纳税人，2017 年 2 月份发生如下生产经营业务：

(1)为生产免税产品，购入一批原材料，取得的增值税专用发票上注明价款 15 000 元，增值税 2 550 元，支付运输企业(增值税小规模纳税人)不含税运输费 1 万元，取得税务机关代开的增值税专用发票。

(2)组织优秀员工外出旅游，支付旅客运费 20 000 元，取得相应的运输凭证。

(3)对外出租自己的一台生产设备，租赁合同中约定租赁期限为 5 个月，2017 年 2 月份一次性收取全部不含税租金收入 18 000 元。

(4)采取直接收款方式销售一台 A 型号自产机器设备，取得价税合计金额为 25 740 元，该设备当月尚未发出。

(5)将两台 A 型号自产机器设备投资于乙企业，取得乙企业 10%的股权；另将 B 型号自产机器设备赠送给丙企业，该型号机器设备无同类市场销售价格，生产成本为 13 000 元，成本利润率为 10%。

(6)因管理不善丢失一批以前月份购入的食用植物油(已抵扣进项税额)，账面成本为 5 200 元。

(其他相关资料：上期留抵税额 5 000 元；上述增值税专用发票的抵扣联均已经过认证。)

要求：根据上述资料，按照下列序号计算回答问题，每问需计算出合计数。

(1)计算该企业当月应确认的增值税销项税额；

(2)计算该企业当月应缴纳的增值税。

2. 某电器专卖店(增值税一般纳税人)2017 年 8 月发生下列购销业务：

(1)销售空调机 300 台，每台 3 000 元(含增值税)，商场派人负责安装，每台收取安装费 200 元。

(2)采取有奖销售方式销售电冰箱 100 台，每台 2 800 元(含增值税)；奖品为电子石英手表，市场零售价格 200 元，共计送出 50 只电子石英手表。

(3)收取客户购买 20 台空调机的预付款 40 000 元，每台 3 000 元(含增值税)，按 60 000 元金额开具普通发票，因供货商的原因本期未能向客户交货。

(4)将本专卖店自用 2 年的小汽车一辆，账面原价 160 000 元，已提折旧 30 000 元，以 140 000 元的价格售出。

(5)购进空调机 200 台，取得增值税专用发票注明价款 420 000 元，货款已支付；另支付运输费 20 000 元，运输企业开具的货票上注明运费 15 000 元，建设基金 1 000 元，装卸费 2 000 元，保险费 2 000 元。

(6)购进电冰箱150台，取得增值税专用发票注明价款300 000元，因资金周转困难只支付厂商70%的货款，余款在下月初支付；因质量问题，退回从某冰箱厂上期购进电冰箱20台，每台出厂单价价税合计2 340元，并取得厂家开具的红字发票和税务机关的证明单。

根据上述资料回答下述问题：

(1)采取有奖销售方式销售电冰箱，计算该项业务产生的增值税销项税额。

(2)计算销售本专卖店自用2年的小汽车一辆应该缴纳的增值税。

(3)计算购进空调机200台可以抵扣的进项税额。

(4)对于第(6)项业务，应该予以抵扣的进项税额和扣减的增值税进项税额是多少？

(5)除了本专卖店销售自用小汽车之外，本期销项税额合计是多少？

(6)计算当期应纳的增值税。

3. 某食品厂(增值税一般纳税人)，主要生产各类食品，2017年9月发生如下涉税业务：

(1)本月销售食品共取得不含税收入300 000元。

(2)本月收回上月委托外单位加工的食品一批，应支付加工费6 000元(不含税)，加工食品已验收入库，并收到受托方开来的增值税专用发票。加工费尚未支付。

(3)从某粮油经营部(增值税一般纳税人)购进面粉一批，取得的增值税专用发票上注明的销售额为120 000元，税额为15 600元，面粉已验收入库，另外支付装卸费800元。

(4)因仓库管理不善，部分库存面粉霉烂，经盘点损失面粉10 965元。其中含运费465元，保险费500元。

(5)因管理不善，部分产成品被盗，经盘点损失食品10 000元，该食品的原材料为面粉，经查，该企业生产成本明细账中的有关数据，测算出生产成本中料工费的比例为4∶3∶3。根据上述资料回答下列问题：

(1)经盘点损失的面粉应转出进项税额为多少？

(2)经盘点损失的食品应转出进项税额为多少？

(3)本月收回上月委托外单位加工的食品可以抵扣的进项税额是多少？

(4)该企业当月应纳增值税为多少？

4. 某实行免抵退税的工业企业2017年5月期初留抵税额3 000元，当月发生下列业务：

(1)采购原材料，取得税控发票，价款20万元，增值税进项税额为3.4万元。

(2)内销产品，不含税销售额为16万元。

(3)出口货物一批，出口离岸价折合人民币15万元。

(4)为生产出口产品购入国内免税材料一批，价款为5万元。

(5)有一批折合人民币8万元的外销产品超过6个月单证不齐。

根据上述资料回答下述问题(该企业征税率为17%，退税率为13%)：

(1)当期销项税额是多少？

(2)免抵退税不得免征和抵扣税额抵减额是多少？

(3)本期免抵退税不得免征和抵扣税额是多少？

(4)本期可以抵扣的进项税额是多少？

(5)本期应退税额是多少？

消费税纳税实务

一、单项选择题

1. 下列产品中，属于消费税征税范围的是(　　)。

A. 轮胎　　B. 电池　　C. 卡丁车　　D. 酒精

2. 甲生产企业的主营业务是生产销售中轻型商用客车，2017 年 1 月份甲企业销售一辆汽车，该汽车零售价格为 180 万元，该企业应缴纳增值税和消费税合计为(　　)万元(该汽车生产环节消费税税率为 5%)。

A. 49.23　　B. 33.84　　C. 35.00　　D. 26.15

3. 依据消费税的有关规定，下列行为中应缴纳消费税的是(　　)。

A. 进口烟丝　　B. 进口服装　　C. 零售化妆品　　D. 零售白酒

4. 下列各项中，应同时征收增值税和消费税的是(　　)。

A. 批发环节销售的卷烟　　B. 零售环节销售的包金首饰

C. 生产环节销售的普通护肤护发品　　D. 进口环节取得外国政府捐赠的小汽车

5. 某日化厂既生产化妆品又生产护发品，为了扩大销路，该厂将化妆品和护发品配成礼盒销售，当月单独销售化妆品取得收入 8.5 万元，单独销售护发品取得收入 6.8 万元，销售化妆品和护发品礼盒取得收入 12 万元，上述收入均不含增值税。该企业应纳的消费税为(　　)。

A. 6.15 万元　　B. 8.19 万元　　C. 3.6 万元　　D. 2.55 万元

6. 某制药厂 1 月生产医用酒精 20 吨，成本为 16 000 元，将 5 吨投入车间连续加工跌打正骨水；10 吨对外销售，取得含税收入 10 000 元。企业当期销售跌打正骨水取得含税收入 200 000 元，当期发生可抵扣增值税进项税额 30 000 元，该企业当期应纳增值税和消费税合计数为(　　)元。

A. 1 358.12　　B. 1 240.53　　C. 1 153.85　　D. 1 403

7. 某汽车厂将 1 辆自产小汽车奖励发给优秀职工，其成本为 5 000 元/辆，成本利润率为 10%，适用消费税税率为 9%，则应纳的增值税销项税额为(　　)元。

A. 1 027.47　　B. 1 230.60　　C. 1 154.85　　D. 1 123.20

8. 下列外购商品中已缴纳的消费税，可以从本企业应纳消费税额中扣除的是(　　)。

A. 从工业企业购进已税汽车轮胎生产的小汽车

B. 从工业企业购进已税酒精为原料生产的勾兑白酒

C. 从工业企业购进已税溶剂油为原料生产的溶剂油

D. 从工业企业购进已税高尔夫球杆握把为原料生产的高尔夫球杆

9. 确定消费税的应税销售额时，不能计入销售额的项目是(　　)。

A. 消费税　　B. 价外收取的基金

C. 增值税　　D. 包装费

10. 自产自用的白酒，其组成计税价格的公式是(　　)。

A.(成本＋利润)÷(1＋比例税率)

B.(完税价格＋关税)÷(1＋比例税率)

C.(完税价格＋关税)÷(1－比例税率)

D.(成本＋利润＋定额税额)÷(1－比例税率)

11. 以下不属于征收消费税的项目是(　　)。

A. 高尔夫球　　B. 高尔夫球杆　　C. 高尔夫球包　　D. 高尔夫车

12. 2014 年 9 月，某汽车轮胎厂(增值税一般纳税人)生产的一批汽车轮胎交门市部，计价 50 万元，门市部将其零售取得含税收入 60 万元。汽车轮胎的消费税税率为 3%，该项业务应缴纳的消费税为(　　)万元。

A. 1.54　　B. 2.13　　C. 1.62　　D. 2.11

二、多项选择题

1. 下列各项中，计算委托加工业务的组成计税价格应该考虑的内容有(　　)。

A. 受托加工收取的不含增值税且不含代收代缴消费税的加工费

B. 增值税销项税额

C. 不含增值税的代垫辅料成本

D. 不含委托加工业务定额征收的消费税

E. 含有委托加工业务定额征收的消费税

2. 红星化妆品公司(增值税一般纳税人)2017 年 2 月将购进的(低档)洗发水(不含税价 7 万元)全部和自家生产的高档化妆品搭配组成成套化妆品 5 000 套，2 月份对外销售成套化妆品 3 000 套，取得不含税收入 14 万元，销售自产低档护发素，取得不含税收入 9 万元。关于该企业上述业务的表述，正确的有(　　)(高档化妆品消费税税率为 15%)。

A. 洗发水不属于消费税应税消费品，不可以抵扣成套化妆品的应纳消费税

B. 洗发水要缴纳消费税 0.28 万元

C. 护发素应纳消费税为 0.72 万元

D. 洗发水可扣除已纳消费税为 0.56 万元

E. 成套化妆品应纳消费税为 2.1 万元

3.《消费税暂行条例》规定，下列情形之一的应税消费品，以纳税人同类应税消费品的最高销售价格作为计税依据计算消费税的有(　　)。

A. 用于抵债的应税消费品　　B. 用于馈赠的应税消费品

C. 用于换取消费资料的应税消费品　　D. 对外投资入股的应税消费品

4. 下列消费品中，征收消费税的有（　　）。

A. 实木复合地板　　B. 电动汽车

C. 高尔夫球杆　　D. 农用拖拉机专用轮胎

5. 下列各项中关于从量计征消费税计税依据确定方法的表述中，正确的有（　　）。

A. 销售应税消费品的，为应税消费品的销售数量

B. 进口应税消费品的，为海关核定的应税消费品数量

C. 以应税消费品投资入股的，为应税消费品移送使用数量

D. 委托加工应税消费品的，为加工完成的应税消费品数量

6. 下列各项中，应当征收消费税的有（　　）。

A. 化妆品厂作为样品赠送给客户的香水

B. 用于产品质量检验耗费的高尔夫球杆

C. 白酒生产企业向百货公司销售的试制药酒

D. 轮胎厂移送非独立核算门市部待销售的汽车轮胎

7. 消费品的销售数量是指纳税人生产、加工和进口应税消费品的数量，以下不正确的有（　　）。

A. 销售应税消费品的，为应税消费品的销售数量

B. 自产自用应税消费品的，为应税消费品的生产数量

C. 委托加工应税消费品的，为纳税人委托加工的应税消费品的数量

D. 进口的应税消费品，为海关核定的应税消费品进口征税数量

8. 下列各项中，外购应税消费品已纳消费税款准予扣除的有（　　）。

A. 外购已税烟丝生产的卷烟

B. 外购已税汽车轮胎生产的小轿车

C. 外购已税珠宝原料生产的金银镶嵌首饰

D. 外购已税石脑油为原料生产的应税消费品

9. 以下关于委托加工环节应税消费品应纳税额的计算，说法正确的是（　　）。

A. 委托加工的应税消费品，受托方在交货时已代收代缴消费税，委托方收回后直接出售的，不再征收消费税

B. 对委托方补征税款，在检查时，收回的应税消费品已经直接销售的，按销售额计税

C. 收回的应税消费品尚未销售或不能直接销售的，按组成计税价格计税

D. 对销售价格明显偏低又无正当理由的，不得列入加权平均计算

10.《消费税暂行条例》规定，有以下情形之一的应税消费品，以纳税人同类应税消费品的最高销售价格作为计税依据计算消费税的有（　　）。

A. 用于换取生产资料的应税消费品　　B. 用于换取消费资料的应税消费品

C. 对外投资入股的应税消费品　　D. 用于馈赠的应税消费品

三、判断题

1. 纳税人自制或委托加工的应税消费品，用于连续生产应税消费品的，不缴纳消费税。（　　）

2. 销售额为纳税人销售应税消费品向购买方收取的全部价款和价外费用。（　　）

3. 纳税人自产自用的应税消费品计算纳税的销售价格，按照纳税人生产的同类消费品的

销售价格和组成计税价格孰高确定。　（　）

4. 纳税人自产自用的应税消费品，实行复合计税办法计算消费税的组成计税价格公式为：组成计税价格＝（成本＋利润＋自产自用数量×定额税率）÷（1－比例税率）。　（　）

5. 消费税实行复合计税办法计算纳税的组成计税价格既包括增值税也包括消费税。　（　）

6. 纳税人应税消费品的计税价格明显偏低但有正当理由的，主管税务机关也要核定其计税价格。　（　）

7. 消费税由税务机关征收，进口的应税消费品的消费税由海关代征。　（　）

8. 纳税人销售应税消费品采取赊销和分期收款结算方式的，其纳税义务发生时间为书面合同约定的收款日期的当天，书面合同没有约定收款日期或者无书面合同的，为收讫销售款或者取得索取销售款凭据的当天。　（　）

9. 纳税人销售应税消费品采用赊销、分期收款、托收承付和委托银行收款结算方式的，其消费税的纳税义务发生时间与增值税相同。　（　）

10. 消费税的纳税环节包括生产环节、零售环节、进口环节和移送环节。　（　）

四、计算题

1. 某市烟草集团公司属增值税一般纳税人，持有烟草批发许可证，2010 年 3 月购进已税烟丝 800 万元（不含增值税），委托 M 企业加工甲类卷烟 500 箱（250 条/箱，200 支/条）。M 企业按每箱 0.1 万元收取加工费（不含税），当月 M 企业按正常进度投料加工生产卷烟 200 箱交由集团公司收回，集团公司将其中 20 箱销售给烟草批发商 N 企业，取得含税销售收入 86.58 万元；80 箱销售给烟草零售商 Y 专卖店，取得不含税销售收入 320 万元；100 箱作为股本与 F 企业合资成立一家烟草零售经销商 Z 公司（说明：烟丝消费税税率为 30%，甲类卷烟生产环节消费税率为 56%加 0.003 元/支）。

要求：根据以上资料，按以下顺序回答问题，每问需计算出合计数。

（1）计算 M 企业当月应代收代缴的消费税。

（2）计算集团公司向 N 企业销售卷烟应缴纳的消费税。

（3）计算集团公司向 Y 专卖店销售卷烟应缴纳的消费税。

（4）计算集团公司向 Z 公司投资应缴纳的消费税。

2. 某白酒生产企业（以下简称甲企业）为增值税一般纳税人，2009 年 7 月发生以下业务：

（1）向某烟酒专卖店销售粮食白酒 20 吨，开具普通发票，取得含税收入 200 万元，另收取品牌使用费 50 万元、包装物租金 20 万元。

（2）提供 10 万元的原材料委托乙企业加工散装药酒 1 000 千克，收回时向乙企业支付不含增值税的加工费 1 万元，乙企业已代收代缴消费税。

（3）委托加工收回后将其中 900 千克散装药酒继续加工成瓶装药酒 1 800 瓶，以每瓶不含税售价 100 元通过非独立核算门市部销售完毕。将剩余 100 千克散装药酒作为福利分给职工，同类药酒的不含税销售价为每千克 150 元。

（说明：药酒的消费税税率为 10%，白酒的消费税税率为 20%加 0.5 元/500 克。）

要求：根据上述资料，按照下列序号计算回答问题，每问需计算出合计数。

（1）计算本月甲企业向专卖店销售白酒应缴纳的消费税。

（2）计算乙企业已代收代缴的消费税。

(3)计算本月甲企业销售瓶装药酒应缴纳的消费税。

(4)计算本月甲企业分给职工散装药酒应缴纳的消费税。

3. 位于城市市区的一家电视机生产企业(以下简称甲企业)和一家百货商场(以下简称乙商场)均为增值税一般纳税人。2017 年 3 月份发生以下业务:

(1)因乙商场 2016 年 12 月份从甲企业购进一批电视机的货款 10 万元、增值税 1.7 万元尚未支付,经双方协商同意,本月乙商场以一批金银首饰抵偿此笔债务并由乙商场开具增值税专用发票。乙商场该批金银首饰的成本为 8 万元,若按同类商品的平均价格计算,该批首饰的不含税价格为 10 万元;若按同类商品最高销售价格计算,该批首饰的不含税价格为 11 万元。

(2)乙商场零售金银首饰取得含税销售额 10.53 万元,其中包括以旧换新首饰的含税销售额 5.85 万元。在以旧换新业务中,旧首饰作价的含税金额为 3.51 万元,乙商场实际收取的含税金额为 2.34 万元。

(说明:有关票据在本月均通过主管税务机关认证并申报抵扣;增值税月初留抵税额为 0;金银首饰的消费税税率为 5%。)

要求:根据上述资料,按下列序号计算回答问题,每问需计算出合计数,要求列出计算步骤。

(1)计算乙商场 3 月份以金银首饰抵偿债务应缴纳的消费税;

(2)计算乙商场 3 月份以金银首饰抵偿债务的增值税销项税额;

(3)计算乙商场 3 月份零售金银首饰应缴纳的消费税。

4. 某市具有进出口经营权的甲化妆品生产企业系增值税一般纳税人,2017 年 2 月进口一批高档化妆品,成交价格为 100 万元(折合人民币,下同),支付境外技术培训费共计 2 万元。运抵我国境内输入地点起卸前的运保费无法确定,海关按同类货物同期运输费估定运费为 5 万元。缴纳进口税金后海关放行,甲企业将此批高档化妆品从海关运往企业,支付运输公司(增值税一般纳税人)不含税运费 1 万元,并取得增值税专用发票。当月将此批高档化妆品全部销售,取得含税销售额 234 万元。

已知:该批高档化妆品进口关税税率为 15%,消费税税率为 15%;本月取得的票据均能在当月认证并允许抵扣。

要求:

(1)计算其关税完税价格。

(2)计算其进口环节应纳关税。

(3)计算其进口环节应纳的税金合计。

(4)计算内销环节实际应缴纳的各项税金及附加合计。

学习情境四

关税纳税实务

一、单项选择题

1. 下列各项中，符合关税有关对特殊进口货物完税价格规定的是（　　）。

A. 运往境外加工的货物，应以加工后进境时的到岸价格为完税价格

B. 准予暂时进口的施工机械，应当按照一般进口货物估价办法的规定估定完税价格

C. 转让进口的免税旧货物，以原入境的到岸价为完税价格

D. 留购的进口货样，以进口价格作为完税价格

2. 不能按期缴纳关税税款，经（　　）批准，可延期缴纳，但最长不得超过 6 个月。

A. 海关总署　　B. 国务院　　C. 国家税务总局　　D. 财政局

3. 根据关税的有关规定，下列不属于关税纳税人的是（　　）。

A. 个人邮递物品的收件人　　B. 经营出口货物的收货人

C. 入境旅客随身携带的行李的持有人　　D. 经营进口货物的收货人

4. 甲公司将购买的一批原材料运往国外加工电子设备，出境时已向海关报明并在海关规定的期限内复运进境。该批原材料价值 100 万元，海关审定的境外加工费 20 万元，料件费 15 万元，复运进境支付的运费及相关费用、保险费合计 15 万元，进口时关税税率为 10%。甲公司应缴纳的关税为（　　）万元。

A. 15　　B. 3.5　　C. 5　　D. 13.5

5. 关税纳税义务人因不可抗力或者在国家税收政策调整的情形下，不能按期缴纳税款的，经海关总署批准，可以延期缴纳税款，但最多不得超过（　　）。

A. 3 个月　　B. 6 个月　　C. 9 个月　　D. 12 个月

6. 进口货物的保险费无法确定时，应按以下哪种方法计算？（　　）

A. 完税价格的 1‰　　B. 完税价格的 3‰

C. (货价＋运费)×1‰　　D. (货价＋运费)×3‰

7. 进口货物自运输工具申报进境之日起（　　）内向货物进（出）境海关申报。

A. 14 日　　B. 15 日　　C. 24 小时　　D. 7 日

8. 纳税义务人或他们的代理人应在海关填发税款缴纳证之日起（　　）日内，向指定银行

缴纳税款。

A. 15　　B. 30　　C. 7　　D. 10

9. 加工贸易进口料件及其制成品需征税的，海关应按照一般进口货物的规定审定完税价格。下列各项中，符合审定完税价格规定的是(　　)。

A. 进口时需征税的进料加工进口料件，以该料件申报进口时的价格估定

B. 内销的进料加工进口料件或其制成品，以该料件申报进口时的价格估定

C. 内销的来料加工进口料件或其制成品，以该料件申报进口时的价格估定

D. 出口加工区内的加工企业内销的制成品，以该料件申报进口时的价格估定

10. 下列各项中，符合进口关税完税价格规定的是(　　)。

A. 留购的进口货样，以海关审定的留购价格为完税价格

B. 转让进口的免税旧货物，以原入境的到岸价格为完税价格

C. 准予暂时进口的施工机械，按同类货物的到岸价格为完税价格

D. 运往境外加工的货物，应以加工后进境时的到岸价格为完税价格

11. 2014 年 9 月 1 日，某公司承担国家重要工程项目，经批准免税进口一套电子设备。使用 2 年后项目完工，2017 年 8 月 31 日公司将该设备出售给国内另一家企业。该电子设备的到岸价格为 300 万元，关税税率为 10%。海关规定的监管年限为 5 年，按规定公司应补缴关税(　　)万元。

A. 12　　B. 15　　C. 18　　D. 30

12. 某公司进口一台机器设备，成交价格为 404 万元，运费和保险费共为 1.5 万元，成交价格中包含该公司向境外采购代理人支付的购货佣金 4 万元，进口关税税率为 15%，则该公司应纳进口关税为(　　)万元。

A. 60　　B. 60.18　　C. 60.225　　D. 60.825

13. 下列项目中，应计入出口货物完税价格的是(　　)。

A. 离境口岸至境外口岸之间的运输费、保险费

B. 单独列明的支付给境外的佣金

C. 工厂至离境口岸之间的运输费、保险费

D. 出口关税

14. 征收特别关税的货物、适用国别、税率、期限和征收办法，由(　　)决定。

A. 海关总署　　B. 国务院关税税则委员会

C. 国家税务总局　　D. 财政部

15. 以境外边境口岸价格条件成交的铁路或公路运输进口货物，海关应按货价的(　　)计算运输及其相关费用、保险费。

A. 3‰　　B. 3%　　C. 1%　　D. 10%

16. 如果关税纳税义务人自海关填发缴款书之日起(　　)仍未缴纳税款，经海关关长批准，海关可以采取强制扣缴、变价抵缴等强制措施。

A. 1 个月　　B. 3 个月　　C. 6 个月　　D. 12 个月

17. 按中国海关现行规定，进出口货物放行后，如因纳税人违反规定造成的少征或者漏征税款，海关应当自纳税人应缴纳税款之日起(　　)内追征。

A. 1 年　　B. 3 年　　C. 5 年　　D. 10 年

二、多项选择题

1. 进口关税的征收形式有(　　)。

A. 从价税　　B. 从量税　　C. 复合税　　D. 滑准税

2. 下列各项中，符合关税有关对特殊进口货物完税价格规定的有(　　)。

A. 运往境外加工的货物，应当以海关审定的境外加工费和料件费，以及该货物复运进境的运输及相关费用、保险费估定完税价格

B. 准予暂时进口的施工机械，按同类货物的离岸价格为完税价格

C. 转让进口的免税货物，以原入境的到岸价为完税价格

D. 运往境外修理的机械器具，出境时已向海关报明，并在海关规定期限内复运进境的，应当以海关审定的境外修理费和料件费为基础确定完税价格

E. 分期支付租金的租赁进口货物，应以该项货物原进口之日实施的税率征税

3. 下列费用，如能与该货物实付或应付价格区分，不得计入完税价格的有(　　)。

A. 厂房、机械、设备等货物进口后的基建、安装、装配、维修和技术服务的费用

B. 货物运抵境内输入地点之后的运输费用、保险费和其他相关费用

C. 由买方负担的包装材料和包装劳务费用

D. 进口关税及其他国内税收

4. 下列各项中，经海关确定可申请退税的有(　　)。

A. 由于海关误征而多纳税款的

B. 海关核准免验进口的货物，完税后发现有短卸情况，经海关审查认可的

C. 已征出口关税的货物，因故未装运出口的，申报退关，经海关查验属实的

D. 已征出口关税的货物，因货物品种或规格原因原状复运进境的，经海关查验属实的

5. 运往境外修理的机械器具、运输工具，出境时已向海关报明并在海关规定期限内复运进境的，应当以海关审查确定的正常的(　　)估定完税价格。

A. 修理费　　B. 料件费　　C. 运输费　　D. 保险费

6. 根据关税法律制度的规定，下列关于关税征收管理有关规定的说法中，正确的有(　　)。

A. 进口货物收货人应当在海关签发税款缴款凭证之日起 15 日内向指定银行缴纳关税税款

B. 海关核准免验的进口货物在完税后，发现有短卸情况，经海关审查认可的，纳税人可以从缴纳税款之日起 1 年内申请退还关税

C. 进出口货物完税后，如发现少征或漏征税款，海关有权在 1 年内予以补征关税税款

D. 因收发货人或其代理人违反规定而造成少征或漏征税款的，海关在 3 年内可以追缴关税

7. 下列能独立区分的项目不计入进口货物关税完税价格的有(　　)。

A. 机械进口后的维修费

B. 货物运抵境内输入地点前的运输费

C. 进口关税

D. 进口消费税

8. 进口货物成交价格中，如果未包括下列费用，则应调整计入完税价格的有(　　)。

A. 进口人支付的卖方佣金

B. 进口人为购买进口货物，而向代表买卖双方利益的经纪人支付的劳务费用

C. 由买方负担的、与该货物视为一体的容器费用

D. 运抵境内输入地起卸前的运费、装卸费

9. 下列关于关税的说法中，正确的有（　　）。

A. 关税税额在人民币 50 元以下的一票货物，可免关税

B. 邮运的进口货物，应当以邮费作为运输及其相关费用、保险费

C. 以境外边境口岸价格条件成交的铁路或公路运输进口货物，海关应当按照货价的 3% 计算运输及其相关费用、保险费

D. 作为进口货物的自驾进口的运输工具，海关在审定完税价格时，可以不另行计入运费

10. 下列货物属于特定减免税的有（　　）。

A. 残疾人专用品　　B. 慈善性捐赠物资

C. 出口加工区进出口货物　　D. 无商业价值的广告品和货样

11. 海关可以在境内获得的数据资料为基础估定进口货物的完税价格，但下列价格不得使用的有（　　）。

A. 境内生产的货物在境内的销售价格

B. 可供选择的价格中最低的价格

C. 货物在出口地市场的销售价格

D. 最低限价或武断虚构的价格

12. 有下列（　　）情形之一的，进出口货物的纳税人可以向海关申请退税。

A. 销售方修改价格而多缴的进口关税

B. 因海关误征，多纳税款

C. 海关核准免验进口的货物，在完税后，发现有短卸情形，经海关审查认可的

D. 已征出口关税的货物，因故未装运出口，申报退关，经海关查验属实的

13. 下列关于出口货物关税完税价格的说法，正确的有（　　）。

A. 出口关税不计入完税价格

B. 在境内输出地点装载前发生的运费，应包含在完税价格中

C. 出口货物关税完税价格包含出口关税税额

D. 在货物价款中单独列明的支付给境外的佣金不计入完税价格

14. 下列关于出口货物完税价格的规定，说法不正确的有（　　）。

A. 出口货物由海关以该货物向境外销售的成交价格为基础审查确定完税价格

B. 出口货物完税价格中包含单独列明的支付给境外的佣金

C. 出口货物的完税价格由海关以该货物向境外销售的成交价格为基础审查确定，包括货物运至进口国境内输入地点起卸前的运输费、保险费，但不包括出口关税

D. 出口货物的成交价格不能确定时，完税价格由海关依次使用规定的方法估定

三、判断题

1. 出口货物应以海关审定的成交价格为基础的离岸价格为完税价格。（　　）

2. 我国对少数进口商品计征关税时采用的滑税实质上是一种特殊的从价税。（　　）

3. 海关在对进出口货物的完税价格进行审定时，可以进入进出口货物收发货人的生产经营场所，检查与进出口活动有关的货物和生产经营情况，但不可以进入该收发货人的业务关联企业进行检查。（　　）

4. 在海关对进出口货物进行完税价格审定时，如海关不接受申报价格，而认为有必要估定完税价格时，可以与进出口货物的纳税人进行磋商。（　）

5. 减征关税在我国加入世界贸易组织之前以规定税率为基准，在我国加入世界贸易组织之后以最惠国税税率或普通税率为基准。（　）

四、计算题

1. 进出口公司从A国进口货物一批，成交价（离岸价）折合人民币9 000万元（包括单独计价并经海关审查属实的货物进口后装配调试费用60万元，向境外采购代理人支付的买方佣金50万元）。另支付运费180万元，保险费90万元。货物运抵我国口岸后，该公司在未经批准缓税的情况下，于海关填发税款缴纳证之日起第20天才缴纳税款。假设该货物适用的关税税率为100%，增值税税率为17%，消费税税率为5%。请分别计算该公司应缴的：(1)关税；(2)关税滞纳金；(3)消费税；(4)增值税。

2. 某市具有进出口经营权的甲化妆品生产企业系增值税一般纳税人，2017年2月进口一批高档化妆品，成交价格为100万元（折合人民币，下同），支付境外技术培训费共计2万元。运抵我国境内输入地点起卸前的运保费无法确定，海关按同类货物同期运输费估定运费为5万元。缴纳进口税金后海关放行，甲企业将此批高档化妆品从海关运往企业，支付运输公司（一般纳税人）不含税运费1万元，并取得增值税专用发票。当月将此批高档化妆品全部销售，取得含税销售额234万元。

已知：该批高档化妆品进口关税税率为15%，消费税税率为15%；本月取得的票据均能在当月认证并允许抵扣。

要求：

(1)计算其关税完税价格。

(2)计算其进口环节应纳关税。

(3)计算其进口环节应纳的税金合计。

3. 某单位从A国进口一批小轿车（消费税税率为5%），到岸价格为4 000万美元。出口一批货物离岸价格为10万美元。计算某单位应缴纳的进口关税和海关代征进口环节的增值税、消费税（设汇率为1∶6，进出口关税税率均为10%）。

4. 上海某进出口公司从美国进口货物一批，货物实际成交价折合人民币为1 410万元（包括单独计价并经海关审查属实的向境外采购代理人支付的买方佣金10万元，但不包括因使用该货物而向境外支付的软件费50万元，向卖方支付的佣金15万元），另支付货物运抵我国上海港的运费、保险费等35万元。假设该货物适用的关税税率为20%，增值税税率为17%，消费税税率为10%。计算：(1)该公司应纳关税；(2)该公司应纳消费税；(3)该公司应纳增值税。

学习情境五

企业所得税纳税实务

一、单项选择题

1. 企业从其关联方接受的债权性投资与权益性投资的比例超过规定标准而发生的(　　)支出，不得在计算应纳税所得额时扣除。

A. 管理费用　　B. 利息　　C. 生产成本　　D. 损失

2. 按照企业所得税法的规定，在中国境内设立机构、场所且取得的所得与机构、场所有联系的非居民企业，缴纳企业所得税的地点是(　　)。

A. 生产经营　　B. 机构、场所所在地

C. 货物生产地　　D. 货物销售所在地

3. XR公司以某项专利权抵甲公司欠款500万元，该专利权账面净值400万元，有效期尚有10年，甲公司支付相关税费20万元，请问甲公司取得该项无形资产的计税基础是(　　)万元。

A. 400　　B. 420　　C. 500　　D. 520

4. 某饮料制造企业2008年度的销售收入为1 000万元，实际发生的符合条件的广告支出和业务宣传费支出为200万元，该公司应按照(　　)万元予以税前扣除。

A. 150　　B. 100　　C. 200　　D. 300

5. 甲公司2008年4月与乙企业达成债务重组协议，甲以库存商品抵偿一年前所欠债务125万元，该批库存商品的账面成本为75万元，市场销售价格(不含税)为100万元，增值税税率为17%。不考虑城市维护建设税和教育费附加，甲公司的该项重组业务应缴纳企业所得税(　　)万元(适用企业所得税税率25%)。

A. 6.25　　B. 8.25　　C. 12.5　　D. 2

6. 某企业2007年“应付福利费”账面余额为20万元，2008年税收规定允许扣除的工资、薪金支出为100万元，在管理费用中列支符合职工福利费使用范围的支出30万元，则该企业2008年职工福利费的纳税调整额是(　　)。

A. 调增6万元　　B. 调增10万元　　C. 调增16万元　　D. 调增20万元

7. 甲建筑公司2017年承包了三项工程，3月份取得总承包费1 500万元；5月份取得总承包费2 000万元，将其中一部分工程分包给乙建筑公司承包，分包费为400万元；7月份取得总

承包费 2 500 万元，将其中 800 万元的工程转包给丙建筑公司。甲建筑公司全年发生业务招待费 36 万元，2008 年度所得税前可以扣除的业务招待费用为(　　)万元。

A. 36　　B. 24　　C. 21.6　　D. 30

8. 某企业于 2016 年 5 月 1 日以 500 000 元的价格购入并投入使用设备一台，预计合理残值为 20 000 元，预计可用 10 年。该企业采用直线法按月计提折旧，假定于 2017 年 3 月 1 日将设备售出，价格为 16 000 元，则出售该设备的损失为(　　)元。

A. 64 000　　B. 56 000　　C. 60 000　　D. 68 000

9. 在计算企业所得税时，下列项目中不计入应纳税所得额的是(　　)。

A. 将本企业商品用于职工福利

B. 因债权人原因确定无法支付的应付款项

C. 将自产的货物用于管理部门

D. 接收捐赠的实物资产

10. 某企业 2016 年应到未到资金 1 000 万元，4 月 1 日向银行借款 3 000 万元，年利率为 8%，11 月 1 日补足未到资金 1 000 万元，该企业 2016 年不允许税前扣除的利息支出为(　　)万元。

A. 80　　B. 73.33　　C. 60　　D. 46.67

11. 企业发生下列情形的处置资产，不视同销售收入的是(　　)。

A. 用于市场推广　　B. 用于股息分配

C. 自建商品房用于经营　　D. 用于交际应酬

12. 下列项目中，不属于其他业务收入范围的是(　　)。

A. 外购商品销售取得的收入　　B. 销售材料取得的收入

C. 转让无形资产的收入　　D. 提供非工业性劳务收入

13. 下列收入应作为营业外收入的有(　　)。

A. 材料销售收入　　B. 包装物出租收入

C. 代购代销手续费收入　　D. 出售无形资产收入

14. 在确定借款费用资本化金额时，与专门借款有关的利息收入应(　　)。

A. 冲减借款费用资本化的金额　　B. 冲减所购建的固定资产成本

C. 计入当期财务费用　　D. 计入其他业务收入

15. 美国微软公司在中国设立分支机构，其源于中国境内的所得缴纳企业所得税的税率是(　　)。

A. 20%　　B. 25%　　C. 30%　　D. 33%

16. 以下哪个是企业所得税纳税人？(　　)

A. 个人独资企业　　B. 合伙企业

C. 一人有限责任公司　　D. 居民个人

17. 下面哪项收入应该征收企业所得税？(　　)

A. 股息、红利等权益性投资收益

B. 依法收取并纳入财政管理的政府性基金

C. 依法收取并纳入财政管理的行政事业收费

D. 财政拨款

18. 在计算应纳税所得额时，下列支出哪项不得扣除？(　　)

A. 缴纳的消费税　　B. 合理分配的材料成本
C. 企业所得税税款　　D. 销售固定资产的损失

19. 企业的下列收入中，哪个是应税收入？(　　)
A. 国债利息收入
B. 符合条件的居民企业之间的股息、红利等权益性投资收益
C. 符合条件的非营利组织的收入
D. 银行存款利息收入

20. 企业每一纳税年度的收入总额，减除(　　)后的余额，为应纳税所得额。
A. 不征税收入、各项扣除、免税收入以及允许弥补的以前年度亏损
B. 不征税收入、免税收入、各项扣除以及允许弥补的以前年度亏损
C. 免税收入、不征税收入、各项扣除以及允许弥补的以前年度亏损
D. 不征税收入、各项扣除、允许弥补的以前年度亏损以及免税收入

21. 某企业是生产电机的企业，在境外设有营业机构。2018 年该企业的境内营业机构盈利 1 000 万元，境外营业机构亏损 100 万元。企业在汇总计算缴纳企业所得税时，对境外营业机构的亏损能否抵减境内营业机构的盈利有不同意见，你认为哪种意见正确？(　　)
A. 根据规定，境外营业机构的亏损不得抵减境内营业机构的盈利
B. 根据规定，境外营业机构的亏损可以抵减境内营业机构的盈利
C. 根据规定，境外营业机构的亏损是否抵减境内营业机构的盈利，适用境外机构的营业地国的法律
D. 以上意见都不正确

22. 按照企业所得税法和实施条例的规定，下列各项中属于非居民企业的有(　　)。
A. 在乌鲁木齐市工商局登记注册的企业
B. 在美国注册但实际管理机构在哈尔滨的外资独资企业
C. 在美国注册的企业设在苏州的办事处
D. 在乌鲁木齐市注册但在中东开展工程承包的企业

23. 对固定资产提取折旧扣除，下面说法不正确的是(　　)。
A. 未投入使用的房屋、建筑物不能提取折旧扣除
B. 厂办幼儿园房屋不能提取折旧扣除
C. 以经营租赁方式租入固定资产不能提取折旧扣除
D. 价值合并在房屋中作为固定资产入账的土地可以提取折旧扣除

24. 按照企业所得税法和实施条例规定，下列有关企业所得税税率说法不正确的是(　　)。
A. 居民企业适用税率为 25%
B. 非居民企业取得来源于中国境内的所得适用税率均为 10%
C. 符合条件的小微企业适用税率为 20%
D. 未在中国境内设立机构、场所的非居民企业，取得中国境内的所得适用税率为 10%

25. 在中国境内未设立机构、场所的非居民企业，其来源于中国境内的所得按下列哪种办法计算缴纳企业所得税？(　　)
A. 股息、红利所得等权益性投资收益，以收入全额为应纳税所得额
B. 转让财产所得，以收入全额为应纳税所得额

C. 利息、租金、特许权使用费所得，以收入全额减除发生的费用为应纳税所得额

D. 境外所得按收入总额减除与取得收入有关、合理支出的余额为应纳税所得额

26. 企业可以从其当期应纳税额中抵免的已在境外缴纳的所得税额，下面说法符合规定的是(　　)。

A. 是指居民企业来源于中国境外的应税所得，不包括非居民企业

B. 超过抵免限额的部分，不可以用以后年度的余额抵补

C. 抵免限额为该项所得依照税法规定计算的应纳税额

D. 是指非居民企业在中国境内设立机构、场所，取得发生在中国境外但与该机构、场所未有实际联系的应税所得

27. 对于企业所得税法规定的税收优惠政策，下面说法不正确的是(　　)。

A. 安置残疾人员的企业，所支付的工资可以在计算应纳税所得额时加计扣除

B. 创业投资企业从事国家需要重点扶持和鼓励的创业投资，可以按投资额的一定比例抵扣应纳税所得额

C. 企业开发新技术、新产品、新工艺发生的研究开发费用，可以加计扣除

D. 企业购置用于环境保护、节能节水、安全生产等专用设备的投资额，可以按一定比例实行税额抵免

28. 下列项目中，不属于企业所得税优惠政策的是(　　)。

A. 企业从事海洋捕捞项目所得

B. 企业从事公共污水处理、沼气综合开发利用、海水淡化项目

C. 企业从事公路项目投资经营所得

D. 企业从事海水养殖、内陆养殖项目所得

29. 企业所得税法所称企业以非货币形式取得的收入，应当按照(　　)确定收入额。

A. 公允价值　　B. 重置价值　　C. 历史价值　　D. 原始价值

30. 符合条件的技术转让所得免征、减征企业所得税，是指一个纳税年度内，居民企业技术转让所得不超过(　　)万元的部分，免征企业所得税；超过的部分，减半征收企业所得税。

A. 30　　B. 100　　C. 300　　D. 500

31. 在计算应纳税所得额时，下列支出允许扣除的为(　　)。

A. 印花税

B. 向投资者支付的股息、红利等权益性投资收益款项

C. 特别纳税调整加收的利息

D. 向环保局缴纳的罚款

32. 按照企业所得税法和实施条例规定，下列关于收入确认时点，正确的是(　　)。

A. 利息收入，按照合同约定的债务人应付利息的日期确认收入的实现

B. 租金收入，按照承租人实际支付租金的日期确认收入的实现

C. 接受捐赠收入，按照签订捐赠合同的日期确认收入的实现

D. 权益性投资收益，按照被投资方作利润分配账务处理的日期确认收入的实现

33. 甲公司2018年度通过某乡政府，向该乡的一所小学捐赠50万元，通过某县民政局向当地贫困人口捐赠100万元。请问2018年度允许扣除的捐赠为(　　)万元。当年会计利润为1 000万元(不含公益性捐赠)。

A. 50　　B. 150　　C. 132　　D. 100

34. 有关研发费用加计扣除，下列说法不正确的是（　　）。
A. 企业取得作为不征税收入处理的财政性资金用于研发活动所形成的费用或无形资产，不得计算加计扣除或摊销
B. 法律、行政法规和国务院财税主管部门规定不允许企业所得税前扣除的费用和支出项目不得计算加计扣除
C. 企业研发活动直接形成产品或作为组成部分形成的产品对外销售的，研发费用中对应的材料费用不得加计扣除
D. 企业取得作为不征税收入处理的财政性资金用于研发活动所形成的费用或无形资产，可以计算加计扣除或摊销
35. 下列有关工资、薪金的说法，错误的是（　　）。
A. 企业接受外部劳务派遣用工所实际发生的费用，按照协议（合同）约定直接支付给劳务派遣公司的费用，应作为劳务费支出
B. 企业接受外部劳务派遣用工所实际发生的费用，直接支付给员工个人的费用，应作为工资、薪金支出和职工福利费支出。其中，属于工资、薪金支出的费用，准予计入企业工资、薪金总额的基数，作为计算其他各项相关费用扣除的依据
C. 企业对实际发放的工资、薪金，已依法履行了代扣代缴个人所得税义务
D. 企业接受外部劳务派遣用工所实际发生的费用，按照协议（合同）约定直接支付给劳务派遣公司的，应作为工资、薪金支出
36. 下列有关职工福利费，说法错误的是（　　）。
A. 为职工卫生保健、生活、住房、交通等所发放的各项补贴和非货币性福利，包括企业向职工发放的因公在外地就医费用、未实行医疗统筹企业职工医疗费用
B. 为职工供养直系亲属医疗补贴、供暖费补贴、职工防暑降温费、职工困难补贴、救济费、职工食堂经费补贴、职工交通补贴等
C. 按照其他规定发生的其他职工福利费，包括丧葬补助费、抚恤费、安家费、探亲假路费等
D. 按照其他规定发生的其他职工福利费，不包括丧葬补助费、抚恤费、安家费、探亲假路费等
37. 下列资产损失说法错误的是（　　）。
A. 资产损失中的资产是指企业拥有或者控制的、用于与经营管理活动相关的资产，包括货币资金
B. 资产损失中的资产是指企业拥有或者控制的、用于与经营管理活动相关的资产，包括现金、银行存款、应收及预付款项（包括应收票据、各类垫款、企业之间的往来款项）等货币性资产
C. 资产损失中的资产是指企业拥有或者控制的、用于与经营管理活动相关的资产，包括存货、固定资产、无形资产、在建工程
D. 资产损失中的资产是指企业拥有或者控制的、用于与经营管理活动相关的资产，包括生产性生物资产等非货币性资产，以及债权性投资和股权（权益）性投资
38. 下列资产损失说法错误的是（　　）。
A. 企业实际资产损失，应当在其实际发生且会计上已作损失处理的年度申报扣除
B. 企业实际资产损失，应当在其实际发生年度申报扣除

C. 法定资产损失，应当在企业向主管税务机关提供证据资料证明该项资产已符合法定资产损失确认条件，且会计上已作损失处理的年度申报扣除

D. 企业发生的资产损失，应按规定的程序和要求向主管税务机关申报后方能在税前扣除。未经申报的损失，不得在税前扣除

39. 对固定资产提取折旧，下面说法不正确的是（　　）。

A. 未投入使用的房屋、建筑物不能提取折旧

B. 未使用的机器不能提取折旧

C. 以经营租赁方式租入固定资产不能提取折旧

D. 价值合并在房屋中作为固定资产入账的土地可以提取折旧

40. 下面所得项目中按企业所得税法规定，不可以减免税的所得有（　　）。

A. 从事农、林、牧、渔项目的所得

B. 从事国家重点扶持的公共基础设施项目投资的所得

C. 从事高新技术、新产品、新工艺的项目的所得

D. 从事符合条件的环境保护、节能节水项目的所得

二、多项选择题

1. 根据企业所得税法规定，企业分为（　　）。

A. 本国企业　　B. 外国企业　　C. 居民企业　　D. 非居民企业

2.《中华人民共和国企业所得税法》规定的企业所得税的税率有（　　）。

A. 10%　　B. 15%　　C. 20%　　D. 25%

3. 企业实际发生的与取得收入有关的、合理的支出，准予在计算应纳税所得额时扣除，其中包括（　　）。

A. 企业生产的成本、费用　　B. 企业的税金

C. 企业的损失　　D. 赞助支出

4. 企业所得税法中规定的收入总额，包括（　　）。

A. 转让财产收入　　B. 预计收入

C. 接受捐赠收入　　D. 股息、红利等权益性投资收益

5. 企业所得税法规定，可以实行源泉扣缴的情形是（　　）。

A. 非居民企业纳税人在中国境内未设立机构、场所，有来源于中国境内的所得，以支付人为扣缴义务人

B. 非居民企业在中国境内取得工程作业和劳务所得，可以指定工程价款或者劳务费支付人为扣缴义务人

C. 企业总机构与分支机构不在同省的，分支机构的所得由总机构扣缴

D. 建筑安装企业异地承揽工程项目取得所得，可以指定建设方为扣缴义务人

6. 企业与其关联方的业务往来处理，下列说法符合企业所得税法规定的有（　　）。

A. 不符合独立交易原则而减少企业或者其关联方应纳税收入或者所得额的，税务机关有权按照合理的方法调整

B. 企业可以提出与其关联方之间业务往来的定价原则和计算方法，税务机关与企业协商确认后，达成预约定价安排

C. 企业不提供与其关联方之间的业务往来资料，或者提供虚假、不完整的资料，未能真实

反映其关联往来情况的，税务机关有权依法核定其应纳税所得额

D. 企业实施其他不具有合理商业目的的安排而减少其应纳税收入或者所得额的，税务机关有权按照合理的方法调整

7. 企业所得税法中所称“符合条件的非营利组织”，是指同时符合下列条件的组织：(　　)。

A. 依法履行非营利组织登记手续

B. 从事公益性或非营利性活动

C. 取得的收入除用于与该组织有关的、合理的支出外，全部用于登记核定或者章程规定的公益性或者非营利性事业

D. 财产及其孳息不用于分配

8. 实际管理机构是指企业的实际有效的指挥、控制和管理中心，是行使居民税收管辖权的国家判定法人居民身份的主要标准。据新税法规定，下列实施实质性全面管理和控制的机构(　　)。

A. 是指对企业的生产经营　　B. 是指对企业的人员

C. 是指对企业的账务　　D. 是指对企业的财产

9. 企业所得税法所称企业取得收入的货币形式包括(　　)。

A. 现金、存款、应收账款、应收票据　　B. 不准备持有至到期的债权投资

C. 准备持有至到期的债券投资　　D. 债务的豁免

10. 非居民企业在中国境内的场所包括(　　)。

A. 管理机构　　B. 营业机构

C. 办事机构　　D. 提供劳务的场所

11. 下列关于固定资产确定计税基础的叙述，正确的有(　　)。

A. 通过捐赠、投资、非货币性资产交换等方式取得的应以重置完全价值为计税基础

B. 改建的自有固定资产，以改建过程中发生的改建支出增加计税基础

C. 以债务重组方式取得的、以公允价值和支付的相关税费为计税基础

D. 融资租入的固定资产，以租赁合同约定的付款总额和承租人在签订租赁合同过程中发生的相关费用为计税基础，租赁合同未约定付款总额的，以该资产的公允价值和承租人在签订租赁合同过程中发生的相关费用为计税基础

12. 关于投资资产的成本，叙述正确的是(　　)。

A. 企业对外投资期间投资资产的成本在计算应纳税所得额时可以扣除

B. 企业在转让或者处置投资资产时，投资资产的成本准予扣除

C. 通过支付现金方式取得的投资资产，以购买价款为成本

D. 通过支付现金以外的方式取得的投资资产，以该资产的公允价值和支付的相关税费为成本

13. 根据税法规定，企业应确认为无形资产的有(　　)。

A. 吸收投资取得的土地使用权

B. 因转让土地使用权补交的土地出让金

C. 由于技术先进掌握了生产诀窍而形成的商誉

D. 企业在研究开发过程中的研究费用

14. 下列哪些项目可享受三免三减半优惠？(　　)

A. 海水淡化　B. 沼气综合开发利用

C. 安全生产　D. 公共污水处理

15. 企业所得税法中所称来源于中国境内、境外的所得，按照以下哪项原则确定？(　　)。

A. 销售货物所得，按照交易活动发生地确定

B. 提供劳务所得，按照劳务发生地确定

C. 转让财产所得，按财产所在地确定

D. 股息、红利等权益性投资所得，按照分配所得的企业所在地确定

16. 下列属于企业所得税法所称其他收入的是(　　)。

A. 资产溢余收入　B. 逾期未退包装物押金收入

C. 确实无法偿付的应付款项　D. 汇兑收益

17. 下面哪些支出在计算应纳税所得额时，可以在税前扣除？(　　)

A. 汽车到期报废的损失

B. 按规定计算的无形资产摊销

C. 企业从关联方接受的债权性投资超过规定比例标准而支付的利息

D. 租入固定资产改良支出费用

18. 特许权使用费收入是指企业提供(　　)取得的收入。

A. 专利权　B. 非专利技术　C. 商标权　D. 土地使用权

19. 企业发生非货币性资产交换，以及将货物、财产、劳务用于(　　)，应当视同销售货物，提供劳务。

A. 捐赠　B. 集资　C. 在建工程　D. 广告样品

20. 按照企业所得税法和实施条例规定，工业企业要享受企业所得税法中小型微利企业的优惠税率，必须同时符合的有(　　)。

A. 从事国家非限制和禁止行业　B. 年度应纳税所得额不超过 30 万元

C. 从业人数不超过 100 人　D. 资产总额不超过 3 000 万元

21. 企业生产经营活动的下列利息支出中，有关企业所得税处理正确的有(　　)。

A. 企业从其关联方接受的债权性投资与权益性投资的比例超过规定标准而发生的利息支出，不得在计算应纳税所得额时扣除

B. 企业如果能够按照税法及其实施条例的有关规定提供相关资料，并证明相关交易活动符合独立交易原则的；或者该企业的实际税负不高于境内关联方的，其实际支付给境内关联方的利息支出，在计算应纳税所得额时准予扣除

C. 非金融企业向金融企业借款的利息支出、金融企业的各项存款利息支出和同业拆借利息支出、企业经批准发行债券的利息支出，准予扣除

D. 非金融企业向非金融企业借款的利息支出，不超过按照金融企业同期同类贷款利率计算的数额的部分，准予扣除

22. 税法规定的工资、薪金总额包括(　　)。

A. 工伤保险费　B. 住房公积金　C. 奖金　D. 加班费

23. 纳税人具有下列(　　)情形的，核定征收企业所得税。

A. 依照法律、行政法规的规定可以不设置账簿的

B. 依照法律、行政法规的规定应当设置但未设置账簿的

C. 擅自销毁账簿或者拒不提供纳税资料的

D. 虽设置账簿，但账目混乱或者成本资料、收入凭证、费用凭证残缺不全，难以查账的

24. 下列哪些固定资产不得计算折旧扣除？（　　）

A. 未投入使用的固定资产

B. 以经营租赁方式租入的固定资产

C. 以融资租赁方式租出的固定资产

D. 单独估价作为固定资产入账的土地

25. 企业从事（　　）的所得，减半征收企业所得税。

A. 观赏性作物的种植　　B. 海水养殖

C. 内陆养殖　　D. 林木种植

26. 企业所得税法所称企业取得收入的货币形式包括（　　）。

A. 现金、存款、应收账款、应收票据

B. 不准备持有至到期的债权投资

C. 准备持有至到期的债券投资

D. 债务的豁免

27. 企业发生下列情形的处置资产，可作为内部处置资产，不视同销售确认所得税收入，下列哪些相关资产的计税基础延续计算？（　　）

A. 将资产用于生产、制造、加工另一产品

B. 改变资产形状、结构或性能

C. 改变资产用途（如自建商品房转为自用或经营）

D. 将资产在总机构及其分支机构之间转移

28. 下面哪些支出在计算应纳税所得额时，可以在税前扣除。（　　）

A. 汽车到期报废的损失

B. 按规定计算的无形资产摊销

C. 企业从关联方接受的债权性投资超过规定比例标准而支付的利息

D. 租入固定资产改良支出费用

29. 居民企业取得的下列投资收益免征企业所得税的有（　　）。

A. 企业债券利息收入

B. 国债利息收入

C. 直接投资于非上市公司取得的股息、红利

D. 股权转让净收益

30. 在计算应纳税所得额时，下列支出允许税前扣除的有（　　）。

A. 违反交通法规的罚款　　B. 违约金

C. 水费滞纳金　　D. 缴纳的土地增值税

31. 企业的下列生产经营业务可以分期确认收入实现的有（　　）。

A. 房地产企业销售开发产品

B. 以分期收款方式销售货物的

C. 企业受托加工制造大型机械设备持续时间超过 12 个月的

D. 企业提供咨询、设计劳务持续时间超过 12 个月的

32. 在计算应纳税所得额时，企业的下列各项支出在不超过职工工资总额规定标准内准

予扣除；超过的部分不予扣除的有（ ）。

A. 职工福利费支出　　B. 拨缴的工会经费
C. 职工商业保险支出　　D. 补充养老保险费

33. 生产性生物资产，是指企业为生产农产品、提供劳务或者出租等而持有的生物资产，包括（ ）。

A. 经济林　　B. 薪炭林　　C. 产畜　　D. 家禽、役畜

34. 下列属于居民企业的是（ ）。

A. 注册地与实际管理机构均在中国
B. 注册地或实际管理机构所在地其一在中国
C. 作出和形成企业的经营管理重大决定和决策的地点在中国
D. 依法在中国境内成立，或者依照外国（地区）法律成立但实际管理机构在中国境内的企业

35. 企业所得税法中规定的收入总额包括（ ）。

A. 销售货物收入　　B. 提供劳务收入
C. 转让财产收入　　D. 股息、红利等权益性投资收益
E. 利息、租金收入

36. 权益性投资收益包括（ ）。

A. 股息　　B. 红利　　C. 利息　　D. 联营分利

37. 下面有关企业所得税税率，说法正确的是（ ）。

A. 企业所得税的税率为25%
B. 非居民企业在中国境内未设立机构、场所的，其来源于中国境内的所得适用税率为20%
C. 符合条件的小微企业适用税率为20%
D. 国家需要重点扶持的高新技术企业适用税率为15%

38. 在计算应纳税所得额时，下列支出不得扣除：（ ）。

A. 土地增值税税款　　B. 企业所得税税款
C. 税收滞纳金　　D. 向环保部门缴纳的罚款

39. 对固定资产提取折旧，下面说法正确的是（ ）。

A. 未投入使用的房屋、建筑物可以提取折旧
B. 未使用的机器不能提取折旧
C. 以经营租赁方式租入固定资产不能提取折旧
D. 价值合并在房屋中作为固定资产入账的土地可以提取折旧

40. 对于企业所得税法规定的税收优惠政策，下面说法正确的是（ ）。

A. 对小微企业，减按15%的税率征收
B. 安置残疾人员的企业，所支付的工资可以在计算应纳税所得额时加计扣除
C. 创业投资企业从事国家鼓励的创业投资，可以按投资额的一定比例抵扣应纳税所得额
D. 企业综合利用资源，生产符合国家产业政策规定的产品所取得的收入，可以在计算应纳税所得额时减计收入
E. 企业购置用于环境保护、节能节水、安全生产等专用设备的投资额，可以按一定比例实行税额抵免

41. 下列有关确定固定资产计税基础方法，正确的有（　　）。

A. 外购的固定资产，以购买价款和支付的相关税费以及直接归属于使该资产达到预定用途发生的其他支出为计税基础

B. 自行建造的固定资产，以竣工结算前发生的支出为计税基础

C. 融资租入的固定资产，租赁合同约定付款总额的，以租赁合同约定的付款总额和承租人在签订租赁合同过程中发生的相关费用为计税基础

D. 盘盈的固定资产，以同类固定资产的重置完全价值为计税基础

E. 通过捐赠、投资、非货币性资产交换、债务重组等方式取得的固定资产，以该资产的公允价值和支付的相关税费为计税基础

42. 除国务院财政、税务主管部门另有规定外，关于固定资产计算折旧的最低年限正确的有（　　）。

A. 房屋、建筑物，20 年

B. 飞机、火车、轮船、机器、机械和其他生产设备，10 年

C. 与生产经营活动有关的器具、工具、家具，5 年

D. 飞机、火车、轮船以外的运输工具，4 年

E. 电子设备，3 年

43. 一般情况下，关于资产折旧最低年限的说法正确的有（　　）。

A. 经济林，10 年　　B. 奶牛，3 年

C. 飞机，10 年　　D. 汽车，5 年

44. 对于企业所得税法规定的税收优惠政策，下面说法正确的有（　　）。

A. 采取缩短折旧年限方法加速折旧的，最低折旧年限不得低于实施条例规定的折旧年限的 60%

B. 安置残疾人员的企业，支付给残疾职工的工资在计算应纳税所得额时按 100%加计扣除

C. 创业投资企业从事国家鼓励的创业投资，可按投资额的 70%在股权持有满 2 年的当年抵免应纳税额

D. 符合条件的非营利组织从事营利性活动取得的收入，可作为免税收入，不并入应纳税所得额征税

三、判断题

1. 由于个人独资企业不适用企业所得税法，所以一人有限公司也不适用企业所得税法。（　　）

2. 企业按有关规定提取的用于环境保护、生态恢复等方面的专项资金，准予扣除。上述专项资金提取后改变用途的，不得扣除。（　　）

3. 境外的个人独资企业和合伙企业可能会成为企业所得税法规定的我国非居民企业纳税人，也可能会成为企业所得税法规定的我国居民企业纳税人。（　　）

4. 企业所得税法所称企业取得收入的非货币形式，包括固定资产、生物资产、无形资产、股权投资、存货、应收票据、准备持有至到期的债券投资、劳务以及有关权益等。（　　）

5. 企业所得税法所称费用，是指企业在生产经营活动中发生的销售费用、管理费用、制造费用和财务费用。（　　）

6. 销售货物涉及商业折扣的，应当按照扣除商业折扣前的金额确定销售货物收入金额。（　）

7. 合伙企业以每一个合伙人为纳税义务人。合伙企业合伙人是自然人的，缴纳个人所得税；合伙人是法人和其他组织的，缴纳企业所得税。（　）

8. 企业发生的职工福利费，应该单独设置账册，进行准确核算。没有单独设置账册、准确核算的，不予税前扣除。（　）

9. 企业所得税法及其实施条例规定，如果企业上一年度发生亏损，可在税法规定的期限内用当年应纳税所得予以弥补，按弥补亏损后的应纳税所得额来确定适用税率。（　）

10. 企业接受的货币性资产和非货币性资产，均应当全部并入接受捐赠当年应纳税所得额计算缴纳企业所得税。（　）

11. 采取产品分成方式取得收入的，按照合作方分配产品的日期确认收入的实现，其收入额按照合作协议价格确定。（　）

12. 企业在计算业务招待费、广告费和业务宣传费等费用扣除限额时，其计算依据包括销售（营业）收入、其他业务收入和视同销售（营业）收入。（　）

13. 企业的固定资产由于技术进步等原因，确需加速折旧的，可以缩短折旧年限或者采取加速折旧的方法。（　）

14. 企业为投资者或者职工支付的商业保险费，不得扣除。（　）

15. 企业应当自生产性生物资产投入使用月份的当月起计算折旧；停止使用的生产性生物资产，应当自停止使用月份的当月起停止计算折旧。（　）

16. 企业以买一赠一等方式组合销售本企业商品的，不属于捐赠，应将总的销售金额按各项商品的公允价值的比例来分摊确认各项的销售收入。（　）

17. 企业发生的公益救济性捐赠，在应纳税所得额12%以内的部分，准予在计算应纳税所得额时扣除。（　）

18. 具有法人资格的企业才能成为居民纳税企业。（　）

19. 企业发生的劳动保护支出，准予扣除。（　）

20. 非居民企业在中国境内设立机构、场所的，应当就其来源于中国境内的所得按25%的税率缴纳企业所得税。（　）

21. 居民企业适用税率25%，非居民企业适用税率20%。（　）

22. 企业对外投资期间，投资资产的成本在计算应纳税所得额时准予扣除。（　）

23. 企业发生的公益救济性捐赠，在应纳税所得额12%以内的部分，准予在计算应纳税所得额时扣除。（　）

24. 企业所得税法所称企业以非货币形式取得的收入，应当按照市场价格确定收入额。（　）

25. 销售货物涉及商业折扣的，应当按照扣除商业折扣前的金额确定销售货物收入金额。（　）

26. 企业取得国家财政性补贴和其他补贴收入应当依法缴纳企业所得税。（　）

27. 企业受托加工制造大型机械设备、船舶、飞机等，以及从事建筑、安装、装配工程业务或者提供劳务等，持续时间超过12个月的，按照全部完工进度或者完成的工作量确认收入的实现。（　）

28. 企业所得税法规定采取产品分成方式取得收入的，按照企业分得产品的日期确认收

入的实现，其收入额按照市场价格确定。（ ）

29. 企业依照国务院有关主管部门或者省级人民政府规定的范围和标准为职工缴纳的基本养老保险费、基本医疗保险费等基本社会保险费，准予扣除；商业保险费，不得扣除。（ ）

30. 企业发生的职工福利费支出，不超过工资、薪金总额14%的部分，准予扣除。（ ）

31. 除国务院财政、税务主管部门另有规定外，企业发生的职工教育经费支出，不超过工资、薪金总额2.5%的部分，准予扣除；超过部分，不得扣除。（ ）

32. 企业发生的与生产经营活动有关的业务招待费支出，按照不超过当年销售（营业）收入的5‰扣除。（ ）

33. 企业发生的符合条件的广告费和业务宣传费支出，除国务院财政、税务主管部门另有规定外，不超过当年销售（营业）收入15%的部分，准予扣除；否则不得扣除。（ ）

34. 企业依照法律、行政法规有关规定提取的用于环境保护、生态恢复等方面的专项资金，不改变用途的，不得扣除。（ ）

35. 企业参加财产保险，按照规定缴纳的保险费，准予扣除。（ ）

36. 企业发生的赞助支出准予扣除。（ ）

37. 企业单独估价作为固定资产入账的土地可以计算折旧扣除。（ ）

38. 企业自创商誉作为无形资产可以计算摊销费用扣除。（ ）

39. 企业对外投资期间，投资资产的成本在计算应纳税所得额时准予扣除。（ ）

40. 企业所得税法所称不得扣除的赞助支出，是指企业发生的与生产经营活动无关的各种广告性质支出。（ ）

41. 企业应当自固定资产投入使用月份起计算折旧。（ ）

42. 企业取得的债券利息收入免征企业所得税。（ ）

四、计算题

1. 某外国公司实际管理机构不在中国境内，也未在中国设立机构、场所，2018年从中国境内某企业获得专有技术使用权转让收入200万元，该技术的成本为80万元，从外商投资企业取得税后利润为300万元，适用税率为10%，此外，转让其在中国境内的房屋一栋，转让收入3 000万元，原值1 000万元，已提折旧600万元。计算该外国公司应当缴纳的企业所得税。

2. 某企业2017年全年取得收入总额为3 000万元，取得租金收入50万元；销售成本、销售费用、管理费用共计2 800万元；“营业外支出”中列支35万元，其中，通过希望工程基金委员会向某灾区捐款10万元，直接向某困难地区捐赠5万元，非广告性赞助20万元。

计算该企业全年应缴纳的企业所得税。

3. 某中型工业企业执行现行财会制度和税收法规，2017年企业会计报表利润为200 000元，未作任何项目调整，已按25%的所得税率计算缴纳所得税50 000元。税务检查人员对该企业进行所得税纳税审查，经查阅有关账证资料，发现如下问题：

(1)企业2017年度有正式职工100人，实际列支工资、津贴、补贴、奖金为1 200 000元。

(2)企业“长期借款”账户中记载：年初向中国银行借款100 000元，年利率为5%；向其他企业借周转金200 000元，年利率10%，上述借款均用于生产经营。

(3)全年销售收入60 000 000元，企业列支业务招待费250 000元。

(4)该企业2017年在税前共计提取并发生职工福利费168 000元，计提工会经费24 000元，计提教育经费38 000元。

(5)2017 年 6 月 5 日“管理费用”科目列支厂部办公室使用的空调一台，价款 6 000 元(折旧年限按 6 年计算，不考虑残值)。

(6)年末“应收账款”借方余额 1 500 000 元，“坏账准备”科目贷方余额 6 000 元(该企业坏账核算采用备抵法，按 3%提取坏账准备金)。

(7)其他经核实均无问题，符合现行会计制度及税法规定。

要求：计算应补交企业所得税额。

4. 某县一家机械制造企业，2017 年实现税前收入总额 2 000 万元(其中包括产品销售收入 1 800 万元，购买国库券利息收入 100 万元)，发生各项成本费用共计 1 000 万元，其中包括合理的工资、薪金总额 200 万元，业务招待费 100 万元，职工福利费 50 万元，职工教育经费 2 万元，工会经费 10 万元，税收滞纳金 10 万元，提取的各项准备金支出 100 万元。另外，企业当年购置环境保护专用设备 500 万元，购置完毕即投入使用。问：这家企业当年应纳的企业所得税额是多少(假定企业以前年度无未弥补亏损)?

5. 某汽车零部件制造有限公司 2017 年度的营业收入为 1 000 万元，其中，产品销售收入 800 万元，其他业务收入 200 万元，利润总额 100 万元。实际发生的符合条件的广告支出和业务宣传费支出为 200 万元；实际发生的业务招待费支出为 4 万元；2014 年 1 月 1 日企业扩大再生产向其他企业借款 1 500 万元，当年支付利息 120 万元(同期银行贷款年利率为 6%)；通过公益性组织向贫困地区捐赠 13 万元。

要求：(1)计算 2017 年税前准允扣除的广告宣传费；

(2)计算 2017 年税前准允扣除的业务招待费；

(3)计算 2017 年税前准允扣除的利息费。

6. 某生产企业为增值税一般纳税人，为居民企业。2017 年度发生相关业务如下：

(1)销售产品取得不含税销售额 8 000 万元，债券利息收入 240 万元(其中国债利息收入 30 万元)；应扣除的销售成本 5 100 万元，缴纳增值税 600 万元。城市维护建设税及教育附加 60 万元。

(2)发生销售费用 1 400 万元，其中，广告费用 800 万元，业务宣传费用 450 万元；发生财务费用 200 万元，其中，支付给某企业流动资金周转借款 2 000 万元一年的利息 160 万元(同期银行贷款利率为 6%)；发生管理费用 1 100 万元，其中用于新产品、新工艺研制而实际支出的研究开发费用 400 万元。

(3)2017 年度、2018 年度经税务机关确认的亏损额分别为 70 万元和 40 万元。

要求：(1)计算应纳税所得额时准予扣除的销售费用；

(2)计算应纳税所得额时准予扣除的财务费用；

(3)计算 2017 年应纳税所得额；

(4)计算 2017 年度实际应缴纳的企业所得税。

7. 某企业为居民企业，2017 年度的生产经营情况如下：

(1)销售收入 5 500 万元；

(2)销售成本 3 800 万元，增值税 900 万元，销售税金及附加 100 万元；

(3)销售费用 800 万元，其中含广告费 500 万元；

(4)管理费用 600 万元，其中含业务招待费 100 万元，研究新产品费用 50 万元；

(5)财务费用 100 万元，其中含向非金融机构借款 500 万元的年利息支出，年利率为 10%(银行同期同类贷款利率为 6%)；

(6)营业外支出 50 万元,其中含向供货商支付违约金 10 万元,向税务局支付税款滞纳金 2 万元,通过公益性社会团体向贫困地区捐赠现金 10 万元。

要求:(1)计算所得税前可以扣除的广告费用金额;

(2)计算所得税前可以扣除的业务招待费金额;

(3)计算所得税前可以扣除的财务费用;

(4)计算所得税前可以扣除的捐赠;

(5)计算该公司 2017 年应纳税所得额;

(6)计算该公司 2017 年应缴纳的企业所得税。

8. 某市摩托车生产企业为增值税一般纳税人,2016 年生产经营情况如下:

(1)当年销售摩托车,取得不含税销售收入 8 000 万元,对应的销售成本为 3 200 万元。

(2)将自产摩托车用于对外投资,该批摩托车不含税市场价 100 万元,成本 40 万元。

(3)当年购进原材料取得增值税专用发票,注明价款 3 000 万元,增值税 510 万元。

(4)2 月购入符合规定的安全生产设备,取得普通发票上注明的金额 50 万元,当月投入使用。企业将该设备购置支出一次性在成本中列支。已知该设备生产的产品全部在当年销售,相关成本已结转。该企业设备净残值率规定为 10%,设备折旧年限按照税法规定最低折旧年限计算。

(5)转让技术所有权取得收入 800 万元,与之相关的成本费用 100 万元。

(6)当年发生管理费用 500 万元,其中含新产品研究开发费用 120 万元,业务招待费 80 万元。

(7)当年发生财务费用 200 万元,其中包括支付银行借款利息 60 万元,逾期罚息 10 万元,向非金融企业(非关联企业)借款 1 800 万元的全年借款利息 130 万元。已知金融企业同期同类贷款年利率为 6%。

(8)当年发生销售费用 1 300 万元,其中含广告费 1 230 万元。

(9)取得国债利息收入 100 万元,地方政府债券利息 80 万元,企业债券利息 120 万元。

(10)全年计入成本、费用的实发合理工资总额 800 万元(含残疾职工工资 50 万元),实际发生职工福利费 120 万元、职工教育经费 15 万元、拨缴工会经费 18 万元。

(11)当年发生营业外支出共计 120 万元,其中税收滞纳金 12 万元,未经核定的准备金支出 30 万元,通过当地人民政府向贫困地区捐款 78 万元。

其他相关资料:摩托车适用的消费税税率为 10%,该摩托车最高价与平均价相等,相关发票均已通过税务机关认定并准予抵扣。上述技术转让发生的成本费用不包括在企业成本、费用中。

要求:根据上述资料,回答下列问题:

(1)计算当年该企业共计应缴纳的增值税、消费税、城建税、教育费附加和地方教育附加合计数。

(2)计算当年该企业实现的会计利润。

(3)计算当年技术转让所得应纳税调整的金额。

(4)计算当年管理费用应纳税调整的金额。

(5)计算当年广告费应纳税调整的金额。

(6)计算当年工资、职工福利费、工会经费、职工教育经费应纳税调整的金额。

(7)计算当年该企业所得税的应纳税所得额。

(8)计算当年该企业应缴纳的企业所得税税额。

个人所得税纳税实务

一、单项选择题

1. 在中国境内有住所的个人，应就下列哪项所得在我国缴纳个人所得税？（　　）

A. 来源于中国境内的所得　　B. 来源于中国境外的所得

C. 来源于中国境内、外的所得　　D. 不需要缴纳个人所得税

2. 个人所得税法中所称的临时离境，是指在一个纳税年度中一次不超过 30 日或多次累计不超过（　　）日的离境。

A. 365　　B. 183　　C. 90　　D. 180

3. 对企事业单位的承包经营、承租经营所得，是指个人承包经营、承租经营以及转包、转租取得的所得，包括个人按月或者按次取得的（　　）。

A. 工资、薪金性质的所得　　B. 劳务报酬所得

C. 偶然所得　　D. 特许权使用费所得

4. 个人出租建筑物、土地使用权、机器设备、车船以及其他财产取得的所得为（　　）。

A. 财产转让所得　　B. 财产租赁所得

C. 偶然所得　　D. 特许权使用费所得

5. 个人提供专利权、商标权、著作权、非专利技术的使用权而取得的所得为（　　）。

A. 财产转让所得　　B. 财产租赁所得

C. 偶然所得　　D. 特许权使用费所得

6. 个人得奖、中奖、中彩以及其他偶然取得的所得为（　　）。

A. 劳务报酬所得　　B. 偶然所得

C. 特许使用费所得　　D. 工资、薪金所得

7. 个人取得的所得，难以界定应纳税所得项目的，由（　　）。

A. 扣缴义务人确定　　B. 纳税人自行确定

C. 主管税务机关确定　　D. 纳税人与主管税务机关协商确定

8. 稿酬所得，一律按应纳税额减征（　　）。

A. 20%　　B. 30%　　C. 40%　　D. 50%

9. 个人所得税法所说的劳务报酬所得一次收入畸高，是指个人一次取得劳务报酬，其应纳税所得额超过(　　)元。

A. 10 000　　B. 20 000　　C. 30 000　　D. 40 000

10. 李先生购买体育彩票中得奖金 15 000 元，他应按(　　)税率计算缴纳个人所得税。

A. 10%　　B. 20%　　C. 30%　　D. 40%

11. 下列所得应缴纳个人所得税的是(　　)。

A. 离退休工资　　B. 国债利息　　C. 企业债券利息　　D. 保险赔款

12. 下列所得不征收个人所得税的是(　　)。

A. 职工取得单位发放的奖金　　B. 个体户取得的经营收入

C. 独生子女补贴　　D. 劳务报酬所得

13. 下列项目中，计征个人所得税时允许在税前扣除一部分费用的是(　　)。

A. 分得的股息所得　　B. 存款利息所得

C. 有奖销售中奖所得　　D. 财产租赁所得

14. 个人将其所得用于对教育事业和其他公益事业的捐赠，其捐赠额未超过应纳税所得额(　　)的部分，可在税前扣除。

A. 3%　　B. 10%　　C. 20%　　D. 30%

15. 个人出租房屋使用权的所得是(　　)。

A. 特许权使用费所得　　B. 个体工商户的生产、经营所得

C. 财产转让所得　　D. 财产租赁所得

16. 在中国境内无住所而在境内居住满(　　)日的个人为居民纳税人。

A. 183　　B. 200　　C. 360　　D. 365

17. 下列所得属于来源于中国境内所得的是(　　)。

A. 中国公民在中国银行纽约分行工作取得的薪水

B. 将财产出租给在英国的中国公民使用

C. 日本公民受雇于中国境内的中日合资公司取得的工资

D. 中国专家将专利权提供给韩国境内公司使用取得的所得

18. 美国人约翰先生 2015 年 5 月 8 日来华工作，2016 年 5 月 1 日回国休假，2016 年 6 月 10 日又来华，2016 年 8 月 25 日回国，2017 年 3 月 15 日又来华，则约翰先生(　　)。

A. 2015 年度为居民纳税人，2016 年度为非居民纳税人

B. 2015 年度为非居民纳税人，2016 年度为居民纳税人

C. 2015 年度和 2016 年度均为居民纳税人

D. 2015 年度和 2016 年度均为非居民纳税人

19. 某作家的一篇小说在杂志上发表，一次取得 2 800 元稿费，其应纳税额为(　　)元。

A. 280　　B. 392　　C. 400　　D. 560

20. 下列所得按年计算缴纳个人所得税的是(　　)。

A. 劳务报酬所得　　B. 中奖所得

C. 个体工商户的生产经营所得　　D. 稿酬所得

21. 下列所得按次计算缴纳个人所得税的是(　　)。

A. 工资、薪金所得

B. 个体工商户的生产、经营所得

C. 偶然所得

D. 对企事业单位的承包、承租经营所得

22. 下列所得一次收入畸高要实行加成征收的是(　　)。

A. 劳务报酬所得　　B. 稿酬所得

C. 偶然所得　　D. 对企事业单位的承包经营、承租经营所得

23. 国内某作家的一篇小说在一家日报上连载两个月，第一个月月末报社支付稿酬 3 000 元；第二个月月末，报社支付稿酬 15 000 元。该作家两个月所获稿酬应缴纳的个人所得税为(　　)元。

A. 1 988　　B. 2 016　　C. 2 296　　D. 2 408

24. 下列各项所得中，应缴纳个人所得税的是(　　)。

A. 扣缴义务人代扣代缴税款，按规定取得的扣缴手续费

B. 个人举报、协查各种违法、犯罪行为而获得的奖金

C. 居民在银行的储蓄存款按规定取得的利息收入

D. 按国家统一规定领取的退休工资

25. 按照个人所得税法的有关规定，下列各项个人所得中，不属于稿酬所得征税范围的是(　　)。

A. 文学作品发表取得的所得　　B. 文学作品手稿原件公开拍卖的所得

C. 摄影作品发表取得的所得　　D. 书画作品发表取得的所得

26. 下列表述不正确的是(　　)。

A. 个人发表一篇作品，出版单位分三次支付稿酬，则这三次稿酬应合并为一次征税

B. 个人在两处出版同一作品而分别取得稿酬，则应分别单独纳税

C. 个人的同一作品连载之后又出书取得稿酬的收入视同再版稿酬分别征税

D. 因作品加印而获得稿酬，应就此次稿酬单独纳税

27. 下列应税项目中，不能按次计算征收个人所得税的是(　　)。

A. 稿酬所得　　B. 工资、薪金所得

C. 特许权使用费所得　　D. 股息、红利所得

28. 个人所得税法中规定不适用附加减除费用的是(　　)。

A. 远洋运输船员

B. 应聘在我国企事业单位、社会团体、国家机关中工作的外籍专家

C. 在我国的外商投资企业和外国企业中工作取得工资、薪金的中方雇员

D. 华侨和港、澳、台同胞

二、多项选择题

1. 下列所得中，应按照“稿酬所得”缴纳个人所得税的有(　　)。

A. 书法家为企业题字获得的报酬

B. 杂志社记者在本社杂志发表文章获得的报酬

C. 电视剧制作中心的编剧编写剧本获得的报酬

D. 出版社的专业作者翻译的小说由该出版社出版获得的报酬

E. 报社印刷车间工作人员在该社报纸发表作品获得的报酬

2. 根据个人所得税法律制度的规定，下列所得中，免予缴纳个人所得税的有(　　)。

A. 保险赔款　　B. 劳动分红　　C. 退休工资　　D. 军人转业费

3. 下列各项所得，应按照"其他所得"缴纳个人所得税的有（　　）。

A. 个人接受好友无偿赠与房产的所得

B. 个人获得由银行支付的超过国家利率的揽储奖金

C. 个人在广告设计和发布过程中提供名义和形象取得的所得

D. 个人转让专利权过程中获得的违约金

E. 企业对累积消费达到一定额度的顾客给予额外抽奖机会，个人的获奖所得

4. 下列税务处理中，符合个人独资企业和合伙企业征税规定的有（　　）。

A. 投资者的工资不得在税前扣除

B. 企业计提的各种准备金不得在税前扣除

C. 分配给投资者的股息、红利，允许在税前扣除

D. 企业发生的与生产经营有关的业务招待费可据实扣除

E. 投资者兴办两个或两个以上企业的，企业的年度经营亏损不可跨企业弥补

5. 下列费用中，在计算个体工商户个人所得税应纳税所得额时准予扣除的有（　　）。

A. 摊位费　　B. 工商管理费

C. 个体劳动者协会会费　　D. 用于家庭的费用支出

E. 各种赞助的费用支出

6. 下列房产处置应缴纳个人所得税的有（　　）。

A. 将房产赠与子女　　B. 转让无偿受赠的房产

C. 转让离婚析产房屋　　D. 通过离婚析产的方式分割房屋产权

E. 居民个人出售自用 3 年的生活用房

7. 某励志小说，由一名主编以及三名副主编共同完成，共取得稿酬收入 35 000 元。其中主编一人分得主编费 7 000 元，其余稿酬 4 人再平分。下列说法正确的有（　　）。

A. 主编应纳的个人所得税是 1 235 元

B. 主编应纳的个人所得税是 1 568 元

C. 其余三位每人应纳的个人所得税是 492 元

D. 其余三位每人应纳的个人所得税是 784 元

E. 共计应纳的个人所得税是 3 920 元

8. 下列各项中，计征个人所得税的方法正确的有（　　）。

A. 如果个人兼有不同的劳务报酬所得，应分别按不同项目所得定额或定率减除费用后计算纳税

B. 在两处或两处以上出版、发表或再版同一作品取得的稿酬，应合并为一次征收所得税

C. 个人的同一作品在报刊上连载，应合并其因连载而取得的所得为一次征税；连载以后又出书的，应视同再版稿酬征税

D. 对企事业单位的承包、承租经营所得计税时，允许扣除的必要费用是指生产、经营过程中的成本、费用

E. 股份制企业在分配股息、红利时，以股票形式向股东个人支付应得的股息、红利，应以派发红股的股票票面金额为收入额，计征个人所得税

9. 依据个人所得税有关规定，下列说法中正确的有（　　）。

A. 两个或两个以上的个人共同取得同一项目收入的，实行"先分、后扣、再税"的办法计算

缴纳个人所得税

B. 员工因拥有股权而参与企业税后利润分配取得的所得，应按照“利息、股息、红利所得”项目征收个人所得税

C. 企业对累计消费达到一定额度的顾客，给予额外抽奖机会，个人的获奖所得不缴纳个人所得税

D. 企业年金个人缴费部分，不得在个人当月工资、薪金计算个人所得税时扣除

E. 企业年金的企业缴费计入个人账户的部分，是个人因任职或受雇而取得的所得，应并入当月工资、薪金所得，合并计算缴纳个人所得税

10. 个人取得的下列所得中，免征个人所得税的有(　　)。

A. 国债利息收入

B. 军人的转业安置费

C. 个人转让自用 3 年且是家庭唯一住房取得的所得

D. 个人购买体育彩票的中奖所得 1 600 元

E. 储蓄存款利息收入

11. 下列各项中，应计入当月工资内计征工资、薪金所得个人所得税的有(　　)。

A. 年终加薪　　B. 按月发放的奖金

C. 职务工资　　D. 交通费补贴

12. 下列各项中，属于个人所得税居民纳税人的是(　　)。

A. 在中国境内无住所，但一个纳税年度中在中国境内居住满 1 年的个人

B. 在中国境内无住所且不居住的个人

C. 中国境内无住所，而在境内居住超过 6 个月不满 1 年的个人

D. 在中国境内有住所的个人

13. 下列各项所得在计算应纳税所得额时不允许扣减任何费用的有(　　)。

A. 偶然所得　　B. 特许权使用费所得

C. 利息、股息所得　　D. 财产租赁所得

14. 个人所得税自行申报纳税的纳税人有(　　)。

A. 从两处或两处以上取得工资、薪金的

B. 取得应纳税所得，没有扣缴义务人的

C. 多笔取得属于一次性劳务报酬的

D. 取得应纳税所得，扣缴义务人未按规定扣缴税款的

三、判断题

1. 个人所得税是对个人(自然人)取得的各项应税所得征收的一种税。(　　)

2. 居民纳税人应就中国境内、外取得的所得缴纳个人所得税。(　　)

3. 个人所得税的纳税人，依据住所和居住时间划分为居民纳税人和非居民纳税人。(　　)

4. 某歌舞团歌唱演员张某到外地演出取得收入 50 000 元，应按照“工资、薪金所得”项目计征个人所得税。(　　)

5.“工资、薪金所得”项目法定费用扣除标准为每月 1 600 元。(　　)

6. 个人将其应税所得全部用于公益救济性捐赠的，可不承担缴纳个人所得税义务。（ ）

7. 单位向本单位个人支付应税所得时，应代扣代缴个人所得税；向外单位个人支付应税所得时不用扣缴个人所得税。（ ）

8. 农民进城销售自产农产品所取得的所得不用缴纳个人所得税。（ ）

9. 年所得12万元以上的纳税人应按规定办理纳税申报。（ ）

10. 纳税人从两处或两处以上取得的工资、薪金收入，应由纳税人分别在各处收入来源地申报纳税。（ ）

11. 个人从工资中实际缴付的各类商业保险，可不计入个人当期工薪所得征税。（ ）

12. 企业年底以实物形式发放给单位职工的奖金，不需要缴纳个人所得税。（ ）

13. 我国个人所得税的征收方式有代扣代缴和个人自行申报两种。（ ）

14. 外籍人员在我国境内居住满1年未满5年的属于居民纳税人，其来源于境内外的工资、薪金所得，无论由谁支付都应在我国缴纳个人所得税。（ ）

15. 扣缴义务人应扣未扣纳税人的个人所得税款的，应由扣缴义务人缴纳应扣未扣的税款、滞纳金、罚款。（ ）

四、计算题

1. 王某为一外商投资企业雇佣的中方人员，假定2017年5月该外商投资企业支付给王某的薪金为7 200元，同月，王某还收到其所在的派遣单位发给的工资1 900元。请问：该外商投资企业、派遣单位应如何扣缴个人所得税？王某实际应补缴的个人所得税为多少？

2. 陈某2017年1月1日与地处某县城的国有饭店签订承包合同，承包该国有饭店经营期限3年，承包费30万元（每年10万元）。合同规定，承包期内不得更改名称，仍以国有饭店的名义对外从事经营业务，有关国有饭店应缴纳的相关税费在承包期内由陈某负责，上缴的承包费在每年的经营成果中支付。2017年陈某的经营情况如下：

（1）取得餐饮收入280万元；

（2）取得歌厅娱乐收入120万元；

（3）应扣除的经营成本（不含工资和其他相关费用）210万元；

（4）年均雇用职工30人，支付年工资总额21.6万元；陈某每月领取工资0.4万元；

（5）其他与经营相关的费用30万元（含印花税）。

已知：歌厅娱乐业的营业税税率为20%，餐饮业营业税的税率为5%。

要求计算：（1）2017年该国有饭店应缴纳的与经营相关的各种税款。

（2）陈某2017年应缴纳的个人所得税。

3. 某纳税人在2017年纳税年度从A、B两国取得应税收入。其中，在A国一公司任职，取得工资、薪金收入每月5 800元，全年共69 600元，因提供一项专利技术使用权，一次取得特许权使用费收入30 000元，该两项收入在A国缴纳个人所得税5 000元；因在B国出版著作，获得稿酬收入（版税）15 000元，并在B国缴纳该项收入的个人所得税1 720元。计算该纳税义务人在本纳税年度中的境外所得，应在中国补缴个人所得税。

4. 中国公民温先生任职于境内某市N公司，同时还在K公司担任董事，2017年个人收入如下：

（1）每月工资18 000元，每个季度末分别获得季度奖金5 000元；12月份从N公司取得业绩奖励 50 000 元，从 K 公司取得董事费 20 000 元。

(2)应邀到 C 国某大学举行讲座，取得报酬折合人民币 14 000 元，按 C 国税法缴纳的个人所得税折合人民币 2 400 元；从 B 国取得特许权使用费 100 000 元，按 B 国税法缴纳个人所得税折合人民币 14 000 元。

(3)将解禁的限售股转让，取得转让收入 50 000 元，不能准确计算限售股原值。

根据上述资料，回答下列问题：

(1)2017 年温先生的工资、薪金所得应缴纳的个人所得税；

(2)2017 年温先生的董事费应缴纳的个人所得税；

(3)2017 年温先生境外所得应在境内缴纳个人所得税；

(4)2017 年温先生限售股转让所得应缴纳个人所得税。

财产税类纳税实务

一、单项选择题

1. 关于融资租赁房产的房产税处理，下列说法正确的有（　　）。

A. 由承租人在合同约定开始日的次月起，按照房产余值缴纳房产税

B. 由出租人在合同约定开始日的次月起，按照房产余值缴纳房产税

C. 合同未约定开始日的，由承租人在合同签订的次月起依照房产余值缴纳房产税

D. 合同未约定开始日的，由出租人在合同签订的当月起依照房产余值缴纳房产税

2. 王某自营地下工业仓库，应税房产原值为 50 万元，每年需要缴纳的房产税额最多为（　　）元。

A. 4 200　　B. 5 400　　C. 2 700　　D. 3 600

3. 下列车船免征车船税的有（　　）。

A. 纯电动汽车　　B. 插电式混合动力汽车

C. 燃料电池汽车　　D. 非机动驳船

E. 残疾人专用摩托车

4. 下列各项中，符合车船税有关征收管理规定的是（　　）。

A. 车船税按年申报，分月计算，一次性缴纳

B. 纳税人自行申报缴纳的，应在纳税人所在地缴纳

C. 节约能源、使用新能源的车船一律减半征收车船税

D. 临时入境的外国车船属于车船税的征税范围，需要缴纳车船税

5. 根据《车辆购置税暂行条例》的规定，下列人员不属于车辆购置税纳税义务人的是（　　）。

A. 应税车辆的馈赠人　　B. 应税车辆的购买使用者

C. 免税车辆的受赠使用者　　D. 应税车辆的进口使用者

6. 某县工商局 2014 年 9 月从汽车贸易公司购进一辆轿车自用，取得汽车销售行业的普通发票，注明销售额 250 000 元；另外，支付购买工具和零配件含税价款 8 100 元，并取得汽车贸易公司开具的发票；支付控购部门控购费 35 000 元，并取得控购部门的收款收据；汽车贸易

公司提供系列服务，代办各种手续并收取一定的费用，该单位支付代收费用 9 500 元，并取得汽车贸易公司开具的发票。该工商局应纳车辆购置税税额为（　　）元。

A. 22 894.21　　B. 22 871.79　　C. 27 240　　D. 30 260

7. 某汽车贸易公司 2017 年 6 月进口 30 辆小轿车，海关审定的关税完税价格为 25 万元/辆，当月销售 18 辆，取得含税销售收入 540 万元；2 辆企业自用，5 辆用于抵偿债务，合同约定的含税价格为 30 万元，剩余 5 辆待售。该公司应纳车辆购置税（　　）万元。（小轿车关税税率为 20%，消费税税率为 9%。）

A. 6.59　　B. 82.41　　C. 7.50　　D. 23.07

8. 下列关于契税减免税优惠政策的说法，正确的是（　　）。

A. 事业单位、社会团体承受房屋免征契税

B. 因不可抗力丧失住房而重新购房的，免征契税

C. 房屋由县级人民政府征用后重新承受房屋权属的，由县级人民政府确定是否减免契税

D. 婚姻关系存续期间，房屋原属夫妻一方所有，变更为夫妻双方共有的，免征契税

9. 根据契税相关规定，房屋赠与时契税的计税依据是（　　）。

A. 协议成交价格

B. 所在地省级人民政府公示的土地基准价格

C. 不同地段的土地使用权及房屋转让的成交价格

D. 征收机关参照当地土地使用权出售、房屋买卖的市场价格核定的价格

10. 汽车拖带的挂车，按载货汽车自重每吨税额的（　　）计征车船税。

A. 全额　　B. 九折　　C. 八折　　D. 七折

11. 下列各项中，不属于车船税征税范围的是（　　）。

A. 三轮车　　B. 火车　　C. 摩托车　　D. 养殖渔船

12. 下列车辆中属于免征车船税的是（　　）。

A. 载货汽车　　B. 吊车　　C. 出租车　　D. 拖拉机

13. 载货汽车车船税的计税标准是（　　）。

A. 车辆的辆数　　B. 车辆的净吨位　　C. 车辆的排气量　　D. 自重每吨

14. 根据《车辆购置税暂行条例》规定，下列人员中不属于车辆购置税纳税义务人的是（　　）。

A. 应税车辆的馈赠人　　B. 应税车辆的购买使用者

C. 免税车辆的受赠使用者　　D. 应税车辆的进口使用者

15. 契税是以所有权发生转移的不动产为征税对象，向产权承受人征收的一种（　　）。

A. 财产税　　B. 行为税　　C. 所得税　　D. 资源税

16. 根据契税法律制度的规定，下列情形不属于契税的征税范围的是（　　）。

A. 以房屋抵债

B. 买房拆料或者翻建新房

C. 以自有房产投资本人经营的企业

D. 在企业改制重组中，股权转让，单位、个人承受企业股权，企业土地、房屋权属不发生转移

17. 下列关于契税税收减免政策的规定，正确的是（　　）。

A. 因不可抗力丧失住房而重新购买住房的，免征契税

B. 对拆迁居民因拆迁重新购置住房的，免征契税

C. 承受荒山、荒沟、荒丘、荒滩土地使用权，免征契税

D. 城镇职工按规定第一次购买公有住房的，免征契税

18. 下列关于契税的纳税义务发生时间，说法不正确的是(　　)。

A. 纳税人转让房屋的，纳税义务发生时间为纳税人签订房屋权属转移合同的当天

B. 纳税人转让房屋的，纳税义务发生时间为纳税人取得房产证的当天

C. 纳税人转让土地使用权的，纳税义务发生时间为纳税人签订土地权属转移合同的当天

D. 纳税人转让土地使用权的，纳税义务发生时间为纳税人取得其他具有土地权属转移合同性质凭证的当天

二、多项选择题

1. 某政府机关与甲公司共同使用一幢办公用房，房产价值为6 000万元，政府机关占用房产价值4 000万元，公司占用房产价值2 000万元。2014年3月1日，政府机关将其使用房产的40%对外出租，当年取得租金收入150万元。2014年8月1日，甲公司将其使用房产的30%对外投资，不承担生产经营风险，投资期限4年，当年取得固定利润分红8万元。已知该省统一规定计算房产余值时的减除幅度为20%。根据上述资料，下列说法正确的有(　　)。

A. 政府机关免征房产税　　B. 政府机关应纳房产税18万元

C. 甲公司应纳房产税17.76万元　　D. 甲公司应纳房产税7.68万元

E. 该办公用房当年合计应缴纳房产税35.76万元

2. 以下减免契税的有(　　)。

A. 城镇居民首次购买公有住房　　B. 因不可抗力灭失住房重新购买住房的

C. 张某继承父母的房产　　D. 王某赠予李某房产

E. 外交部予以批准的外国驻华使馆

3. 以下房产免征房产税的有(　　)。

A. 海军军队自用的房产　　B. 个人的普通住宅

C. 宗教寺庙自用的房产　　D. 个人出租的房产

E. 开发商建设中的房产

4. 关于车船税的征收管理，下列表述正确的有(　　)。

A. 依法不需要办理登记的车船，应在车船的所有人或者管理人所在地缴纳车船税

B. 车船税纳税义务发生时间为取得车船所有权或者管理权的当月

C. 已由保险机构代收代缴车船税的，纳税人不再向税务机关申报缴纳车船税

D. 在同一纳税年度内，已缴纳车船税的车船办理转让过户的，不另缴纳车船税，同时也不退税

E. 车船税纳税义务发生时间为取得车船所有权或者管理权的次月

5. 王先生是某企业债权人，2014年11月该企业破产，王先生获得抵债的门面房一间，评估价20万元；当月王先生将门面房作价30万元投资于甲企业；另外，甲企业又购买了该破产企业60万元的房产。下列税务处理，正确的有(　　)。

A. 甲企业应缴纳契税3.6万元　　B. 王先生应缴纳契税0.08万元

C. 破产企业应缴纳契税2.4万元　　D. 王先生将门面投资需缴纳契税

E. 王先生承受破产企业的门面房免征契税

6. 关于车辆购置税的计算，下列说法正确的有(　　)。

A. 车辆购置税的征税环节为车辆的出厂环节
B. 长期来华的专家购买 2 辆小轿车自用都可以免税
C. 设有固定装置的非运输车辆实行法定免税
D. 购买自用摩托车的计税依据是支付的全部价款和价外费用(不含增值税)
E. 进口自用的应税车辆,应当自进口之日起 60 天内申报纳税
7. 下列情形中,由征收机关参照市场价格核定契税计税依据的有(　　)。
A. 房屋赠与　　B. 国有土地使用权赠与
C. 协议方式出让国有土地使用权的　　D. 以竞价方式出让国有土地使用权的
E. 成交价格明显低于市场价格且无正当理由的房屋交换
8. 按照我国现行税制的有关规定,车船税的计税依据有(　　)。
A. 车船的净吨位　　B. 车船的净值　　C. 车的辆数　　D. 按自重每吨
9. 下列车船,免征车船税的有(　　)。
A. 非机动车船(不包括非机动驳船)
B. 拖拉机
C. 捕捞、养殖渔船
D. 军队、武警专用的车船、警用车船
10. 下列车船,免纳车船税的有(　　)。
A. 警车　　B. 救护车　　C. 洒水车　　D. 警用车船
E. 外交船
11. 下列车船,以"辆"为车船税计税标准的有(　　)。
A. 船　　B. 乘人汽车　　C. 二轮摩托车　　D. 三轮车汽车
12. 下列车船中,应征收车船税的有(　　)。
A. 已经办理车辆交通牌照,并在企业内部行驶的汽车
B. 捕捞、养殖渔船
C. 拖船
D. 已经缴纳船舶吨税的船舶
13. 下列表述中,符合车船税法规规定的有(　　)。
A. 车辆自重尾数在半吨以下的,按半吨计算;超过半吨的,按 1 吨计算
B. 船舶净吨位尾数在半吨以下的,不予计算;超过半吨的,按 1 吨计算
C. 1 吨以下的小型车辆,一律按照 1 吨计算
D. 拖船和非机动驳船分别按船舶税额的 50%计算
14. 下列说法中符合车船税规定的是(　　)。
A. 用于养殖的渔船,即使超过 1 吨,也可以免征车船税
B. 对外地车船到本地使用,发现没有缴纳车船税的可以在当地补税
C. 已经缴纳了船舶吨税的船舶可以不再缴纳车船税
D. 现行车船税对应税车辆实行有幅度的定额税率
15. 根据《车船税暂行条例》规定,对于具有特殊功能和作用的车船,可以给予减免税优惠待遇,这些车船包括(　　)。
A. 军队车船　　B. 拖拉机　　C. 警务的专用船舶　　D. 非机动驳船
16. 关于车船税纳税地点的阐述,下列说法中正确的有(　　)。

A. 纳税人是单位的，其纳税地点为经营所在地或机构所在地
B. 纳税人为个人的，其纳税地点为住所所在地
C. 企业的车船上了外省车船牌照的，在经营所在地纳税
D. 企业的车船上了外省车船牌照的，在车船登记地纳税

17. 按照现行车辆购置税的有关规定，对下列车辆按照应税车辆最低计税价格征收车辆购置税的有(　　)。
A. 企业从国外进口自用的卡车
B. 减税、免税条件消失的宝马小汽车
C. 受赠、获奖方式下取得已确认购置价格的家庭小汽车
D. 纳税人购买自用的小汽车
E. 进口旧车不能提供有效证明

18. 按照现行政策规定，下列属于车辆购置税免税项目的有(　　)。
A. 外国驻华使馆、领事馆和国际组织驻华机构及其外交人员自用的车辆
B. 中国人民解放军和中国人民武装警察部队列入军队武器装备订货计划的车辆
C. 设有固定装置的非运输车辆
D. 防汛部门购置的由指定厂家生产的用于报汛的专用车辆
E. 回国服务的留学人员购买1辆进口小轿车自用

19. 关于车辆购置税的纳税地点，下列说法中正确的有(　　)。
A. 购置需要办理车辆登记注册手续的应税车辆，纳税地点是纳税人所在地
B. 购置需要办理车辆登记注册手续的应税车辆，应当向购买地主管税务机关申报纳税
C. 购置需要办理车辆登记注册手续的应税车辆，纳税地点是车辆上牌落籍地
D. 购置不需要办理车辆登记注册手续的应税车辆，应当向购买地主管税务机关申报纳税
E. 购置不需要办理车辆登记注册手续的应税车辆，应当向纳税人所在地主管税务机关申报纳税

20. 根据契税法律制度的规定，下列属于契税的征税范围的有(　　)。
A. 国有土地使用权出让　　B. 土地使用权出售
C. 土地使用权赠与　　D. 房屋所有权转让
E. 房屋使用权出租

21. 根据契税法律制度的规定，下列关于企业改制重组中的契税政策，说法不正确的有(　　)。
A. 非公司制企业，按规定整体改建为有限责任公司或股份有限公司，对改建后的企业承受原企业土地、房屋权属，免征契税
B. 股权转让中，单位、个人承受企业股权，企业房屋权属不发生转移，免征契税
C. 两个或两个以上企业合并改建为一个企业，且原投资主体存续的，对合并后的企业承受原合并各方的土地、房屋权属，免征契税
D. 企业分立为两个或者两个以上投资主体相同的企业，对派生方、新设方承受原企业土地、房屋权属，免征契税
E. 企业依照有关法律、法规的规定实施注销、破产后，债权人(包括注销、破产企业职工)承受注销、破产企业土地、房屋权属以抵偿债务的，免征契税

三、判断题

1. 无租使用其他单位房产的应税单位和个人，依照税务机关核定的租金计算缴纳房产税。（　）

2. 纳税人在签订土地、房屋权属转移合同的当天为纳税义务发生时间。（　）

3. 以获奖方式得到的房屋权属不用缴纳契税。（　）

4. 纳税人购买自用应税车辆的，应当自上牌照之日起 60 日内申报纳税。（　）

5. 纳税人自建的房屋，自建成之月起征收房产税。（　）

6. 实行差额预算管理的事业单位本身自用的房产免征房产税。（　）

7. 房产不在一地的纳税人，应按房产的坐落地点，分别向房产所在地的税务机关缴纳房产税。（　）

8. 从事机动车交通事故责任强制保险业务的保险机构，在向纳税人依法代收代缴车船税时，纳税人可以选择向保险机构缴纳，也可以选择向当地地方税务局缴纳。（　）

9. 船舶净吨位尾数在半吨以下者，按半吨计算征收车船税；超过半吨的，按 1 吨计算征税。（　）

10. 车辆购置税的纳税人是销售应税车辆的单位和个人。（　）

11. 车辆自重尾数在半吨以下的，按半吨计算；超过半吨的，按 1 吨计算。（　）

12. 船舶净吨位尾数在半吨以下者，按半吨计算征收车船税；超过半吨的，按 1 吨计算征税。（　）

13. 拖船和非机动驳船分别按船舶税额的 50%计算。（　）

14. 在中华人民共和国境内，车辆、船舶的所有人或者管理人为车船税的纳税人。（　）

15. 车船税的纳税义务发生时间，为车船管理部门核发的车船登记证书或者行驶证书所记载日期的当月。（　）

四、计算题

甲食品加工厂 2016 年拥有房产原值共计 5 000 万元，部分房产的具体情况如下：

(1)年初将一栋原值为 1 000 万元的房产用于对外投资联营，参与投资利润分红，共担风险。

(2)6 月中旬将一栋原值为 200 万元的仓库用于对外出租，每月不含增值税租金收入 5 万元。

(3)年初对一栋原值为 1 000 万元的办公楼进行改建，更换了电梯设备，将原值 50 万元的旧电梯更换为 100 万元的新电梯；新增了中央空调，价值 10 万元，2 月底完工并办理了验收手续。(其他相关资料：当地政府规定计算房产余值的扣除比例为 30%。)

要求：计算甲食品加工厂 2016 年应缴纳的房产税。

行为税类纳税实务

一、单项选择题

1. 印花税法规规定，对加工承揽合同应按加工或承揽收入的(　　)贴花。

A. 千分之三　B. 万分之五　C. 千分之一　D. 千分之五

2. 税务机关对核准汇总缴纳印花税的单位，汇总缴纳的期限最长不得超过(　　)。

A. 十天　B. 一个月　C. 三个月　D. 一年

3. 纳税人对印花税的纳税凭证应妥善保存，凭证的保存期限，凡国家已有明确规定，按规定办理；其余凭证均应在履行完毕后保存(　　)。

A. 一年　B. 二年　C. 三年　D. 五年

4. 同一凭证，由两方或者两方以上当事人签订并各执一份的，应当由(　　)就所执一份全额贴花，计缴印花税。

A. 甲方　B. 乙方　C. 各方　D. 单方

5. 印花税法规规定，记载资金账簿印花税的计税依据为(　　)。

A. 账簿件数

B. 实收资本与资本公积合计金额

C. 流动资金的合计金额

D. 固定资产合计金额

6. 对于政府部门发给的权利、许可证照，应以(　　)为印花税的纳税人。

A. 代理人　B. 发予人　C. 领受人　D. 使用人

7. 下列凭证应贴印花税票的有(　　)。

A. 国家指定的收购部门与农民订立的农副产品收购合同

B. 贴息贷款合同

C. 销货发票

D. 技术开发合同

8. 印花税应纳税额在 0.1 元以上，其税额尾数不满 5 分的不计，满 5 分的按(　　)计算缴纳。

A. 1 元　　B. 0.1 元　　C. 5 元　　D. 0.5 元

9. 下列合同不属于印花税应税凭证的是(　　)。

A. 技术合同　　B. 借款合同　　C. 出版合同　　D. 购销合同

10. 已贴用的印花税票揭下重用的,税务机关可处以重用印花税票金额(　　)罚款。

A. 5 倍

B. 20 倍

C. 处不缴或者少缴的税款 50%以上 5 倍以下的罚款

D. 10 000 元

11. 某电厂与某水利公司签订一份运输保管合同,合同载明费用为 50 万元(运费和保管费未分别记载),货物运输合同的印花税税率为 0.5‰,仓储保管合同的印花税税率为 1‰,该项合同双方应缴纳的印花税为(　　)元。

A. 500　　B. 250　　C. 375　　D. 1 000

12. 对一份凭证应纳印花税税额超过(　　)的,纳税人可向主管税务机关申请采用填开完税证或缴款书办法纳税,不再贴花。

A. 500 元　　B. 1 000 元　　C. 2 000 元　　D. 10 000 元

13. 有些合同在签订时无法确定印花税计税金额,对这类合同目前采用两次纳税的办法,即在签订时先按每份合同定额贴花 5 元,结算时再按实际金额和适用税率计税,(　　)。

A. 另贴花　　B. 加倍贴花　　C. 减半贴花　　D. 补贴花

14. 对财产租赁合同,经计算其印花税应纳税额为 5 角的应按(　　)贴花。

A. 5 角　　B. 1 元　　C. 1 角　　D. 2 角

15. 财产租赁合同,只是规定月(天)租金标准而无租赁期限的,对这类合同可在签订时先按(　　)贴花。

A. 千分之一　　B. 万分之三　　C. 万分之五　　D. 定额 5 元

16. 下列合同按借款合同缴纳印花税的是(　　)。

A. 财产租赁合同　　B. 融资租赁合同

C. 银行同业拆借合同　　D. 技术合同

17. 印花税法规规定,调剂、补偿合同适用的印花税税率为(　　)。

A. 千分之五　　B. 万分之三

C. 千分之一　　D. 千分之零点五

18. 下列贷款合同中,(　　)合同按规定免纳印花税。

A. 工业性贷款　　B. 长期贷款

C. 临时贷款　　D. 无息、贴息贷款

19. 下列印花税税目适用万分之五税率的是(　　)。

A. 购销合同　　B. 建设工程勘察设计合同

C. 借款合同　　D. 权利、许可证照

20. 下列证照中,不征收印花税的是(　　)。

A. 房屋产权证　　B. 土地使用证

C. 工商营业执照　　D. 工作证

21. 下列应缴纳印花税的凭证是(　　)。

A. 房屋产权证、工商营业执照、卫生许可证、营运许可证

B. 土地使用证、专利证、特殊行业经营许可证、房屋产权证
C. 商标注册证、税务登记证、土地使用证、营运许可证
D. 房屋产权证、工商营业执照、商标注册证、专利证、土地使用证

22. 根据城市维护建设税规定，下列说法正确的是（　　）。
A. 自2010年12月1日起，外商投资企业应依法缴纳城市维护建设税
B. 进口环节增值税纳税人同时也是城建税纳税人
C. 城建税实行行业规划税率
D. 城建税的计税依据是纳税人实际缴纳的增值税、消费税、营业税以及滞纳金和罚款

23. 根据现行规定，关于城建税和教育费附加的减免规定，下列表述正确的是（　　）。
A. 对海关进口产品征收的增值税、消费税和营业税，应征收城建税
B. 对"三税"实行先征后返、先征后退、即征即退办法的，除另有规定外，对随同"三税"附征的城市维护建设税，一律不予退(返)还
C. 对出口产品退还增值税、消费税的，可以同时退还已征的城建税
D. 对因减免税而需要进行增值税、消费税退库的，不可以同时退还已征的城建税

24. 北京某公司在深圳转让某县城的一处房产，购进价52万元，转让价65万元，则关于城建税，下列说法正确的有（　　）。
A. 城建税在深圳某县缴纳　　B. 城建税在北京缴纳
C. 城建税适用深圳县城的税率　　D. 应缴纳城建税为0.032 5万元
E. 纳税地点由纳税人自己选择

25. 教育费附加的税率为（　　）。
A. 3%　　B. 5%　　C. 1%　　D. 7%

26. 某县一企业2014年12月缴纳增值税28万元（其中含因符合免税规定而被退库的3万元），缴纳消费税20万元，被查补增值税5万元，房产税2万元，则该企业当月应缴纳的城建税为（　　）万元。
A. 2.5　　B. 2.6　　C. 2.75　　D. 2.8

二、多项选择题

1. 下面属于印花税征税范围的是（　　）。
A. 经济合同　　B. 产权转移书据
C. 职工食堂的营业账簿　　D. 权利、许可证照
E. 经财政部门确定征税的其他凭证

2. 下列各项中，使用印花税定额税率的有（　　）。
A. 车间设立的不记载金额的进出口商品登记簿
B. 土地使用证　　C. 工商营业执照
D. 卫生许可证　　E. 日记账簿

3. 下列各项中不属于印花税免税项目的有（　　）。
A. 无息贷款合同　　B. 专利证
C. 技术合同　　D. 已缴纳印花税的工商营业执照

4. 下列属于按照征税项目划分的具体纳税人的是（　　）。
A. 立合同人　　B. 立账簿人　　C. 立据人　　D. 领受人

E. 保人、证人、鉴定人

5. 下列符合城建税税率规定的是(　　)。

A. 纳税人所在地在城市市区的,税率为 7%

B. 纳税人所在地在城市郊区的,税率为 5%

C. 纳税人所在地为工矿区的,税率为 1%

D. 县政府设在城市市区,其在市区办的企业税率为 5%

E. 铁道部门应纳城建税税率为 5%

三、判断题

1. 纳税人营业执照正本丢失,其转作正本使用的副本免纳印花税。(　　)

2. 对房地产管理部门与个人订立的租房合同,不分用途如何,一律暂免贴印花。(　　)

3. 营业账簿按实收资本和资本公积合计金额的万分之五贴花。(　　)

4. 对货物运输的业务不书立合同,只开立单据,以单据作为合同使用的,免征印花税。(　　)

5. 对记载资金的账簿,在启用新账时,资金未增加的不再按件定额贴花。(　　)

6. 施工单位将自己承包的建设项目再分包或转包给其他施工单位,其所签订的分包转包合同,仍应按所载金额另行贴花。(　　)

7. 进口产品在缴纳增值税的同时,也应缴纳城建税和教育费附加。(　　)

四、计算题

1. 某鞋厂与某物流公司签订一份运输保管合同,合同载明的总费用为 500 000 元(运费和保管费未分别记载),该项合同双方各应缴纳的印花税税额为多少?

2. 某公司 2014 年 8 月开业,实收资本 6 000 万元。2013 年增加资本公积 200 万元,3 月与乙公司签订受托加工合同,约定由甲公司提供原材料 100 万元,并向乙公司收取加工费 20 万元,5 月与丙公司签订技术开发合同,记载金额 100 万元。甲公司 2014 年应缴纳印花税为多少?

3. 某市一卷烟厂(增值税一般纳税人)委托其县城一卷烟厂(增值税一般纳税人)加工一批雪茄烟,委托方提供原材料的成本为 40 000 元,支付加工费(不含增值税)5 000 元,雪茄烟消费税税率为 36%,已知受托方无同类雪茄烟的销售价格,受托方代收代缴消费税时,应代收代缴城建税为多少?

4. 某综合性企业 2014 年度发生如下业务:

(1)与 A 公司签订一份易货合同,约定用本企业市场价格 120 万元的库存商品换取 A 公司市场价格为 140 万元的原材料,支付 A 公司差价款 20 万元。

(2)与 B 公司签订一份加工合同,受托为其加工一批特殊商品,原材料由该综合性企业提供,金额 300 万元,另外收取加工费 120 万元。

(3)与 C 公司签订一份建筑安装工程总承包合同,金额 2 500 万元,施工期间将价值 600 万元的水电工程分包给其他施工单位,并签订了分包合同。由于施工单位安装水电工程的质量未达到企业的要求,企业实际仅支付其分包金额 500 万元。

要求:(1)该企业与 A 公司签订的易货合同,应缴纳的印花税为多少?

(2)该企业与 B 公司签订的加工合同,应缴纳的印花税为多少?

(3)该企业签订的建筑安装工程总承包合同及分包合同共计应缴纳印花税为多少?

资源税类纳税实务

一、单项选择题

1. 下列各项中，属于资源税纳税人的是（　　）。

A. 生产人造石油的股份制企业　　B. 生产盐的国有企业

C. 生产煤炭制品的集体企业　　D. 进口有色金属矿的私营企业

2. 某生产企业坐落在某县城，经有关行政部门核定，2014 年厂区内占用土地面积共计 15 000 平方米，其中幼儿园占地 1 000 平方米，子弟学校占地 1 500 平方米，绿化占地 2 000 平方米，该地每平方米征收城镇土地使用税 3 元，该企业 2014 年应缴纳城镇土地使用税（　　）元。

A. 31 500　　B. 37 500　　C. 42 000　　D. 45 000

3. 下列各项中不属于土地增值税征税范围的有（　　）。

A. 王梅将自有一套住房直接赠送给村办企业

B. 房地产的代建房行为

C. 房地产重新评估而升值的房产

D. 因城市实施规划、国家建设的需要而搬迁，由纳税人自行转让原房地产

4. 纳税人开采或者生产应税产品销售的，以（　　）为课税数量。

A. 开采数量　　B. 计划产量　　C. 销售数量　　D. 生产数量

5. 土地增值税的纳税人应在转让房地产合同签订后（　　）日内，到税务机关办理纳税申报。

A. 5　　B. 7　　C. 10　　D. 15

6. 某纳税人本期以自产液体盐 60 000 吨和外购液体盐 10 000 吨（每吨已缴纳资源税 2 元）加工固体盐 12 000 吨对外销售，取得销售收入 600 万元。已知固体盐税额为每吨 10 元，该纳税人本期应缴纳资源税（　　）万元。

A. 10　　B. 12　　C. 16　　D. 20

7. 下列各项中，征收资源税的是（　　）。

A. 人造石油　　B. 洗煤

C. 与原油同时开采的天然气　　D. 地面抽采煤层气

8. 某采矿企业 2014 年 6 月开采锡矿石 50 000 吨，销售锡矿原矿 40 000 吨，锡矿精矿 100 吨（无法确定移送使用的锡矿原矿数量），锡矿精矿的选矿比为 1 ∶ 12，锡矿资源税适用税额为每吨 0.8 元，该企业 6 月应纳资源税（　　）元。

A. 32 490　　B. 37 430　　C. 32 406　　D. 32 960

9. 城镇土地使用税是按规定（　　）对拥有土地使用权的单位和个人征收的一种税。

A. 税率　　B. 税额　　C. 土地等级　　D. 土地面积

10. 土地增值税的清算主体是（　　）。

A. 税务机关　　B. 纳税人

C. 中介机构　　D. 房地产行业主管部门

11. 下列项目中，计征土地增值税时不按评估价格来确定转让房地产收入扣除项目金额的是（　　）。

A. 出售新房屋　　B. 出售旧房

C. 虚报房地产成交价格的　　D. 扣除项目金额不实的

12. 资源税纳税人自产自用应税产品的纳税义务发生时间为（　　）。

A. 移送使用应税产品的当天　　B. 应税产品开采的当天

C. 应税产品投入使用的当天　　D. 应税产品全部使用完毕的当天

13. 纳税人建造普通标准住宅出售，增值额超过扣除项目金额 20%的，应就其（　　）按规定计算缴纳土地增值税。

A. 超过部分的增值额　　B. 全部增值额

C. 扣除项目金额　　D. 出售金额

14. 下列油类产品中，应征收资源税的为（　　）。

A. 柴油　　B. 人造石油　　C. 天然原油　　D. 汽油

15. 资源税纳税人在本省、自治区、直辖市范围内开采或者生产应税产品，其纳税地点需要调整的，决定权归（　　）。

A. 省、自治区、直辖市税务机关　　B. 省、自治区、直辖市人民政府

C. 省、自治区、直辖市财政厅　　D. 省、自治区、直辖市地矿管理部门

16. 在资源税中，煤炭的征税范围包括（　　）。

A. 选煤　　B. 煤炭制品　　C. 原煤　　D. 洗煤

17. 对独立矿山应缴纳的铁矿石资源税减征（　　）。

A. 25%　　B. 30%　　C. 40%　　D. 50%

18. 资源税的扣缴义务人是（　　）。

A. 收购矿产品的企业　　B. 购进原矿独立矿山

C. 收购零星矿产品的联合企业　　D. 收购未税矿产品的独立矿山

二、多项选择题

1. 关于资源税的课税数量，下列陈述正确的有（　　）。

A. 纳税人开采或者生产应税产品销售的，以销售数量为课税数量

B. 纳税人开采或者生产应税产品自用的，以自用数量为课税数量

C. 对于连续加工前无法正确计算原煤移送使用数量的煤炭，可按加工产品的综合回收

率，将加工产品实际销量和自用量折算成原煤数量，以此作为课税数量

D. 金属冶炼厂以收购的铁矿铸成铁工艺品，按收购的铁矿石数量代扣代缴资源税

2. 下列关于资源税计税依据的说法，正确的有（　　）。

A. 纳税人自产天然气用于福利，以自用数量为计税依据

B. 纳税人对外销售原煤，以销售额为计税依据

C. 纳税人自产自用铁矿石加工精矿石后销售，以实际移送使用数量为计税依据

D. 纳税人开采黑色金属矿原矿并销售，以销售数量为计税依据

3. 土地增值税的纳税人包括（　　）。

A. 企事业单位　　B. 国家机关　　C. 社会团体　　D. 外资企业

4. 下列各项中，房地产开发公司应进行土地增值税清算的有（　　）。

A. 直接转让土地使用权的

B. 房地产开发项目全部竣工完成销售的

C. 整体转让未竣工决算房地产开发项目的

D. 取得销售（预售）许可证满2年仍未销售完毕的

5. 计算土地增值税扣除项目金额中不得扣除的利息支出有（　　）。

A. 发行债券支付的利息　　B. 境外借款利息

C. 超过国家的有关规定上浮幅度的部分　　D. 超过贷款期限的利息部分

6. 纳税人转让房地产，有（　　）情形的，按照房地产评估价格计算征收土地增值税。

A. 隐瞒、虚报房地产成交价格

B. 因偷税被税务机关给予两次行政处罚

C. 房地产成交价格在1亿元以上

D. 转让房地产的成交价格低于评估价格，又无正当理由的

7. 纳税人在计算资源税时，对适用税额的确定方法正确的有（　　）。

A. 纳税人开采或生产不同税目应税产品的，应当分别核算不同税目应税产品的销售额或者销售数量，按各个应税产品适用的税率计税

B. 纳税人以自产的液体盐加工固体盐，分别按液体盐和固体盐适用税额计税

C. 开采原油过程中用于加热、修井的原油，免征资源税

D. 纳税人开采或者生产应税产品，自用于连续生产应税产品的，不缴纳资源税

8. 资源税是对在中华人民共和国境内开采应税资源的矿产品或者生产盐的单位和个人征收的一种税，下列关于资源税的表述，正确的有（　　）。

A. 纳税人开采或者生产不同税目应税产品的，不能准确提供不同税目应税产品的课税数量的，从高适用税额

B. 开采原油过程中用于加热、修井的原油，免税

C. 出口应税产品可以退还已纳资源税

D. 对地面抽采煤层气暂不征收资源税

9. 下列各项中，属于土地增值税扣除项目中房地产开发成本项目的有（　　）。

A. 取得土地使用权支付的金额　　B. 土地征用费

C. 耕地占用税　　D. 周转房摊销

10. 下列行为中，应缴纳土地增值税的有（　　）。

A. 将使用过的旧房卖给某单位做办公室　　B. 将使用过的旧房赠与子女

C. 将使用过的旧房出租　　D. 将使用过的旧房换取债券

11. 下列货物中，应征收资源税的有（　　）。

A. 自产井矿盐　　B. 外购原煤自制煤炭制品

C. 进口铁矿石　　D. 开采铁矿石

12. 下列项目中，属于土地增值税扣除项目中房地产开发成本的有（　　）。

A. 土地出让金　　B. 开发间接费用　　C. 公共配套设施费　　D. 借款利息费用

13. 下列行为中，应计算缴纳土地增值税的有（　　）。

A. 将房屋产权赠与直系亲属的

B. 双方合作建房后分房自用的

C. 以房地产抵债而发生房地产产权转让的

D. 以房地产作价入股投资于房地产开发公司的

14. 关于代扣代缴资源税的规定，下列陈述正确的有（　　）。

A. 独立矿山、联合企业收购与本单位矿种相同的未税矿产品，按照本单位相同矿种应税产品的单位税额，依据收购数量代扣代缴资源税

B. 独立矿山、联合企业收购与本单位矿种不同的未税矿产品，以及其他收购单位收购的未税矿产品，按照收购地相应矿种规定的单位税额，依据收购数量代扣代缴资源税

C. 收购地没有相同品种矿产品的，按收购地主管税务机关核定的单位税额，依据收购数量代扣代缴资源税

D. 扣缴义务人代扣代缴资源税的地点为应税未税矿产品的收购地

三、判断题

1. 同样是铜矿石，产自不同的铜矿，适用的资源税税额也会有所不同，资源条件好的，税额高；反之，税额低。（　　）

2. 收购未税矿产品的单位为资源税的扣缴义务人。（　　）

3. 资源税的纳税人采取预收货款结算方式的，其纳税义务发生时间为收到预收款的当天。（　　）

4. 纳税人开采应税产品自用时，应征资源税只包括用于生产的自产自用产品。（　　）

5. 资源税在生产、批发、零售诸环节对应税资源征税。（　　）

6. 城镇土地使用税中所称的城市是指经国务院批准设立的市，城市的土地包括市区和郊区的土地。（　　）

7. 城镇土地使用税是以开征范围的土地为征税对象，以实际占有的土地面积为计税依据，按规定的税额对拥有土地使用权的单位和个人征收的一种税。（　　）

8. 土地使用权共有的，由共有各方按其实际占有的土地面积占总面积的比例，分别计算缴纳土地使用税。（　　）

9. 城镇土地使用税的应纳税额根据纳税人实际占有的土地面积乘以该土地所在地段的适用税额计算。（　　）

10. 纳税人应税土地面积，以国土、测绘管理部门测定的纳税人的实际占用土地面积为准。（　　）

11. 新征用的非耕地，自批准征用次月起开始缴纳土地使用税。（　　）

12. 土地增值税纳税人包括单位和个人，个人转让别墅应按规定缴纳土地增值税。 （ ）

13. 房地产开发企业在项目开发过程中借款所发生的利息支出，应作为房地产开发成本列支。 （ ）

14. 纳税人申请注销税务登记但未办理土地增值税清算手续的，纳税人应进行土地增值税的清算。 （ ）

15. 自2008年11月1日起，对居民个人转让住房一律免征土地增值税。 （ ）

16. 企业之间交换房地产免征土地增值税。 （ ）

17. 合作建房的，无论是自用还是转让，都免征土地增值税。 （ ）

18. 对取得土地使用权时未支付地价款或不能提供已支付地价款凭据的，在计征土地增值税时不允许扣除地价款。 （ ）

19. 纳税人建造普通住宅出售的，增值额未超过扣除项目金额20%的房地产项目，免征土地增值税。 （ ）

20. 纳税人因城市规划需要搬迁，自行转让原房地产的，比照有关规定免征土地增值税。 （ ）

四、计算题

1. 某市一内资房地产开发公司2017年在本市区开发一个项目，有关经营情况如下：

(1)该项目商品房全部销售，取得销售收入4 000万元，并签订了销售合同。

(2)签订土地购买合同，支付与该项目相关的土地使用权价款600万元，相关税费50万元。

(3)发生拆迁补偿费200万元，前期工程费100万元，支付工程价款750万元，基础设施及公共配套设施费共计150万元，开发间接费用60万元。

(4)发生销售费用100万元，财务费用60万元，管理费用80万元。

(5)该房地产开发公司不能按转让房地产项目计算分摊利息，当地政府规定的开发费用扣除比例为10%。

要求：根据上述资料，回答下列问题：

(1)计算该房地产开发公司应缴纳的印花税。

(2)计算该房地产开发公司计算土地增值额时准予扣除的与转让房地产有关的税金。

(3)计算该房地产开发公司计算土地增值税时准予扣除项目的合计金额。

(4)计算该房地产开发公司应缴纳的土地增值税。

2. 某房地产开发公司于2017年6月受让一宗土地使用权，依据受让合同支付转让方地价款8 000万元，当月办妥土地使用证并支付了相关税费。自2017年7月起至2018年6月末，该房地产开发公司使用受让土地60%(其余40%尚未使用)的面积开发建造一栋写字楼并全部销售，依据销售合同共计取得销售收入18 000万元。在开发过程中，根据建筑承包合同支付给建筑公司的劳务费和材料费共计6 200万元，开发销售期间发生管理费用700万元、销售费用400万元、利息费用500万元(只有70%能够提供金融机构的证明)。(说明：当地适用的城市维护建设税税率为5%；教育费附加征收率为3%；地方教育附加征收率为2%；契税税率为3%；购销合同适用的印花税税率为0.3‰；产权转移书据适用的印花税税率为0.5‰。其他开发费用扣除比例为4%。)

要求：根据上述资料，按照下列序号计算回答问题，每问需计算出合计数。

(1)计算该房地产开发公司应缴纳的印花税。

(2)计算该房地产开发公司土地增值额时可扣除的地价款和契税。

(3)计算该房地产开发公司土地增值额时可扣除的营业税、城市维护建设税、教育费附加和地方教育附加。

(4)计算该房地产开发公司土地增值额时可扣除的开发费用。

(5)计算该房地产开发公司销售写字楼应缴土地增值税的增值额。

(6)计算该房地产开发公司销售写字楼应缴纳的土地增值税。

3. 位于市区的某国有工业企业利用厂区空地建造写字楼，2017 年发生的相关业务如下：(1)按照国家有关规定补交土地出让金 4 000 万元，缴纳相关费用 160 万元；(2)写字楼开发成本 3 000 万元，其中装修费用 500 万元；(3)写字楼开发费用中的利息支出为 300 万元(不能提供金融机构的证明)；(4)写字楼竣工验收，将总建筑面积的 1/2 销售，签订销售合同，取得销售收入 6 500 万元；将另外 1/2 的建筑面积出租，当年取得租金收入 15 万元。(其他相关资料：该企业所在省规定，按土地增值税暂行条例规定的最高限计算扣除房地产开发费用。)

要求：根据上述资料，计算回答问题，每问需计算出合计数。

(1)企业计算土地增值税时应扣除的取得土地使用权所支付的金额。

(2)企业计算土地增值税时应扣除的开发成本的金额。

(3)企业计算土地增值税时应扣除的开发费用的金额。

(4)企业计算土地增值税时应扣除的有关税金(不考虑地方教育附加)。

(5)企业应缴纳的土地增值税。

(6)企业缴纳的营业税、城市维护建设税和教育费附加。

企业纳税筹划

一、单项选择题

1. 受托加工应税消费品受托方代收代缴消费税的时间为(　　)。

A. 委托方交付原料时　　B. 委托方支付加工费时

C. 委托方加工完毕交货时　　D. 委托方加工收回的应税消费品入库时

2. 下列各项中,符合企业所得税弥补亏损规定的是(　　)。

A. 被投资企业发生经营亏损,可用投资方所得弥补

B. 投资方企业发生亏损,可用被投资企业分回的所得弥补

C. 境内总机构发生的亏损,可用境外分支机构的所得弥补

D. 企业境外分支机构的亏损,可用境内总机构的所得弥补

3. 减少税收成本最有效、最可靠、最可行的途径是(　　)。

A. 避税　　B. 偷税　　C. 税收筹划　　D. 骗税

4. 下列不属于企业设立的税收筹划的是(　　)。

A. 投资行业及地点的税收筹划　　B. 组织形式的税收筹划

C. 投资的税收筹划　　D. 融资的税收筹划

5. 企业的税收筹划既可以由企业内部一定的组织机构来完成,也可以委托(　　)进行。

A. 个人　　B. 税务中介机构　　C. 经理　　D. 董事会

二、判断题

1. 纳税人自产自用的应税消费品,均应于移送使用时缴纳消费税。　　(　　)

2. 个人独立从事各种技艺、提供各项劳务取得的报酬属于工资、薪金所得。　　(　　)

3. 个人所有房产,除出租者外,一律免征房产税。　　(　　)

4. 某房产所有者将拥有的房产直接捐赠给福利院,未取得任何收入,所以不缴纳土地增值税。　　(　　)

5. 税收筹划必须以不违反法律政策的规定为前提。　　(　　)

6. 纳税成本的降低一定能带来企业整体利益的增加。　　(　　)

7. 企业应根据自身的具体情况，尽可能考虑各种综合条件，寻求税率较低的地区或行业进行投资以减低税负。（　）

8. 在其他情况相同的条件下，不同的企业组织形式会导致不同的税负。（　）

9. 纳税人有依据法律进行税款缴纳的义务，但也有依据法律，经过合理的甚至巧妙的安排以实现尽量少的负担税款的权利。（　）

10. 税收筹划的基本特点之一是合法性，而偷税、逃税、避税等是违反税法的。（　）

三、简答题

1. 简述税收筹划运作中应把握的主要原则。
2. 简述企业设立活动中税收筹划的主要内容及筹划思路。
3. 什么叫转让定价？并举例说明怎样利用转让定价来节税。